Kapitalmarktrechtliche Transparenzbestimmungen und die Offenlegung von Beteiligungsverhältnissen

Schriftenreihe zum Gesellschafts- und Kapitalmarktrecht

Herausgegeben von Lutz Michalski,
Axel Jäger und Klaus-Rudolf Wagner

Band 15

PETER LANG
Frankfurt am Main · Berlin · Bern · Bruxelles · New York · Oxford · Wien

Tobias A. Heinrich

Kapitalmarktrechtliche Transparenzbestimmungen und die Offenlegung von Beteiligungsverhältnissen

Eine rechtsvergleichende Untersuchung des europäischen, deutschen, englischen und US-amerikanischen Rechts

PETER LANG
Europäischer Verlag der Wissenschaften

Bibliografische Information Der Deutschen Bibliothek
Die Deutsche Bibliothek verzeichnet diese Publikation in der Deutschen Nationalbibliografie; detaillierte bibliografische Daten sind im Internet über <http://dnb.ddb.de> abrufbar.

Zugl.: Hamburg, Univ., Diss., 2005

D 18
ISSN 1619-117X
ISBN 3-631-53830-8

www.peterlang.de

Für N.U. und meine Eltern

Vorwort

Die vorliegende Arbeit wurde im Wintersemester 2003/2004 vom Fachbereich Rechtswissenschaften der Universität Hamburg als Dissertation angenommen. Literatur und Rechtsprechung konnten bis Ende Juni 2005 berücksichtigt werden. Mein herzlicher Dank gilt an erster Stelle Herrn Professor Dr. Heribert Hirte, der das Thema der Arbeit anregte und ihr Zustandekommen maßgeblich förderte. Ihm danke ich auch für die fruchtbare Zusammenarbeit während meiner Zeit als wissenschaftlicher Mitarbeiter am Seminar für Handels-, Schiffahrts- und Wirtschaftsrecht an der Universität Hamburg.

Danken möchte ich auch Herrn Professor Dr. Peter Behrens für die zügige Erstellung des Zweitgutachtens.

Für ein Stipendium des Deutschen Akademischen Austauschdienstes (DAAD), mit dem mein LL.M.-Studium an der London School of Economics und der mit meiner Dissertation verbundene Forschungsaufenthalt zu einem wesentlichen Teil finanziert wurde, möchte ich mich ebenfalls ausdrücklich bedanken.

Dank schulde ich zudem Herrn Professor Dr. Lutz Michalski und den weiteren Herausgebern für die Aufnahme dieser Arbeit in die „Schriftenreihe zum Gesellschafts- und Kapitalmarktrecht" im Peter Lang Verlag.

Mein besonderer Dank gilt meiner Ehefrau Dr. Nora Uhlig, die die Entstehung der Arbeit stets liebevoll unterstützt und geduldig mitverfolgt hat. Dank gilt an dieser Stelle schließlich auch meinen lieben Eltern, die die Entstehung der Arbeit in vielerlei Hinsicht gefördert haben.

Frankfurt am Main, im Juli 2005 Tobias A. Heinrich

Inhaltsverzeichnis

Abkürzungen

A.	Atlantic Reporter
A.2d	Atlantic Reporter - Second Series
a.A.	anderer Ansicht
a.a.O.	am angegebenen Ort
abgedr.	abgedruckt
ABl. EG	Amtsblatt der Europäischen Gemeinschaft(-en)
Abs.	Absatz
abw.	abweichend
Adler/Düring/Schmalz[6]	*Adler/Düring/Schmalz* Rechnungslegung und Prüfung der Unternehmen, Kommentar zum HGB, AktG, GmbHG, PublG nach den Vorschriften des Bilanzrichtlinien-Gesetzes, 6. Aufl. Teilband 3, Stuttgart 1996, Teilband 4 Stuttgart 1997
ADR	American Depositary Receipts
a.F.	alte Fassung
aff'd	affirmed
AG	Amtsgericht/Aktiengesellschaft/Die Aktiengesellschaft *(Zeitschrift)*
AktG	Aktiengesetz
Alt.	Alternative
Am.Econ.Rev.	American Economic Review
AngebotsV	WpÜG-Angebotsverordnung = Verordnung über den Inhalt der Angebotsunterlage, die Gegenleistung bei Übernahmeangeboten und Pflichtangeboten und die Befreiung von der Verpflichtung zur Veröffentlichung und zur Abgabe eines Angebotes vom 27. Dezember 2001 (BGBl. I S. 4263)
Anh.	Anhang

Anm.	Anmerkung(-en)
App.	Court of Appeal(-s)/Appendix/Appendices
AnSVG	Anlegerschutzverbesserungsgesetz = Gesetz zur Verbesserung des Anlegerschutzes vom 29. Oktober 2004 (BGBl. I S. 2630)
arg.	argumentum
Art./art.	Artikel/article
Assmann/Pötzsch/Schneider/*Bearbeiter* WpÜG	*Heinz-Dieter Assmann/Thorsten Pötzsch/Uwe H. Schneider*, Wertpapiererwerbs- und Übernahmegesetz, Köln 2005
Assmann/Schneider/*Bearbeiter* WpHG[3]	*Heinz-Dieter Assmann/Uwe H. Schneider*, Wertpapierhandelsgesetz, 3. Aufl. Köln 2003
Aufl.	Auflage
AuslInvestmG	Gesetz über den Vertrieb ausländischer Investmentanteile und über die Besteuerung der Erträge aus ausländischen
BaFin	Bundesanstalt für Finanzdienstleistungsaufsicht
BAWe	Bundesaufsichtsamt für den Wertpapierhandel
BAnz	Bundesanzeiger
Baums/Thoma/*Bearbeiter*	WpÜG: Kommentar zum Wertpapiererwerbs und Übernahmegesetz, herausgegeben von Theodor Baums, Georg F. Thoma, Loseblatt, 1. Lfg. 2004
BayObLG	Bayerisches Oberstes Landesgericht
BB	Der Betriebsberater
BCC	British Commercial Cases
BCLC	Butterworths Company Law Cases
Bd.	Band
Begr RegE	Begründung zum Gesetzentwurf der Bundesregierung

Beil.	Beilage
BetrVG	Betriebsverfassungsgsgesetz
BGB	Bürgerliches Gesetzbuch
BGBl.	Bundesgesetzblatt
BGH	Bundesgerichtshof
BGH *(Datum)* Z	Entscheidungen des Bundesgerichtshofes in Zivilsachen
BKR	Zeitschrift für Bank- und Kapitalmarktrecht
Bl.	Blatt/Blätter
BMF	Bundesministerium der Finanzen
BMJ	Bundesministerium der Justiz
BörsG	Börsengesetz
BörsZulVO	Börsenzulassungsverordnung
BR-Drucks.	Drucksachen des Deutschen Bundesrates
BSK	Börsensachverständigenkommission
BT-Drucks.	Drucksachen des Deutschen Bundestages
BaFin	Bundesanstalt für Finanzdienstleistungsaufsicht
Beschl. v.	Beschluss vom
BVerfG	Bundesverfassungsgericht
BVerfG *(Datum)* E	Entscheidungen des Bundesverfassungsgerichts
bzgl.	bezüglich
bzw.	beziehungsweise
C	Communications/Mitteilungen
C.A.	Court of Appeal
CA 1985	The Companies Act 1985
ca.	circa
CCH	Commerce & Clearing House
CESR	Committee of European Securities Regulators

CfiLR	Company Financial and Insolvency Law Review
Ch.	Chancery Division
City Code	City Code on Takeovers and Mergers (Vereinigtes Königreich; abrufbar unter http://www.-thetakeoverpanel.org.uk; abgedruckt auch bei *Hirte* WpÜG)
C.J.Q.Civil	Justice Quarterly
Co.Law.	Company Lawyer
Colum.L.Rev.	Columbia Law Review
Com	Council of Ministers (document)
Cong.	Congress
Corp.	Corporation
CSI	Council for the Securities Industry
DAI	Deutsches Aktieninstitut e.V.
DAV	Deutscher Anwaltverein
DAX	Deutscher Aktienindex
DB	Der Betrieb
DCKK	Deutscher Corporate Governance Kodex in der Fassung vom 21.5.2003
Del.	Delaware
ders.	derselbe
d.h.	das heisst
Die Bank	Die Bank, Zeitschrift für Bankpolitik und Bankpraxis
dies.	dieselbe(-n)
DiskE	Diskussionsentwurf
Diss.	Dissertation
DJT	Deutscher Juristentag
Dok.	Dokument

Drucks.	Drucksache
DStR	Deutsches Steuerrecht
DTI	Department of Trade and Industry
DZWir	Deutsche Zeitschrift für Wirtschaftsrecht
DZWIR	Deutsche Zeitschrift für Wirtschafts- und Insolvenzrecht (geänderter Titel der DZWir ab 1998)
-E	Entwurf (des ...)
ebda.	ebenda
EBOR	European Business Organization Law Review
ECMH	Efficient Capital Market Hypothesis
EDGAR	Electronic Data Gathering Analysis and Retrieval System
EG	Europäische Gemeinschaft(en)/Vertrag zur Gründung der Europäischen Gemeinschaft
EGV	Vertrag zur Gründung der Europäischen Gemeinschaft (Bezeichnung des EWG-Vertrages nach Inkrafttreten der Änderungen durch das Maastricht-Abkommen)
Einf.	Einführung
Einl.	Einleitung
Emmerich/Habersack/*Bearbeiter*[3]	*Volker Emmerich/Mathias Habersack* Aktien- und GmbH-Konzernrecht, 3. Aufl. München 2003
endg.	endgültig
ESC	European Securities Comittee
et al.	et alii
etc.	et cetera
EuGH	Europäischer Gerichtshof
EUR	Euro
EuZW	Europäische Zeitschrift für Wirtschaftsrecht

evtl.	eventuell
EWG	Europäische Wirtschaftsgemeinschaft
EWGV/EWG-Vertrag	Vertrag zur Gründung der Europäischen Wirtschaftsgemeinschaft
EWiR	Entscheidungen zum Wirtschaftsrecht
EWS	Europäisches Wirtschafts- und Steuerrecht
f./ff.	folgende (Seite[-n])
FB	Finanz Betrieb
Fed.Sec.L.Rep.	Federal Securities Law Reporter
FinDAG	Gesetz über die integrierte Finanzdienstleistungsaufsicht
Fn.	Fußnote
FS	Festschrift
FSA	Financial Services Authority
FSMA 2000	Financial Services and Markets Act 2000
FTD	Financial Times Deutschland
FWB	Frankfurter Wertpapierbörse
GbR	Gesellschaft bürgerlichen Rechts
Geibel/Süßmann/*Bearbeiter*	*Stephan Geibel/Rainer Süßmann*, Wertpapiererwerbs- und Übernahmegesetz, München 2002
Geßler/Hefermehl/*Bearbeiter*	*Ernst Geßler/Wolfgang Hefermehl/Ulrich Eckardt/Bruno Kropff*, Aktiengesetz, München 1973 ff.
GG	Grundgesetz für die Bundesrepublik Deutschland
GmbH	Gesellschaft mit beschränkter Haftung
von Godin/Wilhelmi[4]	*Reinhard von Godin/Hans Wilhelmi*, Aktiengesetz, 4. Aufl. Berlin 1971
GroßK	Großkommentar
GroßK-AktG/*Bearbeiter*[4]	Großkommentar zum Aktiengesetz, 4. Aufl. Berlin 1992 ff.

GWB	Gesetz gegen Wettbewerbsbeschränkungen (Kartellgesetz)
Haarmann/*Bearbeiter*	*Wilhelm Haarmann*, Öffentliche Übernahmeangebote: Kommentar zum Wertpapiererwerb- und Übernahmegesetz, Heidelberg 2002
Harv.L.Rev.	Harvard Law Review
HGB	Handelsgesetzbuch
Hirte WpÜG	*Heribert Hirte* (Hrsg.) Wertpapiererwerbs- und Übernahmegesetz: Gesetzestexte, Quellen, Materialien, Köln 2002
H.L.	House of Lords
h.M.	herrschende Meinung
Hrsg.	Herausgeber
Halbs.	Halbsatz
Hüffer[6]	*Uwe Hüffer*, Aktiengesetz, 6. Aufl. München 2004
ICCLR	International Company & Commercial Law Review
i.d.F.	in der Fassung
i.d.R.	in der Regel
i.E.	im Ergebnis
Immenga/Mestmäcker/*Bearbeiter*[3]	*Ulrich Immenga/Ernst-Joachim Mestmäcker*, GWB, Kommentar zum Kartellgesetz, 3. Aufl. München 2001
Inc.	Incorporated
InvG	Investmentgesetz
IStR	Internationales Steuerrecht
i.V.m.	in Verbindung mit
J.B.L.	The Journal of Business Law

J.Bus.	Journal of Business
J.Econ.Persp.	Journal of Economic Perspectives
J.Fin.	Journal of Finance
J.Fin.Econ.	Journal of Financial Economics
J.I.B.L.	Journal of International Banking Law
J.L.Econ.	Journal of Law and Economics
J.Pol.Econ.	Journal of Political Economics
JZ	Juristenzeitung
KAG	Kapitalanlagegesellschaft
KAGG	Gesetz über Kapitalanlagegesellschaften
Kap.	Kapitel
KGaA	Kommanditgesellschaft auf Aktien
KK	Kölner Kommentar
KK-AktG/*Bearbeiter*[3]	Kölner Kommentar zum Aktiengesetz, 3. Aufl. Köln 1988 ff.
KK-WpÜG/*Bearbeiter*	Kölner Kommentar zum WpÜG, Köln 2003
KOM	Europäische Kommission
KonTraG	Gesetz zur Verbesserung der Kontrolle und Transparenz im Unternehmensbereich
KWG	Kreditwesengesetz
L	Legislation/Législation/Gesetzblatt
LG	Landgericht
Listing Rules	The Listing Rules of the London Stock Exchange
M&A Review	Mergers and Acquisitions (Zeitschrift)
MaKonV	Verordnung zur Konkretisierung des Verbots der Marktmanipulation vom 1.3.2005 (BGBl. 515)
Mich.L.Rev.	Michigan Law Review
MüKo-AktG/*Bearbeiter*[2]	Münchener Kommentar zum Aktiengesetz, 2. Aufl. München 2000 ff.

Müko-BGB/*Bearbeiter*[3]	Münchener Kommentar zum Bürgerlichen Gesetzbuch, 3. Aufl. München 1993 ff.
MünchHdb-AG/*Bearbeiter*[2]	Münchener Handbuch des Gesellschaftsrechts, Band 4, Aktiengesellschaft, 2. Aufl. München 1999
m.w.N./m. weit.Nachw.	mit weiterem Nachweis/mit weiteren Nachweisen
m.zust.Anm.	mit zustimmender Anmerkung
Nachw.	Nachweis(-e)
n.F.	neue Fassung
NJW	Neue Juristische Wochenschrift
No/no	number(s)
Northw.Uni.L.Rev.	Northwestern University Law Review
N.Y.Univ.L.Rev.	New York University Law Review
NZG	Neue Zeitschrift für Gesellschaftsrecht
OHG	Offene Handelsgesellschaft
O.J.L.S.	Oxford Journal for Legal Studies
OLG	Oberlandesgericht
OTC	Over the Counter (außerbörslicher Handel)
OWiG	Ordnungswidrigkeitengesetz
para./paras.	paragraph(s)
plc	Public limited company
Q.B.	Queen's Bench Division (Law Reports)
Quarterly J. of Econ.	Quarterly Journal of Economics
RabelsZ	Rabels Zeitschrift für ausländisches und internationales Privatrecht
Rn.	Randnummer(-n)
RefE	Referentenentwurf
RegE	Regierungsentwurf

Reischauer/Kleinhans	*Friedrich Reischauer/Joachim Kleinhans*, Kreditwesengesetz, Loseblatt, Berlin, Stand 1994
RGRK/*Bearbeiter*[12]	Reichgerichtsräte und Bundesrichter (Hrsg.), Kommentar zum BGB, 12. Aufl. Berlin 1982 ff.
RIW	Recht der Internationalen Wirtschaft
RL	Richtlinie
Rutgers.L.Rev.	Rutgers Law Review
S.	Seite
SARs	Rules Governing Substantial Acquisitions of Shares (Vereinigtes Königreich; abrufbar unter http://www.thetakeoverpanel.org.uk; abgedruckt auch bei *Hirte* WpÜG [Stand Anfang 2002])
Schäfer/*Bearbeiter*	*Frank A. Schäfer*, Wertpapierhandelsgesetz, Börsengesetz, Verkaufsprospektgesetz, Stuttgart 1998
Schimansky/Bunte/Lwowski/*Bearbeiter*[2]	*Herbert Schimansky/Hermann-Josef Bunte/Hans-Jürgen Lwowski*, Bankrechtshandbuch, 2. Aufl. München 2001
SEA	Securities Exchange Act 1934
Sec.	section (= §)
Sec. Exch. Act Rel.	Securities Exchange Act Release
SEC	Securities and Exchange Commission
SI	Statutory Instrument
SIB	Securities and Investments Board
Slg.	Sammlung (der Rechtsprechung des Europäischen Gerichtshofs)
sog.	sogenannt(-e/-er/-es)
Sonderbeil.	Sonderbeilage
S.Rep.No.	Securities Reporter Number
Stan.L.Rev.	Stanford Law Review

Staudinger/*Bearbeiter*[13]	*Julius von Staudinger*, Kommentar zum Bürgerlichen Gesetzbuch, 13. Aufl. Berlin 1998 ff.
Steinmeyer/Häger	*Roland Steinmeyer/Michael Häger*, Wertpapiererwerbs- und Übernahmegesetz, Berlin 2002
Takeover Panel	Panel on Takeovers and Mergers *(Vereinigtes Königreich)*
TransPuG	Gesetz zur weiteren Reform des Aktien- und Bilanzrechts, zu Transparenz und Publizität
Tz.	Teilziffer
Übernahme-RL	(Entwurf der) EU-Übernahmerichtlinie
UKLA	United Kingdom Listing Authority
U.Penn.L.Rev.	University of Pennsylvania Law Review
USA	United States of America
usw.	und so weiter
U. v.	Urteil vom
v.	von/vom/versus
VAG	Versicherungsaufsichtsgesetz
Verf.	Verfasser
VerkProspG	Wertpapier-Verkaufsprospekt-Gesetz
VerkProspVO	Verkaufsprospekt-Verordnung
VG	Verwaltungsgericht
VGH	Verwaltungsgerichtshof
vgl.	vergleiche
Virg.L.Rev.	Virginia Law Review
VO	Verordnung
Vol.	Volume
Vorbem.	Vorbemerkung
Wash.U.L.Q.	Washington University Law Quarterly
W.L.R.	Weekly Law Reports

WM	Wertpapier-Mitteilungen
WpHG	Wertpapierhandelsgesetz
WpÜG	Wertpapiererwerbs- und Übernahmegesetz
Yale J.Reg.	Yale Journal on Regulation
Yale L.J.	Yale Law Journal
z.B.	zum Beispiel
ZBB	Zeitschrift für Bankrecht und Bankwirtschaft
ZGR	Zeitschrift für Unternehmens- und Gesellschaftsrecht
ZHR	Zeitschrift für das gesamte Handelsrecht und Wirtschaftsrecht
Ziff.	Ziffer
ZIP	Zeitschrift für Wirtschaftsrecht
zit.	zitiert
ZPO	Zivilprozessordnung
zust.	zustimmend
zutr.	zutreffend

Bei ausländischen Abkürzungen wurde die im jeweiligen Land übliche Zitierweise zugrundegelegt; für den anglo-amerikanischen Raum wurde dabei einheitlich die US-amerikanische Zitierweise verwendet. Abkürzungen von Geschäftszeichen, US-amerikanischen Einzelstaaten, Monatsnamen und Websites wurden nicht aufgenommen.

§ 1 EINLEITUNG

In den vergangenen Jahren hat die Regulierung des Kapitalmarktrechts in Deutschland zu einer erheblichen Ausweitung kapitalmarktorientierter Publizitätspflichten und der Herausbildung eines differenzierten Informationssystems mit einer Vielzahl an Informationspflichten für die einzelnen Marktteilnehmer geführt. Als unmittelbare Legitimationsgrundlagen der damit einhergehenden „Verrechtlichung" des öffentlichen Kapitalmarktrechts werden regelmäßig der Schutz des Anlegerpublikums und die Ermöglichung der Ausübung informierter Investitionsentscheidungen hervorgehoben. Fernziel ist dabei die Schaffung der Rahmenbedingungen eines (informations-)effizienten Kapitalmarktes, der eine nachhaltige, auf Eigenkapital gestützte, Unternehmensfinanzierung mit den hieraus resultierenden positiven Wohlstandseffekten gewährleisten soll.

Mit der vorliegenden Arbeit soll ein Teil des durch kapitalmarktrechtliche Transparenzpflichten geschaffenen Publizitätssystems auf dem Gebiet des Sekundärmarktes herausgegriffen und einer rechtsvergleichenden Analyse unterzogen werden. Gegenstand der Untersuchung sind dabei die kapitalmarktrechtlichen Pflichten zur Offenlegung wesentlicher Beteiligungen und Wertpapiertransaktionen an börsennotierten Gesellschaften im europäischen, deutschen, englischen und US-amerikanischen Recht. Die Untersuchung der Einzelregelungen des überwiegend auf europäischem Sekundärrecht basierenden deutschen Rechts soll dabei zum Anlass genommen werden, die dort identifizierten Regelungsstrukturen und das hiermit erreichte Transparenzniveau einer rechtsvergleichenden Überprüfung zu unterziehen. Die Untersuchung der Entwicklung und Ausgestaltung entsprechender Publizitätspflichten in England und den Vereinigten Staaten eignet sich dabei vor allem deshalb, da in beiden Rechtsordnungen das Prinzip der informationellen Kapitalmarktregulierung und der Grundsatz der *full disclosure* traditionell eine besonders wichtige Rolle gespielt haben und immer noch spielen.[1]

---

[1] Dieser im anglo-amerikanischen Recht vorherrschende Grundsatz wird treffend durch die Feststellung von Justice Brandeis beschrieben: "*[p]ublicity is justly commended as a remedy for social and industrial diseases. Sunlight is said to be the best of disinfectants*", *Louis D. Brandeis* Other People's Money and how Bankers use it, New York 1914, S. 92, zitiert nach *Hopt* ZHR 140 (1976), 201, 205; aus der Perspektive der englischen Rechtspraxis, vgl. nur *Sealy* 2 Company Lawyer 51 (1981): „*If there is one key word which more than any other sums up the underlying principles of company law in this country, it is disclosure.*"

Im Hinblick auf die vorliegend interessierenden Publizitätspflichten wurden einheitliche Standards hier zuletzt durch die in Deutschland viel beachteten *OECD Principles of Corporate Governance* formuliert, nach denen die Offenlegung von Beteiligungsverhältnissen „*[o]ne of the basic rights of investors*" sein soll, um diesen die Möglichkeit zu geben „*to be informed*

Obgleich auch in der Bundesrepublik inzwischen weitreichende Rechtspflichten für die Offenlegung von Beteiligungsverhältnissen an börsennotierten Gesellschaften geschaffen wurden, lassen sich hier einige erhebliche Abweichungen bei der Ausgestaltung und Feinabstimmung der gesetzlichen Pflichten zur Offenlegung beteiligungsrelevanter Sachverhalte gegenüber dem in dieser Arbeit untersuchten ausländischen Recht identifizieren. Ausschlaggebend hierfür sind eine Reihe von rechtlichen und institutionellen Rahmenbedingungen. Während Umfang und Grenzen der Offenlegung von Beteiligungsverhältnissen hierzulande überwiegend entweder mit Blick auf das Verständnis der Aktiengesellschaft als anonymen Interessenverband (*societé anonyme*) oder in Zusammenhang mit der zunehmend als erforderlich angesehenen Offenlegung von komplexen Beteiligungsverflechtungen („Deutschland AG") diskutiert werden, bewegt sich die Thematik in der anglo-amerikanischen Rechtspraxis aufgrund der dort bestehenden institutionellen Begebenheiten traditionell in Kontext der Regulierung von Unternehmensübernahmen. Soweit sich die Diskussion in den Vereinigen Staaten und England damit auf die mit der Übernahmesituation verbundenen Informationsinteressen und Schutzziele konzentriert, ist dort auch immer wieder auf die mögliche Kollision weitreichender Publizitätspflichten mit dem Ziel der Gewährleistung eines effizienten Marktes für Unternehmenskontrolle hingewiesen worden. Im Kern geht es dabei um die Frage, inwieweit die notwendige Offenlegung von Beteiligungstransaktionen im Vorfeld einer Übernahme ein strukturelles Übernahmehindernis begründen kann. Ausschlaggebend ist dabei die Überlegung, dass eine frühzeitige Veröffentlichung der beteiligungsrelevanten Information gegenüber dem Markt geeignet ist, die Übernahme wesentlich zu erschweren und zu verteuern und damit die notwendigen Verhaltensanreize für einen funktionierenden Unternehmenskontrollmarkt beseitigen oder zumindest reduzieren kann. Damit ist zugleich das auch hierzulande angesichts steigender Übernahmeaktivität bedeutender werdende Spannungsverhältnis der Informationsinteressen des Kapitalmarktes einerseits und der Geheimhaltungsinteressen des Mitteilungspflichtigen andererseits ausgesprochen, in

---

about the ownership structure of the enterprise and their rights vis-à-vis the rights of other owners." In Bezug auf die notwendigen Inhalte der durch die eingeforderten Publizitätspflichten offen zu legenden Informationen stellen die zuvor erwähnten *Principles* den Grundsatz auf „[that]*such disclosure might include data on major shareholders and others that control or may control the company, including information on spezial voting rights, shareholder agreements, the ownership of controlling or large blocks of shares, significant cross shareholding relationships and cross governance* Anmerkung zu Prinicple IV.) A) 3.), abrufbar unter: http://www.oecd. org/ daf/governance/principles.htm.

dem sich die gesetzlichen Pflichten zur Offenlegung beteiligungsrelevanter Informationen bewegen.

Im Hinblick auf die zuvor erwähnten Unterschiede bei der Ausgestaltung und Anwendung beteiligungsrelevanter Publizitätspflichten in den hier untersuchten Rechtsordnungen wird nachfolgend im Einzelnen der Frage nachzugehen sein, inwieweit durch die dort begründeten Rechtspflichten dieser Regelungskonflikt aufgelöst wurde. In die Betrachtung einbezogen werden soll hierbei auch die Entwicklung der Offenlegungspflichten sowie deren rechtspolitische Rezeption in den einzelnen Ländern. Die Untersuchung schließt mit einer rechtsvergleichenden Würdigung der im Einzelnen verfolgten Regelungsansätze und identifizierten Besonderheiten sowie einer thesenförmigen Zusammenfassung der aufgezeigten Ergebnisse.

§ 2 DIE OFFENLEGUNG BETEILIGUNGSRELEVANTER SACHVERHALTE NACH EUROPÄISCHEM UND DEUTSCHEM RECHT

Die vorstehenden theoretischen Überlegungen zu den Wechselwirkungen zwischen dem Instrument der kapitalmarktrechtlichen Beteiligungspublizität auf dem Gebiet des Sekundärmarktes und den Informationsbedürfnissen und Verhaltensanreizen der Marktteilnehmer haben gezeigt, dass die Regelungen über die Offenlegung wesentlicher Beteiligungen und Wertpapiertransaktionen an börsennotierten Gesellschaften in einem Spannungsverhältnis zwischen den berechtigten Informationsinteressen des Anlegerpublikums einerseits und den Geheimhaltungsinteressen der betreffenden Anteilseigner andererseits stehen können. Abhängig von dem konkreten wirtschaftlichen Zusammenhang, in dem eine entsprechende Offenlegung verlangt wird (Gewährleistung rationaler Investitionsentscheidungen, Übernahmesachverhalte, Directors' Dealings), kann die Intensität dieses Interessengegensatzes eine unterschiedlich intensive Ausprägung erfahren.

Die mit der Auflösung dieses Spannungsverhältnisses in den hier zu untersuchenden Rechtsordnungen befassten Regelungen werden überwiegend der Materie des Kapitalmarktrechts zugeordnet, geht es doch vor allem um die Offenlegung von Sachverhalten, die den gegenwärtigen und künftigen Aktionären kapitalmarktaktiver Gesellschaften eine ausreichende Entscheidungsgrundlage für ihr Anlageverhalten geben sollen. Teilweise finden sich abhängig von den jeweiligen Regelungsansätzen ebenfalls Verzahnungen zu dem Bereich des Verbandsrechts, insbesondere, wenn wie im deutschen Recht, das Instrument der Beteiligungs- und Kontrollpublizität traditionell in Zusammenhang mit der Gewährleistung eines hinreichenden Minderheitenschutzes bei der Begründung von Abhängigkeitsverhältnissen und Konzernierungsprozessen steht. Erst in der jüngeren Vergangenheit hat sich hier ein Funktionswandel hin zu einem in stärkerem Maße kapitalmarktorientierten Regelungsmodel vollzogen, das entscheidend von den Harmonisierungs- und Integrationsbemühungen des europäischen Gesetzgebers bei der Schaffung eines integrierten Kapitalmarktes geprägt ist. Nicht zuletzt aus diesem Grund bietet es sich an, der näheren Untersuchung des deutschen Rechts eine kursorische Betrachtung der entsprechenden Regelungen und Entwicklungslinien des europäischen Rechts voranzustellen. Erst nach der Gegenüberstellung der rechtlich relevanten Regelungen des europäischen und deutschen Rechts ist in dem folgenden Kapitel auf die Begutachtung des angloamerikanischen Rechts zu rekurrieren.

A) Europäisches Recht

I.) Grundlagen kapitalmarktrechtlicher Publizitätspflichten im europäischen Gesellschafts- und Kapitalmarktrecht

Das heute bestehende Regelungsgefüge des europäischen Kapitalmarktrechts und der dort verankerte Grundsatz der Publizität beruft sich im Wesentlichen auf die Mitte der sechziger Jahre vorgestellten Überlegungen und Vorschläge des *Segré*-Berichts über den Aufbau eines europäischen Kapitalmarktes.[2] Die in dem Bericht formulierten Ziele orientierten sich vor allem an der Schaffung eines integrierten europäischen Kapitalmarktes als Teil eines einheitlichen europäischen Binnenmarktes. Die zur Untersuchung der erforderlichen Schritte zuständige Sachverständigengruppe empfahl neben Maßnahmen zur Verbesserung des gemeinschaftsweiten Ausgleichs des Angebots und der Nachfrage nach Eigenkapital zahlreiche Initiativen zur Schaffung eines einheitlichen Schutzniveaus zugunsten der gegenwärtigen und künftigen Aktionäre kapitalmarktaktiver Gesellschaften durch eine verbesserte Publizität und Anlegerinformation.[3] Namentlich sollte die Herstellung einer gemeinschaftsweiten Markttransparenz durch die Information des Anlegerpublikums bei öffentlichen Angeboten von Wertpapieren sowie die „ständige Publizität" durch periodische Berichtspflichten, die

---

[2] EWG-Kommission, Der Aufbau eines europäischen Kapitalmarkts, Bericht einer von der EWG-Kommission eingesetzten Sachverständigengruppe, 1966 (nachfolgend: *Segré*-Bericht).

[3] *Segré*-Bericht, S. 237 ff.

Zwischenberichterstattung und über die Jahresabschlusspublizität hinausgehende Publizitätspflichten umgesetzt werden.[4]

Die in dem *Segré*-Bericht entwickelten Vorgaben wurden erst einige Zeit später durch die Annahme einiger kapitalmarkt- und gesellschaftsrechtlicher Richtlinien umgesetzt. Hierzu gehörte zunächst die Börsenzulassungs-Richtlinie,[5] die zu einer Vereinheitlichung der Bedingungen für die Zulassung von Wertpapieren zum Börsenhandel geführt hat. Wesentliches Ziel dieses ersten Schrittes war es, den Emittenten den Zugang zu den Kapitalmärkten der Mitgliedstaaten zu erleichtern und somit die gegenseitige Integration dieser Märkte innerhalb der Gemeinschaft zu fördern. An eben diesen Zielsetzungen war auch die Börsenzulassungsprospekt-Richtlinie[6] zu messen, durch die verbindliche Mindestanforderungen für Prospekte, mit denen das anlagesuchende Publikum über die börseneingeführten Effekten informiert werden sollte, festgelegt wurden. Nach diesen ersten Regelungsinitiativen kam es erst Ende der 80er Jahre mit der in dem Weißbuch der Kommission über die Vollendung des Binnenmarktes[7] niedergelegten Entscheidung, die Schaffung eines integrierten Binnenmarktes für Finanzdienstleistungen bis Anfang 1993 voranzutreiben, zu einem weiteren Regelungsschub. Die ergänzend durch die Einheitliche Europäische Akte geschaffene Rechtsgrundlage für die Annahme von EG-Richtlinien mit einer qualifizierten Mehrheit im Ministerrat, schuf darüber hinaus die Voraussetzungen für neue und weitergehende Maßnahmen der Rechtsangleichung. Als grundlegende Einzelmaßnahmen, die als Folge dieser Initiativen in Kraft getreten sind, gelten bis heute vor allem die unten näher zu erörternde Transparenz-Richtlinie I über die Meldepflichten für den Erwerb und die Veräußerung bedeutender Beteiligungen an börsennotierten Gesellschaften,[8] die Wertpapierverkaufsprospekt-Richtlinie[9],

---

[4] *Segré*-Bericht, S. 237, 240 f.

[5] Richtlinie 79/279/EWG des Rates vom 5.3.1979 zur Koordinierung der Bedingungen über die Zulassung von Wertpapieren zur amtlichen Notierung an einer Wertpapierbörse, ABl. EG L 66 vom 16.3.1979, S. 21 ff.

[6] Richtlinie 80/390/EWG des Rates vom 17.3.1980 zur Koordinierung der Bedingungen für die Erstellung, die Kontrolle und die Verbreitung des Prospekts, der für die Zulassung von Wertpapieren zur amtlichen Notierung an einer Wertpapierbörse zu veröffentlichen ist (Börsenzulassungsprospekt-Richtlinie), ABl. EG Nr. L 100 vom 1.4.1980, S. 1 ff.

[7] Vollendung des Binnenmarktes, Weißbuch der Kommission an den Europäischen Rat, Amt für amtliche Veröffentlichungen der EG Dok. KOM(85)310 vom 14.6.1985.

[8] Richtlinie 88/627/EWG des Rates vom 12.12.1988 über die bei Erwerb und Veräußerung einer bedeutenden Beteiligung an einer börsennotierten Gesellschaft zu veröffentlichenden Informationen, ABl. EG Nr. L 348 vom 17.12.1988, S. 62.

die für die Regulierung des Insiderhandels maßgebende Insider-Richtlinie[10] sowie die Wertpapierdienstleistungs-Richtlinie über die Mindestbedingungen für die Zulassung und Beaufsichtigung von Wertpapierfirmen.[11]

Die gegenwärtigen Regelungsbemühungen auf dem Gebiet des europäischen Gesellschafts- und Kapitalmarktrechts kommen derzeit einer großen Baustelle gleich, auf der die im Wesentlichen bis Mitte der neunziger Jahre zum Stillstand gekommenen Arbeiten durch einige der in der Folgezeit erhobenen Bestandsaufnahmen und die Formulierung neuer Regelungsziele heute mit erheblicher Intensität fortgesetzt werden. Leitprogramm für die weiteren Harmonisierungsbemühungen ist der *Aktionsplan für Finanzdienstleistungen* der Europäischen Kommission vom Mai 1999, mit dem bis spätestens 2005 ein integrierter europäischer Finanzmarkt geschaffen werden soll.[12] Zu den wichtigsten Maßnahmen, die für den hier interessierenden Zusammenhang bislang aus dem Aktionsplan hervorgegangen sind, gehören zunächst die konsolidierte Börsen-Richtlinie 2001/34/EG, mit der ein wesentlicher Teil der bis dahin erfolgten Regelungsinitiativen in einem einheitlichen Richtlinientext zusammengefasst wurde,[13] sowie die Marktmissbrauchs-Richtlinie 2003/6/EG,[14] die die bis dahin

---

[9] Richtlinie 89/298/EWG für die Koordination der Bedingungen für die Erstellung, die Kontrolle und die Verbreitung des Prospekts, der im Falle öffentlicher Angebote von Wertpapieren zu veröffentlichen ist, vom 17.4.1989. ABl. EG Nr. L 124 vom 5.5.1989, S. 8 ff.

[10] Richtlinie 89/582/EWG des Rates vom 13.11.1989 zur Koordinierung der Vorschriften betreffend Insider-Geschäfte, ABl. EG Nr. L 394 vom 19.11.1989, S. 30.

[11] Richtlinie 93/22/EWG des Rates vom 10.5.1993 über Wertpapierdienstleistungen, Abl. Nr. L 141 vom 11.6.1993, S. 27.

[12] Kommissionsmitteilung Dok. KOM(1999)232 endg. vom 11.5.1999. Für die Integration der Wertpapiermärkte wurde dieses Regelungsziel sogar bis Ende 2003 vorgezogen, vgl. insoweit den Beschluss des Europäischen Rates von Stockholm vom 23.-24.3.2001, Schlussfolgerungen des Vorsitzes, Rn. 19, abrufbar unter www.bundesregierung.de/Anlage 250091/ Schlussfolgerungendes Vorsitzes.pdf.

[13] Richtlinie des Europäischen Parlaments und des Rates vom 28.5.2001 über die Zulassung von Wertpapieren zur amtlichen Börsennotierung und über die hinsichtlich dieser Wertpapiere zu veröffentlichenden Informationen, Abl. EG Nr. L 184 vom 6.7.2001, S. 1 („Börsen-Richtlinie"). Mit der Maßnahme wurden daneben die Börsenzulassungs-Richtlinie, die Börsenzulassungsprospekt-Richtlinie sowie die Zwischenberichts-Richtlinie konsolidiert, vgl. Erwägungsgrund 1 der Richtlinie 2001/34/EG.

[14] Richtlinie 2003/6/EG des Europäischen Parlaments und des Rates vom 28.1.2003 über Insider-Geschäfte und Marktmanipulation (Marktmissbrauch), ABl. EG vom 22.4.2003 Nr. L 96, S. 16.

geltende Insider-Richtlinie abgelöst hat.[15] In unmittelbarem sachlichen Zusammenhang zu der Umsetzung des Aktionsplans stehen die im Februar 2001 veröffentlichten Vorschläge des Ausschusses der Weisen unter Vorsitz des früheren belgischen Notenbankpräsidenten *Lamfalussy*, die mit dem Ziel erarbeitet wurden, die wiederholt ins Stocken geratenen Rechtsetzungsbemühungen auf europäischer Ebene zu beschleunigen.[16]

Ein weiterer Regelungsschub mit wesentlichen Implikationen für die Entwicklung des europäischen Kapitalmarktrechts im Allgemeinen und die Erhöhung der Transparenz von Aktionärs- und Kontrollstrukturen im Besonderen ist von dem jüngst vorgelegten Vorschlag Aktionsplan der EU-Kommission vom 21.5.2003 zur „*Modernisierung des Gesellschaftsrechts und Verbesserung der Corporate Governance*" zu erwarten.[17] Auf die hierin enthaltenen und im vorliegenden Zusammenhang interessierenden Vorschläge ist an anderer Stelle zurückzukommen.

II.) Rechtsgrundlagen und Instrumente der Rechtsangleichung

1.) Primärrechtliche Grundlagen der Harmonisierungsbemühungen im europäischen Kapitalmarkt- und Gesellschaftsrecht

Die Harmonisierungsbemühungen auf dem Gebiet des europäischen Gesellschafts- und Kapitalmarktrechts basieren auf einer Reihe nebeneinander stehender primärrechtlicher Rechtsgrundlagen. Ausgangspunkt hierfür ist zunächst Art. 2 EGV, der der Europäischen Gemeinschaft als wesentliches Vertragsziel die Errichtung eines gemeinsamen Binnenmarktes vorgibt. Ferner haben in der Vergangenheit, zumindest mittelbar, die in dem EG-Vertrag nieder gelegten Grundfreiheiten als Basis für eine weitere Harmonisierung gedient. Für den Bereich des Kapitalmarktrechts ist dies vor allem Art. 3 lit. c) EGV, mit dem der Gemeinschaft die Verantwortung für die Gewährleistung eines freien Dienstleistungs- und Kapitalverkehrs zwischen den einzelnen Mitgliedern zugewiesen wird, während die Harmonisierung des europäischen Gesellschaftsrechts vor

[15] Siehe zum aktuellen Stand der Umsetzung des Aktionsplans den jeweils aktuellen Fortschrittsbericht der EU-Kommission, abrufbar unter www.europa.eu.int/comm/internal_market/en/finances/actionplan/progress8_de.pdf sowie *Hopt* ZIP 2005, 461 ff.

[16] Vgl. zu den Vorschlägen im Einzelnen unten § 2 A) II.) 2.) b).

[17] Mitteilung der Kommission vom 21.5.2003 an den Rat und das Europäische Parlament – Modernisierung des Gesellschaftsrechts und Verbesserung der Corporate Governance in der Europäischen Union – Aktionsplan, KOM(2003)284 endg.; vgl. hierzu *Hopt* ZIP 2005, 461 ff.; Meier-*Reimer* FAZ v. 4.6.2003, Nr. 128, S. 21; *Wiesner* ZIP 2003, 977.

allem der Umsetzung der Niederlassungsfreiheit dient.[18] Eine allgemeine Ermächtigungsgrundlage statuiert für den letztgenannten Bereich Art. 44 Abs. 2 lit. g) EGV,[19] gemäß dem die europäischen Rechtsetzungsorgane die ihnen übertragenen Aufgaben zum Erlass von EG-Richtlinien mit dem Ziel der gemeinschaftsweiten Koordinierung und gleichwertigen Ausgestaltung der Schutzbestimmungen nutzen, die in den Mitgliedstaaten den Gesellschaften im Interesse der Gesellschafter sowie Dritter vorgeschrieben sind.[20] Die Bestimmung ist Grundlage sowohl für die bereits oben erwähnte Transparenz-Richtlinie sowie eine Reihe weiterer Maßnahmen, die im Kern einen kapitalmarktrechtlichen Regelungsauftrag verfolgen (z.B. die Börsenzulassungs-Richtlinie und die Börsenprospekt-Richtlinie). Für die Koordinierung der Regelungsbemühungen auf dem Gebiet des Kapitalmarktrechts lassen sich als allgemeine Rechtsgrundlagen lediglich die Artt. 94, 95 EGV[21] heranziehen, nach denen die Angleichung von Rechts- und Verwaltungsvorschriften, die sich unmittelbar auf die Errichtung und das Funktionieren des Gemeinsamen Marktes auswirken, im Wege der Richtliniensetzung erfolgt.

2.) Sekundärrechtliche Regelungsinstrumente des Gemeinschaftsrechts

a) Harmonisierung im Wege der Rechtsangleichung durch EG-Richtlinien

Entsprechend der primärrechtlichen Vorgaben des EG-Vertrages hat sich die Rechtsangleichung auf dem Gebiet des europäischen Gesellschafts- und Kapitalmarktrechts bis heute vornehmlich im Wege der Mindestharmonisierung durch das Instrument der durch den Rat und das Europäische Parlament erlassenen EG-Richtlinien vollzogen,[22] die die Mitgliedstaaten zur vollständigen und ordnungsgemäßen Umsetzung durch nationale Rechtsvorschriften verpflichten. Mit Blick auf ihre Funktionsweise werden durch EG-Richtlinien den Mitgliedstaaten gegenüber verbindliche Anforderungen für die durch die einzelne Maßnahme zu erreichenden Ziele gesetzt, deren konkrete Umsetzung, einschließlich der Wahl der Form und Mittel, diesen selbst übertragen bleibt.[23] Das Richtli-

---

[18] Vgl. zum Ganzen *Mülbert* WM 2001, 2085, 2088.

[19] Die Bestimmung entspricht Art. 54 Abs. 3 lit. g) EGV a.F.

[20] Vgl. im Einzelnen hierzu *Habersack* Europäisches Gesellschaftsrecht[2] Rn. 19 ff.

[21] Die Bestimmung entspricht Art. 100, 100a EGV a.F.

[22] Vgl. Art. 249 EGV sowie zu dem für die Verabschiedung entsprechender Richtlinien vorgesehenen Rechtssetzungsverfahren Art. 251 EGV; hierzu auch im Zusammenhang mit den Harmonisierungsbemühungen des europäischen Bankaufsichtsrechts *Hirte/Heinrich* ZBB 2001, 388, 389.

[23] Vgl. Art. 249 Abs. 3 EGV (= Art. 189 Abs. 3 EGV a.F.).

nienrecht begründet dabei in aller Regel Mindeststandards, stellt es den Mitgliedstaaten also frei, strengere Verhaltensanforderungen gegenüber den Normadressaten zu erlassen. Das Zusammenspiel des europäischen Sekundärrechtsaktes und des nationalen „angeglichenen" Rechts soll dabei einerseits die Gewähr dafür tragen, dass durch die Rechtsangleichung in den Mitgliedstaaten mit Blick auf bestimmte Sachverhalte gleiche normative Bedingungen geschaffen werden und andererseits die Rechtssystematik und Terminologie der nationalen Rechtsordnungen Berücksichtigung finden kann.[24] Auf den hier interessierenden Bereich des Verbands- und Kapitalmarktrechts angewendet, sollen insoweit Störungsfaktoren und Wettbewerbsverzerrungen des Handels- und Unternehmensverkehrs zwischen den nationalen Gesellschafts- und Wertpapierrechtssystemen auf dem gemeinsamen Markt abgebaut und zugleich die Regelungsstrukturen und Dimensionen dieses Marktes ausreichend gewürdigt werden.[25]

Das mit dem Regelungsinstrument der EG-Richtlinie verbundene zweistufige Verfahren mit dem Erlass des Sekundärrechtsaktes und der Umsetzung in das nationale Recht trägt zugleich die Form eines Kompromisses, besteht doch die Möglichkeit, dass die Effektivität der jeweiligen Harmonisierungsmaßnahme durch die den Mitgliedstaaten bei der Umsetzung gegebenen Gestaltungsspielräume beeinträchtigt wird.[26] Dies gilt umso mehr, als zahlreiche der auf europäischer Ebene erlassenen Sekundärrechtsakte sowohl mit Blick auf die durch sie verfolgten Ziele als auch die Einzelregelungen durch vielfältige Unklarheiten und Interpretationsspielräume gekennzeichnet sind. In dem Bereich der kapitalmarktrechtlichen Publizität kann dies letztlich dazu führen, dass die Marktteilnehmer in einzelnen Mitgliedstaaten vergleichsweise geringere Publizitätsstandards in Kauf nehmen müssen und sich damit innerhalb der Gemeinschaft ein heterogenes Transparenzniveau herausbildet. Der hierin liegende Zielkonflikt wird nicht zuletzt auch dadurch verschärft, dass eine Kontrolle der zielkonformen Umsetzung praktisch nur in eingeschränktem Maße stattfindet. Denn das Instrument der Richtlinie entfaltet, anders als die EG-Verordnung, grundsätzlich keine unmittelbare Wirkung, sofern ein Mitgliedstaat seiner aus einer Richtlinie resultierenden Umsetzungspflicht nicht oder nur mangelhaft nachgekommen ist. Eine unmittelbare Direktwirkung tritt nämlich nach der Rechtsprechung des EuGH nur ein, wenn der Inhalt einer Richtlinienbestimmung auf die Verleihung von Rechten zugunsten Einzelner zielt und die Bestimmung unbedingt, vorbehaltlos und ohne Ermessensspielraum (d.h. vollzugs-

---

[24] *Moloney* EC Securities Regulation, S. 17 f.

[25] *Moloney* EC Securities Regulation, S. 17 f.

[26] *Moloney* EC Securities Regulation, S. 18.

fähig) ist.[27] Dies ist bei der Umsetzung von Publizitätspflichten typischerweise nicht der Fall, da hierdurch in erster Linie Pflichten gegenüber Privaten begründet werden, was eine unmittelbare Anwendbarkeit der jeweiligen Richtlinie ausschließt. Da das europäische Richtlinienrecht am Anwendungsvorrang des Gemeinschaftsrechts gegenüber dem nationalen Recht teilnimmt, kann eine Richtlinie jedoch stets herangezogen werden, um bestehende mitgliedstaatliche Normen richtlinienkonform auszulegen (vgl. dazu sogleich).

Von dem Regelungsinstrument der EG-Verordnung[28] hat der europäische Gesetzgeber bei den hier interessierenden Rechtsmaterien bislang nur in zurückhaltendem Maße Gebrauch gemacht. Dieser Befund steht in unmittelbarem Zusammenhang mit der Regelungswirkung der EG-Verordnung, die in den Mitgliedstaaten grundsätzlich unmittelbare und allgemeine Geltung beansprucht und damit die Marktteilnehmer unmittelbar und verbindlich bindet. Naturgemäß hat dies in der Vergangenheit dazu geführt, dass aufgrund der wahrscheinlicheren politischen Einigungsmöglichkeiten das Instrument der EG-Richtlinie dominiert.

b) Beschleunigte Rechtssetzung im Wege des Komitologieverfahrens

Die bislang auf dem Gebiet des Kapitalmarktrechts vollzogene Rechtsangleichung durch sekundäres Gemeinschaftsrecht hat seit Veröffentlichung der *Lamfalussy*-Vorschläge über die Beschleunigung der Rechtssetzungsverfahren zur Regulierung der europäischen Wertpapiermärkte[29] gemeinsam mit dem oben beschriebenen Aktionsplan für Finanzdienstleistungen wesentliche neue Impulse erhalten. Die in dem *Lamfalussy*-Bericht vorgeschlagene Zweiteilung der Gesetzgebungszuständigkeiten unter Anwendung des bereits aus anderen Rechtsbereichen bekannten Komitologieverfahrens ist im vorliegenden Zusammenhang insbesondere deshalb von Bedeutung, da hiervon im Rahmen der später zu untersuchenden Marktmissbrauchs-Richtlinie sowie der überarbeiteten Transparenz-Richtlinie II erstmals Gebrauch gemacht wurde bzw. für den letztgenannten Fall ebenfalls gemacht werden soll.

---

[27] St. Rspr. siehe die Nachweise bei *Ruffert* in: Calliess/Ruffert (Hrsg.), EUV/EGV, 2. Aufl. 2002, Art. 249 EGV Rn. 73 ff.; *Streinz* Europarecht[5], Rn. 402.

[28] Vgl. Art. 249 Abs. 4 EGV = Art. 189 Abs. 4 EGV a.F.

[29] Schlussbericht des Ausschusses der Weisen über die Regulierung der Europäischen Wertpapiermärkte, 15.2.2001, abrufbar unter http://europa.eu.int/comm/internalmarket/en/finances/general/lamfalussyde.pdf., S. 26 ff.; vgl. hierzu auch *Wiesner* FAZ v. 10.9.2002 Nr. 210, S. 19; *Seitz* BKR 2002, 340, 341 f.; *Moloney* EC Securities Regulation, S. 25 ff.

Auf der 1. Stufe der als Komitologieverfahren[30] mehrstufig ausgestalteten Gesetzgebung erlassen der Rat und das Europäische Parlament im Mitentscheidungsverfahren Rahmenbestimmungen (sog. „Basisrechtsakte") in Form von EG-Richtlinien oder auch EG-Verordnungen, die eine Einigung über die wesentlichen Grundsätze der zu erlassenden Maßnahme sowie die Übertragung von Befugnissen für die durch die Kommission in Zusammenarbeit mit einzelnen Ausschüssen zu verabschiedenden technischen Durchführungsmaßnahmen enthalten. Der Basisrechtsakt muss den Anwendungsbereich der an die EU-Kommission zu übertragenden Durchführungsbefugnisse genau definieren. Dem Vorschlag eines entsprechenden Basisrechtsaktes sollen dabei umfassende Konsultationen mit den beteiligten Kreisen vorausgehen. Die Ermächtigung zur Einräumung von Durchführungskompetenzen an die EU-Kommission geht auf Art. 202, 3. Spiegelstrich EGV zurück. Eine Konkretisierung hierzu hat der Rat mit Beschluss 87/373/EWG,[31] ersetzt durch den Beschluss des Rates 1999/468/EG[32] vorgenommen.

Im Rahmen der 2. Stufe werden durch den Ausschuss der EU-Wertpapierregulierungsbehörden, besser bekannt unter der englischen Bezeichnung des *Committee of European Securities Regulators* (CESR), nach Konsultationen mit Marktteilnehmern, Endnutzern und Verbrauchern die auf der 1. Stufe delegierten Durchführungsbestimmungen erlassen. Letztere werden von der EU-Kommission geprüft und dem EU-Wertpapierausschuss (*European Securities Committee* – ESC) vorgelegt.[33] Die durch das ESC mit qualifizierter Mehrheit verabschiedeten Bestimmungen treten nach Annahme durch die Kommission in Kraft. Ziel dieses Verfahrens ist es, die zeitnahe technische Anpassung an neue Marktentwicklungen zu ermöglichen, ohne die komplexen und langwierigen Gesetzgebungsmechanismen durchlaufen zu müssen. Die Form der Durchführungsmaßnahme richtet sich nach dem in Art. 249 EGV aufgeführten Normenkatalog, kann also insbesondere auch in Form einer unmittelbar wirkenden EG-Verordnung oder aber auch als Richtlinie der Kommission umgesetzt werden.

---

[30] Der Begriff der „Komitologie" beschreibt die Delegierung von Durchführungsbefugnissen vom Rat auf die EU-Kommission zum Zweck der näheren Ausgestaltung von EU-Rechtsvorschriften. Das Verfahren wurde bisher vor allem im Bereich des Gentechnik- und Arzneimittelrechts angewandt.

[31] Beschluss des Rates vom 13.7.1987 zur Festlegung der Modalitäten für die Ausübung der der Kommission übertragenen Durchführungsbefugnisse, ABl. EG Nr. L 184, S. 33.

[32] Beschluss des Rates vom 28.6.1999, Abl. EG Nr. L 184 vom 17.7.1999, S. 23.

[33] Vgl. den Beschluss der Kommission vom 6.6.2001 zur Einsetzung des Europäischen Wertpapierausschusses (2001/528/EG), Abl. EG Nr. L 191, S. 45.

Das in den Lamfalussy-Vorschlägen erarbeitete Rechtssetzungs- und Konsultationsverfahren wird durch weitere Maßnahmen, die die Umsetzung der Einzelregelungen betreffen, ergänzt. Auf der 3. Stufe erarbeitet CESR gemeinsame Empfehlungen zu Auslegungsfragen, Leitlinien und gemeinsamen Standards in nicht von EU-Vorschriften erfassten Bereichen sowie ein Peer-Review-Verfahren und vergleicht die Praxis der Regulierungsbehörden, um eine einheitliche Umsetzung und Anwendung zu gewährleisten. Schließlich obliegt der EU-Kommission auf der 4. Stufe die Überprüfung und die Aufnahme gegebenenfalls erforderliche Anstrengung von Maßnahmen gegenüber Mitgliedstaaten (vgl. Art. 226 EGV), die die einzelnen Maßnahmen nicht hinreichend in das nationale Recht umgesetzt haben.

3.) Auslegung europäischen und „angeglichenen" Rechts

Ein weiteres Bindeglied zwischen dem europäischen Sekundärrecht und dem transformierten Recht der Mitgliedstaaten ist, neben den jeweils bestehenden Umsetzungserfordernissen für den nationalen Gesetzgeber, das Gebot der „richtlinienkonformen Auslegung" des auf dem jeweiligen Rechtsakt beruhenden „angeglichenen" Rechts. Der Auslegung des angeglichenen Rechts ist hier zunächst die Interpretation des Sekundärrechtsaktes selbst vorgeschaltet, auf die im Grundsatz die herkömmlichen Methoden der grammatikalischen, historischen, teleologischen und systematischen Auslegung Anwendung finden. Ein gewisser Vorrang innerhalb dieses Auslegungskanons kommt hierbei der teleologischen Auslegung zu,[34] die vor allem der aus objektiver Sicht zu bestimmenden Zweckrichtung des Rechtssatzes, der Sachgemäßheit der Regelung und der Konformität mit den Vertragszielen des EG-Vertrages verpflichtet ist.[35]

Auf der Grundlage dieser Auslegungsgrundsätze ist das angeglichene Recht im Lichte des jeweiligen Sekundärrechtsaktes und seiner primärrechtlichen Grundlagen auszulegen. Der richtlinienkonformen Auslegung kommt dabei im Grundsatz ein Vorrang gegenüber den Auslegungsmethoden des nationalen Rechts zu,[36] und zwar unabhängig davon, ob das Recht des Mitgliedstaates ohne einen formalen Umsetzungsakt bereits dem Inhalt nach den Regelungen der Richtlinie

---

[34] EuGH Urt. v. 26.2.1995 Slg. 1975, 297, 305 [„Bonsignore"]; EuGH Urt. v. 6.10.1982 Slg. 1982, 3415, 3430 [„C.I.L.F.I.T."]; EuGH Slg. 1985, 2655, 2668 [„Kommission ./. Deutschland"]; *Bleckmann* ZGR 1992, 364, 365; *Lutter* JZ 1992, 593, 602.

[35] Vgl. hierzu im Einzelnen *Lutter* JZ 1992, 593, 602 f.

[36] Ständige Rspr. EuGH Urt. v. 10.4.1984 Slg. 1984, 1891, 1909 [„von Colson und Kamann"]; EuGH Urt. v. 13.11.1999 Slg. 1990, 4135, 4158 f. [„Marleasing"]; EuGH Urt. v. 10.4.1984 Slg. 1994, 3347, 3357 [„Dori"]; vgl. dazu *Everling* ZGR 1992, 376, 381 f.; *Lutter* JZ 1992, 593, 604.

entspricht oder erst durch einen solchen Rechtsakt angeglichen wurde. In beiden Fällen gilt das Gebot der richtlinienkonformen Auslegung nur dort, wo das nationale Recht dem Anwender einen Beurteilungsspielraum einräumt. Es darf als nicht durch eine richtlinienkonforme Auslegung contra legem dem übergeordneten europäischen Recht zu einer unmittelbaren Anwendung verholfen werden.[37] Ähnlich ist auch die Frage zu beurteilen, ob eine Verpflichtung zur richtlinienkonformen Auslegung bereits vor Ablauf der für den nationalen Gesetzgeber maßgeblichen Umsetzungsfrist bestehen kann. Dies ist dem Grunde nach zu verneinen, da man hiermit dem Gesetzgeber die diesem zustehende Entscheidung über Form und Mittel der Umsetzung durch Auslegung vorgreifen würde.[38]

Eine weitere Einschränkung des Gebots der richtlinienkonformen Auslegung kann sich schließlich in solchen Fällen ergeben, in denen diese in Konflikt mit verfassungsrechtlichen Grundsätzen des nationalen Rechts gerät. Dies gilt in besonderem Maße für den Bereich des Kapitalmarktrechts, im Rahmen dessen der Verstoß gegen bestimmte Handlungsgebote oder Verbotsnormen regelmäßig mit strafrechtlichen Konsequenzen belegt ist, und eine richtlinienkonforme strafbarkeitserweiternde Auslegung damit etwa mit dem, im deutschen Recht verankerten, strafrechtlichen Bestimmtheitsgebot und dem Grundsatz nullum crimen nulla poena sine lege kollidieren würde. Auch in diesem Fall darf nicht im Wege der richtlinienkonformen Auslegung versucht werden, etwaige Versäumnisse des nationalen Gesetzgebers im Bereich des Strafrechts zu korrigieren.[39]

III.) Einzelne Maßnahmen und verbleibende Regelungsinitiativen in Bezug auf die Offenlegung von Beteiligungen an börsennotierten Gesellschaften

Im Zusammenhang mit der Verpflichtung zur Offenlegung von bedeutenden Beteiligungs- und Kontrollstrukturen statuiert das europäische Gemeinschaftsrecht eine Reihe sekundärrechtlicher Vorgaben, die die einzelnen Mitgliedstaaten zur Umsetzung in ihre nationalen Kapitalmarkt- oder Gesellschaftsrechtssysteme verpflichtet. Daneben treten generelle Offenlegungspflichten und Handlungsverbote, die sich unter dem inzwischen etablierten Begriff des Marktmissbrauchsverbots zusammenfassen lassen. Hierzu gehören im Einzelnen spezifische Handlungsverbote, wie das Insiderhandels- und Marktmanipulationsverbot

---

[37] *Lutter* JZ 1992, 593, 604 f.

[38] *Lutter* JZ 1992, 593, 605.

[39] *Böse* Strafen und Sanktionen im europäischen Gemeinschaftsrecht, 1996, S. 429 ff.; *Hugger* Strafrechtliche Anweisungen, 2000, S. 100 f.; *ders. Hugger* NStZ 1993, 421, 423 f.

und die diese komplettierende Verpflichtung zur Offenlegung bestimmter kursbeeinflussender Sachverhalte (Ad-hoc-Publizität) sowie Wertpapiertransaktionen von bestimmten Unternehmensinsidern (Directors' Dealings). Wie bereits an anderer Stelle erwähnt, ist das damit verbundene Regelungsprogramm zur Zeit entweder in Form neuer Richtlinienvorschläge oder der Konkretisierung bestehender Rahmenrechtsakte im Wege des Komitologieverfahrens zahlreichen weiteren Harmonisierungsbemühungen und Modernisierungsinitiativen der EU-Kommission ausgesetzt. Die nachfolgende Darstellung hat sich demnach abhängig von dem jeweiligen Regelungstand einerseits an geltendem und transformiertem Gemeinschaftsrecht zu orientieren und andererseits die jüngsten Regelungsvorschläge in die Bewertung einzubeziehen.

1.) Regelungen über die Offenlegung von Beteiligungs- und Kontrollstrukturen

a) Melde- und Veröffentlichungspflichten über den Erwerb und die Veräußerung bedeutender Beteiligungen, Artt. 85 bis 97 der Börsen-Richtlinie 2001/34/EG

aa) Regelungskontext und -zweck

Mit der auf Art. 44 Abs. 2 lit. g EGV (vormals Art. 54 Abs. 3 lit. g EGV a.F.) beruhenden europäischen Transparenz-Richtlinie 88/627/EWG[40] (Transparenz-Richtlinie I) wurden erstmals die Meldepflichten über den Erwerb und die Veräußerung bedeutender Beteiligungen an börsennotierten Unternehmen innerhalb der Gemeinschaft harmonisiert. Die heute in den Artt. 85 bis 97 der konsolidierten Börsen-Richtlinie 2001/34/EG[41] für die einzelnen Mitgliedstaaten bindenden

---

[40] Richtlinie des Rates vom 12.12.1988 über die bei Erwerb und Veräußerung einer bedeutenden Beteiligung an einer börsennotierten Gesellschaft zu veröffentlichenden Information (88/627/EWG), ABl. EG Nr. L 348 vom 17.12.1988, S. 62. Der Verabschiedung der Richtlinie gingen der geänderte Kommissionsvorschlag KOM(87)422 endg. v. 4.9.1987, ABl. EG Nr. C 255 vom 25.9.1987, S. 6 ff. sowie der ursprüngliche Vorschlag KOM(85)791 endg. vom 23.12.1985 ABl. EG Nr. C 351 vom 31.12.1985, S. 35 ff. (Transparenz-Richtlinie I) voraus, vgl. hierzu auch die Stellungnahmen des Europäischen Parlaments zum gemeinsamen Standpunkt: ABl. EG Nr. C 309 v. 5.12.1988, S. 44, sowie zum ursprünglichen Kommissionsvorschlag: ABl. EG Nr. C 125 v. 11.5.1987, S. 141 ff. Zusammenfassend *Elster* Recht des Sekundärmarktes, S. 12 ff.; *Edwards* (1998) Co. Lawyer, 104 ff.; *Moloney* EC Securities Regulation, S. 166 ff.

[41] Richtlinie des Europäischen Parlaments und des Rates vom 28.5.2001 über die Zulassung von Wertpapieren zur amtlichen Börsennotierung und über die hinsichtlich dieser Wertpapiere zu veröffentlichenden Informationen, ABl. EG Nr. L 184 vom 6.7.2001, S. 1 („Börsen-Richtlinie"). Mit der Maßnahme wurden die Börsenzulassungs-Richtlinie, die Börsenzulassungsprospekt-Richtlinie sowie die Zwischenberichts-Richtlinie konsolidiert, vgl. Erwägungsgrund 1 der Richtlinie 2001/34/EG.

geregelten Vorschriften präzisierten und erweiterten die bereits zuvor in Schema C Nr. 5 lit. c) der Börsenzulassungs-Richtlinie 79/279/EWG[42] bestehenden Meldepflichten über Änderungen in der Struktur bedeutender Beteiligungen.[43] Sie sind seit In-Kraft-Treten der Transparenz-Richtlinie I weiterhin für Gesellschaften aus Drittstaaten von Bedeutung, die nicht dem Anwendungsbereich der Artt. 85 bis 97 der konsolidierten Börsen-Richtlinie unterliegen.[44]

Die Regelungsziele der Transparenz-Richtlinie I decken sich trotz ihres formal im europäischen Gesellschaftsrecht wurzelnden Ursprungs im Wesentlichen mit den bereits im Zusammenhang mit früheren, vor allem kapitalmarktrechtlichen, Richtlinien durch den europäischen Gesetzgeber formulierten Zielen der Verbesserung des Anlegerschutzes, einschließlich der Stärkung des Anlegervertrauens und der Erhöhung der Funktionsfähigkeit der europäischen Wertpapiermärkte. Die Koordinierungsmaßnahme soll nach den ihr zugrunde liegenden Erwägungen darüber hinaus zusätzlich die Verflechtung der Wertpapiermärkte der Mitgliedstaaten untereinander begünstigen und so zum Entstehen eines echten europäischen Kapitalmarktes beitragen.[45] Ferner dient die Maßnahme dazu – im Vorgriff auf die wenig später erlassene Insider-Rrichtlinie[46] – „unkontrollierbare Gerüchte zu verhindern und die missbräuchliche Nutzung von Insiderinformati-

---

[42] Richtlinie des Rates vom 5.3.1979 zur Koordinierung der Bedingungen über die Zulassung von Wertpapieren zur amtlichen Notierung an einer Wertpapierbörse, ABl. EG Nr. L 66 vom 16.3.1979 S. 21; die Regelungen der Richtlinie entsprechen heute Art. 68 Abs. 3 der Richtlinie 2001/34/EG.

[43] Vergleichbare Meldepflichten über direkt oder indirekt gehaltene Beteiligungen von mehr als 20 Prozent des Kapitals sieht auch Schema A Kapitel 3.2.7 der Richtlinie 80/390/EWG des Rates vom 17.3.1980 zur Koordinierung der Bedingungen für die Erstellung, die Kontrolle und die Verbreitung des Prospekts, der für die Zulassung von Wertpapieren zur amtlichen Notierung an einer Wertpapierbörse zu veröffentlichen ist (Börsenzulassungsprospekt-Richtlinie), Abl. EG Nr. L 100 vom 1.4.1980, S. 1, für den Bereich der Primärmarktpublizität vor. Die Regelung ist nun in Anhang 1 Schema A Kapitel 3.2.7 der Richtlinie 2001/34/EG enthalten.

[44] Art. 68 Abs. 3 Satz 2 der Richtlinie 2001/34/EG; vgl. in diesem Zusammenhang auch Art. 69 der Richtlinie 2001/34/EG (= Schema C Nr. 6 der Börsenzulassungs-Richtlinie), wonach Gesellschaften, deren Aktien sowohl an der Börse eines Mitgliedstaates als auch an der Börse eines Drittstaates zugelassen sind, sicherstellen müssen, dass die dem Börsenmarkt des Mitgliedstaates erteilten Informationen den im Drittstaat veröffentlichten Informationen gleichwertig sind.

[45] Erwägungsgründe 31 und 32 der Richtlinie 2001/34/EG (= Erwägungsgründe 1 und 2 der Richtlinie 88/627/EWG).

[46] Richtlinie des Rates vom 13.11.1989 zur Koordinierung der Vorschriften betreffend Insider-Geschäfte (89/582/EWG), ABl. EG Nr. L 394 vom 19.11.1989, S. 30.

onen zu bekämpfen".[47] Ein deutlicherer Bezug zwischen dem kapitalmarktrechtlichen Anlegerschutz als Funktionsvoraussetzung eines europäischen Kapitalmarktes und der Offenlegung wesentlicher Beteiligungen wird daneben durch die Begründung des Kommissionsvorschlags hergestellt, nach der die Maßnahme dem Anlegerpublikum die Möglichkeit vermitteln soll, „die Zusammensetzung der Aktionäre einer Gesellschaft zu verfolgen", um sich damit zugleich ein Bild darüber zu machen, wer „merklich oder maßgeblich die Führung einer Gesellschaft beeinflussen" kann.[48] Damit tendiert der Begründungsansatz für die Offenlegung von wesentlichen Beteiligungen (wohl) auch in die Richtung der Offenlegung von Paketbildungen und -veräußerungen, ohne dass hierdurch jedoch ein ausdrücklicher Zusammenhang zu der Regulierung von Übernahmeangeboten herzustellen worden wäre.[49]

bb) Gegenstand der Regelungen im Einzelnen

Dem Inhalt nach begründet die Transparenz-Richtlinie I ein zweistufiges Mitteilungs- und Veröffentlichungsverfahren: (1) die Meldepflichten des Erwerbers bzw. Veräußerers gegenüber der betreffenden Gesellschaft und den zuständigen Stellen des Sitzstaates sowie (2) die Veröffentlichung der Mitteilung gegenüber dem Anlegerpublikum durch die Gesellschaft. Ausgangspunkt der Regelungen ist heute Art. 89 Abs. 1 der Richtlinie 2001/34/EG.[50] Hiernach ist derjenige, der Aktien an einer börsennotierten Gesellschaft erwirbt oder veräußert und dabei die Beteiligungs- bzw. Stimmrechtsschwellen von 10, 20, 33,3, 50 oder 66,6 Prozent[51] erreicht, über- oder unterschreitet, verpflichtet, diesen Vorgang innerhalb von sieben Kalendertagen durch Benachrichtigung der betreffenden Gesellschaft und der „zuständigen Stellen" des Mitgliedstaates[52] bekannt zu machen. Die in der Richtlinie bezeichneten Schwellenwerte orientieren sich dabei vor

---

[47] Begründung des Kommissionsvorschlags KOM(1985)791 endg.; abgedruckt in BR-Drucks. 43/86, S. 2.

[48] Begründung des Kommissionsvorschlags KOM(1985)791 endg., abgedruckt in BR-Drucks. 43/86, S. 1, 2.

[49] Lutter Europäisches Unternehmensrecht[4] S. 585; zurückhaltender demgegenüber Moloney EC Securities Regulation, S. 168 f. : „*The SSD's* [Substantial Shareholding Directive] *rationale* [...] *appears to characterize this disclosure more as an aspect of traditional disclosure policy* [...] *and rather less as being directed to the market for corporate control.*"

[50] Die Regelung entspricht Art. 4 Abs. 1 der Richtlinie 88/627/EWG.

[51] Gemäß Art. 89 der Richtlinie 2001/34/EG (= Art. 4 Abs. 1 Satz 2 der Richtlinie 88/627/EG) können die Mitgliedstaaten von einer Anwendung der Schwellenwerte 20, 33,3 und 66,6 Prozent absehen, wenn stattdessen Mitteilungspflichten für eine Beteiligung in Höhe von 25 und 75 Prozent vorgesehen sind.

[52] Vgl. Art. 105 der Richtlinie 2001/34/EG (= Art. 12 der Richtlinie 88/627/EWG).

allem an den bis zu ihrem In-Kraft-Treten auf Gemeinschaftsebene vollzogenen Harmonisierungsbemühungen auf dem Gebiet des Gesellschaftsrechts.[53] Die Mitgliedstaaten können die Gesellschaften strengeren Regeln unterwerfen.[54]

Der sachliche Anwendungsbereich der Richtlinie erstreckt sich auf Stimmrechtsinhaber an Gesellschaften, deren Aktien an einer Wertpapierbörse in einem EG-Mitgliedsstaat zur amtlichen Notierung zugelassen sind.[55] Die Beschränkung auf amtlich notierte Gesellschaften wurde seinerzeit mit der Begründung gerechtfertigt, „dass im Wesentlichen die Aktien der börsennotierten Gesellschaften regelmäßig gehandelt werden und dass das große Anlegerpublikum vorzugsweise in derartige Aktien anlegt".[56] Die damit verbundene Beschränkung der Regelungswirkung der Richtlinie ist seit ihrem In-Kraft-Treten wiederholter Kritik ausgesetzt[57] und im Zusammenhang mit dem im Sommer 2001 gescheiterten Entwurf einer früheren Fassung der europäischen Übernahmerichtlinie[58] Gegenstand von Reformbemühungen des europäischen Gesetzgebers geworden.[59]

In Ergänzung zu den Mitteilungspflichten über direkt gehaltene Anteile sieht Art. 92 der Richtlinie 2001/34/EG[60] einen Zurechnungskatalog für Anteile Drit-

---

[53] So ausdrücklich die Begründung des Kommissionsvorschlags KOM(85)791 endg. abgedruckt in BR-Drucks. 43/86, S. 6 ff.

[54] Art. 88 der Richtlinie 2001/34/EG = Art. 3 der Richtlinie 88/627/EWG. Die Möglichkeit einer „schärferen" Umsetzung der Einzelregelungen erstreckt sich dabei auch auf die übrigen in der Richtlinie enthaltenen Bestimmungen.

[55] Vgl. Art. 85 Abs. 1 der Richtlinie 2001/34/EG (= Art. 1 Abs. 1 der Richtlinie 88/627/EWG).

[56] Vgl. die Begründung des Kommissionsvorschlags KOM(85)791 endg. abgedruckt in BR-Drucks. 43/86, S. 4.

[57] Vgl. *Elster* Sekundärmarktrecht, S. 19; *Moloney* EC Securities Regulation, S. 172; *Mülbert* WM 2001, 2085, 2101.

[58] Das Regelungsvorhaben war seinerzeit an den Forderungen des Europäischen Parlaments zur Verankerung einer stärkeren Beteiligung der Arbeitnehmer, einer erhöhten Flexibilität der Leitungsorgane bei der Abwehr von Übernahmeangeboten sowie der Beseitigung von Wettbewerbsnachteilen von Unternehmen aus dem europäischen Binnenmarkt gegenüber US-amerikanischen Unternehmen gescheitert. Vgl. hierzu statt anderer KK-WpÜG/*Hirte* Einl. Rn. 60.

[59] Vgl. Art. 14 des Gemeinsamen Standpunktes vom 19.6.2000 für eine 13. Richtlinie des Parlaments und des Rates auf dem Gebiet des Gesellschaftsrechts betreffend Übernahmeangebote ABl. EG Nr. C 23 vom 24.1.2001, der eine Ausdehnung des Anwendungsbereichs der Richtlinie 88/627/EWG auf Gesellschaften vorsah, deren Aktien zum Handel auf einem oder mehreren geregelten Märkten im Sinne des Art. 1 Nr. 13 der Wertpapierdienstleistungs-Richtlinie 93/22/EWG zugelassen sind.

[60] Die Regelung entspricht Art. 7 der Richtlinie 88/627/EWG.

ter vor, die rechtlich oder faktisch Stimmrechte im Namen des Meldepflichtigen ausüben können. Namentlich erfasst werden Stimmrechte,

- die „im Namen eines Dritten für Rechnung des Meldepflichtigen“ gehalten werden;
- eines „kontrollierten Unternehmens“;[61]
- die die Parteien einer „schriftlichen Vereinbarung langfristig“ zu einer „gemeinsamen Politik bezüglich der Geschäftsführung“ der betreffenden Gesellschaft verpflichten;
- die aufgrund einer schriftlichen Vereinbarung vorläufig gegen Entgelt auf einen Dritten übertragen werden;
- die die betreffende Person „aufgrund einer förmlichen Vereinbarung durch einseitige Willenserklärung erwerben kann“; sowie
- die als Sicherheit, zum Nießbrauch oder aufgrund eines besonderen Verwahrungsverhältnisses zur Ausübung der Stimmrechte nach eigenem Ermessen[62] übertragen werden.

Ohne dass bereits an dieser Stelle im Einzelnen auf die mit den Zurechnungstatbeständen verbundenen Anwendungs- und Auslegungsprobleme eingegangen werden soll, erscheint es sachgerecht, bereits hier auf einige der in den vorgenannten Regelungen angelegten Unklarheiten hinzuweisen, die sich bei der Umsetzung in das nationale Recht der hier zu untersuchenden EU-Mitgliedstaaten fortsetzen. Problematisch ist in diesem Zusammenhang zunächst das Merkmal der gegenseitige Verpflichtung zu einer langfristigen gemeinsamen Politik hinsichtlich der Gesellschaft, da hier bei unbefangender Betrachtung nicht erkennbar ist, ob es bei einer solchen Verpflichtung um die Offenlegung jedweder längerfristigen Vereinbarung von Aktionären untereinander geht, die gegenüber der

---

[61] „Kontrolliertes Unternehmen“ ist gemäß Art. 87 der Richtlinie 2001/34/EG (= Art. 8 Abs. 1 der Richtlinie 88/627/EWG) ein Unternehmen, bei dem eine Person a) über die Mehrheit der Stimmrechte der Aktionäre oder Gesellschafter verfügt oder b) das Recht hat, die Mehrheit der Mitglieder des Verwaltungs-, Leitungs- oder Aufsichtsorgans zu bestellen oder abzuberufen und gleichzeitig Aktionär oder Gesellschafter des betreffenden Unternehmens ist oder c) Aktionär oder Gesellschafter ist und aufgrund einer mit anderen Aktionären oder Gesellschaftern dieses Unternehmens getroffenen Vereinbarung über die Mehrheit der Stimmrechte seiner Aktionäre oder Gesellschafter allein verfügt.

[62] In diesem Fall können die Mitgliedstaaten, abweichend von der innerhalb von sieben Tagen bestehenden Meldepflicht, der Person, die Stimmrechte an der Gesellschaft hält, die Gesellschaft (erst) innerhalb von 21 Kalendertagen vor der Hauptversammlung zu unterrichten, Art. 92 letzter Satz der Richtlinie 2001/34/EG (= Art. 7 letzter Satz der Richtlinie 88/627/EWG).

Gesellschaft bestimmte, nicht notwendig kontrollbezogene Absichten verfolgen, oder nur um solche Absprachen, die auf die unmittelbare Kontrolle und insbesondere die Besetzung der Leitungsorgane gerichtet sind. Ergänzend erscheint es auf den ersten Blick überraschend, dass die Zurechnungsnorm, angesichts des Zwecks der Meldepflichten, den unbemerkten Aufbau einer Beteiligung an einer börsennotierten Gesellschaft aufzubauen, nicht auch den abgestimmten Erwerb erfasst, denn dieser lässt sich weder unter dem Kriterium der langfristigen gemeinsamen Politik noch unter den übrigen Zurechnungsbestimmungen des Art. 92 der Richtlinie 2001/34/EG subsumieren. Weitere für den Anwendungsbereich zentrale Schwierigkeiten bereitet die Auslegung des Begriffs „durch einseitige Willenserklärung erwerben kann“, da etwa nach dem im deutschen Recht geltenden Abstraktionsprinzip hiermit grundsätzlich das obligatorische Verpflichtungsgeschäft ebenso wie das dingliche Verpflichtungsgeschäft gemeint sein könnte. Schließlich lässt die Richtlinie ebenso wie die hierzu veröffentlichten Materialien die Frage offen, ob bei Aktien, die zur Ausübung der Stimmrechte nach eigenem Ermessen übertragen werden, auch das in Deutschland praktisch wichtige Depotstimmrecht der Banken zu einer Zurechnung führen kann.

Eine Befreiung von der Meldepflicht begründet Art. 94 Abs. 1 der Richtlinie 2001/34/EG[63] für den Handelsbestand berufsmäßiger Wertpapierhändler, die Mitglieder einer in der Gemeinschaft ansässigen oder tätigen Börse sind oder von der zuständigen Stelle beaufsichtigt oder zugelassen werden. Die Bestimmung reflektiert die Erwägung, dass nur solche Beteiligungen offenzulegen sind, mit denen eine Einflussnahme auf die Geschäftsführung der Gesellschaft beabsichtigt ist.

Die Gesellschaft, die eine entsprechende Mitteilung erhalten hat, muss die Öffentlichkeit ihrerseits so bald als möglich, spätestens aber innerhalb von 9 Kalendertagen nach Erhalt der Mitteilung, über deren Inhalt unterrichten.[64] Von einer entsprechenden Veröffentlichungspflicht kann in Ausnahmefällen von Seiten der zuständigen Stellen abgesehen werden, wenn durch die Veröffentlichung der Gesellschaft erheblichen Schaden zugefügt würde.[65] Im Falle einer Interessenkollision zwischen den Geheimhaltungsinteressen der Gesellschaft einerseits und den Informationsinteressen der Öffentlichkeit andererseits gibt die Richtlinie letzteren den Vorrang. Ausnahmen an der Unterrichtspflicht sind ausge-

---

[63] Die Regelung entspricht Art. 9 der Richtlinie 88/627/EWG.

[64] Art. 91 der Richtlinie 2001/34/EG (= Art. 10 Abs. 1 der Richtlinie 88/627/EWG).

[65] Art. 95 der Richtlinie 2001/34/EG (= Art. 11 der Richtlinie 88/627/EWG).

schlossen, sofern die Nichtveröffentlichung zu einem Irrtum des Anlegerpublikums über die Beurteilung wesentlicher Umstände der betreffenden Wertpapiere führen kann.

cc) Normdurchsetzung und Sanktionen

Im Hinblick auf die Überwachung und Sanktionierung denkbarer Verstöße gegen die in der Börsen-Richtlinie 2001/34/EG statuierten Offenlegungspflichten enthält diese nur wenige konkrete Vorgaben. So wird die Überwachung der entsprechenden Regelungen ausschließlich den Aufsichtsbehören der einzelnen Mitgliedstaaten zugewiesen. Eine weitergehende Konkretisierung von Pflichten zulasten der Mitgliedstaaten besteht lediglich dahingehend, dass deren zuständige Stellen für die notwendige Zusammenarbeit zu sorgen haben und sich untereinander die für die Zusammenarbeit erforderlichen Informationen zur Verfügung stellen.[66] Durch diese Regelung soll vor allem sichergestellt werden, dass auch bei grenzüberschreitenden Transaktionen die Melde- und Veröffentlichungspflichten eingehalten werden.

Im Falle der Verletzung der Mitteilungspflichten haben die Mitgliedstaaten „angemessene Sanktionen“ vorzusehen.[67] Letzteres bedeutet, dass die bei Verletzung der entsprechenden Mitteilungspflichten eintretenden Sanktionen wirksam, verhältnismäßig und abschreckend sein müssen.[68] Von weitergehenden Sanktionsbestimmungen hat der europäische Gesetzgeber wohl letztlich auch deshalb keinen Gebrauch gemacht, da es ihm hierzu an den erforderlichen strafrechtlichen Anweisungskompetenzen fehlt.[69]

b) Neuregelungen durch die Transparenz-Richtlinie II

Die in der Richtlinie 2001/34/EG konsolidierten Regelungen über die Offenlegung bedeutender Beteiligungen an börsennotierten Gesellschaften sind kürzlich im Zusammenhang mit den jüngsten Initiativen der EU-Kommission zur Erhöhung des Anlegerschutzes und der Transparenz auf den europäischen Wertpapiermärkten durch die EG-Richtlinie 2004/109/EG (sog. Transparenz-Richt-

---

[66] Art. 106 der RL 2001/34/EG (= Art. 12 Abs. 3 der Richtlinie 88/627/EWG).

[67] Art. 97 der RL 2001/34/EG (= Art. 15 der Richtlinie 88/627/EG).

[68] Vgl. EuGH Urt. v. 21.9.1989 Slg. 1989, 2965, 2985 [„Kommission./.Griechenland“]; EuGH Slg. 1990, 2911, 2935 [„Hansen“]; zuletzt auch *Cosmas* ZIP 1997, 1234, 1236 f.; *Hirte* Bankrechtstag 1995, S. 84.

[69] Vgl. zu diesem Aspekt im Einzelnen *Hugger* Strafrechtliche Anweisungen der EG, 2000, S. 24 ff.

linie II[70]) wesentlich erweitert und modifiziert worden. Die Richtlinie geht in einigen zentralen Punkten auf den Bericht der hochrangigen Expertengruppe für das Gesellschaftsrecht vom 10.1.2002[71] sowie ein Konsultationspapier der Generaldirektion Binnenmarkt zurück,[72] in dem u.a. die Verbesserung der Informationspflichten für Stimmrechts- und Kapitalstrukturen empfohlen wurde.

Im Hinblick auf die im vorliegenden Zusammenhang interessierende Offenlegung von Änderungen bedeutender Wertpapierbeteiligungen statuiert die Transparenz-Richtlinie II in deren Art. 9 Abs. 1 ein „progressives Transparenzsystem", ausgehend von einer Mitteilungspflicht bei einer Beteiligung in Höhe von 5 Prozent der Stimmrechte und entsprechenden Folgepflichten in 5 Prozent-Schritten bis zu einem Stimmrechtsanteil von 30 Prozent. Mitteilungspflichtige Vorgänge sind danach der Erwerb oder die Veräußerung einer stimmrechtsmäßigen Beteiligung von 5, 10, 15, 20, 25, 30, 50 oder 75 Prozent. Die Richtlinie markiert hiermit den Wechsel der bislang verbandsrechtlich ausgerichteten Meldeschwellen hin zu einem stärker marktorientierten Ansatz, der, wie es die Begründung des Kommisionsvorschlages ausdrückt, „nicht nur den tatsächlichen Einfluss eines auf den Wertpapiermärkten tätigen Anlegers in einer börsennotierten Gesellschaft widerspiegelt, sondern auch allgemein seine Interessen an der Unternehmensleitung, der Geschäftsstrategie und den Gewinnen der Gesellschaft."[73] Eine weitere Straffung sieht die Richtlinie 2004/109/EG für das Verfahren der Mitteilung und Veröffentlichung der entsprechenden Meldungen vor. Hiernach wird die Meldefrist des Anteils- bzw. Stimmrechtsinhabers von sieben Kalendertagen auf vier Handelstage und die Veröffentlichungsfrist der Gesell-

---

[70] Richtlinie 2004/109/EG des Europäischen Parlaments und des Rates zur Harmonisierung der Transparenzanforderungen in Bezug auf Informationen über Emittenten, deren Wertpapiere zum Handel auf einem geregelten Markt zugelassen sind und zur Änderung der Richtlinie 2001/34/EG. Die Richtlinie enthält neben den hier interessierenden Regelungen zur Beteiligungspublizität vor allem periodische Informationspflichten für Wertpapieremittenten und trägt der europaweiten Einführung der International Financial Reporting Standards (IFRS) für alle börsennotierten Gesellschaften innerhalb der EU ab 2005 Rechnung.

[71] Vgl. hierzu unten § 2 A) III.) 1.) c).

[72] Zweites Konsultationspapier der GD Binnenmarkt „Auf dem Weg zu einer EU-weiten Regelung der Informationspflichten von Emittenten, deren Wertpapiere zum Handel an einem geregelten Markt zugelassen sind", MARKT-2002-10597-00-00-DE-TRA-00(EN), abrufbar unter: http://europa.eu.int/comm/internal_market/en/finances/mobil/transparency/2ndconsult-cover_de.pdf.

[73] Vgl. Kommissionsvorschlags KOM(2003)138 endg., S. 21.

schaft von neun Kalendertagen auf drei Handelstage verkürzt werden.[74] Der Sicherstellung einer einheitlichen Anwendung dieser Regelungen soll der Erlass von Durchführungsmaßnahmen im Rahmen des hierfür vorgesehenen Komitologieverfahrens dienen.[75]

Hinsichtlich des sachlichen Anwendungsbereichs der Richtlinie enthält die Transparenz-Richtlinie II über das bisherige Recht hinaus in Art. 13 eine Ausdehnung der Mitteilungspflichten auch für natürliche und juristische Personen, die direkt oder indirekt Finanzinstrumente halten, die ihrem Inhaber das Recht verleihen, von sich aus im Rahmen einer förmlichen Vereinbarung mit Stimmrechten verbundene und bereits ausgegebene Aktien des Emittenten, dessen Aktien zum Handel an einem geregelten Markt zugelassen sind, zu erwerben. Das Anwendungsspektrum der Mitteilungspflichten erstreckt sich damit erstmals auch auf derivate Wertpapiere. Anders als nach dem ursprünglichen Kommissionsvorschlag sieht die aktuelle Richtlinienfassung jedoch eine Beschränkung auf Derivate bereits bestehender Aktien vor, um hierdurch nachteilige Auswirkungen auf die Märkte für Derivate zu vermeiden.[76] Das mit der Neuregelung verbundene erweiterte Anwendungsspektrum der Regelung des Art. 13 der Transparenz-Richtlinie II kann jedoch erst dann abschließend bewertet werden, wenn die EU-Kommission von ihren ihr in dieser Frage zustehenden Durchführungskompetenzen Gebrauch gemacht hat.

Weitere sowohl systematische als auch inhaltliche Änderungen enthält die Richtlinie in ihrem Art. 10 mit Blick auf die Zurechnung der Wertpapiere Dritter. Neu ist hier vor allem die Zurechnung von Stimmrechten, die eine natürliche oder juristische Person als Bevollmächtigte nach eigenem Ermessen ausüben kann.[77] Unternehmen sollen damit, so die Begründung des Kommissionsentwurfs, die Möglichkeit erhalten, über bedeutende Beteiligungen unterrichtet zu werden, für die der Bevollmächtigte von einer Reihe von Aktionären gemeinsame Weisungen erhalten hat.[78]

---

[74] Mit der Bezugnahme auf Handels- statt Kalendertage soll ausweislich der Begründung des Kommissionsvorschlags der tatsächlichen Marktsituation in stärkerem Maße Rechnung getragen werden, vgl. KOM(2003)138 endg., S. 21.

[75] Art. 12 Abs. 8 i.V.m. Art. 27 der Transparenz-Richtlinie II.

[76] Vgl. insoweit die Begründung des Berichts des Europäischen Parlaments vom 25.2.2004, endg. A5-0079/2004, S. 60

[77] Art. 10 lit. h) der Transparenz-Richtlinie II.

[78] Begründung des Kommissionsvorschlags KOM(2003)138 endg., S. 28.

c) Aktionsplan der EU-Kommission zur Modernisierung des Gesellschaftsrechts und der Corporate Governance

Weitere Maßnahmen zur Erhöhung der Transparenz von Aktionärs- und Kontrollstrukturen, insbesondere mit Blick auf Vereinbarungen der Aktionäre untereinander, sieht der Aktionsplan der EU-Kommission vom 21.5.2003 zur „Modernisierung des Gesellschaftsrechts und Verbesserung der Corporate Governance" vor.[79] Ziel der Maßnahme sind die Verbesserung der Leitung und Überwachung von Gesellschaften innerhalb der EU sowie die Stärkung der Aktionärsrechte und der Schutz Dritter.

Nach den hier interessierenden Regelungsvorschlägen des Aktionsplans hat die Gesellschaft in einem im Zusammenhang mit dem Jahresabschluss zu veröffentlichenden *Corporate-Governance-Statement* in einer Art Entsprechenserklärung (*comply or explain*) u.a. Auskunft über die Aktionäre mit bedeutenden Beteiligungen und deren Stimm- und Kontrollrechte sowie wesentliche Vereinbarungen aufzuführen. Darüber hinaus sollen künftig auch „direkte" und „indirekte" Beziehungen zwischen der Gesellschaft und solchen Aktionären transparent gemacht werden müssen. Der Plan schließt hierbei die Verpflichtung der Aktionäre ein, die Existenz solcher Vereinbarungen offen zu legen. Sind einzelne (Groß-)Aktionäre untereinander weitergehende Verpflichtungen mit dem Zweck eingegangen, bestimmte Ziele hinsichtlich der Gesellschaft zu verfolgen, so sollen nach dem Aktionsplan auch die mit solchen Vereinbarungen verfolgten Absichten offen zu legen sein.[80]

d) Zwischenergebnis

Stellt man zunächst die heute in den Artt. 85 bis 97 der konsolidierten Börsen-Richtlinie geregelten Offenlegungspflichten dem gegenüber, so wird deutlich, dass mit der Initiative eine Reihe grundlegender Änderungen einhergehen. Hierzu gehört zunächst die Regelung der Transparenz-Richtlinie II, den Schwellenwert für die Eingangsberichterstattung auf 5 Prozent herabzusetzen und die darauf folgenden Mitteilungspflichten bis zu 30 Prozent auf 5 Prozent-Schritte zu verkürzen. Die Initiative dokumentiert insoweit die Abkehr von dem bislang maßgeblich gesellschaftsrechtlich orientierten Regelungsansatz und begründet zugleich Informationspflichten, die eine genauere Beobachtung von Verände-

---

[79] Mitteilung der Kommission vom 21.5.2003 an den Rat und das europäische Parlament – Modernisierung des Gesellschaftsrechts und Verbesserung der Corporate Governance in der Europäischen Union – Aktionsplan, KOM(2003)284 endg.; vgl. hierzu zuletzt *Hopt* ZIP 2005, 461 ff.; *Meier-Reimer* FAZ v. 4.6.2003, Nr. 128, S. 21; *Wiesner* ZIP 2003, 977.

[80] Vgl. hierzu kritisch *Meier-Reimer* FAZ v. 4.6.2003, Nr. 128, S. 21.

rungen in der Aktionärsstruktur börsennotierter Unternehmen erlauben. Das damit verfolgte Ziel einer weitergehenden Offenlegung von Beteiligungsverhältnissen wird weiterhin durch die Verkürzung des für die Mitteilung und Veröffentlichung erlaubten Zeitfensters unterstützt.

Inwieweit sich darüber hinaus in Zukunft die im Rahmen des Aktionsplans zur Überarbeitung des Gesellschaftsrechts von der EU-Kommission gemachten Vorschläge für Publizitätspflichten des Emittenten selbst sowie der Aktionäre mit bedeutenden Beteiligungen, insbesondere zur Offenlegung von Absichten hinsichtlich der Gesellschaft, verwirklichen lassen bleibt abzuwarten. Jedenfalls mit Blick auf die Offenlegung von Vereinbarungen von (Groß-)Aktionären, die bestimmte Ziele gegenüber der Gesellschaft verfolgen, wird vor allem aus informationsökonomischer aber auch rechtspolitischer Sicht zu prüfen sein, ob und in welchem Umfang entsprechende Publizitätspflichten den Informationsinteressen des Anlegerpubikums entgegenkommen oder vielleicht zu einer unnöigen Verletzung berechtigter Geheimhaltungsinteressen führen können. Auf die Frage wird nach der Behandlung der im Rahmen dieser Arbeit zu untersuchenden Rechtsordnungen zurückzukommen sein.

2.) Europäische Regulierung des Marktmissbrauchs

Neben den speziellen sekundärrechtlichen Vorgaben über die Offenlegung von Beteiligungs-/Stimmrechtsverhältnissen stellt sich die Frage, ob und wenn ja, in welchem Umfang der Erwerb oder die Veräußerung von Wertpapieren an einer börsennotierten Gesellschaft nach europäischen Recht insiderrechtlichen Erwerbs- oder Veräußerungshindernissen oder alternativ weitergehenden Publizitätspflichten, insbesondere in Form der sog. Ad-hoc-Publizität, ausgesetzt sein kann. Die in diesem Zusammenhang relevanten Regelungen sind heute einschließlich der Verpflichtung zur Offenlegung von Directors' Dealings in der auf Art. 95 EGV basierenden europäischen Marktmissbrauchs-Richtlinie 2003/6/EG zusammengefasst, die missbräuchliches Verhalten auf den Finanzmärkten sowohl in Form von Insidergeschäften als auch neuerdings von Marktmanipulation reguliert.[81] Wesentliches Ziel der Richtlinie ist es, einen gemeinsamen Schutzzweckerwägungen verpflichteten, einheitlichen Marktmissbrauchstatbestand für Insidergeschäfte und Marktmanipulationshandlungen im europäische Recht aufzustellen, um damit die Integrität der Finanzmärkte in der

---

[81] Richtlinie 2003/6/EG des Europäischen Parlaments und des Rates vom 28.1.2003 über Insider-Geschäfte und Marktmanipulation (Marktmissbrauch), ABl. EG vom 22.4.2003 Nr. L 96, S. 16; zu dem mit Erlass der Richtlinie verbundenen Gesetzgebungsverfahren *Seitz* BKR 2002, 340, 342; zu dem Kommissionsvorschlag KOM(2001)281 endg. v. 30.5.2001, vgl. *v. Ilberg/Neises* WM 2002, 635, 645 ff.; *M. Weber* EuZW 2002, 43 ff.

Gemeinschaft sicherzustellen und das Anlegervertrauen zu stärken.[82] Flankiert werden diese Regelungsziele durch die bereits erwähnte Verpflichtung zur unverzüglichen öffentlichen Bekanntgabe von Insiderinformationen im Rahmen der Ad-hoc-Publizität sowie der Transparenz von Wertpapiertransaktionen der Mitglieder der Führungsebenen eines Emittenten und der in Verbindung zu diesen stehenden Personen.[83]

Mit In-Kraft-Treten der Regelung wurden die bis dahin in der Insider-Richtlinie und der konsolidierten Börsen-Richtlinie 2001/34/EG enthaltenen Bestimmungen zum Insiderhandel und zur Ad-hoc-Publizität ersetzt.[84] Die durch die Verabschiedung der Richtlinie 2003/6/EG entstandenen Verpflichtungen waren von den Mitgliedstaaten bis zum 12.10.2004 in nationales Recht umzusetzen. Durch die Marktmissbrauchs-Richtlinie kommt erstmals das in den *Lamfalussy*-Vorschlägen vorgesehene Komitiologieverfahren auf der Ebene des europäischen Wertpapierrechts zur Anwendung. Auf die in diesem Zusammenhang erlassenen technischen Durchführungsbestimmungen[85] ist im Rahmen der Darstellung der Einzelregelungen der Richtlinie zurückzukommen.

---

[82] Vgl. Erwägungsgrund 12 der Richtlinie 2003/6/EG sowie die Begründung des Kommissionsvorschlags, KOM (2001)281 endg., S. 4; vgl. zu der durch die Richtlinie hergestellten Verknüpfung zwischen der Regulierung des Insiderhandels und dem Verbot der Marktmanipulation *Moloney* EC Securities Regulation, S. 789 f.

[83] Vgl. Erwägungsgründe 24 und 26 der Richtlinie 2003/6/EG.

[84] Vgl. Art. 20 der Richtlinie 2003/6/EG, nach dem mit ihrem In-Kraft-Treten die Insider-Richtlinie 89/592/EWG (Richtlinie 89/582/EWG des Rates vom 13.11.1989 zur Koordinierung der Vorschriften betreffend Insider-Geschäfte, ABl. EG Nr. L 394 vom 19.11.1989, S. 30) sowie die bislang in den Art. 68 Abs. 1 und 81 Abs. 1 der konsolidierten Börsen-Richtlinie 2001/34/EG enthaltene europäische Regelung der Ad-hoc-Publizität aufgehoben. Die Richtlinie ist mit ihrer Veröffentlichung im ABl. EG am 22.4.2003 in Kraft getreten (vgl. Art. 21 der Richtlinie 2003/6/EG) und war bis zum 12.10.2004 von den einzelnen Mitgliedstaaten in nationales Recht umzusetzen (Art. 18 Abs. 1 der Richtlinie 2003/6/EG). In Deutschland erfolgte die Umsetzung durch das AnSVG v. 28.10.2004.

[85] Richtlinie 2003/124/EG der Kommission vom 22.12.2003 zur Durchführung der Richtlinie 2003/6/EG des Europäischen Parlaments und des Rates betreffend die Begriffsbestimmung und die Veröffentlichung von Insider-Informationen und die Begriffsbestimmung der Marktmanipulation, ABl. EU L 339 vom 24.12.2003, S. 70 f.; Richtlinie 2004/72/EG der Kommission vom 29.4.2004 zur Durchführung der Richtlinie 2003/6/EG des Europäischen Parlaments und des Rates - Zulässige Marktpraktiken, Definition von Insider-Informationen in Bezug auf Warenderivate, Erstellung von Insider-Verzeichnissen, Meldung von Eigengeschäften und Meldung verdächtiger Transaktionen, ABl. EU L 162 vom0.4.2004, S. 70ff; Verordnung (EG) Nr. 2273/2003 der Kommission vom 22.12. 2003 zur Durchführung der Richtlinie 2003/6/EG des Europäischen Parlaments und des Rates - Ausnahmeregelungen für Rückkaufsprogramme und Kursstabilisierungsmaßnahmen, ABl. EU L 336 vom.12.2003.

a) Verbot des Missbrauchs von Insiderinformationen und Marktmanipulation

aa) Insiderhandelsverbot

Die in den Artt. 2 bis 4 der Richtlinie 2003/6/EG enthaltenen Erwerbs- und Handlungsverbote folgen, wenn auch auf der Grundlage eines erweiterten Anwendungsbereichs, im Wesentlichen den Regelungen der bisherigen Insider-Richtlinie. Die einzelnen Mitgliedstaaten sind hiernach in erster Linie verpflichtet, die Nutzung von Insiderinformationen und derenWeitergabe an Dritte zu untersagen. „Insiderinformation" ist nach der in Art. 1 Nr. 1 der Richtlinie 2003/6/EG enthaltenen Definition jede nicht öffentlich bekannte präzise Information, die direkt oder indirekt einen oder mehrere Emittenten von Finanzinstrumenten oder eines oder mehrere Finanzinstrumente betrifft, und die, wenn sie öffentlich bekannt würde, geeignet wäre, den Kurs dieser Finanzinstrumente oder den Kurs sich darauf beziehender derivater Finanzinstrumente erheblich zu beeinflussen.[86] Zur Gewährleistung einer einheitlichen Anwendung der Richtlinie in den Mitgliedstaaten ist der Begriff der Insiderinformation im Rahmen der Durchführungsbestimmungen durch die Richtlinie 2003/124/EG der EU-Kommission näher definiert worden. CESR hatte zuvor in Vorbereitung der Maßnahme einen Katalog potentiell einschlägiger Insidertatsachen zusammengestellt, um den Emittenten und Aufsichtsbehörden in den einzelnen Mitgliedstaaten Orientierungshilfen zu geben, ohne zugleich einen abschließenden Katalog potentieller Insidertatsachen zur Verfügung zu stellen.[87]

Mit Blick auf die hier interessierende Frage der insiderrechtlichen Behandlung von Erwerbs- und Veräußerungsgeschäften in den Wertpapieren einer börsennotierten Gesellschaft enthält die Richtlinie 2003/6/EG keine ausdrückliche Regelung. Eine wichtige Einschränkung zu der damit grundsätzlich einhergehenden insiderrechtlichen Erfassung von Wertpapiertransaktionen, die auf der Grundlage einer möglicherweise kursbeeinflussenden unternehmerischen Entscheidung beruhen, begründet demgegenüber Erwägungsgrund 30 der Marktmissbrauchs-Richtlinie, wonach der Erwerb und die Veräußerung von Finanzinstrumenten, denen eine entsprechende Erwerbs- oder Veräußerungsentscheidung vorausgehen muss, nicht als Verwendung von Insiderinformationen gelten soll. Darüber hinaus soll auch der Zugang zu Insiderinformationen (z.B. im Rahmen einer

---

[86] Der Anwendungsbereich der bisherigen Insider-Richtlinie wurde dabei durch Ausdehnung des Begriffs der „Insiderpapiere" auf Warenderivate erheblich erweitert; vgl. hierzu näher *Grimme/v. Buttlar* WM 2003, 901, 905.

[87] Vgl. die Ratschläge 35-36 CESR's Advice on Level 2 Implementing Measures for teh prpopsed Market Abuse Directive v. 31.12.2002 („CESR-Empfehlungen").

Due Diligence) und der Gebrauch dieser Informationen zu einem öffentlichen Übernahmeangebot nicht als eine Verwendung von Insiderinformationen gelten.[88] Zu der damit verbundenen und bereits in der früheren Insider-Richtlinie enthaltenen insiderrechtlichen Freistellung der Umsetzung von Investitionsentscheidungen ist im Rahmen der Behandlung des deutschen Rechts zurückzukommen.[89]

bb) Marktmanipulationsverbot

Neben dem Verbot der Ausnutzung von Insiderinformationen wird durch die Neuregelung des Art. 5 der Richtlinie 2003/6/EG ein allgemeines Verbot der Marktmanipulation aufgestellt. Damit sollen bis dahin bestehende Lücken in der Erfassung von Marktmissbrauchshandlungen geschlossen werden. Bei der Konkretisierung des Begriffs der Marktmanipulation differenziert die Richtlinie zwischen unterschiedlichen transaktions- und informationsbezogenen Handlungen.

Hierzu gehören im Einzelnen:

- Geschäfte oder Geschäftsaufträge, die falsche oder irreführende Signale für das Angebot von Finanzinstrumenten, die Nachfrage danach oder ihren Kurs geben oder geben können oder den Kurs eines oder mehrerer Finanzinstrumente durch eine Person oder mehrere, in Absprache handelnde Personen in der Weise beeinflussen, dass ein anormales oder künstliches Kursniveau erzielt wird;
- Geschäfte oder Kauf- bzw. Verkaufsaufträge unter Vorspiegelung falscher Tatsachen oder unter Verwendung sonstiger Kunstgriffe oder Formen der Täuschung; sowie die
- Verbreitung von Informationen über die Medien einschließlich das Internet oder auf anderem Wege, die falsche oder irreführende Signale in Bezug auf Finanzinstrumente geben oder geben können, u.a. durch Verbreitung von Gerüchten sowie falscher oder irreführender Nachrichten, wenn die Person, die diese Informationen verbreitet hat, wusste oder hätte wissen müssen, dass sie falsch oder irreführend waren.[90]

Von wesentlicher Bedeutung für die Beurteilung der Implikationen des Manipulationsverbotes des Art. 5 der Richtlinie 2003/6/EG für die Offenlegung bestimmter kapitalmarktbezogener Sachverhalte sind hier alleine die zuletzt ge-

---

[88] So Erwägungsgrund 29 der Richtlinie 2003/6/EG.

[89] Vgl. hierzu im Einzelnen unten § 2 B) IV.) 1.) c) aa) (1).

[90] Art. 1 Abs. 2 lit. a) bis c) der Richtlinie 2003/6/EG.

nannten informationsbezogenen Handlungen. Die Richtlinie lässt an dieser Stelle jedoch offen, ob von dem Anwendungsbereich der Regelung auch alle jene Fälle erfasst werden sollen, in denen eine Information mit falschen oder irreführenden Signalen nicht verbreitet, sondern gerade unterlassen wird, wenn damit zugleich eine Rechtspflicht zur Offenlegung verletzt wird. Eine entsprechende Auslegung ließe sich allenfalls aus dem später jedoch nicht mehr in den Richtlinientext übernommenen Anhang ableiten, nach welchem auch das Verschweigen wesentlicher Tatsachen als manipulationstaugliche, informationsbezogene Handlung bewertet wird.[91]

b) Verpflichtung zur Offenlegung von Insiderinformationen (sog. Ad-hoc-Publizität)

aa) Veröffentlichungspflichtige Insiderinformationen

Nach der allgemeinen, jetzt in Art. 6 Abs. 1 der Richtlinie 2003/6/EG geregelten, Publizitätspflicht haben die Mitgliedstaaten dafür zu sorgen, dass Emittenten Insiderinformationen, die sie unmittelbar betreffen, sobald als möglich öffentlich bekannt geben. Durch die Regelung wird die nach bisherigem Recht in Art. 4 Abs. 2 i.V.m. Schema C Nr. 5 lit. a) der Börsenzulassungs-Richtlinie und Art. 7 der Insider-Richtlinie geregelte Pflicht zur Ad-hoc-Publizität[92] ersetzt und gleichzeitig erweitert.[93] Ziel der Neuregelung ist es, neben der Eindämmung des Missbrauchs von Insiderinformationen sicherzustellen, dass vor bzw. zeitgleich mit einer selektiven Weitergabe von Informationen durch den Emittenten oder in seinem Auftrag oder auf seine Rechnung handelnder Personen an Dritte, diese

---

[91] Vgl. insoweit noch Anhang, Abschnitt B des Kommissionsvorschlags zu einer Marktmissbrauchs-Richtlinie, KOM(2001)281 endg., S. 27.

[92] Richtlinie des Rates vom 5.3.1979 zur Koordinierung der Bedingungen für die Zulassung von Wertpapieren zur amtlichen Notierung an einer Wertpapierbörse (79/279/EWG), ABl. EG Nr. L 66 vom 16.3.1979, S. 21 = Art. 6. Abs. 2 i.V.m. Art. 68 Abs. 1 bzw. 81 Abs. 1 der konsolidierten Börsen-Richtlinie 2001/34/EG vom 28.5.2001, ABl. EG Nr. L 184 vom 6.7.2001, S. 1: „Die Gesellschaft muss das Publikum unverzüglich über neue erhebliche Tatsachen in Kenntnis setzen, die in ihrem Tätigkeitsbereich eingetreten sind und die der breiten Öffentlichkeit nicht bekannt sind, aber wegen ihrer Auswirkung auf ihre Vermögens- und Finanzlage oder auf den allgemeinen Geschäftsverlauf zu einer beträchtlichen Änderung der Kurse ihrer Aktien führen können."

[93] Vgl. Art. 20 der Richtlinie 2003/6/EG, nach dem die Art. 68 Abs. 1 und 81 Abs. 1 der konsolidierten Börsen-Richtlinie 2001/34/EG, mit In-Kraft-Treten der Richtlinie 2003/6/EG, d.h. mit Veröffentlichung der Richtlinie am 12.4.2003 im ABl. EG, aufgehoben werden. Für die Auslegung des „angeglichenen Rechts“ bedeutet dies freilich keine unmittelbare Direktwirkung der im einzelnen weitergehenden Bestimmungen der Richtlinie 2003/6/EG, bis die hierin vorgesehene Umsetzungsfrist abgelaufen ist.

Informationen gegenüber dem Publikum vollständig und tatsächlich offengelegt werden.[94] Anders als nach dem bisherigen Recht kommt es dabei weder darauf an, dass die Information Auswirkungen auf die Vermögens- oder Finanzlage oder den allgemeinen Geschäftsverlauf des Emittenten hat noch dass diese in seinem Tätigkeitsbereich eingetreten und damit seiner unternehmerischen Sphäre zuzurechnen ist. Die Insiderinformation muss den Emittenten lediglich unmittelbar betreffen.[95] Die Änderung markiert insoweit eine weitgehende Angleichung des Begriffs der Insiderinformation mit dem der Ad-hoc-publizitätspflichtigen Informationenn im Sinne des Art. 6 Abs. 1 der Richtlinie 2003/6/EG und führt damit gegenüber der Vorgängerregelung zu einer tendenziellen Vorverlagerung bzw. Ausweitung der Veröffentlichungspflicht.[96]

bb) Veröffentlichungszeitpunkt und -verfahren

Zu welchem genauen Zeitpunkt die Veröffentlichungspflicht eintreten soll bleibt nach der Diktion des Richtlinientextes („sobald als möglich") offen.[97] Die Richtlinie selbst und die hierzu veröffentlichten Materialien deuten jedoch nicht darauf hin, dass der Begriff gegenüber der Vorgängerregelung und auch nach der, gemäß anderen Bestimmungen der Richtlinie erforderlichen, „unverzüglichen" Veröffentlichungspflicht weiter zu verstehen wäre[98] oder dem Emittenten einen Ermessenspielraum bei der Ausübung seiner Pflichten einräumen würde.[99] Eine gewisse Klärung dieser Frage erlaubt Art. 2 Abs. 2, 3 der Durchführungsrichtlinie 2003/124/EG, nach der grundsätzlich auf den Zeitpunkt des Eintritts des kurssensiblen Sachverhalts abzustellen ist, ohne dass es darauf ankommt, ob bereits ein formgerechter Abschluss eines damit verbundenen Entscheidungsvorgangs vorliegt.[100] Begründet wird dieses vergleichsweise enge Verständnis mit

---

[94] So ausdrücklich die Begründung des Kommissionsvorschlags KOM(2001)281 endg., S. 8. Der Regelungszweck gleicht insoweit der durch die US Securities and Exchange Commission erlassenen Regulation FD, vgl. dazu im Einzelnen aus dem deutschen Schrifttum *Drygala* WM 2001, 1313, 1316 ff.

[95] Die Beschränkung auf Informationen, die den Emittenten „unmittelbar betreffen", geht auf den Änderungsvorschlag 35 des Europäischen Parlaments gegenüber dem ursprünglichen Kommissionsvorschlag zurück.

[96] So im Ergebnis auch *Leppert/Stürwald* ZBB 2002, 90, 95; *Grimme/von Buttlar* WM 2003, 901, 906; *Fürhoff* AG 2003, 80, 85.

[97] Kritisch hierzu die Stellungnahme des Wirtschafts- und Sozialausschusses ABl. EG Nr. C 80 vom 3.4.2002, S. 61, nach der diese Formulierung zu einer unterschiedlichen Ausgestaltung innerhalb der einzelnen Mitgliedstaaten führen könne.

[98] Vgl. Erwägungsgrund 24 sowie Art. 6 Abs. 2 und 3 der Richtlinie 2003/6/EG.

[99] Ähnlich auch *Leppert/Stürwald* ZBB 2002, 90, 94.

[100] So auch Ratschlag Nr. 62, Nr. 65 und 66 CESR-Empehlungen.

dem erheblichen Risiko eines Missbrauchs von Insiderinformationen in dem Zeitraum zwischen Eintritt des entsprechenden Ereignisses und der Erfüllung der hierfür formell erforderlichen Voraussetzungen.[101] Der Emittent soll jedoch die Veröffentlichung solange aufschieben können, wie es zur Prüfung des Vorliegens einer publizitätspflichtigen Tatsache bedarf,[102] ohne dass es hierbei zugleich zu einer vorsätzlichen oder fahrlässigen Verzögerung der Publikation kommen darf.[103] Entsprechendes gilt für wichtige Veränderungen („*any significant changes*") bereits veröffentlichter Tatsachen, die nach Art. 5 Abs. 2 des CESR-Entwurfs durch eine entsprechende Ad-hoc-Veröffentlichung bekannt zu geben sind.[104]

cc) Eigenverantwortlicher Aufschub der Veröffentlichung und Maßnahmen zur Geheimhaltung

Eine grundlegende Änderung gegenüber dem bisherigen Recht enthält Art. 6 Abs. 2 Satz 1 der Marktmissbrauchs-Richtlinie. Hiernach darf der Emittent die Bekanntgabe von Insiderinformationen auf eigene Verantwortung aufschieben, wenn die Veröffentlichung seine berechtigten Interessen schädigen könnte, vorausgesetzt, die Unterlassung der Veröffentlichung ist nicht geeignet, die Öffentlichkeit irrezuführen, und der Emittent gleichzeitig die Vertraulichkeit der Information gewährleisten kann. Hieran ist neu, dass die Richtlinie dem Emittenten die Entscheidungsgewalt über den Aufschub der Veröffentlichung selbst überträgt, statt dies, wie bisher, der Entscheidung der zuständigen Aufsichtsbehörde zu überlassen. Mit der Verzögerungsmöglichkeit wird damit ausdrücklich anerkannt, dass die Geheimhaltungsinteressen des Emittenten und der Schutz der Entscheidungsfreiheit seiner Organe gegenüber den Informationsinteressen des Kapitalmarktes Vorrang haben können. Die Regelung wird in Zukunft auch insoweit an Bedeutung gewinnen, als der Emittent nach Art. 6 Abs. 1 der Richtlinie 2003/6/EG verpflichtet ist, die ihn unmittelbar betreffenden Insiderinformationen unabhängig davon, ob sie im Tätigkeitsbereich des Emittenten eingetreten sind und mögliche Auswirkungen auf dessen Vermögens- oder Finanzlage haben, zu veröffentlichen. Nicht zuletzt aus diesem Grund wird es künftig besonders wichtig sein, die mit der Überwachung der Einhaltung der Publizitätspflichten betraute Behörde mit den notwendigen Ressourcen und Sanktionsin-

---

[101] Vgl. insoweit Ratschlag Nr. 66 der CESR Empfehlungen.

[102] Nr. 65 CESR-Empfehlungen.

[103] Nr. 65 CESR-Empfehlungen.

[104] Nr. 65 CESR-Empfehlungen; *Grimme/von Buttlar* WM 2003, 901, 907.

strumenten auszustatten, um Verstößen effektiv nachgehen zu können.[105] Einem möglichen Missbrauchsanreiz beugt hier sicherlich auch die durch den Änderungsvorschlag des Europäischen Parlaments eingebrachte Regelung vor, nach der die Mitgliedstaaten eine unverzüglich zu erfüllende Informationspflicht der Entscheidung des Emittenten gegenüber der zuständigen Behörde anordnen können.[106]

Unter welchen Voraussetzungen die Bekanntgabe der Information den berechtigten Interessen des Emittenten entgegensteht, wird in der Richtlinie selbst nicht definiert. Nach der hierzu von der EU-Kommission erlassenen Durchführungsrichtlinie 2003/124/EG und den dort in Art 3 nicht erschöpfend aufgezählten Fallbeispielen soll eine verzögerte Veröffentlichung dann nicht den berechtigten Interessen des Anlegerpublikums entgegenstehen, wenn sich die Informationen auf laufende Verhandlungen und damit verbundene Umstände beziehen und die Verhandlungen von der Veröffentlichung wahrscheinlich beeinträchtigt werden würden. Darüber hinaus sieht die Durchführungsrichtlinie eine entsprechende Befreiung vor, wenn Entscheidungen des Vorstands der Gesellschaft, die im Falle einer zweigliedrigen Leitungsstruktur der Gesellschaft einer Zustimmung des Aufsichtsrats bedürfen, bei der Veröffentlichung der Vorstandsentscheidung die korrekte Einschätzung der Information durch das Publikum gefährden würde.

Eine weitere wesentliche Ausnahme von der Veröffentlichungspflicht ist schließlich für Fälle vorgesehen, in denen Personen, die Insiderinformationen erhalten, verpflichtet sind, diese vertraulich zu behandeln, unabhängig davon, ob sich diese Verpflichtung aus Rechts- oder Verwaltungsvorschriften, der Satzung oder aus Vertrag ergibt.[107] Auf der Grundlage dieses Ausnahmetatbestandes bei einer entsprechenden Umsetzung in das nationale Recht wird künftig zu prüfen sein, ob bei einem gemeinsam geplanten und durchgeführten Erwerbsvorgang unter Zugrundelegung entsprechender Vertraulichkeitsvereinbarungen von einer Publizitätspflicht abgesehen werden kann.

c) Directors' Dealings

Mit der in Art. 6 Abs. 4 der Richtlinie 2003/6/EG enthaltene Verpflichtung zur Offenlegung von Wertpapiertransaktionen von Personen, die Führungsaufgaben bei dem Emittenten wahrnehmen, bzw. in enger Beziehung zu diesem stehende

---

[105] So auch *Leppert/Stürwald* ZBB 2001, 90, 95.

[106] Art. 6 Abs. 2 Satz 2 der Richtlinie 2003/6/EG.

[107] Art. 6 Abs. 3 Satz 2 der Richtlinie 2003/6/EG.

Personen, wurde erstmals eine Publizitätspflicht für Directors' Dealings in das europäische Recht aufgenommen.[108] Gegenstand der Informationspflicht sind alle Eigengeschäfte der durch die Richtlinie erfassten Personen in Aktien des Emittenten und sich hierauf beziehende Derivate oder anderer Finanzinstrumente. Weitere Maßnahmen im Zusammenhang mit Wertpapiergeschäften bestimmter Personengruppen eines Unternehmens, wie die Begrenzung des Aktienhandels auf genau definierte Zeiträume („*window trading*"), schreibt die Richtlinie nicht vor, auch wenn die Annahme entsprechender Regeln und interner Verhaltenskodizes zur Steigerung der Marktintegrität professionellen Marktteilnehmern in den Erwägungsgründen der Richtlinie ausdrücklich nahe gelegt wird.[109]

Der Kreis, der in den Anwendungsbereich der Regelung fallenden Personen, wird von dem Richtlinietext gleich in zweifacher Hinsicht offen gelassen und einer Regelung im Rahmen der auf die Kommission übertragenen Durchführungskompetenzen zugeführt. Dies gilt zunächst mit Blick auf diejenigen Personen, die „Führungsaufgaben" bei dem Emittenten wahrnehmen. Hierzu gehören nach Durchführungsrichtlinie 2004/72/EG neben den Personen, die einem Verwaltungs- Leitungs- oder Aufsichtsorgan des Emittenten angehören auch solche, die als geschäftsführende Führungskraft außerhalb der vorbezeichneten Organe regelmäßig Zugang zu Insiderinformationen mit direktem oder indirektem Bezug zum Emittenten haben und befugt sind, unternehmerische Entscheidungen über künftige Entwicklungen und Geschäftsperspektiven dieses Emittenten zu treffen (vgl. insoweit Art. 1 Abs. 1 der Durchführungsrichtlinie). Die Regelung soll insoweit ein ausgewogenes Verhältnis zwischen der notwendigen Einbeziehung von Personen mit dem regelmäßigen Zugang zu Insiderinformationen und einem darüber hinaus gehenden Personenkreis herstellen, bei dem die Veröffentlichungspflicht aufgrund des fehlenden Zusammenhangs zwischen der Informa-

---

[108] Die in dem Kommissionsvorschlag noch nicht enthaltene Regelung geht auf den Änderungsantrag 40 des *Goebbels*-Berichts zurück. Die Regelung soll nach der dem Bericht zugrunde liegenden Begründung die folgenden Vorteile bringen: (1) Erhöhte Gerechtigkeit zwischen den Anlegern; (2) eine „präventive" Begrenzung der Insider-Geschäfte von Führungskräften durch die Verpflichtung zur nachträglichen Mitteilung der Geschäfte; (3) Unterstützung der Anleger bei der Ermittlung des „richtigen Preises" eines Unternehmens auf den Märkten, da amerikanische Studien ergeben haben, dass „Insider" bessere Renditen erzielen als andere Anleger; (4) Zuverlässigkeit und Wirksamkeit des Mechanismus, der in den Vereinigten Staaten seit Jahrzehnten zur allgemeinen Zufriedenheit angewandt werde sowie schließlich eine erhöhte makrofinanzielle Stabilität, da erwiesen sei, dass „Insider" verkaufen, wenn sie feststellen, dass der Preis der Aktie ein unrealistisch hohes Niveau erreicht habe. Umgekehrt würden sie kaufen, wenn sie der Meinung sind, dass die Aktien überverkauft sind.

[109] Siehe Erwägungsgrund 24 der Richtlinie 2003/6/EG.

tion und dem Wertpapiergeschäft die Informationsöffentlichkeit mit zu vielen im Kern wertlosen Informationen belasten würde.[110]

B) Deutsches Recht

I.) Grundlagen und Entwicklungen informationeller Kapitalmarktregulierung

Die Entwicklung des deutschen Kapitalmarktrechts ist heute in entscheidendem Maße durch die Rechtssetzungsinitiativen auf europäischer Ebene bestimmt. Dies gilt zunächst für die Harmonisierung des Wertpapierhandelsrechts ebenso wie für den Bereich der Emissionspublizität. Der entscheidende Schritt für die Genese des erstgenannten Bereichs war der Erlass des Wertpapierhandelsgesetzes (WpHG) durch das am 1.1.1995 in Kraft getretene Zweite Finanzmarktförderungsgesetzes, mit dem die europäische Insider-Richtlinie, die Transparenz-Richtlinie sowie teilweise auch die Wertpapierdienstleistungs-Richtlinie in deutsches Recht umgesetzt wurden. Das WpHG bildet heute eine Art „Grundgesetz" des deutschen Kapitalmarktrechts mit einer Reihe von auf den Sekundärmarkt gerichteten Publizitätspflichten und Verhaltensgeboten für die Kapitalmarktteilnehmer.[111] Das System der durch das WpHG geschaffenen kapitalmarktorientierten Publizität ist dabei zugleich Bindeglied zu einer Reihe weiterer periodischer Publizitätspflichten, die sich mit Blick auf börsennotierte Unternehmen in die Bereich der Jahresabschluss- und Lageberichtspublizität[112] sowie in die Zwischenberichtspublizität[113] unterteilen lassen.[114]

---

[110] Ähnlich *CESR* Consultation Paper 03-102b, Tz. 72.

[111] *Lenenbach* Kapitalmarkt- und Börsenrecht, 2002, Rn. 10.1.

[112] § 39 Abs. 1 Nr. 3, Abs. 2 BörsG n.F. i.V.m § 65 BörsZulV.

[113] § 40 Abs. 1 BörsG n.F. i.V.m. §§53-62 BörsZulV

[114] *Baums* Changing Patterns of Corporate Disclosure, Arbeitspapier Nr. 102, S. 7 ff.; *Merkt* Unternehmenspublizität, 2002, S. 275 ff.; sowie zu den dabei bestehenden Querbezügen der Publizität als Bestandteil des Aktien-, Bilanz- und Kapitalmarktrechts *Hommelhoff* ZGR 2000, 749 ff.

II.) Kapitalmarktrechtliche Stimmrechts- und Beteiligungspublizität als Bestandteil der Regulierung des Sekundärmarktes – Überblick und Systematisierung

Dem traditionell verbandsrechtlich orientierten Regelungsansatz der Publizität des Sekundärmarktes im deutschen Recht entspricht es, dass die Offenlegung von Beteiligungen an börsennotierten ebenso wie nicht börsennotierten Aktiengesellschaften bis vor kurzem vornehmlich als Instrument des Minderheitenschutzes bei der Begründung von Abhängigkeitsverhältnissen und Konzernierungsprozessen verstanden wurde.[115] Erst schrittweise hat der Gesetzgeber mit In-Kraft-Treten des WpHG und der hiernach erlassenen Finanzmarktförderungsgesetze die bis dahin vor allem durch das AktG 1965 gewährleistet Beteiligungspublizität aus ihrem verbandsrechtlichen Regelungskontext herausgelöst und, zumindest für Beteiligungen an börsenaktiven Gesellschaften, in einen kapitalmarktrechtlichen Funktionszusammenhang gestellt. Kernstück der kapitalmarktrechtlichen Beteiligungspublizität sind damit die heute in Abschnitt 5 des WpHG und dort in den §§ 21 bis 30 WpHG verankerten Vorschriften über die Offenlegung stimmrechtsmäßiger Beteiligungen an börsennotierten Gesellschaften, mit denen der deutsche Gesetzgeber mit einiger Verspätung die Vorgaben der europäischen Transparenz-Richtlinie umsetzt hat. Die Vorschriften stehen in unmittelbarem Zusammenhang zu einer Reihe weiterer kapitalmarktrechtlicher Normen, die sich, wie bereits die Darstellung des europäischen Rechts nahe gelegt hat, allgemein unter dem Stichwort der „Regulierung des Marktmissbrauchs" zusammenfassen lassen. Im Einzelnen gehören hierzu das in den §§ 12 bis 14 WpHG geregelte Insiderhandelsverbot und das Verbot der Kursmanipulation gemäß § 20a WpHG. Weitere, die vorgenannten Verbotsnormen flankierende, Publizitätspflichten sind die Verpflichtung zur Veröffentlichung kursbeeinflussender Tatsachen (Ad-hoc-Publizität, § 15 WpHG) sowie, als Sonderregelung, hierzu die seit kurzem in § 15a WpHG geregelte Verpflichtung zur Offenlegung von Directors' Dealings. Die Bedeutung der Offenlegung beteiligungsrelevanter Sachverhalte als Bestandteil der Regulierung des Sekundärmarktes kann sich zudem in unterschiedlichen Zusammenhängen des Übernahmerechts stellen. Dies gilt, entsprechend dem Ablauf des Angebotsverfahrens, zunächst für die Verpflichtung zur Veröffentlichung der Entscheidung zur Ab-

---

[115] *Merkt* Unternehmenspublizität, 2002, S. 282

gabe eines Erwerbs- oder Übernahmeangebotes,[116] die Veröffentlichung der Angebotsunterlage[117] sowie für das laufende Angebotsverfahren.[118]

Im Hinblick auf die originär verbandsrechtlichen Informationspflichten und Einsichtsrechte im Kontext der Offenlegung von Aktionärsstrukturen, soll sich die Beschreibung des deutschen Rechts exemplarisch zwei weiteren Gesichtspunkten widmen, die für die Abstimmung der Informationsanforderungen und -interessen zwischen Kapitalmarkt- und Verbandsrecht in der Vergangenheit zunehmendend an Bedeutung gewonnen haben. Hierzu gehören die als Bestandteil des Aktienkonzernrechts geregelte aktienrechtliche Beteiligungspublizität und deren Bedeutung gegenüber den Komplementärregelungen des WpHG, die Publizitätsfunktion des Aktienregisters bei Gesellschaften mit Namensaktien.

Daneben wird das Instrument der Beteiligungspublizität in einer Reihe weiterer Rechtsgebiete mit unterschiedlichen Regelungszielen in verschiedenen aufsichtsrechtlichen Zusammenhängen eingesetzt. Entsprechende, im Rahmen dieser Arbeit jedoch nicht näher zu untersuchende, Rechtsgrundlagen finden sich dabei im Bilanzrecht,[119] den Regelungen über die börsenrechtliche Emissionspublizität,[120] dem Recht der Zusammenschlusskontrolle[121] sowie branchenspezifische Mitteilungspflichten im Banken-[122] und Versicherungsaufsichtsrecht.[123]

---

116 § 10 WpÜG.

117 § 11 Abs. 4 Nr. 1 WpÜG i.V.m. § 2 Nr. 5 WpÜG-AngebotsVO.

118 § 23 WpÜG.

119 Die §§ 285 Nr. 11, 314 Abs. 2 Nr. 4 HGB begründen die Verpflichtung im Jahres-/Konzernabschluss einer AG Kapitalbeteiligungen an anderen Unternehmen von mindestens 20 Prozent in der genauen Beteiligungshöhe aufzuführen. Zusätzliche Offenlegungspflichten bestehen seit In-Kraft-Treten des KonTraG für Beteiligungen börsennotierter Unternehmen an großen Kapitalgesellschaften über 5 Prozent der Stimmrechte anzugeben (§§ 285 Nr. 11, 313 Abs. 2 Nr. 4 S. 2 HGB). Daneben sind Aktiengesellschaften gemäß § 160 Abs. 1 Nr. 7 und 8 AktG im Anhang des Jahresabschlusses zu Angaben über das Bestehen wechselseitiger Beteiligungen sowie über das Bestehen einer Beteiligung, die ihr entweder im Rahmen der gemäß § 20 Abs. 1 oder Abs. 4 AktG bzw. nach den Mitteilungspflichten des § 21 WpHG mitgeteilt worden sind, verpflichtet. Im Hinblick auf die mit den vorgenannten Regelungen verbundenen Publizitätslücken, vgl. *Korch* Ringbeteiligungen, S. 133 ff.

120 Gemäß § 19 Abs. 2 Nr. 5 BörsZulV hat der Emittent, soweit diesem bekannt, im Emissionsprospekt zum Zwecke der Börsenzulassung unmittelbare und mittelbare Kapital- und Stimmrechtsanteile an diesem von mindestens 5 Prozent anzugeben sowie Personen oder Gesellschaften, die auf den Emittenten einen beherrschenden Einfluss ausüben können.

121 Die in § 37 Abs. 1 Nr. 3 GWB statuierten Zusammenschlusstatbestande knüpfen an das Erreichen einer Beteiligung an einem anderen Unternehmen in Höhe von 50 bzw. 25 Prozent des Kapitals oder der Stimmrechte an diesem Unternehmen an. Ein entsprechender Unternehmenszusammenschluss ist nach § 39 GWB vor dessen Vollzug beim Bundeskartellamt

III.) Mitteilungs- und Veröffentlichungspflichten bei Veränderungen der Stimmrechtsanteile an börsennotierten Gesellschaften, §§ 21 ff. WpHG

1.) Gesetzeszweck und Regelungskontext

Der Einführung der kapitalmarktrechtlichen Transparenzbestimmungen über die Veränderungen der Stimmrechtsanteile an börsennotierten Gesellschaften ging eine ähnliche intensive rechtspolitische Debatte voraus, wie der Regelung der aktienrechtlichen Mitteilungspflichten in den §§ 20 ff. durch das AktG 1965.[124] Im Kern ging es auch hierbei um das die Substanz der Regelungen berührende Spannungsverhältnis zwischen dem Verständnis der Aktiengesellschaft als anonymem Interessenverband (*societeé anonymé*) und der Gewährleistung von Transparenz als Funktionsvoraussetzung eines effizienten Kapitalmarktes.[125] Die Diskussion um die Einführung der in das WpHG aufgenommenen Offenlegungspflichten stand freilich unter anderen Vorzeichen, hat doch die wachsende Bedeutung der Aktie als Finanzierungsinstrument und damit verbunden der Anlegerschutz, in der jüngeren Vergangenheit zu einem erheblich Bedeutungszuwachs kapitalmarktrechtlicher Publizitätspflichten und zugleich zu einem gewandelten Verständnis der Regelungen beigetragen.

Die in den Gesetzesmaterialien zu den §§ 21 ff. WpHG zum Ausdruck kommenden Zielsetzungen einer angemessenen Unterrichtung der Anleger über die Beteiligungsverhältnisse an börsennotierten Gesellschaften, dem Anlegerschutz sowie der Stärkung des Vertrauens in die Informationseffizienz und der Funkti-

---

anzumelden. Hierbei bedarf es seit der 6. GWB-Novelle bei Erwerb von Anteilen an einem anderen Unternehmen generell der Angabe der Höhe der erworbenen und der insgesamt gehaltenen Beteiligung (§ 39 Abs. 3 Satz 2 Nr. 5 GWB), vgl. hierzu Immenga/Mestmäcker/*Mestmäker/Veelken* GWB[3] § 39 Rn. 25.

[122] Vgl. § 2b Abs. 1 und 4 i.V.m. § 1 Abs. 9 KWG. Durch die Regelung soll in erster Linie der Bankenaufsicht gestattet werden, aus der Neuordnung der Zusammensetzung des Eigentümerkreises von Kreditinstituten resultierenden Gefahren für die Solvenz des Kreditinstitutes zu erkennen und durch entsprechende Maßnahmen zu reagieren; vgl. hierzu statt aller *Reischauer/Kleinhans* KWG § 2b Rn. 1.

[123] Für Versicherungsunternehmen besteht eine dem weitgehend entsprechende Pflicht zur Anzeige von Beteiligungen nach den §§ 54 Abs. 2 Satz 1 lit. b), 13d Nr. 4 sowie § 104 Abs. 1 und 2 VAG.

[124] Vgl. hierzu Ausschussbericht zum AktG 1965 *Kropff* S. 40 ff. mit einer Zusammenfassung der damaligen Argumente *für* und *gegen* entsprechende Offenlegungspflichten; *v. Caemmerer* in: Frankfurter Publizitätsgespräch, S. 178 ff.; *Flume* Grundfragen der Aktienrechtsreform 1960, S. 39 ff.; zu der Diskussion im Zusammenhang mit der Einführung der § 21 ff. WpHG Assmann/Schneider/*Schneider* WpHG[3] Vor § 21 Rn. 2 ff.

[125] Vgl. hierzu Ausschussbericht zum AktG 1965 *Kropff* S. 40 ff.

onstüchtigkeit der Wertpapiermärkte[126] unterstreichen diese veränderte Rezeption. Sie übernehmen zugleich die Erwägungsgründe der Transparenz-Richtlinie bzw. der heute konsolidierten Börsenrichtlinie 2001/34/EG und damit die Ziele der Offenlegung von Paketbildungen und der Verhinderung des Missbrauchs von Insiderinformationen.[127] Neben den dort festgelegten Zielen, soll durch ein erhöhtes Maß an Transparenz bei Veränderungen von Aktienbeteiligungen die Bereitschaft potentieller, insbesondere ausländischer, Investoren erhöht werden, sich in deutschen Aktiengesellschaften zu engagieren. Insoweit soll die Attraktivität des Finanzplatzes Deutschland im internationalen Wettbewerb erhöht und das Vertrauen der Anleger in die Funktionsfähigkeit des deutschen Kapitalmarktes gefestigt werden.[128] Neuerdings soll die kapitalmarktrechtliche Beteiligungspublizität bei Gesellschaften mit Namensaktien darüber hinaus auch einen Beitrag für die Kommunikationsmöglichkeiten der Aktionäre untereinander leisten.[129] Neben der näheren Bestimmung der durch die Vorschriften zur Offenlegung stimmrechtsmäßiger Beteiligungen verfolgten Schutzziele, hat in der Vergangenheit die Frage eine Rolle gespielt, ob die Regelungen damit (auch) dem Individualschutz des einzelnen Anlegers oder allein dem institutionellen Schutz von Anlegerinteressen dienen sollen. Die Frage ist aufgrund der fehlenden Trennbarkeit beider Schutzziele im Sinne des beiderseitigen Schutzzusammenhangs zu beantworten.[130] Sie spielt insbesondere bei der Beurteilung der Schutzgesetzeigenschaft des § 21 WpHG für die Begründung einer deliktischen Haftung nach § 823 Abs. 2 BGB wegen der Verletzung der Mitteilungspflichten eine Rolle und ist an dieser Stelle erneut aufzugreifen.[131]

Den ursprünglich in Kraft getretenen Regelungen folgte eine beträchtliche Zahl an Folgeänderungen, die zu einer Verschiebung der mit den Vorschriften zusammenhängenden Auslegungsfragen und zu einer Verdichtung des Systems der Beteiligungs- bzw. Stimmrechtspublizität geführt haben. Im Rahmen der durch das Dritte Finanzmarktförderungsgesetz vom 14.3.1998 erfolgten Änderun-

---

[126] BegrRegE BT-Drucksache 12/6679, S. 52.

[127] Vgl. hierzu oben § 2 A) III.) 1.) a) aa).

[128] BegrRegE BT-Drucks. 12/6679, S. 52.

[129] BegrRegE BT-Drucks. 14/4051, S. 11; siehe zu der Funktion des Aktienregisters im Rahmen der Beteiligungspublizität näher unten § 2 B) VI. 2.).

[130] MüKo-AktG/*Bayer*[2] § 22 Anh. § 21 WpHG Rn. 2; *Merkt* Unternehmenspublizität, 2002, S. 284 ff.; Assmann/*Schneider* WpHG[3] Vor § 21 Rn. 16, § 28 Rn. 79; *ders.*, AG 1997, 81; a.A. *Hüffer*[6] § 22 Anh. § 21 Rn. 1; Schäfer/*Opitz* § 21 Rn. 42.

[131] Siehe hierzu unten § 2 B) III.) 9.) b).

gen,[132] hat der Gesetzgeber vor allem die sich bis dahin überschneidenden Anwendungsbereiche der §§ 20 f. AktG und der §§ 21 ff. WpHG voneinander abgekoppelt.[133] Daneben erfolgte die Regelung der Meldepflichten bei erstmaliger Zulassung der Aktien zum Handel[134] sowie die Angleichung und Verschärfung der im Rahmen des § 28 WpHG vorgesehenen Rechtsfolgen für unterlassene Mitteilungen. Weitere grundlegende Änderungen sind im Zuge der Verabschiedung des Gesetzes zur Regelung von öffentlichen Angeboten zum Erwerb von Wertpapieren und von Unternehmensübernahmen vom 20.12.2001[135] erfolgt. Hierzu gehören vor allem die Ausdehnung des Anwendungsbereichs der Mitteilungspflichten nach § 21 Abs. 1 WpHG unter Einbeziehung des geregelten Marktes, die Neuordnung der Zurechnungstatbestände in § 22 WpHG sowie – damit verbunden – die Zurechnung von durch inländische und ausländische Kapitalanlagegesellschaften gehaltenen Anteilen. Als weitere Rechtssetzungsinitiativen, mit Berührungspunkten zu der hier interessierenden Stimmrechtspublizität, sind schließlich das Vierte Finanzmarktförderungsgesetz sowie die im Zusammenhang mit der Neuordnung der Finanzdienstleistungsaufsicht und der Schaffung der BaFin stehenden Änderungen zu nennen.

2.) Systematischer Überblick

Grundtatbestand der kapitalmarktrechtlichen Mitteilungspflichten des WpHG ist § 21 WpHG, der bei Erreichen, Über- oder Unterschreiten bestimmter Stimmrechtsquoten die Verpflichtung zur Abgabe einer entsprechenden Meldung gegenüber der Gesellschaft und der BaFin statuiert. Die insoweit gegenüber der Gesellschaft abgegebenen Mitteilungen sind von dieser gemäß § 25 WpHG gegenüber dem Markt zu veröffentlichen.[136] Mit dem Ziel der Verhinderung von Gesetzesumgehungen, können dem Meldepflichtigen gemäß § 22 Abs.1 und 2 WpHG Stimmrechte Dritter zugerechnet werden. Die BaFin kann gemäß § 23

---

[132] Drittes Finanzmarktförderungsgesetz vom 24.03.1998, BGBl. I, S. 529. Zu den hierdurch erfolgten Änderungen der §§ 21 ff. WpHG zusammenfassend *Witt* WM 1998, 1153 ff.

[133] Die §§ 20 ff. AktG gelten seither auf alle AG und KGaA, die nicht im Sinnes des § 21 Abs.2 WpHG börsennotiert sind; vgl. § 20 Abs.8, 21 Abs.5 AktG, hierzu unten § 2 B) VI.) 1.).

[134] § 21 Abs. 1a WpHG.

[135] BGBl. I, S. 3822. Neben dem durch Art. 1 erlassenen Wertpapiererwerbs- und Übernahmegesetz wurden durch Art. 2 zahlreiche Änderungen des WpHG und der dort geregelten Mitteilungspflichten aufgenommen. Für den vorliegenden Zusammenhang weiterhin relevant sind die durch Art. 3 erfolgten Änderungen des KAGG sowie des in Art. 4 geänderten Auslandinvestment-Gesetzes (vgl. hierzu unten § 2 B) III.) 4.) c).

[136] Ergänzend hierzu regelt § 26 WpHG die Veröffentlichungspflichten für Gesellschaften mit Sitz im Ausland.

WpHG Befreiungen von den Mitteilungspflichten für Handels- und Spekulationsbestände bestimmter institutioneller Anleger erteilen. § 24 WpHG sieht daneben für Konzerngesellschaften Erleichterungen bei der Erfüllung der gesetzlichen Pflichten durch die Muttergesellschaft vor. Nach § 27 WpHG können sowohl die BaFin als auch die Gesellschaft den Nachweis für das Bestehen der mitgeteilten Beteiligung verlangen. Das für die Verletzung der Mitteilungspflichten im WpHG vorgesehene Sanktionssystem lässt sich mit Blick auf privat- und öffentlich-rechtliche Sanktionsinstrumente unterscheiden. Zu Ersten gehört vor allem der in § 28 WpHG angeordnete Verlust der Rechte aus den Aktien. Daneben gestattet das Gesetz in § 39 WpHG der, u.a. für die Beaufsichtigung des Wertpapierhandels zuständigen, BaFin die Verhängung von Bußgeldern und weitere Zwangsmaßnahmen.

3.) Voraussetzungen der Mitteilungspflichten

a) Entstehen der Meldepflicht

Nach § 21 Abs. 1 Satz 1 WpHG ist meldepflichtig, wer durch Erwerb, Veräußerung oder auf sonstige Weise 5, 10, 25, 50 oder 75 Prozent der Stimmrechte an einer börsennotierten Gesellschaft erreicht, überschreitet oder unterschreitet („Meldepflichtiger"). Eine entsprechende Mitteilung hat auch derjenige abzugeben, dem im Zeitpunkt der erstmaligen Zulassung der Aktien (einer inländischen Gesellschaft zu einem organisierten Markt) 5 Prozent oder mehr der Stimmrechte an dieser Gesellschaft zustehen.[137] Meldepflichtig ist nur, wem die Stimmrechte aus den ihm gehörenden Anteilen zustehen. Dies ist wegen dem in § 12 Abs. 1 Satz 1 AktG angeordneten Abspaltungsverbot der Aktionär als Eigentümer und Inhaber des der Aktien anhaftenden Stimmrechts. Letzteres gilt ebenso bei Namensaktien, wenn ein Dritter für den Meldepflichtigen im Aktienregister eingetragen ist (z.B. bei Eintragung der Depotbank für Aktienbestände der Depotkunden), vorausgesetzt, dass dieser nicht zur Ausübung der Stimmrechte berechtigt ist.[138] Dem steht auch nicht die Regelung des § 67 Abs. 2 AktG entgegen, nach der bei Namensaktien nur derjenige im Verhältnis zur Gesellschaft als Aktionär behandelt wird, der als solcher im Aktienregister eingetragen

---

[137] § 21 Abs. 1a WpHG. Die Vorschrift ist durch das Dritte Finanzmarktförderungsgesetz eingefügt worden. Die Bestimmung diente der Klarstellung der bereits zuvor überwiegend bejahten Frage, ob eine Mitteilungspflicht auch bei erstmaliger Zulassung der Aktien besteht.

[138] *BAWe* Jahresbericht 1999, S. 32; **a.A.** wohl *Noack* DB 1999, 1306, 1308; *Diekmann* BB 1999, 1985, 1987, nach denen der Eingetragene als meldepflichtig nach § 21 WpHG anzusehen ist, da er zur Ausübung der Stimmrechte berechtigt sei.

ist, da es sich hierbei um keine Voraussetzung für die Übertragung der Mitgliedschaft handelt.[139]

Auf die Unternehmenseigenschaft oder eine anderweitige Form wirtschaftlicher Betätigung kommt es, anders als im Rahmen der aktienrechtlichen Mitteilungspflichten,[140] nicht an. Adressat der Mitteilungspflichten ist daher jede natürliche oder juristische Person mit Sitz im In- oder Ausland.[141] Stimmrechte aus Beteiligungen am Gesamthandsvermögen einer Personenhandelsgesellschaft (OHG, KG, einschließlich der GmbH & Co. KG[142]) unterliegen ebenso den gesetzlichen Mitteilungspflichten, wie die Anteile einer Erbengemeinschaft oder der ehelichen Gütergemeinschaft.[143] Für die Letztgenannten ist mangels eigener Rechtssubjektivität bei der Erfüllung der Meldepflichten die Aufzählung der einzelnen Mitglieder erforderlich.[144] Die Stimmrechte werden dabei den Gesamthandsmitgliedern quotal nach deren Beteiligung an der Gesamthandsgemeinschaft zugeordnet und nicht vollständig, d.h. für den gesamten Bestand, gegenüber jedem einzelnen Mitglied der Gesamthandsgemeinschaft.[145]

Befindet sich der Aktienbesitz im Vermögen einer Gesellschaft bürgerlichen Rechts als Außengesellschaft, sind die Mitteilungspflichten durch die geschäftsführungsbefugten und vertretungsberechtigten Gesellschafter im Namen der Ge-

---

[139] Vgl. AnwaltK-AktienR/*Heinrich* § 67 Rn. 12.

[140] Siehe unten § 2 B) VI.) 1.).

[141] MüKo-AktG/*Bayer*[2] § 22 Anh. § 21 WpHG Rn. 3; Schäfer/*Opitz* § 21 Rn. 4 und 10 zu ausländischen juristischen Personen.

[142] Eine über die Mitteilungspflicht der GmbH & Co. KG gemäß § 21 Abs. 1 WpHG hinausgehende Zurechnung ihrer Anteile an der börsennotierten Gesellschaft gegenüber der Komplementär-GmbH gemäß § 22 Abs. 1 Satz 1 Nr. 1 WpHG erfolgt regelmäßig nicht, da es sich der Sache nach bei der GmbH & Co. KG lediglich um ein aus Haftungsgründen künstlich aufgespaltenes Unternehmen handelt. Die damit einhergehende Verbindung zweier Rechtssubjekte kann eine Zurechnung der Stimmrechte aus den durch die KG gehaltenen Aktien gegenüber der Komplementär-GmbH grundsätzlich nicht rechtfertigen, vgl. hierzu und zu den Ausnahmen näher § 2 B) III.) 4.) b) aa) (3).

[143] *Nottmeier/Schäfer* AG 1997, 87, 90; MüKo-AktG/*Bayer*[2] § 22 Anh. § 21 WpHG Rn. 5; Schäfer/*Opitz* § 21 Rn. 11; Assmann/*Schneider* WpHG[3] § 21 Rn. 10.

[144] *Nottmeier/Schäfer* AG 1997, 87, 90 f.; Schäfer/*Opitz* § 21 Rn. 11; MüKo-AktG/*Bayer*[2] § 22 Anh. § 21 Rn. 5.

[145] Schäfer/*Opitz* § 21 Rn. 11; in diese Sinne zur GbR bei § 20 AktG BGH Urt. v. 22.4.1991 Z 114, 203, 210 f.; **a.A.** Assmann/*Schneider* WpHG[3] § 21 Rn. 10a.

sellschaft zu erfüllen.[146] Bei einer BGB-Innengesellschaft (z.B. Stimmrechtskonsortien) sind die einzelnen Gesellschafter als Eigentümer der Aktien mitteilungspflichtig.[147] Im Falle einer Beteiligung mehrerer Familienmitglieder, ist nur das einzelne Familienmitglied mitteilungspflichtig. Im Einzelfall kommt jedoch eine Zurechnung der Anteile der Familienmitglieder untereinander in Betracht.

Die Mitteilungspflicht entsteht schließlich mit der Kenntnis oder dem Kennenmüssen des Berührens der betreffenden Meldeschwelle. Für den Meldepflichtigen ergeben sich hieraus zugleich umfassende Informationseinholungs- und Organisationspflichten, im Rahmen derer er die Einhaltung der gesetzlichen Meldepflichten zu gewährleisten hat.[148] In zeitlicher Hinsicht werden hierbei den allgemeinen kapitalmarktüblichen Standards entsprechend, hohe Anforderungen an den Meldepflichtigen gestellt, so dass grundsätzlich von einer Kenntniserlangung des betreffenden Rechtsgeschäfts, entweder am gleichen Geschäftstag oder im Fall der Zurechnung am nächsten Geschäftstag, ausgegangen werden kann.[149]

b) Berühren der Schwellenwerte

Die Mitteilungspflicht wird durch das Erreichen, Über- oder Unterschreiten einer Stimmrechtsquote von 5, 10, 25, 50 oder 75 Prozent ausgelöst. Dies entspricht den Vorgaben der Richtlinie 2001/34/EG, geht sogar im Hinblick auf die 5 Prozent Schwelle über deren Mindestanforderungen hinaus.[150] Daneben besteht für denjenigen, der unmittelbar oder mittelbar 30 Prozent der Stimmrechte der Gesellschaft erreicht, gemäß § 35 Abs. 1 Satz 1 WpÜG die übernahmerechtliche Pflicht zur Veröffentlichung des Kontrollerwerbs.[151] Insoweit werden die Mitteilungs- und Veröffentlichungspflichten nach WpHG, wenn auch auf der

---

[146] MüKo-AktG/*Bayer*[2] § 22 Anh. § 21 Rn. 4. Dies entspricht der Rspr. des BGH Urt. v. 29.1.2001 Z 146, 341, 343 ff. = NJW 2001, 1056, in der dieser die Außenrechtsfähigkeit der Gesellschaft bürgerlichen Rechts ausdrücklich anerkennt.

[147] MüKo-AktG/*Bayer*[2] § 22 Anh. § 21 Rn. 7.

[148] *Burgard* BB 1995, 2069, 2070; Assmann/*Schneider* WpHG[3] § 21 Rn. 92 f., nach dem sich hieraus konkret die Pflicht zur ordnungsgemäßen Organisation im eigenen Unternehmen oder Konzern (konzernweites Informations- oder Compliancesystem); die Pflicht zur Einholung von Informationen Dritter, deren Stimmrechte zugerechnet werden; das Recht des Meldepflichtigen auf Auskunft von Informationen gegenüber einem Dritten, dessen Stimmrechte zugerechnet werden sowie die Pflicht des Dritten auf Information des Meldepflichtigen ergeben.

[149] *Burgard* BB 1995, 2069, 2070.

[150] Vgl. hierzu oben § 2 A) III.) 1.) a) bb) sowie zu den von der EU-Kommission hierzu vorgelegten Änderungsvorschlägen § 2 A) III.) 1.) b).

[151] Siehe hierzu statt anderer KK-WpÜG/*v. Bülow* § 35 Rn. 27 ff.

Grundlage eines anderen Regelungszwecks und einer abweichenden Systematik *de facto* durch die Sonderregelungen des Übernamerechts ergänzt.

Maßgebend für das Berühren der einzelnen Meldeschwellen ist allein die Anzahl der Stimmrechte, nicht die Beteiligung am Nennkapital. Die Berechnung der Stimmrechtsquote des einzelnen Aktionärs folgt dem Verhältnis der dem Aktionär zustehenden Stimmen zu der Gesamtzahl der Stimmrechte der Gesellschaft.[152] Mehrstimmrechte nach § 12 Abs. 2 AktG waren bis zu deren Erlöschen[153] mit der Anzahl der durch sie verkörperten Stimmrechte zu berücksichtigen.[154] Die mit der Berechnung der Stimmrechte bei satzungsmäßigen Höchststimmrechten verbundenen Probleme, sind mit der Beschränkung von Höchststimmrechte auf nichtbörsennotierte Gesellschaften durch Art. 1 Nr. 20 des KonTraG seit dem 1.6.2000[155] weggefallen. Stimmrechtslose Vorzugaktien sind, solange das Stimmrecht ruht, nicht in die Berechnung des Stimmrechtsanteils einzubeziehen. Mit Aufleben des Stimmrechts[156] oder Aufhebung des Vorzugs[157] wird die Mitteilungspflicht neu begründet.[158] In diesem Fall ist wird auch eine Neuberechnung der Stimmrechtsquoten erforderlich.[159]

Bei der Berechnung der Gesamtzahl der vorhandenen Stimmrechte sind auch solche zu berücksichtigen, die einem Stimmrechtsausübungshindernis[160] unter-

---

[152] *Nottmeier/Schäfer* AG 1997, 87, 92.

[153] Nach der in § 5 Abs. 1 EGAktG getroffenen Übergangsregelung haben Mehrstimmrechte nur noch bis 31.5.2003 Bestand.

[154] *Falkenhagen* WM 1995, 1005, 1008; MüKo-AktG/*Bayer*[2] § 22 Anh. § 21 Rn. 21; Schäfer/*Opitz* § 21 Rn. 15.

[155] Vgl. § 5 Abs. 7 EGAktG.

[156] § 140 Abs. 2 AktG.

[157] § 141 Abs. 4 AktG.

[158] *Falkenhagen* WM 1995, 1005, 1008; *Nottmeier/Schäfer* AG 1997, 87, 89; MüKo-AktG/*Bayer*[2] § 22 Anh. § 21 Rn. 23; Schäfer/*Opitz* § 21 Rn. 16; Assmann/*Schneider* WpHG[3] § 21 Rn. 30; kritisch *de lege ferenda Wilsing* BB 1995, 2277, 2280; **a.A.** *Diekmann* DZWir 1994, 13, 18; *Happ* JZ 1994, 240, 244.

[159] MüKo-AktG/*Bayer*[2] § 22 Anh. § 21 Rn. 23; zu den hiermit verbundenen praktischen Schwierigkeiten für die Stamm- und Vorzugsaktionäre *Wilsing* BB 1995, 2277, 2278 .

[160] Entsprechende Ausübungshindernisse können sich aus § 67 Abs. 2 AktG (keine Stimmrechtsausübung vor Eintragung in das Aktienregister), §§ 71b, 71d AktG (keine Rechte aus eigenen Aktien der AG und solchen, die von Dritten als der AG zurechenbar gehalten werden), §§ 136 Abs. 1, 285 Abs.1 AktG (keine Abstimmung in eigenen Angelegenheiten bei Bestehen von Interessenkonflikten), § 328 Abs. 1 Satz 1 AktG (Beschränkung der Ausübung der Rechte bei wechselseitig beteiligten Unternehmen) ergeben.

liegen.[161] Dies gilt entgegen teilweise vertretener Auffassung auch für solche Stimmrechte, die vorübergehend nicht bestehen, sei es wegen eines Rechtsverlustes nach § 28 WpHG bzw. § 59 WpÜG oder auch des Nichtbestehens der Rechte aus eigenen Aktien einer Aktiengesellschaft.[162]

Der Tatbestand des Erwerbs und der Veräußerung wird durch Abschluss des dinglichen Rechtsgeschäfts erfüllt. Maßgeblich ist insoweit der letzte Wirksamkeitsakt. Dies ist, bei der regelmäßig erfolgenden Übertragung von Girosammeldepotanteilen, die Depotgutschrift, durch die dem Kunden (Mit-)Eigentum an den zur Girosammelverwahrung zugelassenen Wertpapieren erteilt wird.[163] Der Abschluss des schuldrechtlichen Verpflichtungsgeschäfts begründet selbst keine Mitteilungspflicht gemäß § 21 Abs. 1 WpHG.[164] Bei vinkulierten Namensaktien, bei denen die dingliche Übertragung bis zur Erteilung der Zustimmung durch die Gesellschaft schwebend unwirksam ist und der vermeintliche Erwerber noch nicht formeller Rechtsinhaber der Aktien geworden ist,[165] vollzieht sich der dingliche Eigentumserwerb erst mit Abgabe der Zustimmung durch die Gesellschaft (§ 68 Abs. 2 AktG).[166] Weitere denkbare Erwerbsvorgänge können sich aus erb- und familienrechtlichen Sachverhalten sowie der seit Inkraft-Treten des TransPuG erleichterten Ausschüttung von Wertpapieren als Sachdividende gemäß § 58 Abs. 5 AktG ergeben.[167]

Hauptanwendungsfall des Berührens der Schwellenwerte in „sonstiger Weise" ist die Verwirklichung der Zurechnungstatbestände nach § 22 Abs. 1 und 2

---

[161] Schäfer/*Opitz* § 21 Rn. 18; *Cahn* AG 1997, 502, 506.

[162] Vgl. §§ 71b, 71d Satz 4 AktG; Schäfer/*Opitz* § 21 Rn. 18; Assmann/*Schneider* WpHG³ § 21 Rn. 35; ebenso zu § 29 WpÜG KK-WpÜG/*v. Bülow* § 29 Rn. 129; **a.A.** *Burgard* BB 1995, 2069, 2071; *Falkenhagen* WM 1995, 1005, 1008; *Sudmeyer* BB 2002, 685, 687; *Wilsing* BB 1995, 2277.

[163] Vgl. *Schwintowski/Schäfer* Bankrecht § 11 Rn. 46 ff. Sind die Aktien nicht zur Girosammelverwahrung zugelassen, so verwahrt die für den Kunden handelnde Bank die Wertpapiere im sog. Streifbanddepot. Die Eigentumsverschaffung erfolgt hier gem. § 18 Abs. 3 DepotG spätestens mit der Absendung des Stückverzeichnisses, sofern die Eigentumsübertragung hier nicht bereits nach den allgemeinen Regeln des BGB erfolgt ist.

[164] Allg.M. Assmann/*Schneider* WpHG³ § 21 Rn. 41 ff.; MüKo-AktG/*Bayer*² § 22 Anh. § 21 Rn. 25; *Cahn*, AG 1997, 502, 506 ff.; *Nottmeier/Schäfer* AG 1997, 87, 88; *Witt* Übernahmen, 1998, S. 142 Fn 19; zu den damit verbundnen Zurechnungsfragen unten § 2 B) III.) 4.) b) ee).

[165] AnwaltK-AktienR/*Heinrich* § 68 Rn. 18.

[166] *Burgard* BB 1995, 2069; Assmann/*Schneider* WpHG³ § 21 Rn. 31d; MüKo-AktG/*Bayer*² § 22 Anh. § 21 Rn. 25.

[167] Vgl. hierzu *Hirte* TransPuG, S. 36 f.

WpHG.[168] Denn die Meldepflicht besteht nicht nur hinsichtlich der unmittelbar gehaltenen Stimmrechte, sondern auch für die dem Meldepflichtigen zuzurechnenden Stimmrechte eines Dritten. Eine entsprechende Meldepflicht kann dabei zum einen durch Addition der von dem Meldepflichtigen selbst gehaltenen Anteilen mit solchen, die einem Dritten zugerechnet werden, entstehen oder durch die Veränderung des Stimmrechtsanteils eines Dritten bei einer bereits bestehenden Zurechnungslage. Für das Zurechnungssubjekt kommt es dabei nicht darauf an, ob er von dem Sachverhalt, der den Zurechnungstatbestand begründet, Kenntnis hat. Maßgebend ist allein, ob die Meldeschwelle unter objektiven Gesichtspunkten berührt wird.

Daneben werden insbesondere Befreiungen nach § 23 WpHG und deren Widerruf,[169] sowie die Nichtausübung der Bezugsrechte bei einer Kapitalerhöhung[170] von der Tatbestandsalternative erfasst. Der Eintritt bzw. Wegfall von Stimmrechtsausübungshindernissen oder einem Rechtsverlust nach § 28 WpHG führt hingegen nicht zu einem Berühren der Schwellenwerte in sonstiger Weise. Beim Rückerwerb eigener Aktien durch die Gesellschaft werden die Stimmrechtsgrenzen der übrigen Aktionäre nicht verändert, solange es nicht zu einer Einziehung der Aktien kommt.[171] Hieran ändert auch der Umstand nichts, dass die Stimmrechte aus den eigenen Aktien der Gesellschaft § 71b bzw. § 71d Satz 4 AktG neutralisiert sind. Maßgebend ist insoweit die Einbeziehung aller theoretisch vorhandenen Stimmrechte und nicht nur derer, die tatsächlich ausgeübt werden können.[172] Weitere Anwendungsfälle sind das Wiederaufleben der Stimmrechte aus stimmrechtslosen Vorzugsaktien[173] und deren Umwandlung in Stammaktien, die Gesamtrechtsnachfolge durch Verschmelzung[174] oder durch Erbfall, die Kaduzierung[175] und Einziehung von Aktien[176] sowie die Abschaffung des Mehrstimmrechts bei Mehrstimmrechtsaktien. Die Umwandlung durch

---

[168] BegrRegE BT-Drucks. 12/6679, S. 53.

[169] *Nottmeier/Schäfer* AG 1997, 87, 89.

[170] *Burgard* BB 1995, 2069, 2070.

[171] Vgl. die BegrRegE zum KonTraG BT-Drucks. 13/9712, S. 30; Schreiben des BAWe/jetzt BaFin vom 28.6.1999, abrufbar unter www.bawe.de/index_old.htm.

[172] Assmann/*Schneider* WpHG³ § 21 Rn. 34 f.; *Burgard* BB 1995, 2069, 2071; kritisch jedoch ohne nähere Begründung *Benckendorff* Erwerb eigener Aktien, S. 292.

[173] § 140 Abs. 2 AktG.

[174] § 20 Abs. 1 Nr. 1 UmwG.

[175] § 64 AktG.

[176] § 237 AktG.

Formwechsel nach den §§ 190 ff. UmwG begründet wegen § 202 Abs. 1 Nr. 1 UmwG keine Mitteilungspflicht, da der formwechselnde Rechtsträger in der durch den Umwandlungsbeschluss bestimmten Rechtsform fortbesteht.[177]

c) Abgabe und Inhalt der Mitteilung

Die Mitteilung ist an die BaFin sowie gleichzeitig an die Gesellschaft selbst zu richten. Zu den mitteilungspflichtigen Tatsachen gehören der Name bzw. die Firma und Anschrift des Meldepflichtigen (vgl. § 25 Abs. 1 Satz 2 WpHG),[178] die Angabe des Tages, an dem der meldepflichtige Tatbestand begründet wurde,[179] die Angabe der Meldeschwelle und die Tatsache ob diese erreicht, über- oder unterschrittenen wurde,[180] die Höhe des Stimmrechtsanteils, wobei hier im Regelfall eine Angabe bis zur zweiten Stelle hinter dem Komma ausreichend sein wird,[181] sowie die genaue Höhe der nach § 22 Abs. 1 und 2 WpHG zugerechnete Stimmrechte unter Aufschlüsselung der jeweils verwirklichten Zurechnungstatbestände.[182]

Die Mitteilung nach § 21 Abs. 1, 1a WpHG hat unverzüglich,[183] spätestens innerhalb von sieben Kalendertagen,[184] sowohl gegenüber der Gesellschaft als auch der BaFin zu erfolgen. Entscheidend ist der Zugang der Mitteilung.[185] Für den Fristbeginn kommt es auf den Zeitpunkt an, in dem der Meldepflichtige von dem die Mitteilungspflicht begründenden Tatbestand Kenntnis hatte oder den Umständen nach haben musste. Die Fristberechnung bestimmt sich nach allge-

---

177 Schäfer/*Opitz* § 21 Rn. 22.

178 Vgl. dazu im Einzelnen AnwaltK-AktienR/*Heinrich* § 21 WpHG Rn. 9.

179 Begr RegE BT-Drucks. 13/8933, S. 94.

180 MüKo-AktG/*Bayer*² § 22 Anh.§ 21 Rn. 32; *Hüffer*⁶ § 22 Anh § 21 Rn. 9.

181 MüKo-AktG/*Bayer*² § 22 Anh.§ 21 Rn. 32; *Hüffer*⁶ § 22 Anh § 21 Rn. 9.

182 Siehe hierzu auch die durch Art. 2 Nr. 13a 4. Finanzmarktförderungsgesetz eingeführte Klarstellung.

183 § 121 Abs.1 S. 1 BGB (ohne schuldhaftes Zögern).

184 Die Fristenregelung stellt gegenüber § 121 Abs. 1 Satz 1 BGB eine abweichende Beweislastregelung dar, wonach bei Wahrung der Frist die Entschuldbarkeit von Verzögerungen widerlegbar vermutet wird. Erst hiernach hat der Mitteilungspflichtige Verzögerungen besonders zu begründen. Die Frist beginnt mit dem Zeitpunkt, zu dem der Meldepflichtige Kenntnis erlangt hat oder im Falle fahrlässiger Unkenntnis hätte erlangen müssen (§ 21 Abs. 1 Satz 2 WpHG).

185 H.M. Assmann/*Schneider* WpHG³ § 21 Rn. 86; MüKo-AktG/*Bayer*² § 22 Anh. § 22 Rn. 35; **a.A.** *Hüffer*⁶ § 22 Anh. § 21 Rn. 11.

meinen Regeln.[186] Die Mitteilung hat schriftlich[187] zu erfolgen. Ausreichend und von Seite der BaFin vorgegeben ist die Übermittlung per Telefax.[188] .

d) Sachlicher Anwendungsbereich

Gegenstand der Mitteilungspflichten sind Stimmrechte aus Aktien an einer börsennotierten Gesellschaft. Als solche definiert § 21 Abs. 2 WpHG Gesellschaften, deren Aktien zum Handel an einem organisierten Markt an einer Börse in einem EU-Mitgliedstaat oder in einem Vertragstaat des EWR-Abkommens zugelassen sind. Zur Bestimmung des Inlandssitzes kommt es allein auf den effektiven Verwaltungssitz, nicht auf den Satzungssitz, der Gesellschaft an. Die Zulassung muss sich auf den Handel an einem organisierten Markt in einem EU-Mitgliedstaat oder einem Vertragstaat des EWR-Abkommens beziehen. Die Regelungen sind daher auch auf solche Sachverhalte anwendbar, in denen eine deutsche AG oder KGaA allein an einer Börse innerhalb des EWR (z.B. der London Stock Exchange) zugelassen ist. Der Begriff des organisierten Marktes[189] wurde durch Art. 2 Nr. 1 des Gesetzes zur Regelung von öffentlichen Übernahmeangeboten vom 20.12.2001 eingeführt. Durch die Neuregelung wird der Anwendungsbereich der bisher auf Gesellschaften mit einer Zulassung zum amtlichen Handel beschränkten Mitteilungspflichten mit den Regelungen des WpÜG harmonisiert.[190] Zu dem in § 2 Abs. 5 WpHG legal definierten Begriff des organisierten Marktes gehören der amtliche Handel und der geregelte Markt,[191] nicht hingegen der Freiverkehr,[192] der weiterhin von den Publizitäts-

---

[186] §§ 187 Abs. 1, 188 Abs. 1, 193 BGB.

[187] § 126 Abs. 1, 3 i.V.m. 126a BGB.

[188] Bekanntmachung des BAWe/nun BaFin vom 29.12.1994, veröffentlicht im BAnz. Nr. 3 v. 5.1.1995: Die Mitteilung sollte als „Meldung des § 21 WpHG" gekennzeichnet sein.

[189] Als „organisierten Markt" definiert § 2 Abs. 5 WpHG einen „Markt, der von staatlichen Stellen überwacht wird, regelmäßig stattfindet und für das Publikum mittelbar oder unmittelbar zugänglich ist". Um einen organisierten Markt i.S.d. Vorschrift handelt es sich auch bei Märkten in anderen Staaten des EWR, die die Vorraussetzungen eines geregelten Marktes i.S.d. Art. 1 Nr. 13 der Wertpapierdienstleistungsrichtlinie erfüllen. Die Bezeichnung des „organisierten Marktes" wurde dadurch erforderlich, dass der Begriff des „geregelten Marktes" bereits durch das zweite börsenrechtliche Marktsegment (§§ 49 ff. BörsG) belegt ist, vgl. BR-Drucks. 963/96 vom 20.12.96, S. 103.

[190] Vgl. § 2 Abs. 7 WpÜG. Begr RegE BT-Drucks. 14/7034, S. 70; zustimmend *Witt* AG 2001, 233, 239; zu den hiermit verbundenen Folgeänderungen AnwaltK-AktienR/*Heinrich* § 21 WpHG Rn. 11. Zugleich wurde mit der Neuregelung der Anwendungsbereich der §§ 20 ff. AktG aufgrund der Verweisungen in § 20 Abs. 8, 21 Abs. 4 AktG weiter eingeschränkt.

[191] §§ 30 ff., 49 ff. BörsG.

[192] § 57 BörsG.

pflichten ausgenommen bleibt.[193] An der fehlenden Berücksichtigung des Freiverkehrs für das System der kapitalmarktrechtlichen Beteiligungspublizität ändert auch die durch das Vierte Finanzmarktförderungsgesetz erleichterte Einbeziehung von Freiverkehrswerten in den geregelten Markt nichts.[194] Denn sie setzt gerade kein öffentlich-rechtliches Zulassungsverfahren für die Wertpapiere des betreffenden Unternehmens voraus, das mit der Einbeziehung in den Geregelten Markt mangels Zulassung folglich auch nicht zu einer börsennotierten Gesellschaft im Sinne des § 21 Abs. 2 WpHG wird. Dies führt bei Emittenten des Geregelten Marktes mit Blick auf die Beteiligungspublizität zu der im Ergebnis fragwürdigen Unterscheidung zwischen Unternehmen, die der kapitalmarktrechtlichen Stimmrechtspublizität und anderen, die weiterhin den verbandsrechtlichen Transparenzbestimmungen unterliegen.

4.) Zurechnung von Stimmrechten Dritter

a) Gegenstand und Zweck der Zurechnung

Durch die in § 22 Abs. 1 Satz 1 und Abs. 2 WpHG geregelten Zurechnungstatbestände werden dem Meldepflichtigen oder seinem Tochterunternehmen Stimmrechte aus Aktien Dritter zugerechnet, auf deren Ausübung er von Rechts wegen oder faktisch Einfluss hat oder nehmen kann. Bei der Berechnung des maßgebenden Stimmrechtsanteils sind daher nicht nur die von dem Meldepflichtigen selbst gehaltenen, sondern ebenfalls die nach § 22 WpHG zuzurechnenden Stimmrechte zu berücksichtigen. Durch die Regelung sollen die Meldepflichten auf Fälle ausgedehnt werden, in denen die formale Mitgliedschaft und die Zuordnung der wirtschaftlichen Risiken an den Wertpapieren auseinanderfallen. Die Vorschrift dient damit der Eingrenzung von Umgehungsmöglichkeiten durch die Einschaltung Dritter und soll insoweit eine umfassende Transparenz der Kontrollverhältnisse in der Gesellschaft gewährleisten.[195] Die Beweislast für das Vorliegen der Zurechnungsvoraussetzungen trägt dabei derjenige, der sich auf das Vorliegen dieser Voraussetzungen beruft.[196]

Werden die von einem Dritten gehaltenen Stimmrechte dem Meldepflichtigen zugerechnet, so wird der Dritte hierdurch nicht von seiner eigenen Mitteilungspflicht befreit. Eine Absorption seiner Stimmrechte findet nicht statt (*Grundsatz*

---

193 Hierzu kritisch *Korch* Ringbeteiligungen S. 124; *Mülbert* ZIP 2001, 1221, 1229.

194 § 49 Abs. 1 Satz 1, 2. Alt. BörsG n.F.

195 *Hüffer*[6] § 22 Anh. § 22 Rn. 1; MüKo-AktG/*Bayer*[2] § 22 Anh. § 22 Rn. 4; Schäfer/*Opitz* § 22 Rn. 1; kritisch zur Reichweite der bisherigen Regelung Assmann/*Schneider* WpHG[3] § 22 Rn. 5: „Mehr Loch als Käse".

196 *Pentz* ZIP 2003, 1478, 1481.

der doppelten Meldepflicht).[197] Dies kann zu Mehrfachmitteilungen einzelner Stimmrechte mit der Folge des Überschreitens von 100 Prozent der Stimmrechte durch die Summe der gemeldeten Teilmengen führen. Der hierdurch entstehende Transparenzverlust wird jedoch durch die Offenlegung der abgegebenen Mitteilung und der Benennung des im Einzelfall maßgebenden Zurechnungstatbestandes (vgl. § 22 Abs. 4 WpHG) aufgehoben.[198]

Dem Zurechnungssubjekt sind schließlich auch Stimmrechte aus Aktien zuzurechnen, die dem betreffenden Zurechnungsmittler selbst zugerechnet werden (sog. *Kettenzurechnung*).[199] Die Kettenzurechnung dient dabei dem Ziel, dem Meldepflichtigen auch den durch einen Dritten vermittelten Stimmrechtseinfluss auf die börsennotierte Gesellschaft zurechnen zu können.[200]

Eine ausdrückliche Regelung der Kettenzurechnung sieht das Gesetz zunächst dann vor, wenn einem Tochterunternehmen seinerseits Stimmrechte nach § 22 Abs. 1 Satz 1 Nrn. 2-6 WpHG zugerechnet werden (vgl. § 22 Abs. 1 Satz 2 WpHG). Dies entspricht hinsichtlich der Fälle des Abs. 1 Satz 1 Nr. 2 und 5 der früheren Regelung, geht aber für die Zurechnung nach Abs. 1 Satz 1 Nr. 3, 4 und 6 über diese hinaus.[201] Der gesetzlich angeordneten Kettenzurechnung liegt hierbei die Erwägung zugrunde, dass die Muttergesellschaft bei Konzernverhältnissen nicht nur die der Tochtergesellschaft gehörenden Stimmrechte beeinflussen kann, sondern auch jene Stimmrechte, die der Tochter selbst zugerechnet werden.[202] Entsprechendes gilt bei einer Zurechnung aufgrund abgestimmten Verhaltens (§ 22 Abs. 2 Satz 1 i.V.m. Abs. 1 WpHG).

---

197 AllgM *Burgard* BB 1995, 2069, 2072; Assmann/*Schneider* WpHG³ § 21 Rn. 57 ff.; MüKo-AktG/*Bayer*² § 22 Anh. § 22 Rn. 3; Schäfer/*Opitz* § 22 Rn. 10; **a.A.** *Lange* ZBB 2004, 22, 25.

198 Dies gilt richtigerweise auch dann, wenn die eigene Beteiligung des Mitteilungspflichtigen ohne Zurechnung unterhalb von 5 Prozent liegt; so MüKo-AktG/*Bayer*² § 22 Anh. § 22 Rn. 4 **abw.** *Falkenhagen* WM 1995, 1005, 1008 (wohl ausschließlich mit Blick auf sog. Poolbestände); *Jäger* WM 1996, 1356, 1358.

199 AllgM MüKo-AktG/*Bayer*² § 22 Anh. § 22 Rn. 5 ff.; Assmann/*Schneider* WpHG³ § 22 Rn. 17 ff.

200 MüKo-AktG/*Bayer*² § 22 Anh. § 22 Rn. 5.

201 Begr RegE zu § 30 WpÜG, BT-Drucks. 14/7034, S. 54.

202 Begr RegE zu § 30 WpÜG, BT-Drucks. 14/7034, S. 53; Assmann/*Schneider* WpHG³ § 22 Rn. 17 ff., der darüber hinaus für eine Ausweitung der Kettenzurechnung auf die gesetzlich nicht geregelten Fälle plädiert, soweit der Meldepflichtige Einfluss auf die Ausübung der Stimmrechte hat (Rn. 20 f.). Dies erscheint namentlich geboten bei Stimmrechten, die einem Treuhänder in seiner Funktion als Treuhänder zugerechnet werden.

Die in § 22 WpHG geregelten Zurechnungstatbestände wurden zuletzt durch das Gesetz zur Regelung von öffentlichen Angeboten zum Erwerb von Wertpapieren und von Unternehmensübernahmen modifiziert und dabei mit den in § 30 WpÜG neu geregelten Zurechnungsnormen in Einklang gebracht.[203] Die Harmonisierung der wertpapierhandels- und übernahmerechtlichen Zurechnungsnormen soll nach dem Willen des Gesetzgebers durch die Anwendung divergierender Zurechnungsmethoden auftretende Irritationen am Kapitalmarkt verhindern.[204] Inwieweit die geltende Ausgestaltung der einzelnen Zurechnungstatbestände diesem Ziel gerecht wird, ist im Folgenden anhand der einzelnen Tatbestandsalternativen des § 22 WpHG und der damit in Zusammenhang stehenden Normanwendungsprobleme zu untersuchen. Dabei ist auch zu prüfen, ob und inwieweit angesichts der unterschiedlichen Schutzzwecke der beiden Regelungen und der im Falle des WpHG als „angeglichenem Recht“ bestehenden europarechtlichen Vorgaben, Abweichungen bei der Auslegung der Zurechnungsnormen vertretbar erscheinen können.[205]

b) Zurechnungstatbestände gemäß Abs. 1

aa) Tochterunternehmen (Satz 1 Nr. 1 i.V.m. Abs. 3)

Dem Meldepflichtigen werden gemäß § 22 Abs. 1 Satz 1 Nr. 1 WpHG Stimmrechte aus Aktien zugerechnet, die einem Tochterunternehmen gehören. Die Zurechnung der Anteile des Tochterunternehmens gegenüber dem herrschenden Unternehmen dient dazu, Konzernsachverhalte zu erfassen, in denen mit Hilfe des Tochterunternehmen der Zugriff auf die Anteile gesichert werden soll. Das Gesetz definiert „Tochterunternehmen“ zu diesem Zweck als Unternehmen, die als Tochterunternehmen im Sinne des § 290 HGB gelten oder unabhängig von ihrer Rechtsform und ihrem Sitz einem beherrschenden Einfluss ausgesetzt sind (§ 22 Abs. 3 WpHG).[206] Die Vorschrift stellt damit, entgegen der

---

[203] Hierdurch werden dem Bieter Stimmrechte aus Aktien zugerechnet, die dieser im Hinblick auf die Erlangung einer Kontrollmehrheit an einer börsennotierten Gesellschaft im Sinne des § 29 Abs. 1 WpÜG erwirbt, oder aus denen sich die Verpflichtung zur Abgabe eines Pflichtangebotes nach § 35 Abs. 2 WpÜG ergeben kann.

[204] Begr RegE, BT-Drucks. 14/7034, S. 70.

[205] Zweifelnd mit Blick auf die unterschiedlichen Schutzzwecke der Regelungen KK-WpÜG/*v. Bülow* § 30 Rn. 8; nun auch *Casper* ZIP 2003, 1469, 1472, der in der Vortragsfassung noch die gegenteilige Auffassung vertreten hatte, vgl. insoweit Fn. 36 sowie den Diskussionsbericht bei *Markwardt* ZIP 2003, 1492; **a.A.** *Lange* ZBB 2004, 22, 24; *Geibel/Süßmann* BKR 2002, 52, 62; *Hopt* ZHR 166 (2002), 383, 410.

[206] Die Vorschrift entspricht damit der durch die 4. KWG-Novelle vom 21.12.1992, BGBl. I S. 2211 und auf Art. 1 Nr. 13 der Zweiten Bankrechtskoordinierungs-Richtlinie (77/789/EWG), ABl. Nr. L 386 vom 30.12.1989, S. 1 eingeführten Regelung des § 1 Abs. 7

an den Begriff des kontrollierten Unternehmens anknüpfenden Vorgängerregelung des § 22 Abs. 1 Nr. 2 i.V.m. Abs. 3 WpHG a.F.[207], neben dem *Control*-Konzept (§ 290 Abs. 2 HGB) auch auf den konzernrechtlichen Begriff der einheitlichen Leitung (§ 290 Abs. 1 HGB) und das aus § 17 AktG entliehene Konzept der Abhängigkeit ab. Die Neufassung der Zurechnungsnorm nimmt damit nach dem Vorbild des § 1 Abs. 7 KWG und in Übereinstimmung mit § 2 Abs. 6 WpÜG unterschiedliche, sich im Ergebnis überschneidende methodische Ansatzpunkte auf und führt dabei zu einer umfassenden Einbeziehung der unterschiedlichen Varianten der konzernrechtlichen Beherrschung. Wie im Folgenden zu zeigen sein wird, schließt die Neuregelung dabei zugleich einige der bis dahin bestehenden Zurechnungslücken, die zuvor etwa bei der Berücksichtigung von Beherrschungsverträgen, bei denen das beherrschende Unternehmen nicht zugleich über die Stimmrechtsmehrheit verfügte, bestanden.[208]

(1) Einheitliche Leitung

Nach der Legaldefinition des § 290 Abs. 1 HGB ist ein Unternehmen Tochterunternehmen, wenn es einem Konzern angehört und ein anderes Unternehmen („Mutterunternehmen") die hierfür vorausgesetzte einheitliche Leitung ausübt und eine Beteiligung des Mutterunternehmens im Sinne des § 271 Abs. 1 HGB besteht.[209]

Die *einheitliche Leitung* durch das Mutterunternehmen liegt in Anlehnung an die zu § 18 Abs. 1 AktG entwickelten Grundsätze vor, wenn dieses kontinuierlich Geschäftsleitungsentscheidungen für das Tochterunternehmen auf der Grundlage einer an dem Gesamtinteresse der verbundenen Unternehmen orientierten Zielkonzeption wahrnimmt.[210] Der Art und Weise der unternehmerischen Lei-

---

Satz 1 KWG und der gleichzeitig mit der Änderung des § 22 WpHG vollzogenen Einführung des § 2 Abs. 6 WpÜG.

[207] Die Vorgängerregelung orientiert sich weitgehend an den Vorgaben des Art. 87 der Richtlinie 2001/34/EG (= Art. 7 Satz 1 Spiegelstrich 2, Art. 8 Abs. 1 der Richtlinie 88/627/EWG), siehe dazu oben, § 2 A) III.) 1.) a) bb).

[208] Vgl. BegrRegE zu § 22 WpHG, BT-Drucks. 14/7034, S. 70; zu den durch die Vorgängerregelung entstandenen Lücken zuletzt *Hildner* Kapitalmarktrechtliche Beteiligungstransparenz, 2002, S. 66 ff.

[209] Die noch in dem Referentenentwurf des TransPubG vorgesehene Abschaffung des Konzepts des einheitlichen Leitung in § 290 Abs. 1 HGB wurde in dem weiteren Verlauf des Gesetzgebungsverfahrens nicht beibehalten, vgl. hierzu HGB-Bilanzrecht/*Kindler* § 290 Rn. 19; kritisch *Weiler/Gaube* in: Hirte (Hrsg.) TransPubG, S. 98.

[210] *Adler/Düring/Schmalz* Rechnungslegung[6] § 290 HGB Rn. 13; *Hüffer*[6] § 18 Rn. 11; KK-AktG/*Koppensteiner*[3] § 18 Rn. 22 ff.; GroßK-AktG/*Windbichler*[4] § 18 Rn. 19 ff.; MüKo-HGB/*Busse von Colbe*[2] § 290 Rn. 14.

tungsfunktionen, wie sie durch das Mutterunternehmen ausgeübt werden kann, kommt dabei nur untergeordnete bzw. indizierende Bedeutung zu. Sie wird bei der Festlegung strategischer Unternehmensziele, konzernübergreifenden Investitions- und Finanzentscheidungen oder der Letztentscheidungszuständigkeit für Maßnahmen von besonderer Bedeutung sowie der Bestellung der Leitungsorgane durch das beherrschende Unternehmen regelmäßig gegeben sein.[211]

Als Mittel unternehmerischer Einflussnahme kommen im Unterordnungskonzern verschiedene Instrumente unternehmerischer Leitung in Betracht. Eine besondere Rolle spielen hierbei Doppelmandate oder andere Formen personeller Verflechtungen sowie die unmittelbare Einflussnahme auf die Geschäftsführung durch den Aufsichtsrat oder die Hauptversammlung.[212] Taugliche Einflussinstrumente können daneben aber auch weniger „intensive" Formen der Einwirkung sein, etwa durch gemeinsame Beratungen („Konzernarbeitskreise") oder Richtlinien, aber auch mehr oder weniger klar zum Ausdruck kommende Empfehlungen.[213] Unerheblich ist dabei, auf welcher gesellschaftsrechtlichen Grundlage sich die Leitung vollzieht, solange diese nur gesellschaftsrechtlich fundiert ist.[214] Ein Weisungsrecht des herrschenden Unternehmens aufgrund eines Beherrschungsvertrages[215] oder bei eingegliederten Gesellschaften[216] setzt das Gesetz nicht voraus, ebenso wenig eine rechtliche Befugnis zur Einflussnahme auf die Tochtergesellschaft.[217] Bei Vorliegen eines Beherrschungsvertrages oder einer Eingliederung wird die einheitliche Leitung jedoch unwiderlegbar vermutet (§ 18 Abs. 1 Satz 2 AktG).

Eine über die vorgenannten Voraussetzungen hinaus erforderliche Beteiligung des Mutterunternehmens im Sinne des § 271 Abs. 1 HGB liegt vor, wenn die Anteile an der Tochtergesellschaft dazu bestimmt sind, dem eigenen Geschäftsbetrieb des Mutterunternehmens durch Herstellung einer dauernden Verbindung

---

[211] Im Einzelnen *Adler/Düring/Schmalz* Rechnungslegung[6] § 18 AktG Rn. 31 ff.; KK-AktG/*Koppensteiner*[3] § 18 Rn. 26.; HGB-Bilanzrecht/*Kindler* § 290 Rn. 24 ff.; *Hüffer*[6] § 18 Rn. 11; MüKo-HGB/*Busse von Colbe*[2] § 290 Rn. 14 f. zu Schwierigkeiten einem als reine Finanzholding agierenden Mutterunternehmen, da dieses kein operatives Geschäft betreibe.

[212] *Adler/Düring/Schmalz* Rechnungslegung[6] § 18 AktG Rn. 25 ff.; *Hüffer*[6] § 18 Rn. 12; KK-AktG/*Koppensteiner*[3] § 18 Rn. 29; MüKo-AktG/*Bayer*[2] § 18 Rn. 35.

[213] Begr RegE zum AktG 1965 *Kropff* AktG S. 33; HGB-Bilanzrecht/*Kindler* § 290 Rn. 23; KK-AktG/*Koppensteiner*[3] § 18 Rn. 29; MüKo-AktG/*Bayer*[2] § 18 Rn. 34.

[214] GroßK-AktG/*Windbichler*[4] § 18 Rn. 24.

[215] § 308 AktG.

[216] § 323 AktG.

[217] MüKo-HGB/*Busse von Colbe*[2] § 290 Rn. 13; MüKo-AktG/*Bayer*[2] § 18 Rn. 34.

zu der Tochter zu dienen. Eine solche Beteiligung wird regelmäßig vermutet, wenn die Anteile des Mutterunternehmens an der Tochter 20 Prozent übersteigen (§ 271 Abs. 1 Satz 3 HGB).[218]

(2) Control-Konzept

Anders als der konzernrechtliche Begriff der einheitlichen Leitung stellt das bereits in § 22 Abs. 1 Nr. 2 i.V.m. Abs. 3 WpHG a.F. vorgesehene *Control*-Konzept auf die rechtlichen Möglichkeiten der Beherrschung und nicht auf deren tatsächliche Ausübung durch das Mutterunternehmen ab. Maßgebend ist insoweit die formale Rechtsposition der Beteiligten untereinander, bei deren Vorliegen die Voraussetzungen eines Tochterunternehmens unwiderlegbar erfüllt sind.[219] Eine Zurechnung kommt dabei in Betracht, wenn dem Mutterunternehmen eine der in § 290 Abs. 2 Nr. 1 bis 3 HGB genannten, alternativ wirkenden Kontrollrechtsstellungen zusteht.

α) Mehrheit der Stimmrechte

Wesentliche Bedeutung kommt dem Kriterium der rechtlich abgesicherten Mehrheit der Stimmrechte des Mutterunternehmens in der Hauptversammlung zu. Entscheidend ist die Stimmrechtsmehrheit (nicht die Kapitalbeteiligung) aller Gesellschafter und nicht nur der in der Hauptversammlung vertretenen.[220] Auf die Beherrschungsmöglichkeit kommt es ebenso wenig an, wie auf die Frage, ob andere Mehrheitsverhältnisse, insbesondere eine qualifizierte Mehrheit für wesentliche Unternehmensentscheidungen, erforderlich sind.[221] Die Stimm-

---

[218] Vgl. im Einzelnen *Adler/Düring/Schmalz* Rechnungslegung[6] § 290 HGB Rn. 25; HGB-Bilanzrecht/*Kindler* § 290 Rn. 33.

[219] *Adler/Düring/Schmalz* Rechnungslegung[6] § 290 HGB Rn. 29 f.; HGB-Bilanzrecht/*Kindler* § 290 Rn. 34; MüKo-HGB/*Busse von Colbe*[2] § 290 Rn. 27; KK-AktG/Claussen/Scherer[2] § 290 HGB Rn. 51; KK-WpÜG/*Versteegen* § 2 Rn. 195.

[220] So die herrschende Meinung des handelsrechtlichen Schrifttums *Adler/Düring/Schmalz* Rechnungslegung[5] § 290 Rn. 37 ff.; HGB-Bilanzrecht/*Kindler* § 290 Rn. 35; MüKo-HGB/*Busse von Colbe*[2] § 290 Rn. 31; KK-AktG/*Claussen/Scherer*[2] § 290 HGB Rn. 55; zu § 2 Abs. 6 WpÜG KK-WpÜG/*Versteegen* § 2 Rn. 196; **a.A.** zu § 22 Abs. 3 Nr. 1 WpHG a.F. („dauerhaft faktische Präsenzmehrheit") *Burgard* BB 1995, 2069, 2074; Assmann/Schneider/*Schneider* WpHG[2] § 22 Rn. 55 f.; MüKo-AktG/*Bayer*[2] § 22 Anh. § 22 Rn. 18; dem widersprechend Schäfer/Opitz § 22 Rn. 6; zuletzt *Hildner* Kapitalmarktrechtliche Beteiligungstransparenz, 2002, S. 76 ff. Die unterschiedliche Behandlung der entsprechenden Zurechnungstatbestände dürfte mit der Neufassung des § 22 Abs. 3 WpHG an Bedeutung verlieren, da das Bestehen einer faktischen Präsenzmehrheit einen beherrschenden Einfluss und damit eine Abhängigkeit im Sinne des § 17 AktG begründet (vgl. hierzu unten § 2 B) III.) 4.) b) aa) (3)); so nun auch *Starke* Beteiligungstransparenz, 2002, S. 193 f.

[221] *Adler/Düring/Schmalz* Rechnungslegung[6] § 290 HGB Rn. 32 ff.

rechtsmehrheit kann daneben, anders als bei der Ausübung eines beherrschenden Einflusses,[222] nicht durch schuldrechtliche Vereinbarungen wie Stimmbindungs- oder Entherrschungsverträge widerlegt werden.[223]

Die Berechnung der Stimmrechtsmehrheit folgt aus dem Verhältnis der Zahl der Stimmrechte, die das Unternehmen aus den ihm gehörenden Anteilen gegenüber der Gesamtzahl aller Stimmrechte ausüben kann.[224] Von der Gesamtzahl aller Stimmrechte sind dabei Stimmrechte aus eigenen Aktien abzuziehen, die dem Tochterunternehmen selbst, einem seiner Tochterunternehmen oder einer anderen Person für Rechnung dieser Unternehmen gehören.[225]

β) Besetzungsrecht der Leitungsorgane

Eine beherrschende Einflussnahme auf das Tochterunternehmen besteht auch dann, wenn dem Mutterunternehmen die rechtlich gesicherte Möglichkeit zur Bestellung und Abberufung der Mehrheit des Verwaltungs-[226], Leitungs- und Aufsichtsorgans zusteht.[227] Eine eigenständige Bedeutung kommt dem Zurechnungstatbestand gegenüber dem Merkmal der Stimmrechtsmehrheit insbesondere in Fällen zu, in denen dem Mutterunternehmen unabhängig von der Anzahl der Stimmrechte ein eigenständiges Bestellungs- bzw. Abberufungsrecht aus den Gesellschaftsverträgen oder auch in schuldrechtlichen Vereinbarungen vorgesehenen Entsenderechten ergibt.[228] Bei einem paritätisch besetzten Aufsichtsrat ist das Erfordernis bereits dann erfüllt, wenn der Vorsitzende mit seiner Zweitstimme die Mehrheit der Stimmen herbeiführen kann.[229]

---

[222] Vgl. hierzu unten § 2 B) III.) 4.) b) aa) (3) δ).

[223] *Adler/Düring/Schmalz* Rechnungslegung[6] § 290 HGB Rn. 38; **a.A.** MüKo-AktG/*Bayer*[2] § 22 Anh. § 22 Rn. 20; Baumbach/Hopt[30] § 290 Rn. 8.

[224] § 290 Abs. 4 Satz 1 HGB.

[225] § 290 Abs. 4 Satz 2 HGB.

[226] Der Begriff des „Verwaltungsorgans" wendet sich vor allem an Gesellschaften mit einer monistischen Leitungsstruktur und dient insoweit vor allem der Umschreibung des aus dem anglo-amerikanischen Rechtskreis stammenden *Board of Directors*, vgl. statt vieler MüKo-HGB/*Busse von Colbe*[2] § 290 Rn. 38.

[227] § 290 Abs. 2 Nr. 2 HGB.

[228] *Adler/Düring/Schmalz* Rechnungslegung[6] § 290 HGB Rn. 47; MüKo-HGB/*Busse von Colbe*[2] § 290 Rn. 40; HGB-Bilanzrecht/*Kindler* § 290 Rn. 45; KK-WpÜG/*Versteegen* § 2 Rn. 198.

[229] Vgl. *Adler/Düring/Schmalz* Rechnungslegung[6] § 290 Rn. 46; MüKo-HGB/*Busse von Colbe*[2] § 290 Rn. 39; HGB-Bilanzrecht/*Kindler* § 290 Rn. 46.

γ) Beherrschungsvertrag oder Satzungsbestimmung

Die Voraussetzungen des Kontrolltatbestandes sind schließlich auch dann erfüllt, wenn der beherrschende Einfluss aufgrund eines Beherrschungsvertrags[230] bzw. einer Satzungsbestimmung ausgeübt werden kann. Der Tatbestandsalternative kommt für die Anwendung der kapitalmarktrechtlichen Zurechnungstatbestände nach WpHG keine selbstständige Bedeutung zu, da nach der Neuregelung des § 22 Abs. 3 WpHG ein beherrschender Einfluss bereits unmittelbar durch die Tochterunternehmenseigenschaft des abhängigen Unternehmens (vgl. hierzu sogleich) begründet wird.

Für die Fälle vertikaler Abhängigkeitsketten in Form von mehrstufiger Konzernverbindungen regelt § 290 Abs. 3 HGB, dass auch einem Tochterunternehmen an dem Enkelunternehmen zustehende Stimmrechte als dem Mutterunternehmen in voller Höhe, und nicht nur proportional dem Stimmrechtsanteil des Tochterunternehmens zustehend, zu behandeln sind.[231] Das Gleiche gilt für die von einem Dritten für Rechnung des Mutter- oder auch des Tochterunternehmens gehaltenen Stimmrechte ebenso wie für solche, über die das Mutterunternehmen aufgrund einer Vereinbarung[232] mit anderen Gesellschaftern verfügen kann.

(3) Beherrschender Einfluss

Tochterunternehmen sind schließlich auch solche Unternehmen, auf die ein beherrschender Einfluss ausgeübt werden kann. Durch die Aufnahme dieser Variante sollen nach dem Willen des Gesetzgebers insbesondere Konzernsachverhalte erfasst werden, bei denen ein beherrschender Einfluss besteht, ohne dass es auf einen Beherrschungsvertrag oder eine entsprechende Satzungsregelung ankäme.[233] Zur Konkretisierung dieses Kriteriums kann auf die zu § 17 AktG ent-

---

[230] §§ 291 Abs. 1 S. 1, 308 ff. AktG.

[231] *Adler/Düring/Schmalz* Rechnungslegung[6] § 290 HGB Rn. 138; MüKo-HGB/*Busse von Colbe*[2] § 290 Rn. 48 f.: Besitzt etwa das Mutterunternehmen (M) 60 Prozent der Stimmrechte an einem Tochterunternehmen (T) und dieses wiederum 60 Prozent an einem Enkelunternehmen (E), so stehen M 60 Prozent der Stimmrechte an E mittelbar zu (nicht nur 60 Prozent von 60 Prozent = 36 Prozent).

[232] Hierzu gehören Stimmrechtsüberlassungs-, Stimmbindungs- sowie Poolverträge aufgrund derer der Vertragspartner dem Mutter- oder Tochterunternehmen die Stimmrechte auf Dauer überlässt.

[233] Vgl. die Begr RegE zu § 22 WpHG BT-Drucks. 14/7034, S. 70; *Witt* AG 2001, 233, 236.

wickelten Grundsätze bei der Definition eines abhängigen Unternehmens zurückgegriffen werden.[234]

α) Anwendung allgemeiner konzernrechtlicher Grundsätze

Ein beherrschender Einfluss liegt vor, wenn dem herrschenden Unternehmen[235] langfristig Mittel zur Verfügung stehen, um seinen Willen in der Geschäftsführung des abhängigen Unternehmens durchzusetzen,[236] das abhängige Unternehmen also einem fremdunternehmerischen Willen unterworfen ist. Sachlich handelt es sich insoweit um eine Art abstrakten Gefährdungstatbestand, bei dem das Bestehen eines Konzernrechtsverhältnisses widerlegbar vermutet wird.[237] Die Möglichkeit der Einflussnahme genügt; es muss hiervon also tatsächlich nicht Gebrauch gemacht werden.[238]

Beherrschender Einfluss kann auf verschiedenen Umständen beruhen. Erforderlich ist jedenfalls, dass die Einflussnahme gesellschaftsrechtlich vermittelt ist.[239] Die rein wirtschaftliche oder tatsächliche Einflussnahme (z.B. aufgrund bloßer Liefer- oder Kreditbeziehungen) und eine hieraus gegebenenfalls resultierende „Marktabhängigkeit" ist nicht ausreichend.[240] Erforderlich ist freilich nicht, dass die Abhängigkeit ausschließlich auf einer gesellschaftsrechtlich begründeten Einflussnahme beruht; sie kann vielmehr durch weitere rechtliche oder tatsächliche Einflussmittel unterstützt werden.[241] Auf eine bestimmte Dauer des durch

---

[234] Vgl. BegrRegE zu § 2 Abs. 6 WpÜG, BT-Drucks. 14/7034, S. 35; für eine einheitliche Auslegung im Zusammenhang mit dem Übernahmerecht insoweit auch KK-WpÜG/*Versteegen* § 2 Rn. 204.

[235] Vgl. zum Unternehmensbegriff im Einzelnen statt anderer *Adler/Düring/Schmalz* Rechnungslegung[6] § 15 AktG Rn. 1 ff.

[236] MünchHdb-AG/*Krieger*[2] § 68 Rn. 37; *Hüffer*[6] § 17 Rn. 4; KK-WpÜG/*Versteegen* § 2 Rn. 205.

[237] *Adler/Düring/Schmalz* Rechnungslegung[6] § 17 AktG Rn. 13.

[238] BGH Urt. v. 4.3.1974 Z 62, 193, 201 = NJW 1974, 855 [„Seitz"]; BGH Urt. v. 17.3.1997 Z 135, 107, 114 = NJW 1997, 1855 [„Volkswagen"]; *Adler/Düring/Schmalz* Rechnungslegung[6] § 17 AktG Rn. 13; *Hüffer*[6] § 17 Rn. 6; MünchHdb-AG/*Krieger*[2] § 68 Rn. 35.

[239] *Adler/Düring/Schmalz* Rechnungslegung[6] § 17 AktG Rn. 24.

[240] BGH Urt. v. 26.3.1984 Z 90, 381, 395 ff. [„BuM"]; BGH Urt. v. 19.1.1993 Z 121, 137, 145 = NJW 1993, 2114 [„WAZ/IKZ"]; BGH Urt. v. 17.3.1997 Z 135, 107, 114 = NJW 1997, 1855 [„Volkswagen"]

[241] OLG Düsseldorf Urt. v. 22.7.1993 AG 1994, 36, 37; *Emmerich/Sonnenschein/Habersack* Konzernrecht[7] § 6 II 3 a); MünchHdb-AG/*Krieger* § 68 Rn. 40.

das beherrschende Unternehmen vermittelten Einflusses kommt es nicht an.[242] Voraussetzung ist lediglich, dass eine gewisse Beständigkeit der Einflussnahme eine verlässliche Basis zur Steuerung des abhängigen Unternehmens begründet.[243] So ist es nicht ausreichend, wenn die Möglichkeit der Einflussnahme auf einer Zufallsmehrheit in der Hauptversammlung beruht und der Unternehmensaktionär sich diese zur Neubesetzung der Unternehmensorgane nutzbar macht.[244]

Die Möglichkeit der Einflussnahme muss sich zudem auf wesentliche Unternehmensbereiche sowie unternehmerische Leitungsfunktionen in einem grundlegenden Bereich der Unternehmenspolitik erstrecken. Eine lediglich punktuelle Einflussnahme genügt nicht.[245] Die Abhängigkeit muss daneben verwaltungsbedingt sein, d.h. typischerweise die Möglichkeit beinhalten, dass sich die Leitungsorgane bei ihren Entscheidungen von fremden unternehmerischen Interessen leiten lassen.[246]

Die damit skizzierte Einflussnahmemöglichkeit auf die Gesellschaft muss jedoch nicht zwingend einen beherrschenden Einfluss im Sinne des § 17 AktG begründen. Dies gilt insbesondere für den Fall der durch eine GmbH & Co. KG gehaltenen Beteiligung, bei der die Komplementär-GmbH die Geschäftsführungs- und Vertretungsbefugnis für die KG innehat. Hier ist fraglich, ob die KG als Tochterunternehmen im Sinne des § 22 Abs. 1 Satz 1 Nr. 1, Abs. 3 WpHG gegenüber der Komplementär-GmbH zu qualifizieren ist und die durch die KG gehaltenen Stimmrechte damit der Komplementärin als beherrschendem Unternehmen zugerechnet werden. In der konzernrechtlichen Literatur wird regelmäßig keine Beherrschung zwischen einer GmbH & Co. KG und ihrer Komplementär-GmbH angenmommen, obwohl der Komplementär-GmbH typischerweise eine dominierende Stellung in der KG zukommt.[247] Denn KG und Komplementär-GmbH bilden insgesamt ein einheitliches Unternehmen, das lediglich

[242] AllgM *Hüffer*[6] § 17 Rn. 7; MüKo-AktG/*Bayer*[2] § 17 Rn. 13; MünchHdb-AG/*Krieger*[2] § 68 Rn. 39.

[243] BGH Urt. v. 17.3.1997 Z 135, 107, 114; *Adler/Düring/Schmalz* Rechnungslegung[6] § 17 AktG Rn. 16; *Emmerich/Sonnenschein/Habersack* Konzernrecht[7] § 6 II 3 b); MünchHdb-AG/*Krieger* § 68 Rn. 3.

[244] Vgl. auch Nachweise vorangehende Fn.

[245] BGH Urt. v. 26.3.1984 Z 90, 381, 397 = NJW 1984, 1893 [„BuM"]; MünchHdb-AG/*Krieger*[2] § 68 Rn. 38; KK-WpÜG/*Versteegen* § 2 Rn. 205

[246] *Adler/Düring/Schmalz* Rechnungslegung[6] § 17 AktG Rn. 25.

[247] Vgl. hierzu *Liebscher* in: Sudhoff, GmbH & Co. KG, 5. Aufl., § 50 Rn. 31 ff.; *Emmerich/Habersack* Konzernrecht[8] S. 455; *Binz/Sorg* Die GmbH & Co. KG im Gesellschafts- und Steuerrecht, 2005, § 15 Rn. 38 f.

aus Haftungsgründen künstlich auf zwei Gesellschaften aufgespalten ist. Dieser Standpunkt lässt sich uneingeschränkt auf die Beurteilung der Zurechnung nach WpHG übertragen. Insoweit erscheint auch eine Zurechnung gemäß § 22 Abs. 1 Satz 1 Nr. 1 WpHG nicht geboten, da andernfalls für die Zwecke der kapitalmarktrechtlichen Beteiligungspublizität die GmbH & Co. KG als unternehmerische Einheit ohne einen erkennbaren Informationsgewinn gegenüber dem Kapitalmarkt melderechtlich aufgespalten würde. Dies gilt insbesondere bei Personenidentität zwischen den Kommanditisten und den Gesellschaftern der Komplementär-GmbH. Abweichend hiervon kann eine Zurechnung nach WpHG in Betracht kommen, wenn die Komplementär-GmbH durch einen Gesellschafter einseitig beherrscht wird.[248] In diesem Fall ist dieser praktisch in der Lage, über die Komplementär-GmbH durch die KG „hindurchzuregieren" und damit mittelbar auf die Ausübung der Stimmrechte bei der börsennotierten Gesellschaft Einfluss zu nehmen.

β) Einflussnahme kraft Beteiligung

Im Regelfall wird als Beherrschungsmittel die mehrheitliche Beteiligung am Grundkapital und die damit regelmäßig verbundene Mehrheit der Stimmrechte in Betracht kommen, denn hiermit ist zumeist die Möglichkeit des herrschenden Unternehmens verbunden, den Aufsichtsrat mit den „eigenen Leuten" zu besetzten und somit auch über die Zusammensetzung des Geschäftsführungsorgans der Gesellschaft zu bestimmen.[249] Die Abhängigkeit kann neben der bloßen Stimmenmehrheit auch durch eine Minderheitsbeteiligung vermittelt werden, wenn diese aufgrund der Aktionärsstruktur oder der Hauptversammlungspräsenz faktisch wie eine Mehrheit wirkt[250] oder weitere rechtliche oder tatsächliche Umstände hinzutreten (z.B. personelle Verflechtungen unter den Leitungsorganen, satzungsmäßige Sonderrechte, Stimmbindungsverträge mit anderen Gesellschaftern etc.), die dem „Unternehmensgesellschafter" die notwendige Einflussnahme

---

[248] Vgl. zu diesem Fall BGH Urt. v. 5.12.1983 Z 89, 162, 166 ff.; BAG Beschl. v. 22.11.1995 ZIP 1996, 969, 971.

[249] Siehe zu der damit verbundenen gesetzlichen Vermutung des § 17 Abs. 2 AktG unten § 2 B) III.) 4.) b) aa) (3) δ).

[250] BGH Urt. v. 13.10.1977 Z 69, 334, 347 = NJW 1978, 104 [„VEBA/Gelsenberg"] Beteiligung von 43,74% bei 80% Präsenz; BGH Urt. v. 17.3.1997 Z 135, 107, 114 f. = NJW 1997, 1855 [„Volkswagen"] Beteiligung von 20% bei 37% Präsenz im mehrjährigen Durchschnitt; OLG Düsseldorf Urt. v. 19.11.1999 AG 2000, 365, 366; LG Berlin Urt. v. 13.11.1995 AG 1996, 230, 231 f. [„Brau und Brunnen I"] Beteiligung der X von 34% bei Durchschnittspräsenz von 83%, wovon 24% auf die Y entfallen, an der X paritätisch beteiligt ist; vgl. auch AG 1997, 182, 184 f. [„Brau und Brunnen II"]; *Adler/Düring/Schmalz* Rechnungslegung[6] § 17 AktG Rn. 35; *Hüffer*[5] § 17 Rn. 9; MüKo-AktG/*Bayer*[2] § 17 Rn. 35.

sichern (sog. kombinierte Beherrschung).[251] Im Fall der kombinierten Beherrschung wird man jedoch nur solche zusätzlichen Umstände für die Begründung einer Herrschaftsposition heranziehen können, die sich unmittelbar auf die Zusammensetzung der Organe auswirken oder in sonstiger Weise eine Einflussnahme auf die Verwaltung begründen.[252] Auch im Rahmen der auf einer faktischen Mehrheitsbeteiligung beruhenden Einflussnahme kommt es nicht darauf an, dass die Verfügbarkeit des Beherrschungsmittels einen bestimmten Zeitraum überdauert. Unter engen Voraussetzungen bleiben jedoch lediglich vorübergehende Stimmrechtsmehrheiten, insbesondere wenn sie nicht länger als zwei Hauptversammlungen währen, bei der Beurteilung des Abhängigkeitstatbestandes außer Betracht.[253]

Die Stimmrechtsmehrheit kann auch auf eine Zurechnung der Anteile Dritter gegründet werden. Dies gilt vor allem für die Stimmrechte abhängiger Unternehmen (vgl. § 16 Abs. 4 AktG), insbesondere wenn diese nach den Weisungen des herrschenden Unternehmens ausgeübt werden.[254] Darüber hinaus kommt eine Absicherung auf vertraglicher Grundlage vor allem durch Treuhand und Stimmbindungsvereinbarungen in Betracht, durch die dem herrschenden Unternehmen ein Zugriffsrecht auf die Stimmrechte eines Dritten eingeräumt wird.[255] Nicht völlig eindeutig ist demgegenüber die Frage, ob auch die beständige Unterstützung durch ein Kreditinstitut mittels der diesem zustehenden Depotstimmrechte, bzw. die Kombination von Eigenbeteiligung und Depotstimmrecht bei dem Kreditinstitut, ein Herrschaftsverhältnis begründen kann. Die Frage wird im konzernrechtlichen Schrifttum von der bislang wohl herrschenden Auffassung mit dem Argument abgelehnt, dass das Kreditinstitut bei der Ausübung des

---

[251] Zu dieser Form der sog. kombinierten Beherrschung siehe BGH Urt. v. 26.3.1984 Z 90, 381, 397 [„BuM/WestLB"]; BGH Urt. v. 19.1.1993 Z 121, 137, 145 = NJW 1993, 2114 [„WAZ/IKZ"]; OLG Frankfurt AG 1998, 139, 140; *Adler/Düring/Schmalz* Rechnungslegung[6] § 17 AktG Rn. 91 ff.; KK-WpÜG/*Versteegen* § 2 Rn. 209; MüKo-AktG/*Bayer*[2] § 17 Rn. 31 ff. sowie 37 ff.; MünchHdb-AG/*Krieger*[2] § 68 Rn. 42.

[252] *Adler/Düring/Schmalz* Rechnungslegung[6] § 17 AktG Rn. 92.

[253] *Adler/Düring/Schmalz* Rechnungslegung[6] § 17 AktG Rn. 33 mit dem Beispiel eines Kreditinstitutes, dass die Aktien zur Anbietung an Bezugsberechtigte im Rahmen des § 186 Abs. 5 AktG übernimmt.

[254] *Adler/Düring/Schmalz* Rechnungslegung[6] § 17 AktG Rn. 31.

[255] OLG Düsseldorf Urt. v. 12.7.1993 AG 1994, 36 [„Feldmühle Nobel/Stora"]; *Adler/Düring/Schmalz* Rechnungslegung[6] § 17 AktG Rn. 32; MüKo-AktG/*Bayer*[2] § 17 Rn. 37, der darauf hinweist, dass in diesem Fall eine Stimmenzurechnung nicht erfolgt, wenn die Stimmbindungsvereinbarung wegen § 24aGWB schwebend unwirksam ist, weil eine Unbedenklichkeitserklärung des Bundeskartellamtes fehlt.

Stimmrechts den Weisungen des vollmachtgebenden Aktionärs unterworfen sei.[256] Die Frage hat mit der Neufassung des § 135 AktG durch das KonTraG 1998 zumindest für den Fall der Beherrschung durch Eigenbeteiligungen und Depotstimmrechte von Kreditinstituten an praktischer Bedeutung verloren, da es diesen seither nicht mehr erlaubt ist, das Stimmrecht der Depotkunden auszuüben, sofern sie selbst am Grundkapital der betreffenden Gesellschaft unmittelbar mit mehr als 5 Prozent oder mittelbar über eine Mehrheitsbeteiligung beteiligt sind.[257] Problematisch bleiben die Fälle, in denen das depotführende Kreditinstitut alleine mit den von ihm verwalteten Depotaktien oder auch (und dies ist wahrscheinlicher) in Absprache mit einem Dritten als „Mehrheitsbeschaffer" zur Aufbringung der (faktischen) Hauptversammlungsmehrheit des beherrschenden Unternehmens fungiert. Letzteres gilt insbesondere für den Fall des Interessengleichlaufs zwischen Depotbank und Kapitalanlage-Tochtergesellschaft, da die von der Kapitalanlagegesellschaft gehaltene Beteiligung hier nach § 10 Abs. 1a KAGG (§ 32 Abs. 2 InvG) nicht von dem zu Lasten des Kreditinstituts bestehenden Stimmverbots erfasst wird.[258] In diesen Fällen und der bestehenden Kollision zwischen wirtschaftlichen Eigeninteressen und der Treuhänderstellung ist nicht ersichtlich, weder nach AktG noch nach WpHG, aus welchen Gründen das Bestehen eines beherrschenden Einflusses bei einer mit dem Depotstimmrecht „frisierten" Mehrheitsbeteiligung verneint werden sollte.[259]

γ) Absicherung der Einflussmöglichkeiten

Erforderlich ist ferner, dass die Einflussmöglichkeit ausreichend gesichert ist. Im konzernrechtlichen Schrifttum ist dabei umstritten, ob eine Abhängigkeit bereits im „vormitgliedschaftlichen Stadium" begründet werden kann. Im Kern geht es dabei um die Frage, ob bereits der Abschluss eines schuldrechtlichen Verpflichtungsgeschäfts über den Erwerb einer Mehrheitsbeteiligung bzw. die Einräumung einer entsprechenden Erwerbsoption eine Abhängigkeit des Tochterunternehmens begründen kann, ohne das es hierbei zwingend auf die Vollen-

---

[256] *Adler/Düring/Schmalz* Rechnungslegung[6] § 17 AktG Rn. 31; *Hüffer*[6] § 17 Rn.10 MünchHdb-AG/*Krieger*[2] § 68 Rn. 43; nunmehr grundsätzlich auch KK-AktG/*Koppensteiner*[3] § 17 Rn. 49; Emmerich/Habersack/*Emmerich*[3] § 17 AktG Rn. 24; **a.A.** MüKo-AktG/*Bayer*[2] § 17 Rn. 47 ff. Die Frage offen lassend LG Berlin Urt. v. 13.11.1995 AG 1996, 230, 232 [„Brau und Brunnen I"], *Emmerich/Sonnenschein/Habersack* Konzernrecht[7] § 3 II 5;

[257] § 135 Abs. 1 Satz 3 AktG

[258] Ebenso MüKo-AktG/*Bayer*[2] § 17 Rn. 49; KK-AktG/*Koppensteiner*[3] § 17 Rn. 49.

[259] MüKo-AktG/*Bayer*[2] § 17 Rn. 47 ff.; KK-AktG/*Koppensteiner*[3] § 17 Rn. 49.

dung des dinglichen Erfüllungsgeschäfts ankäme.[260] Die bislang wohl herrschende Auffassung[261] spricht hier grundsätzlich erst dem dinglichen Übereignungstatbestand eine abhängigkeitsbegründende Wirkung zu. Dieser Standpunkt wird von einem Teil des konzernrechtlichen Schrifttums zu Gunsten einer „vorwirkenden" oder „vormitgliedschaftlichen" Abhängigkeit abgelehnt, wenn sich der Mehrheitswechsel bereits so weit konkretisiert hat, dass er aus Sicht der abhängigen Gesellschaft bzw. deren Organe als sicher oder zumindest wahrscheinlich anzusehen ist und hieraus die berechtigte Erwartung einflusskonformen Verhaltens der Organe der Gesellschaft von dem künftigen Mehrheitsgesellschafter begründet wird.[262] Dem ist sowohl unter konzern- als auch kapitalmarktrechtlichen Gesichtspunkten zuzustimmen, kommt es doch für das Handeln des Vorstands der abhängigen Gesellschaft nicht darauf an, ob das dingliche Erfüllungsgeschäft bereits vollzogen ist, wenn unter den gegebenen Umständen angesichts des jederzeit bevorstehenden Mehrheitswechsels bereits die Interessen des künftigen Mehrheitsgesellschafters oder Optionsberechtigten angemessen berücksichtigt werden.[263]

Unerheblich ist schließlich, ob es sich um eine unmittelbare oder mittelbare Abhängigkeit handelt. Ausreichend für die Begründung des Abhängigkeitstatbestandes ist es daher, wenn die Muttergesellschaft mehrheitlich an der Tochter beteiligt ist und diese wiederum einen beherrschenden Einfluss auf die Enkelge-

---

[260] Vgl. hierzu den der Entscheidung des OLG Düsseldorf Urt. v. 12.7.1993 AG 1994, 36 ff. [„Feldmühle Nobel/Stora"] zugrunde liegenden Sachverhalt: Eine 100%ige Tochtergesellschaft der Deutschen Bank hatte nach monatelangen Verhandlungen mit Kaufvertrag vom 17.12.1985 98% der Aktien der Feldmühle Nobel AG von der Friedrich Flick KG erworben. Die dingliche Übereignung der Aktien wurde für den 1.1.1986 vereinbart. In der Zwischenzeit veräußerte die Feldmühle Nobel AG auf der Grundlage entsprechender Verhandlungsabsprachen verschiedene Industriebeteiligungen (Grace, Gerling und Daimler-Benz), deren Erlös an die neuen Aktionäre, d.h. die Deutsche-Bank-Tochter und ein weiteres Kreditinstitut ausgeschüttet wurden, das die restlichen 2% der Aktien der Feldmühle Nobel AG hielt. Die Antragsteller in dem zugrunde liegenden Verfahren (die Flick-Neffen) gingen davon aus, dass durch den schuldrechtlichen Kaufvertrag ein Abhängigkeitsverhältnis begründet worden sei und daher ein Abhängigkeitsbericht für das Geschäftsjahr 1985 über die Beziehungen der Feldmühle Nobel AG zur Deutschen Bank hätte erstellt werden müssen.

[261] OLG Düsseldorf Urt. v. 12.7.1993 AG 1994, 36, 37 f. mit der Einschränkung, dass dem künftigen Erwerber nicht bereits die Ausübung der Stimmrechte oder anderer weitreichender Mitspracherechte eingeräumt werde; *Krieger* FS Semler, 1993, S. 503, 505 ff.; MünchHdb-AG/*ders.*[2] § 68 Rn. 43; *Adler/Düring/Schmalz* Rechnungslegung[6] § 17 AktG Rn. 18: „[...] mangels ansonsten hinreichend scharfer Abgrenzungskriterien [...]"; *Hüffer*[6] § 17 Rn. 9; *Emmerich/Sonnenschein/Habersack* Konzernrecht[7] § 3 II 3 b).

[262] *Lutter* FS Steindorff, 1990, S. 125, 133; *Noack* Gesellschaftervereinbarungen, S. 90; *M. Weber* ZIP 1994, 678, 687 ff.; MüKo-AktG/*Bayer*[2] § 17 Rn. 53 ff.

[263] MüKo-AktG/*Bayer*[2] § 17 Rn. 53 f.; *M. Weber* ZIP 1994, 678, 687 ff.

sellschaft ausüben kann.[264] Daneben kann eine mittelbare Abhängigkeit auch durch andere Arten von Beherrschungsmitteln (z.B. Treuhandverhältnisse) begründet werden.[265]

δ) Abhängigkeitsvermutung und deren Widerlegung

Nach den allgemeinen konzernrechtlichen Grundsätzen knüpft an das Bestehen einer Mehrheitsbeteiligung im Sinne des § 16 AktG die widerlegbare gesetzliche Vermutung der Abhängigkeit des Tochterunternehmens an (§ 17 Abs. 2 AktG).[266] Die Regelung führt insoweit zu einer Beweislastumkehr, als die Person, die sich auf die fehlende Abhängigkeit beruft, den Nachweis für das Nichtbestehen eines beherrschenden Einflusses zu erbringen hat. Durch die Widerlegbarkeit soll Fallgestaltungen Rechnung getragen werden, in denen trotz einer Mehrheitsbeteiligung die Verwaltungsrechte nicht in vollem Umfang ausgeübt werden können und die bloße Kapitalmehrheit *per se* keinen beherrschenden Einfluss vermittelt.[267] Der Nachweis einer fehlenden Einflussnahme lässt sich nach allgemeiner Meinung durch einen entsprechenden Stimmbindungsvertrag, nach dessen Inhalt eine Stimmenmehrheit nicht ausgeübt werden darf, oder eine Entherrschungsvereinbarung führen.[268] Dies gilt richtigerweise nun auch im Rahmen der Zurechnung nach § 22 Abs. 3 WpHG, vorausgesetzt, dass nicht gleichzeitig die Voraussetzungen des *Control*-Konzepts vorliegen, für das sich nach hier vertretener und überwiegender Auffassung eine entsprechende Widerlegung verbietet.[269]

---

[264] Die mehrstufige Abhängigkeit kann sich dabei auf beliebig viele Stufen erstrecken *Adler/Düring/Schmalz* Rechnungslegung[6] § 17 AktG Rn. 88 ff.; MüKo-AktG/*Bayer*[2] § 17 Rn. 72 ff.; *Emmerich/Sonnenschein/Habersack* Konzernrecht[7] § 3 II 4; KK-WpÜG /*Versteegen* § 2 Rn. 216.

[265] *Adler/Düring/Schmalz* Rechnungslegung[6] § 17 AktG Rn. 89.

[266] Zur Frage der gesetzlichen Vermutung der Abhängigkeit gemäß § 17 Abs. 2 AktG bei Bestehen einer Mehrheitsbeteiligung KK-WpÜG/*Versteegen* § 2 Rn. 210; **a.A.** *Liebscher* ZIP 2002, 1005, 1009, 1011, der die Anwendbarkeit entsprechender Beweisvermutungen aufgrund des öffentlich-rechtlichen Sanktionscharakters der Regelung verneint.

[267] Ausschussbericht zu § 16 AktG 1965 *Kropff*, S. 25; ebenso *Adler/Düring/Schmalz* Rechnungslegung[6] § 17 AktG Rn. 96.

[268] Vgl. im Einzelnen *Adler/Düring/Schmalz* Rechnungslegung[6] § 17 AktG Rn. 106 ff, 116 ff.; *Hüffer*[6] § 17 Rn. 22; MüKo-AktG/*Bayer*[2] § 17 Rn. 99.

[269] Vgl. hierzu oben § 2 B) III.) 4.) b) (2); MüKo-AktG/*Bayer*[2] § 22 Anh. § 22 Rn. 20; **a.A.** *Burgard* BB 1995, 2069, 2074; Assmann/*Schneider* WpHG[2] § 22 Rn. 57.

ε) Mehrmütterherrschaft

Zweifelhaft ist schließlich die Zurechnung der Anteile im Falle der sog. „Mehrmütterherrschaft“, wenn also ein Gemeinschaftsunternehmen[270] mit paritätisch beteiligten Gesellschaftern Anteile an der Tochtergesellschaft hält.[271] Das Verhältnis des Gemeinschaftsunternehmens zu den einzelnen Müttern kann dabei unterschiedlich ausgestaltet sein. Unproblematisch auch im Verhältnis zu § 17 Abs. 1 AktG sind zunächst jene Fälle, in denen eine der „Mütter“ aufgrund vertraglicher Absprachen einen maßgeblichen Einfluss auf die übrigen Gesellschafter ausübt und damit *de facto* die Führung des Gemeinschaftsunternehmens übernimmt. Hier ist die Tochter allein von dem führenden Unternehmen und nicht von den übrigen Müttern abhängig.[272] Zum anderen ist jegliche Abhängigkeit gegenüber den einzelnen Mutterunternehmen zu verneinen, wenn diese, was letztlich wohl die Ausnahme sein dürfte, völlig selbständig gegenüber dem Gemeinschaftsunternehmen vorgehen und ihre Einflussmöglichkeiten wechselseitig neutralisieren.[273]

Schwierigkeiten bestehen demgegenüber dann, wenn die Mütter ihr Vorgehen in Bezug auf das Gemeinschaftsunternehmen in einer irgendwie gearteten Weise koordinieren, ohne dass zugleich die Voraussetzungen des § 22 Abs. 2 WpHG vorliegen. Im Bereich des Aktienkonzernrechts ist in diesem Fall die Figur der „Abhängigkeit von Mehreren“ (oder auch Mehrmütterherrschaft) anerkannt, wonach eine Abhängigkeit gegenüber jedem der beteiligten Unternehmen bestehen kann.[274] Herrschend sind in diesem Fall die beteiligten Unternehmen selbst,

---

[270] Unter Gemeinschaftsunternehmen werden dabei gemeinsame Tochtergesellschaften unterschiedlicher Unternehmen verstanden, die zu dem Zweck gegründet oder erworben werden, Aufgaben zum gemeinsamen Nutzen der Mütter zu erfüllen; zum Begriff *Emmerich/Sonnenschein/Habersack* Konzernrecht[7] § 3 II 1.

[271] Zur Beurteilung der Frage nach § 22 Abs. 1 Nr. 2 i.V.m. Abs. 3 a.F. MüKo-AktG/*Bayer*[2] §22 Anh. § 22 Rn. 23.

[272] BGH Urt. v. 18.11.1986 Z 99, 126, 131 ff. = NJW 1987, 1700 [„Hussel/Mara“]; *Emmerich/Sonnenschein/Habersack* Konzernrecht[7] § 3 II 1; ebenso zu § 30 WpÜG *Pittroff* Zurechnung von Stimmrechten, 2003, S. 138.

[273] *Liebscher* ZIP 2002, 1005, 1011; *Emmerich/Sonnenschein/Habersack* Konzernrecht[7] § 3 II 1; MüKo-AktG/*Bayer*[2] § 17 Rn. 81.

[274] BGH Urt. v. 4.3.1974 Z 62, 193, 196 = NJW 1974, 855 [„Seitz“]; BGH Beschl. v. 8.5.1979 Z 74, 359, 363 = NJW 1979, 2401 [„WAZ“]; BGH Urt. v. 16.2.1981 Z 80, 69, 73 = NJW 1981, 1512 [„Süssen“]; BGH Beschl. v. 30.9.1986 Z 99, 1, 3 ff. = NJW 1987, 1639; *Hüffer*[6] § 17 Rn. 13; vgl. auch KK-AktG/*Koppensteiner*[3] § 17 Rn. 83 ff., nach dem der durch die Koordination gebildete Gesamtwille „von jedem der beteiligten Unternehmen in den eigenen Beherrschungswillen“ aufgenommen werde und diese in der Lage seien, „ihren eigenen Willen gegenüber der gemeinsamen Tochter durchzusetzen“; **abw.** MüKo-AktG/*Altmeppen*

nicht die zwischen ihnen regelmäßig bestehend GbR.[275] Voraussetzung für die Bejahung einer Mehrmütterherrschaft ist ein Interessengleichlauf im Sinne einer koordinierten und beständigen Interessenkopplung. Die alleinige Möglichkeit einer gemeinsamen Herrschaftsmacht ist nicht ausreichend. Sie wird auch bei einer paritätischen Beteiligung an dem Tochterunternehmen nicht durch einen mehr oder weniger faktisch bestehenden Einigungszwang begründet.[276] Gerade hier wird jedoch im Regelfall eine über den faktischen Einigungszwang hinausgehende Interessenkoordination vorliegen.[277]

Von der konzernrechtlichen Beurteilung ist vorliegend die Frage der kapitalmarktrechtlichen Zurechnung zu unterscheiden. Im übernahmerechtlichen Schrifttum wird eine Zurechnung in diesen Fällen teilweise verneint.[278] Während dies mit Blick auf die Folgen des Pflichtangebotes gemäß § 35 WpÜG der Sache nach vertretbar erscheinen mag, da diese Verpflichtung in diesem Fall ja gerade gegenüber jeder der Mütter eintreten würde, kann dem im Rahmen der Anteilszurechnung bei den einzelnen Gesellschaftern eines Gemeinschaftsunternehmens bei § 22 Abs.1 Satz 1 Nr. 1 WpHG nicht gefolgt werden.[279] Denn hier kommt es nach dem oben Gesagten gerade auf die Offenlegung der materiellen Stimmrechtsherrschaft an. Würde man hier eine Zurechnung der Stimmrechte gegenüber den hinter dem Gemeinschaftsunternehmen stehenden Müttern verneinen, so würde dies der Verschleierung der tatsächlichen Machtverhältnisse in erheblichem Umfang Vorschub leisten, wenn sich die Offenlegung hier alleine auf die mehr oder weniger „namenlose" Beteiligungsgesellschaft erstreckt.

---

§ 291 Rn. 112 ff.; GroßK-AktG/*Windbichler*[4] § 17 Rn. 66 f.; im Anschluss hieran wohl auch OLG Hamm Urt. v. 2.11.2000 ZIP 2000, 2302, 2305, die grundsätzlich auf die Verbundenheit als „Einheit" oder „Gruppe" abstellen und das Bestehen mehrerer Abhängigkeitsverhältnisse nur für die Fälle anerkennen, in denen „Sinn und Zweck" der an den beherrschenden Einfluss anknüpfenden Regelungen dies erforderlich mache.

[275] BGH Urt. v. 4.3.1974 Z 62, 193, 196 = NJW 1974, 855 [„Seitz"]; OLG Hamm Urt. v. 2.11.2000 ZIP 2000, 2302, 2305; *Hüffer*[5] § 17 Rn. 14; *K. Schmidt* Gesellschaftsrecht[4], S. 945; *Pittroff* Zurechnung von Stimmrechten, 2003, S. 137.

[276] BGH Urt. v. 28.4.1980 Z 77, 94, 105 = NJW 1981, 2254; BGH Urt. v. 16.2.1981 Z 80, 69, 73 = NJW 1981, 1512 [„Süssen"]; *Adler/Düring/Schmalz* Rechnungslegung[6] § 17 AktG Rn. 45; MüKo-AktG/*Bayer*[2] § 17 Rn. 81.

[277] BGH Beschl. v. 8.5.1979 Z 74, 359, 368 = NJW 1979, 2401 [„WAZ"]; *v. Bülow/Bücker* Der Konzern 2003, 185, 190.

[278] KK-WpÜG/*Versteegen* § 2 Rn. 214; **a.A.** *Liebscher* ZIP 2002, 1005, 1011 f.; *Pittroff* Zurechnung von Stimmrechten, 2003, S. 137

[279] So nunmehr auch OLG München Beschl. v. 17.2.1005 (Az. 23 W 2406/04); ebenso *Liebscher* ZIP 2002, 1005, 1011 f.; *Starke* Beteiligungstransparenz, 2002, S. 197, jedoch beide ohne nähere Begründung.

(4) Zwischenergebnis

Die gesetzliche Anknüpfung an den Begriff des Tochterunternehmens im Sinne des § 22 Abs. 3 WpHG und die damit verbundene Einbeziehung unterschiedlicher Formen konzernrechtlicher Beherrschung hat in Bezug auf die gesetzlichen Zurechnungstatbestände des WpHG zu einer erheblichen Verbesserung bei der Offenlegung tatsächlich bestehenden Stimmrechtseinflusses geführt. Dies gilt insbesondere für die Beseitigung von Zurechnungslücken, die bis dahin bei der Erfassung von Beherrschungsverträgen ohne gleichzeitige Stimmenmehrheit sowie Zurechnung bei dauerhafter Präsenzmehrheit entstanden waren. Daneben ist zu begrüßen, dass mit der Neuregelung eine Klarstellung der Rechtslage bei Gemeinschaftsunternehmen erfolgt ist.

Gleichzeitig hat die Ausdehnung des Zurechnungstatbestandes bei Tochterunternehmen auf den konzernrechtlichen Begriff des abhängigen Unternehmens zu einem „Transport" unterschiedlicher Problemkreise der konzernrechtlichen Zurechnung in das Kapitalmarktrecht geführt. Hierzu gehört insbesondere die Frage, in welchem Umfang sich die unterschiedlichen Formen der kombinierten Beherrschung unter dem Begriff des beherrschenden Einflusses subsumieren lassen. Nach der im konzernrechtlichen Schrifttum in Vordringen befindenden Auffassung wird man auch die Kombination von Eigenbeteiligung und Depotstimmrecht bei Kreditinstituten als einen unter den gegebenen Voraussetzungen zurechnungsbegründenden Tatbestand ansehen können. Eine weitere Schnittstelle zwischen Aktienkonzern- und Kapitalmarktrecht bildet in diesem Zusammenhang die Zurechnung bei Bestehen einer „vormitgliedschaftlichen Abhängigkeit". Auch hier sprechen die besseren Gründe für eine extensive Auslegung der konzernrechtlichen Zurechnungstatbestände auch im Bereich des WpHG.

bb) Für fremde Rechnung gehaltene Aktien (Satz 1 Nr. 2)

Dem Meldepflichtigen oder einem Tochterunternehmen desselben werden auch Stimmrechte aus Aktien gleichgestellt, die einem Dritten gehören und von diesem für Rechnung des Meldepflichtigen gehalten werden (§ 22 Abs. 1 Satz 1 Nr. 2 WpHG).[280] Die Vorschrift dient der Zuordnung von Stimmrechten

---

[280] Die Vorschrift entspricht dem bisherigen § 22 Abs. 1 Nr. 1 WpHG a.F. Die in der Regelung bis dahin enthaltene Einbeziehung eines durch den Meldepflichtigen kontrollierten Unternehmens erfolgt nunmehr für Tochtergesellschaften generell im Rahmen aller Zurechnungstatbestände über § 22 Abs. 1 Satz 2 WpHG. Die Regelung setzt Art. 92 lit. a) der Richtlinie 2001/34/EG (= Art. 7, 2. Spiegelstrich und Art. 4 Abs. 1 der Richtlinie 88/627/EWG) um. Anders als die Richtlinie, sieht Satz 1 Nr. 2 auch eine Erfassung von Stimmrechten aus Aktien vor, die ein Dritter für Rechnung eines von dem Meldepflichtigen beherrschten Tochterunternehmen hält. Grund für die insoweit bestehende Lücke des europäischen Rechts ist

in Fällen, in denen der Meldepflichtige bzw. ein Tochterunternehmen zwar nicht der formale Rechtsinhaber ist, die Kosten und das wirtschaftliche Risiko für die Beteiligung jedoch durch sie getragen werden. Das WpHG statuiert für diesen Fall die gesetzliche Vermutung, dass dem Meldepflichtigen auch in diesem Fall die materielle Stimmrechtsherrschaft zusteht.

(1) Voraussetzungen des Haltens für Rechnung

Die Stimmrechte werden „für Rechnung" des Meldepflichtigen gehalten, wenn dieser im Innenverhältnis die wirtschaftlichen Chancen und Risiken der Beteiligung trägt.[281] Das von dem Meldepflichtigen übernommene Risiko muss dabei so wesentlich sein, dass dieser die Möglichkeit einer wie auch immer gearteten Einflussnahme auf die Stimmrechtsausübung aus den betreffenden Aktien hat.[282] Nicht erforderlich ist, dass der Meldepflichtige über ein tatsächliches Weisungsrecht bezüglich der Ausübung der Stimmrechte verfügt oder hiervon Gebrauch macht,[283] solange er zumindest faktisch die Ausübung der Stimmrechte beeinflussen kann.[284] Als Grundlage und Indiz für die Übernahme des wirtschaftlichen Risikos durch den Meldepflichtigen kommen insbesondere Darlehen, Vorschüsse sowie bestimmte Garantieübernahmen, wie Finanzierungsgarantien, Sicherheitsleistungen, Kurs- und Dividendengarantien desselben, in Betracht.[285] Der Meldepflichtige kann eine Zurechnung der Anteile in diesen Fällen nur abwenden, wenn er nachweisen kann, dass die von ihm übernommenen wirtschaft-

---

offensichtlich ein Redaktionsversehen, da Art. 4 Abs. 2 sowohl des ursprünglichen als auch des geänderten Vorschlags eine entsprechende Regelung vorsahen (vgl. ABl. EG Nr. C 255 vom 25.9.1987, S. 7) und aus den Beratungen keine Gründe ersichtlich sind, aus denen sich eine beabsichtigte Streichung ergeben würde.

281 LG Hannover Urt. v. 29.3.1992 WM 1992 1239, 1243 [„Pirelli/Continental"]; *Burgard* BB 1995, 2069, 2072; *Vedder* Zum Begriff "für Rechnung", S. 126 ff., 156; MüKo-AktG/*Bayer*[2] § 20 Rn. 16; KK-WpÜG/*v. Bülow* § 30 Rn. 53; Schäfer/*Opitz* § 22 Rn. 11; Assmann/*Scheider* WpHG[3] § 22 Rn. 45; **a.A.** *Koppensteiner* FS Rowedder, 1994, 213, 218.

282 *Burgard* BB 1995, 2069, 2072; Assmann/*Schneider* WpHG[3] § 22 Rn. 47; KK-WpÜG/*v. Bülow* § 30 Rn. 54.

283 Assmann/*Scheider* WpHG[3] § 22 Rn. 47; KK-WpÜG/*v. Bülow* § 30 Rn. 54; **a.A.** Haarmann/*Riehmer* § 30 Rn. 27, nach dem jedoch im Regelfall bei dem Halten von Aktien für einen anderen, die Stimmrechte, wenn auch nicht weisungsgebunden, so doch interessengebunden ausgeübt werden.

284 Allg.M. *Burgard* BB 1995, 2069, 2072; Schäfer/*Opitz* § 22 Rn. 12; Assmann/*Scheider* WpHG[3] § 22 Rn. 47; KK-WpÜG/*v. Bülow* § 30 Rn. 54.

285 Teilweise offen lassen zu § 20 AktG LG Hannover Urt. v. 29.3.1992 WM 1992, 1239, 1243 [„Pirelli/Continental"]; mit Anm. *Marsch-Barner* WuB II A. § 20 AktG 1/92 ebenso für Garantieübernahmen und Freihalteverpflichtungen; *Burgard* BB 1995, 2069, 2072; *Vedder* Zum Begriff „für Rechnung", S. 156 ff.; *Pittroff* Zurechnung von Stimmrechten, 2003, S. 155 f.; Assmann/*Scheider* WpHG[3] § 22 Rn. 48; differenzierend Schäfer/*Opitz* § 22 Rn. 12.

lichen Risken durch gleichwertige Gegenleistungen des Dritten vollständig neutralisiert wurden.[286] Die Aktien „gehören" einem Dritten im Sinne des Satz 1 Nr. 2, wenn dieser das Eigentum an den Wertpapieren erlangt. Die Zurechnung gegenüber dem Meldepflichtigen kann daher entweder zum Zeitpunkt des dinglichen Erwerbs durch den Dritten oder mit Abschluss der Treuhandvereinbarung erfolgen.[287]

(2) Einzelne Anwendungsfälle

α) Treuhandverhältnisse

Hauptanwendungsfall des Satz 1 Nr. 2 sind rechtsgeschäftliche Treuhandverhältnisse,[288] innerhalb derer das zivilrechtliche Eigentum an den Aktien auf einen Treuhänder übertragen wird (so genannte fremdnützige oder fiduziarische Treuhand),[289] der sich gegenüber dem Treugeber zur Befolgung von Weisungen bei der Ausübung des Stimmrechts verpflichtet und im Gegenzug Ersatz seiner Aufwendungen verlangen kann.[290] Einen speziellen Fall der rechtsgeschäftlichen Treuhand bildet die Sicherungsübereignung der Aktien, für die die Sonderregelung des § 22 Abs. 1 Satz 1 Nr. 3 WpHG gilt. Weitere Sondervorschriften gelten für Kapitalanlage- und Investmentgesellschaften.[291] Kann der Treuhänder die Stimmrechte aufgrund des Treuhandauftrages ausnahmsweise nach eigenem Ermessen ausüben, scheidet eine Zurechnung aus. Zu den Fällen der rechtsgeschäftlichen Treuhand gehören auch sogenannte *Depositary Receipt*-Programme,[292] bei denen die *Depositary Bank* als Treuhänder der Aktien für

---

[286] *Vedder* Zum Begriff „für Rechnung", S. 155.

[287] *Vedder* Zum Begriff "für Rechnung", S. 154 f.

[288] Anders als in einigen ausländischen Rechtsordnungen führen gesetzliche Treuhandverhältnisse (z.B. Insolvenz- und Nachlassverwaltung, Testamentsvollstreckung etc.) nicht zum Erwerb des zivilrechtlichen Eigentums an dem Treuhandvermögen, sondern lediglich zu einer Zuweisung der Verfügungsbefugnis. Eine Zurechnung nach Abs. 1 Nr. 2 scheidet daher grundsätzlich aus, soweit nicht das ausländische Recht eine abweichende Regelung trifft; vgl. Schäfer/*Opitz* § 22 Rn. 16.

[289] Anders ist dies im Falle der Vollmachtstreuhand, da hier dem Treuhänder mangels Übergangs des zivilrechtlichen Eigentums an den Aktien diese ihm nicht „gehören", vgl. KK-WpÜG/*v. Bülow* § 30 Rn. 57.

[290] Hierzu gehört auch das *Parken von Wertpapieren* an einer börsennotierten Gesellschaft im Wege der treuhänderischen Verwahrung bei einer Hausbank, vgl. hierzu Assmann/*Schneider* WpHG[2] § 22 Rn. 24; MüKo-AktG/*Bayer*[2] Anh. § 22 § 22 Rn. 9 sowie *Nottmeier/Schäfer* AG 1997, 87, 93.

[291] Vgl. dazu unten § 2 B) III.) 4.) c).

[292] Vgl. hierzu *Wienecke* AG 2001, 504 ff.; *Böckenhoff/Ross* WM 1993, 1781.

Rechnung und Order des *Depositary Receipt*-Inhabers als tatsächlich wirtschaftlich Berechtigter und damit Zurechnungssubjekt fungiert.[293]

Bei mehrstufigen Treuhandverhältnissen, bei denen die Aktien von einem Treuhänder für Rechnung eines Treugebers gehalten werden, der diese wiederum treuhänderisch für einen Dritten hält, erfolgt die Zurechnung zunächst (wie oben) zwischen dem Treuhänder und dem Treugeber. Dies gilt unabhängig davon, ob der Treugeber die Aktien seinerseits für Rechnung des Dritten hält.[294] Eine Zurechnung zwischen dem Treuhänder und dem Dritten scheidet in diesem Fall grundsätzlich aus, da dem Treugeber die Aktien in diesem Falle nicht „gehören". Etwas anderes gilt freilich dann, wenn der Treuhänder die Aktien wirtschaftlich (auch) „für Rechnung" des Dritten hält, denn in diesem Fall trägt ebenfalls der Dritte das Verlustrisiko sowie die Chancen und Risiken aus den Aktien.[295] Von einer in diesem Fall eintretenden Mehrfachzurechnung ist insbesondere dann auszugehen, wenn die jeweiligen Treuhandverhältnisse gleichartig ausgestaltet sind.[296]

Bei einem einheitlichen Treuhandverhältnis des Treuhänders gegenüber mehreren Treugebern hängt die Frage der Zurechnung von der individuellen Ausgestaltung der Rechtsbeziehungen der Treugeber untereinander ab. Steht jedem Treugeber ein eigenes und von den übrigen Treugebern unabhäniges Weisungsrecht zu, so folgt hieraus eine Zurechnung gegenüber dem einzelnen Treugeber *pro rata*. Entsprechendes gilt, wenn der Treuhänder ein Aktienpaket aufgrund verschiedener Treuhandverhältnisse für mehrere Treugeber hält.[297] Besteht zwischen den Treugebern eine Stimmbindungsvereinbarung, so kommt eine wechselseitige Zurechnung der Stimmrechte aufgrund „abgestimmten Verhaltens" in Betracht (§ 22 Abs. 2 WpHG).[298] Schließlich ist eine Zurechnung nach Satz 1 Nr. 1 denkbar, wenn sich die Treugeber vertraglich zu einer GbR zusammengeschlossen haben. Abhängig von der Ausgestaltung der GbR als Innen- oder Au-

---

293 Vgl. Assmann/*Schneider* WpHG[3] § 22 Rn. 54; Schäfer/*Opitz* § 22 Rn. 21; KK-WpÜG/*v. Bülow* § 30 Rn. 65.

294 Zu § 22 Abs. 1 Nr. 1 WpHG a.F. Assmann/*Schneider* WpHG[3] § 22 Rn. 57; KK-WpÜG/*v. Bülow* § 30 Rn. 58; **a.A.** Schäfer/*Opitz* § 22 Rn. 13, der in diesem Fall eine Zurechnung gegenüber dem Treugeber als „Mittelsmann" ablehnt.

295 KK-WpÜG/*v. Bülow* § 30 Rn. 58; Haarmann/*Riehmer* § 30 Rn. 34; zu § 22 Abs. 1 Nr. 1 WpHG a.F. Assmann/*Schneider* WpHG[3] § 22 Rn.57; Schäfer/*Opitz* § 22 Rn. 13.

296 KK-WpÜG/*v. Bülow* § 30 Rn. 58.

297 KK-WpÜG/*v. Bülow* § 30 Rn. 59; zu § 22 Abs. 1 Nr. 1 WpHG a.F. Assmann/*Schneider* WpHG[3] § 22 Rn. 55; Schäfer/*Opitz* § 22 Rn. 14.

298 Vgl. hierzu unten § 2 B) III.) 4.) c).

ßengesellschaft kommt ist hier entweder eine Zurechnung nach Satz 1 Nr. 1 oder Satz 1 Nr. 2 denkbar.

β) Vermögensverwaltungsgesellschaften

In den Anwendungsbereich des Satz 1 Nr. 2 kann ferner die Zurechnung von Stimmrechten aus Unternehmensbeteiligungen von Vermögensverwaltungsgesellschaften (oder auch Vorschaltgesellschaften) fallen.[299] Dabei handelt es sich regelmäßig um eine in der Rechtsform der GmbH oder auch AG organisierte Zwischenholding, deren Unternehmenszweck sich in dem Halten von Beteiligungen für einen oder mehrere Gesellschafter erschöpft. Eine eigenständige Bedeutung kann der Zurechnungstatbestand des Satz 1 Nr. 2 dabei in dem inzwischen seltener gewordenen Fall gewinnen, in dem die Zwischenholding nicht zugleich Tochterunternehmen im Sinne des Satz 1 Nr. 1, Abs. 3 ist. Auch wenn die Vorschaltgesellschaft die Aktien hier zumindest unter formalen Gesichtspunkten auf eigene Rechnung halten mag, wird in dieser Situation, ebenso wie nach bisherigem Recht, eine Zurechnung dann bejaht werden können, wenn sich der Gesellschaftszweck im Wesentlichen auf das Halten der Anteile zugunsten des oder der Gesellschafter(-s) beschränkt. Denn hier fallen die Chancen und Risiken aus der Beteiligung wirtschaftlich dem Gesellschafter zu.[300]

Für eine Zurechnung der Anteile eines Gemeinschaftsunternehmens gegenüber dessen Gesellschaftern bleibt im Rahmen des Satz 1 Nr. 2 im Übrigen nur dann Raum, wenn damit zugleich eine Übernahme der wirtschaftlichen Chancen und Risken für die Gesellschaft verbunden ist. Eine anteilige Zurechnung der Stimmrechte kann daher etwa aufgrund der Tatsache gerechtfertigt sein, dass ein oder mehrere Gesellschafter der AG gegenüber Weisungen erteilen und damit Einfluss auf die Ausübung der Stimmrechte geltend machen können und

---

[299] Zu den mit der Einschaltung einer Zwischenholding verbunden Zielen, gehören neben der Ausnutzung des steuerlichen Schachtelprivilegs (Beteiligungen über 10% sind von der Vermögenssteuer und der Gewerbesteuer befreit), die Vermeidung kartellrechtlicher Folgen, die Abwehr feindlicher Übernahmen, die Risikostreuung sowie die Verschleierung der Beteiligungsverhältnisse, hierzu Assmann/*Schneider* WpHG[3] § 22 Rn. 58; mit einigen Rechtstatsachen *Korch* Ringbeteiligungen, 2002, S. 111.

[300] H.M. BGH Urt. v. 22.4.1991 WM 1991, 1166, 1168 zu § 20 AktG: "getrenntes Halten durch individuell zugewiesene Beteiligung"; Assmann/*Schneider* WpHG[3] § 22 Rn. 61; MüKo-AktG/*Bayer*[2] § 22 Anh. § 22 Rn. 11; Schäfer/*Opitz* § 22 Rn. 20; *Burgard* BB 1995, 2069, 2073; *ders./Schneider* DB 1996, 1761, 1764; *Diekmann* DZWiR 1994, 13, 16; *Korch* Ringbeteiligungen, S. 113; Haarmann/*Riehmer* § 30 Rn. 37; *Starke* Beteiligungstransparenz, 2002, S. 203; **a.A.** *Falkenhagen* WM 1995, 1005, 1007, nach dem eine Zurechnung auf die nicht kontrollierenden Gesellschafter völlig unterbleibt; dem zustimmend im Grundsatz KK-WpÜG/*v. Bülow* § 30 Rn. 64, der eine Zurechnung jedoch bejaht, wenn einzelne Gesellschafter rechtlich oder faktisch die Möglichkeit haben, Einfluss auf die Geschäftsführer zu nehmen.

zugleich ein unmittelbarer Zugriff der Gesellschafter auf das in der Gesellschaft gepoolte Vermögen besteht.[301] Zurechnungslücken werden sich freilich aus der hier im Regelfall fehlenden Einbeziehung von Gemeinschaftsunternehmen im Rahmen des Satz 1 Nr. 2 nicht ergeben, da in dieser Konstellation in der überwiegenden Zahl der Fälle bereits eine Zurechnung der Anteile gegenüber der oder den „Müttern" auf Basis des Satz 1 Nr. 1 erfolgen wird.[302]

γ) Wertpapierdarlehen

Ein weiterer denkbarer Anwendungsfall der Zurechnung gemäß Satz 1 Nr. 2 ist das Wertpapierdarlehensgeschäft (oder auch Wertpapierleihe[303]).[304] Hierbei überträgt der Darlehnsgeber („Verleiher") das Eigentum an den Wertpapieren an den Darlehnsnehmer („Entleiher"), der infolge der Übereignung Inhaber der Aktien wird und damit – so die herrschende Meinung – zur Ausübung der Stimmrechte nach eigenem Ermessen berechtigt ist.[305] Ob die Stimmrechte daneben auch dem Verleiher nach Satz 1 Nr. 2 zugerechnet werden, ist umstritten. Eine Zurechnung ist hier nach richtiger Auffassung abzulehnen, wenn sich der Darlehensgeber nicht ausnahmsweise die rechtliche oder tatsächliche Möglichkeit vorbehalten hat, Einfluss auf die Stimmrechte der „verliehenen" Aktie zu neh-

---

301 Zum bisherigen Recht *Burgard* BB 1995, 2069, 2073; MüKo-AktG/*Bayer*[2] § 22 Anh. § 22 Rn. 12; Assmann/*Schneider* WpHG[2] § 22 Rn. 39; *Kümpel* Bank- und Kapitalmarktrecht[2], Rn. 16.379; **abw.** *Korch* Ringbeteiligungen S. 113, Fn 22: „sofern zumindest ein Zweck der Gesellschaft die Verwaltung des gepoolten Beteiligungsbesitzes ist".

302 Vgl. hierzu oben § 2 B) III.) 4.) b) aa).

303 Der teilweise verwendete Begriff der *Wertpapierleihe* ist irreführend, da es sich der Sache nach nicht um eine Leihe im Sinne der §§ 598 BGB, sondern um ein Wertpapierdarlehensgeschäft im Sinne der §§ 607 ff. BGB handelt. Die Wertpapiere werden hierbei an den Entleiher übereignet, der sich zugleich verpflichtet, nach Ablauf der Leihfrist Wertpapiere gleicher Art und Güte zurückzuerstatten und für die zeitliche Überlassung ein vereinbartes Entgelt zu entrichten, vgl. zum Begriff *Lenenbach* Kapitalmarktrecht, Rn. 5.79.

304 Die Einsatzmöglichkeiten der „Wertpapierleihe" bestehen vor allem im Hinblick auf Spekulations- und Absicherungszwecke bei Börsentermingeschäften sowie die Ermöglichung von Leerverkäufen (sog. *short sales*) und der technischen Abwicklung von Wertpapiergeschäften, vgl. statt aller *Schwintowski/Schäfer* Bankrecht, S. 939 f.; *Sieger/Hasselbach* WM 2004, 1370.

305 H.M. *Gesell* Wertpapierleihe und Repurchase Agreement, 1998, S. 128; *Sieger/Hasselbach* WM 2004, 1370, 1371 mit Hinweis auf die Möglichkeit abweichender Vereinbarungen; *Burgard* BB 1995, 2069, 2073; Schäfer/*Opitz* § 22 Rn. 30; MüKo-AktG/*Bayer*[2] § 22 Anh. § 22 Rn. 13; **a.A.** *Kümpel* Bank- und Kapitalmarktrecht[3], Rn. 13.50 ff.; *ders./Peters* AG 1994, 525, 529 f., nach denen die Ausübung der Stimmrechte durch den Entleiher generell ausgeschlossen sein soll.

men.[306] Die vorgenannten Grundsätze zu Wertpapierdarlehensgeschäften sind schließlich auch auf Wertpapier-Pensionsgeschäfte anwendbar,[307] bei denen das Eigentum an den betreffenden Wertpapieren zu Beginn der Pensionszeit auf den Pensionsnehmer dinglich übertragen wird.[308]

cc) Sicherheitsübertragung (Satz 1 Nr. 3)

Dem Meldepflichtigen werden nach Satz 1 Nr. 3 auch Stimmrechte aus Aktien zugerechnet, die er einem Dritten zur Sicherung übertragen hat.[309] Die Zurechnung unterbleibt, wenn der Sicherungsnehmer ausnahmsweise zur selbstständigen Wahrnehmung der Stimmrechte befugt ist und er seine Absicht hiervon Gebrauch zu machen bekundet hat.[310] Die Vorschrift statuiert damit, abweichend von den übrigen Zurechnungstatbeständen des § 22 Abs. 1 WpHG, eine ausschließliche Zurechnung gegenüber dem Sicherungsgeber. Eine gleichzeitige Meldepflicht des Sicherungsnehmers nach § 21 Abs.1 WpHG als Inhaber der Mitgliedschaft besteht nicht.[311] In dem umgekehrten Fall werden die Stimmrechte aus den Aktien alleine dem Sicherungsnehmer zugerechnet, wenn dieser unter den Voraussetzungen des Satz 1 Nr. 3 die Stimmrechte ausüben kann und die

---

[306] Wie hier *Sieger/Hasselbach* WM 2004, 1370, 1376 f.; Schäfer/*Opitz* § 22 Rn. 30 f.; KK-WpÜG/*v. Bülow* § 30 Rn. 70; Haarmann/*Riehmer* § 30 Rn. 39; **a.A.** *Nottmeier/Schäfer* AG 1997, 87, 93; *Burgard* BB 1995, 2069, 2073; Assmann/*Schneider* WpHG² § 22 Rn. 49; *ders.* AG 1997, 81, 84; MüKo-AktG/*Bayer*² § 22 Anh. § 22 Rn. 13.

[307] § 340b Abs. 1 HGB definiert den Begriff des Pensionsgeschäfts als Vertrag, durch den der Pensionsgeber ihm gehörende Vermögensgegenstände, die in Wertpapieren, Devisen oder Wechseln bestehen können, dem Pensionsnehmer gegen Zahlung eines den Wert der Gegenstände entsprechenden Preises überträgt.

[308] KK-WpÜG/*v. Bülow* § 30 Rn. 68; Haarmann/*Riehmer* § 30 Rn. 38; differenzierend Schäfer/*Opitz* § 22 Rn. 27.

[309] Die Vorschrift geht auf § 22 Abs. 1 Nr. 4 WpHG a.F. zurück. Anders als dort ist eine Zurechnung gegenüber dem Sicherungsgeber nur noch dann zu verneinen, wenn der Dritte (Sicherungsnehmer) die Absicht bekundet, die Stimmrechte *„unabhängig von den Weisungen"* des Meldepflichtigen (Sicherungsgebers) auszuüben. Dies bedeutet umgekehrt, dass die Zurechnung gegenüber dem Sicherungsgeber nun nur noch unter engeren Voraussetzungen entfällt als diese nach bisherigem Recht der Fall war; vgl. insoweit auch die BegrRegE BT-Drucks. 14/7034, S. 54, 70, sowie *Meyer/Bundschuh* WM 2003, 960, 962.

[310] Satz 1 Nr. 3, 2. Halbsatz.

[311] AllgM zu § 22 WpHG *Meyer/Bundschuh* WM 2003, 960, 961 f.; Assmann/*Schneider* WpHG³ § 22 Rn. 80; Schäfer/*Opitz* § 22 Rn. 55; zu § 30 Abs. 1 Satz 1 Nr. 3 WpÜG Haarmann/*Riehmer* § 30 Rn. 34, 42; **a.A.** KK-WpÜG/*v. Bülow* § 29 Rn. 100, der mit Blick auf Befreiungsmöglichkeit zur Verpflichtung der Veröffentlichung des Kontrollerwerbs § 9 Abs. 1 Nr. 4 WpÜG-AngebVO die Voraussetzungen des § 29 Abs. 2 WpÜG bejaht sieht; *Steinmeyer/Häger* § 30 Rn. 31 ff.; ausdrücklich dagegen *Meyer/Bundschuh* WM 2003, 960, 962 ff.

Absicht hierzu ausdrücklich bekundet. Sachliche Rechtfertigung für die Zurechnung nach Satz 1 Nr. 3 ist der Rückübertragungsanspruch des Sicherungsgebers, der mit Entfallen des Sicherungszwecks entsteht und diesem damit die faktische Stimmrechtskontrolle einräumt.[312] Darüber hinaus berücksichtigt die Regelung, dass der Sicherungsnehmer das Stimmrecht im Interesse des Sicherungsgebers auszuüben hat.[313]

Zu den Anwendungsfällen der Norm gehört weiterhin und hauptsächlich die Verpfändung der Aktien,[314] gegebenenfalls auch zu Gunsten eines Dritten,[315] da auch hier das Eigentum an den Wertpapieren wirtschaftlich dem Sicherungsnehmer als Sicherheit übertragen wird.[316] Zwar steht dem Pfandgläubiger in diesen Fällen kraft Gesetz kein eigenes Stimmrecht zu.[317] Jedoch ist auch hier, ähnlich wie bei der Sicherungsübereignung, davon auszugehen, dass nach der zugrunde liegenden Stimmrechtsregelung der Sicherungsnehmer das Stimmrecht nach Weisung des Sicherungsgebers ausüben, diesem eine Vollmacht erteilen oder ihn zur Stimmrechtsausübung ermächtigen kann, während der Sicherungsnehmer jederzeit oder bei Eintritt bestimmter Voraussetzungen (Vermögensausfall, Zahlungsverzug etc.) die Stimmrechtsausübung an sich ziehen kann.[318]

dd) Nießbrauch (Satz 1 Nr. 4)

Gemäß Satz 1 Nr. 4 können den eigenen Stimmrechten Aktien zugerechnet werden, an denen dem Meldepflichtigen ein Nießbrauchsrecht eingeräumt wurde. Die Bestimmung klärt insoweit für die wertpapierhandelsrechtlichen Meldepflichten die aktienrechtliche Streitfrage, wem bei Bestellung eines Nießbrauchs

---

312 Ähnlich Begr RegE zu § 22 Abs. 1 Nr. 4 WpHG a.F., BT-Drucks. 12/6679, S. 53.

313 Assmann/*Schneider* WpHG[3] § 22 Rn. 84.

314 Die Verpfändung der Aktien als Sicherungsinstrument wird in der Bankpraxis bereits deshalb regelmäßig gewählt, weil hier anders als bei der Sicherungsübereignung nicht die Gefahr einer entsprechenden Anwendung der Regelungen über kapitalersetzende Gesellschafterdarlehen gemäß §§ 32a, 32b GmbHG in Betracht kommt; vgl. insoweit *Apfelbacher/ Barthelmess/Buhl/v. Dryander* German Takeover Law, § 30 Rn. 14; *Meyer/Bundschuh* WM 2003, 960, 961.

315 Zu § 30 WpÜG KK-WpÜG/*v. Bülow* § 30 Rn. 73.

316 Allg.M. Begr RegE BT-Drucks. 12/6679, S. 53; Schäfer/*Opitz* § 22 Rn. 55 f.; *Hüffer*[6] Anh § 22, § 22 Rn. 4; KK-WpÜG/*v. Bülow* § 30 Rn. 73; *Apfelbacher/Barthelmess/Buhl/ v. Dryander* German Takeover Law, § 30 Rn. 13; **a.A.** MüKo-AktG/*Bayer*[2] § 22 Anh. § 22 Rn. 30; Assmann/*Schneider* WpHG[3] § 22 Rn. 79.

317 Assmann/*Schneider* WpHG[3] § 22 Rn.79.

318 Schäfer/*Opitz* § 22 Rn. 55 f.

an Aktien das Stimmrecht zusteht.[319] Auf die tatsächliche Zuordnung der Stimmrechtsherrschaft kommt es – zumindest im Hinblick auf die Zurechnungstatbestände nach WpHG – nicht an.[320]

ee) Gesicherte Erwerbsmöglichkeit (Satz 1 Nr. 5)

Dem Meldepflichtigen werden gemäß Satz 1 Nr. 5 auch Stimmrechte aus Aktien eines Dritten zugerechnet, die er oder ein von ihm beherrschtes Tochterunternehmen durch eine Willenserklärung erwerben kann.[321] Die Vorschrift stellt gegenüber den anderen Zurechnungstatbeständen des § 22 WpHG dabei insoweit eine Besonderheit dar, als die Stimmrechtsmacht hier nicht aus dem zwischen den Beteiligten bestehenden Rechtsverhältnis abgeleitet, sondern durch die Erwerbsmöglichkeit des Zurechnungssubjekts antizipiert wird.[322] Wie konkret diese Erwerbsmöglichkeit im Ergebnis ausgestaltet sein muss oder sollte, um eine Zurechnung zu begründen, gehört zu den Kernfragen der die Bestimmung berührenden Regelungsprobleme.

(1) Erwerb durch eine Willenserklärung

Selbstredend gehören in den Anwendungsbereich der Vorschrift zunächst jene Fälle, in denen der dingliche Erwerb des Eigentums an den stimmberechtigten Aktien zeitlich mit Abschluss des zugrunde liegenden schuldrechtlichen Vertrages zusammenfällt oder von dem Willen des Meldepflichtigen abhängig ist, also von diesem durch einseitige Willenserklärung herbeigeführt werden kann.[323] Die vorgenannten Beispiele bilden freilich nicht den Regelfall. Denn Voraussetzung für eine Zurechnung in diesem Fall wäre, dass im Rahmen der Übertragung ver-

---

[319] Vgl. Begr RegE BT-Drucks. 12/6679, S. 53 f.

[320] Assmann/*Schneider* WpHG[3] § 22 Rn. 88; MüKo-AktG/*Bayer*[2] § 22 Anh. § 22 Rn. 31; Schäfer/*Opitz* § 22 Rn. 59, der insoweit zutreffend auf die zwingenden Vorgaben der EG-Transparenz-Richtlinie verweist; zu § 30 Abs. 1 S. 1 Nr. 4 WpÜG Haarmann/*Riehmer* § 30 Rn. 46; *Thoma* NZG 2002, 104, 112; **a.A.** WpÜG KK-WpÜG/*v. Bülow* § 30 Rn. 79, nach dem im Hinblick auf den Schutzzweck der Regelung einem Nießbraucher keine Stimmrechte aus nießbrauchbelasteten Aktien zuzurechnen sind, auf deren Ausübung er weder rechtlich noch faktisch Einfluss ausüben kann.

[321] Die Vorschrift tritt an die Stelle des bisherigen § 22 Abs. 1 Nr. 6 WpHG a.F. Die Streichung des Begriffs „einseitige" vor Willenserklärung hat lediglich redaktionelle Bedeutung.

[322] Kritisch KK-WpÜG/*v. Bülow* § 30 Rn. 81: „Fremdkörper innerhalb der Zurechnungstatbestände".

[323] Assmann/*Schneider* WpHG[3] § 22 Rn. 90; *Kümpel* Bank- und Kapitalmarktrecht[3], Rn. 16.483; Schäfer/*Opitz* § 22 Rn. 61; *Steuer/Baur* WM 1996, 1477, 1479; KK-WpÜG/*v. Bülow* § 30 Rn. 86.

briefter Inhaberaktien die Besitzübertragung entweder bereits erfolgt ist oder zeitlich mit der Annahmeerklärung zusammenfällt.[324]

Nicht von der Zurechnung erfasst ist das Halten von Wandel- und Optionsanleihen, da die betreffenden Aktien und damit auch die zurechnungsfähigen Stimmrechte hier noch gar nicht entstanden sind. Letzteres gilt auch für schuldrechtliche oder dingliche Verkaufsoptionen (*Put Options*), da der Bedingungseintritt hier nicht von dem Stillhalter, sondern alleine von dem Optionsinhaber abhängt.[325] Hier ist lediglich eine Zurechnung des „für Rechnung Haltens" nach Satz 1 Nr. 2 denkbar, wenn der abnahmeverpflichtete Stillhalter bei Bestimmung eines festgelegten Preises das wirtschaftliche Risiko des Wertverfalls der veroptionierten Aktien trägt und zugleich ermächtigt ist, auf die Ausübung der Stimmrechte Einfluss zu nehmen. Ferner wirkt auch ein kartellrechtliches Vollzugsverbot, bei dem die Übereignung der Aktien von der Freigabe der Transaktion durch die Kartellbehörde abhängig ist, als die Zurechnung ausschließend, da der Begünstigte hier die Freigabe durch einseitige Willenserklärung herbeiführen kann.[326]

Gewisse Unklarheiten bestehen demgegenüber hinsichtlich des Merkmals des Erwerbs „durch eine Willenserklärung", das nach richtiger und wohl überwiegender Auffassung auch auf sonstige im Ermessen des Meldepflichtigen stehende Handlungen (z.B. die Zahlung des Kaufpreises) auszudehnen ist, mit denen dieser den Eigentumserwerb zu seinen Gunsten herbeiführen kann.[327] Maßgebend ist insoweit, dass dem Meldepflichtigen eine nicht mehr entziehbare Rechtsposition eingeräumt worden ist, die es ihm ermöglicht die Aktien zu erwerben, ohne hieran durch einen Dritten gehindert zu sein.

(2) Schuldrechtliche Erwerbsrechte

Ob schuldrechtliche Übereignungsansprüche (z.B. bei Optionsübertragung) vom Anwendungsbereich der Norm erfasst werden, war bereits für die Vorgängerre-

[324] So zutreffend Schäfer/*Opitz* § 22 Rn. 61.

[325] Assmann/*Schneider* WpHG[3] § 22 Rn. 108 ff.; zu § 30 WpÜG KK-WpÜG/*v. Bülow* § 30 Rn. 87, 93.

[326] Ebenso KK-WpÜG/*v. Bülow* § 30 Rn. 94.

[327] *Elster* Sekundärmarktrecht, S. 38; MüKo-AktG/*Bayer*[2] § 22 Anh. § 22 Rn. 32; KK-WpÜG/*v. Bülow* § 30 Rn. 86; *Steuer/Baur* WM 1996, 1477, 1479, nach denen es auf die Initiative des Meldepflichtigen ankommt; *Burgard* BB 1995, 2069, 2076; **a.A.** wohl Schäfer/*Opitz* § 22 Rn. 65.

gelung umstritten.[328] Die der Streitfrage zugrunde liegende Problematik liegt auf der Hand: Stellt man alleine auf die dingliche Erwerbsmöglichkeit durch den Meldepflichtigen ab, so ist es diesem freigestellt, seinen Aktienbestand bis zu einem bestimmten Stichtag unter der maßgebenden Beteiligungsschwelle zu halten bzw. durch Stundungsvereinbarungen oder ein ihm eingeräumtes Rücktrittsrecht gezielt die Anwendung der Zurechnungsnorm zu umgehen.[329] Zudem gäbe eine entsprechende Auslegung dem Meldepflichtigen die Möglichkeit, seinen Aktienbestand vorübergehend auf einen Dritten zu übertragen, sich gleichzeitig aber die Möglichkeit vorzubehalten, den Eigentumsübergang jederzeit rückgängig zu machen.

Die Streifrage scheint für die übernahmerechtliche Parallelvorschrift zumindest, wenn man sich auf die Begründung des Regierungsentwurfs zu § 30 WpÜG beruft, geklärt. Denn hiernach ist die Regelung grundsätzlich im engeren Sinne, d.h. im Sinne einer auf die Erlangung des Eigentums gerichteten Willenserklärung, zu verstehen.[330] Dies sei – so die Regierungsbegründung – vor dem Hintergrund geboten, dass eine Zurechnung von Stimmrechten mit der gravierenden Folge eines Pflichtangebotes sich nur dann rechtfertigen lasse, wenn der Bieter über eine Position verfüge, die die Ausübung der Stimmrechte nicht von Unwägbarkeiten abhängig mache, die der Bieter nicht beeinflussen könne.[331] Während die Auffassung der Bundesregierung mit Blick auf § 30 WpÜG bislang weitgehende Zustimmung erfahren hat und hinsichtlich der mit dem Pflichtangebot verbundenen Auswirkungen auch in der Sache überzeugt,[332] ist fraglich, ob dieses Ergebnis angesichts des Regelungszwecks der kapitalmarktrechtlichen Offenlegungspflichten sowie der Vorgaben der europäischen Börsenrichtlinie 2001/34/EG durchschlagen kann.[333] Der Wortlaut der deutschsprachigen Fassung der Richtlinie selbst gibt hier zunächst nur wenige Anhaltspunkte, auf-

---

[328] Dafür: Assmann/*Schneider* WpHG³ § 22 Rn. 92 ff.; *ders.* AG 1997, 81, 83 f.; MüKo-AktG/*Bayer*² § 22 Anh. § 22 Rn. 33 ff.; MünchHdb-AG/*Krieger*² § 68 Rn. 146, *Burgard* WM 2000, 611, 613 f.; *ders.* BB 1995, 2069, 2076; dagegen: *Hüffer*⁶ § 22 Anh. § 22 Rn. 5; *Cahn* AG 1997, 502, 508; *Steuer/Baur* WM 1996, 1477, 1480 f.; *Heinsius* WM 1996, 421, 423; *Witt* AG 1998, 171, 176 (*de lege ferenda*).

[329] Assmann/*Schneider* WpHG³ § 22 Rn. 103.

[330] Begr RegE BT-Drucks. 14/7034, S. 54.

[331] Von der BegrRegE genannte Beispiele sind hierbei Einwendungen oder Rücktrittsrechte des Verkäufers oder die Nichterfüllung von Lieferverpflichtungen.

[332] Vgl. *Pittroff* Zurechnung von Stimmrechten, 2003, 218 ff.; KK-WpÜG/*v. Bülow* § 30 Rn. 83 ff.

[333] Gegen eine Zurechnung im Rahmen des WpHG KK-WpÜG/*v. Bülow* § 30 Rn. 83; *Adolff/Meister/Randell/Stephan* Public Company Takeovers, 2002, S. 100 f.

grund derer eine Zurechnung bereits zum Zeitpunkt des Abschlusses des schuldrechtlichen Optionsvertrages zwingend geboten wäre. Dieser Befund wird jedoch teilweise durch die Betrachtung der englischen Fassung des Richtlinientextes („*is entitled to acquire, on his own initiative alone*“) relativiert, die anders oder zumindest konkreter als die deutsche Übersetzung eher von dem Erfordernis einer „Erwerbsberechtigung“ als von einer auf die dingliche Übertragung der Aktien gerichteten Willenserklärung auszugehen scheint.[334] Abgesehen von diesen Interpretationsspielräumen, sprechen aus Sicht der richtlinienkonformen Auslegung des WpHG die besseren Gründe dafür, entgegen der im Schrifttum wohl herrschenden Auffassung, zu einem weiteren Verständnis der Regelung zurückzukehren. Denn es ist nicht erkennbar, dass der europäische Gesetzgeber die in einigen Mitgliedstaaten auf der Grundlage des Abstraktionsprinzips bestehende Differenzierung bei der Anwendung der Norm zum Anlass nehmen wollte, die Entstehung unterschiedlicher Publizitätsstandards in den einzelnen Mitgliedstaaten zuzulassen. Wie oben gezeigt, geschieht dies jedoch gerade dadurch, dass mit der Anknüpfung an die Abgabe einer Willenserklärung zur Begründung des dinglichen Erwerbsgeschäfts dem jeweiligen Erwerber ein Gestaltungsspielraum bei der Aushebelung der Mitteilungspflichten eröffnet wird, der mit dem Zweck der kapitalmarktrechtlichen Offenlegungspflichten, heimliche Paketerwerbe oberhalb bestimmter Meldeschwellen offen zu legen, kaum vereinbar ist. Da der europäische Gesetzgeber eine gesonderte Ermächtigung zur Vornahme einer solchen engeren Auslegung nicht erteilt hat, erscheint es auch aus dieser Sicht zumindest rechtlich nicht vertretbar, an diesem Verständnis festzuhalten. Über diese Erwägungen hinaus sprechen schließlich auch aus der Perspektive des deutschen Rechts im Hinblick auf die parallele Auslegung ande rer verbands- und kapitalmarktrechtlicher Publizitätspflichten (z.B. im Rahmen des § 20 Abs. 2 AktG[335] oder die ähnlich gelagerte Problematik bei § 15a WpHG[336]) die besseren Gründe dafür, das Zustandekommen des schuldrechtlichen Rechtsgeschäfts als maßgebendes Datum für die Zurechnung anzusehen.

(3) Behandlung börsenfähiger Optionen

Problematisch ist schließlich, ob durch Satz 1 Nr. 5 auch börsengängige Optionen und Futures erfasst werden, soweit diese tatsächlich einen Lieferanspruch begründen, und nicht nur, wie bei Hedging- oder Spekulationsgeschäften, auf einen Ausgleich von Differenzbeträgen zwischen dem vereinbarten Kurs und

---

[334] Ausführlich *Franck* BKR 2002, 709 ff.; **a.A.** *Witt* AG 2001, 233, 237; *Hüffer*[6] § 22 Anh. § 22 WpHG Rn. 5.

[335] vgl. hierzu AnwaltK-AktG/*Heinrich* § 20 AktG Rn. 7 mit weiteren Nachweisen.

dem Kurs im Erfüllungszeitpunkt (*Cash Settlement*) gerichtet sind.[337] Im Ergebnis kann hier nichts anderes gelten wie im Rahmen individuell vereinbarter Optionsgeschäfte, denn auch der Einsatz börsenfähiger Termininstrumente, bei denen der die Meldepflicht auslösende dingliche Erwerb von vornherein bis zu einem bestimmten Termin aufgeschoben wird,[338] eignet sich zu einem weitgehend unbemerkten Aufbau einer Beteiligung an der betreffenden Gesellschaft.[339]

ff) Verwahrungsverhältnisse (Satz 1 Nr. 6)

Den Stimmrechten des Meldepflichtigen stehen gemäß Satz 1 Nr. 6 ferner solche Stimmrechte gleich, die ihm oder einem Tochterunternehmen anvertraut sind, sofern die Stimmrechte nach eigenem Ermessen ausgeübt werden können und keine besonderen Weisungen des Aktionärs vorliegen. Anders als nach Abs. 1 Nr. 7 a.F. ist ein besonderes Verwahrungsverhältnis bezüglich der Aktien nicht mehr erforderlich.[340] Damit werden nunmehr auch solche Rechtsverhältnisse erfasst, bei denen die betreffenden Wertpapiere bei einem Dritten verwahrt werden. Entscheidend ist allein, ob der Meldepflichtige verpflichtet ist, die Vermögensinteressen des Aktionärs nach eigenen Vorstellungen wahrzunehmen, mag er auch verpflichtet sein, die Stimmrechte im Interesse des Inhabers der betreffenden Aktien auszuüben. In das Anwendungsspektrum der Norm gehören daher neben vertraglichen Vermögensbetreuungspflichten, z.B. im Rahmen der Vermögensverwaltung, auch die verschiedenen Formen der gesetzlichen Vermögensverwaltung (z.B. elterliche Sorgerechte, Testamentsvollstreckung und Insolvenzverwaltung).[341]

---

[336] Vgl. hierzu unten § 2 B) IV.) 3.) b) cc).

[337] Vgl. zu dieser Einschränkung bereits *Elster* Sekundärmarktrecht, 2002, S. 39; ähnlich auch Schäfer/*Opitz* § 22 Rn. 67; der i.E. eine Zurechnung jedoch allgemein ablehnt.

[338] Vgl. nur § 3 der besonderen Bedingungen für Optionsgeschäfte an den deutschen Wertpapierbörsen: Der Käufer einer Kaufoption erwirbt „das Recht, innerhalb der Laufzeit der Option jederzeit vom Verkäufer (Stillhalter in Aktien oder festverzinslichen Wertpapieren) die Lieferung bestimmter, zum Optionsgeschäft zugelassener Aktien zu dem vereinbarten Basispreis zu fordern."

[339] Zustimmend Assmann/*Schneider* WpHG³ § 22 Rn. 112; *Burgard* BB 1995, 2069, 2076; *Franck* BKR 2002, 709, 711; *Elster* Sekundärmarktrecht, 2002, S. 39; **a.A.** *Falkenhagen* WM 1995, 1005, 1007; *Claussen* Insiderhandelsverbot, Rn. 140 f., die eine Zurechnung zwar im Hinblick auf individuell vereinbarte Optionen bejahen, aber in diesem Fall ablehnen.

[340] Begr RegE BT-Drucks. 14/7034 zu § 30 WpÜG, S. 54. § 22 Abs. 1 Nr. 7 WpHG a.F. stellte noch darauf ab, ob die Aktien dem Meldepflichtigen „zur Verwahrung" anvertraut waren.

[341] Begr RegE BT-Drucks. 14/7034 zu § 30 WpÜG, S. 54; so bereits die bisher h.M. *Burgard* BB 1995, 2069, 2076; Assmann/*Schneider* WpHG³ § 22 Rn. 119 ff.; MüKo-AktG/*Bayer*² § 22 Anh. § 22 Rn. 37; Schäfer/*Opitz* § 22 Rn. 77 ff.; **a.A.** zu § 30 Abs. 1 Nr. 6 WpÜG im Hin-

Hinsichtlich der Reichweite der Zurechnungsnorm ist problematisch, ob bereits eine Vollmacht zur Ausübung der Stimmrechte aus Aktien der betreffenden Gesellschaft den Tatbestand des Satz 1 Nr. 6 mit der Folge erfüllt, dass dem Bevollmächtigten die Stimmrechte des Vollmachtgebers zugerechnet werden. Die Frage betrifft vor allem das Vollmachtsstimmrecht eines depotführenden Kreditinstitutes, ist aber auch für andere Fälle der Stimmrechtsvertretung (z.B. durch Aktionärsvereinigungen oder der, seit In-Kraft-Treten des NaStraG zulässigen, Bevollmächtigung von durch die Verwaltung eingesetzten Vertretern) von Bedeutung. Unstreitig ist zunächst, dass eine Zurechnung der Stimmrechte insofern ausscheidet, als der Aktionär dem betreffenden Kreditinstitut eine ausdrücklich Weisung über die Ausübung der Stimmrechte gemäß §§ 128 Abs. 2, 135 Abs. 1 Satz 2 AktG erteilt hat.[342]

Die Zurechnungsproblematik war bereits im Rahmen der Verhandlungen über die europäische Transparenz-Richtlinie umstritten.[343] Dokumentiert wird dies nicht zuletzt durch die heute in Art. 92 Abs. 2 der Richtlinie 2001/34/EG enthaltene Regelung,[344] nach der es den Mitgliedstaaten gestattet sein soll, den Vollmachtsinhaber erst drei Wochen vor der Hauptversammlung zur Veröffentlichung des mitteilungspflichtigen Tatbestandes zu verpflichten.[345] Auch wenn das europäische Recht insoweit eine Zurechnung der über die depotführende Bank gehaltenen Aktien grundsätzlich anerkennt, wird das Vollmachtstimmrecht weder von der Richtlinie noch durch WpHG ausdrücklich erfasst.[346] Denn das Kreditinstitut hat bei der Ausübung der Stimmrechte kein eigenes Ermessen. Dies folgt bereits daraus, dass es bei der Ausübung der Stimmrechte nach § 135 Abs. 5 AktG an seine eigenen, dem Depotkunden gegenüber mitgeteilten, Vorschläge gebunden ist und von diesen nur ausnahmsweise abweichen kann. Ein nach Satz 1 Nr. 6 vorausgesetztes Ermessen der Depotbank hinsichtlich der

---

blick auf gesetzliche Vermögensverwaltungspflichten KK-WpÜG/*v. Bülow* § 30 Rn. 101, da es insoweit an einem besonderen, über die Wahrnehmung der bloßen Vermögensinteressen hinausgehenden, Rechtsverhältnis fehle.

[342] Assmann/*Schneider* WpHG^2 § 22 Rn. 116; MüKo-AktG/*Bayer*^{2} § 22 Anh. § 22 Rn. 39.

[343] Vgl. hierzu *Elster* Sekundärmarktrecht, 2002, S. 41; Assmann/*Schneider* WpHG^2 § 22 Rn. 118 ff.; *ders.* EuZW 1995, 653.

[344] Die Vorschrift entspricht Art. 7 Abs. 2 der Richtlinie 88/627/EWG.

[345] Durch die Aufnahme der Drei-Wochen-Frist sollte zum einen wechselnden Bestandsänderungen, darüber hinaus aber auch der Tatsache Rechnung getragen werden, dass erst zeitnah zur nächsten Hauptversammlung festgestellt werden kann, in welchem Umfang Weisungen erteilt wurden.

[346] *Elster* Sekundärmarktrecht, 2002, S. 41; Assmann/*Schneider* WpHG^2 § 22 Rn. 118 ff.

Ausübung der Stimmrechte in der Hauptversammlung besteht folglich nach geltendem Recht nicht.[347]

c) Zurechnung gemäß Abs. 2 („*Acting in Concert*")

Dem Meldepflichtigen werden gemäß Abs. 2 Satz 1 schließlich auch Stimmrechte eines Dritten zugerechnet, mit dem er oder ein Tochterunternehmen sein Verhalten in Bezug auf die börsennotierte Gesellschaft auf Basis einer Vereinbarung oder in sonstiger Weise abstimmt. Letzteres gilt mit Ausnahme von Vereinbarungen über die Ausübung der Stimmrechte in Einzelfällen (Abs. 2 Satz 1, 2. Halbs.). Der sachliche Anwendungsbereich der Zurechnungsvorschrift erfasst nicht nur Aktien, deren Inhaber der Dritte selbst ist, sondern im Wege der Kettenzurechnung auch solche, die diesem nach Abs. 1 zuzurechnen sind (Abs. 2 Satz 2).

Von einem abgestimmten Verhalten in Bezug auf die Zielgesellschaft wird allgemein dann gesprochen, wenn eine nachhaltige Einflussnahme auf die Geschäftsführungs- und Aufsichtsorgane ausgeübt wird, die sich ausschließlich oder überwiegend im Sinne der Einfluss nehmenden Personen aufgrund deren gemeinsam gefundener Überzeugung und einem entsprechenden Einsatz von Stimmrechten vollzieht.[348] Der Zurechnungsgrund liegt dabei, ähnlich wie bei der Zurechnung von für Rechnung des Erwerbers gehaltenen Aktien (§ 22 Abs. 1 Satz 1 Nr. 2 WpHG), in der potentiellen oder tatsächlichen Einflussnahmemöglichkeit auf die Ausübung der Stimmrechte durch die Einfluss nehmenden Personen.[349]

aa) Verhältnis zum bisherigen Recht

Die Vorschrift tritt sachlich an die Stelle des § 22 Abs. 1 Nr. 3 WpHG a.F. Nach dieser, sich im Wesentlichen an dem Wortlaut der Transparenz-Richtlinie I[350] orientierenden Regelung wurden dem Meldepflichtigen Stimmrechte aus Aktien

---

[347] H.M. *Hopt* ZHR 1995 (159) 135, 139; *Elster* Sekundärmarktrecht, 2002, S. 41; *Falkenhagen* WM 1995, 1005, 1006; *Hüffer*[6] § 22 Anh. § 22 WpHG Rn. 5; MünchHdb-AG/*Krieger*[2] § 68 Rn. 146; Schäfer/*Opitz* § 22 Rn. 71; KK-WpÜG/*v. Bülow* § 30 Rn. 105; abweichend *de lege ferenda* MüKo-AktG/*Bayer*[2] § 22 Anh. § 22 Rn. 38; Assmann/*Schneider* WpHG[3] § 22 Rn. 131; *ders./Burgard* BB 1996 1761, 1765 f.; aus dem US-amerikanischen Schrifttum auch *John C. Coffee* 93 Northw.U.L.Rev., 641(1999); **a.A.** *Burgard* BB 1995, 2069, 2076; *Junge* FS Semler, 1993, 473, 481; *Witt* AG 1998, 171, 176 f.

[348] So zuletzt OLG München Urt. v. 27.04.2005 ZIP 2005, 856, 857.

[349] *Seibt* ZIP 2004, 1829, 1831; KK-WpÜG/*v. Bülow* § 30 Rn. 2.

[350] Vgl. nunmehr Art. 92 Abs. 1 lit. c) der konsolidierten Richtlinie 2001/34/EG, hierzu oben § 2 A) III.) 1.) a) bb).

eines Dritten zugerechnet, mit dem er oder ein von ihm kontrolliertes Unternehmen eine Vereinbarung getroffen hat, die beide zur „langfristigen Verfolgung gemeinschaftlicher Ziele hinsichtlich der Geschäftsführung und zur gemeinschaftlichen Ausübung ihre Stimmrechte“ verpflichtete. Die Formulierung begründete eine Reihe von Auslegungsproblemen, die die Anwendung der Norm erschwerten und bei wortlautorientierter Auslegung mehrere grundlegende Regelungslücken entstehen ließen.[351] Bereits bei dem Merkmal der „langfristigen“ Verfolgung gemeinsamer Interessen war unklar, ob auf die Gesamt- oder aktuelle Restlaufzeit der Vereinbarung abzustellen war und ob die Vereinbarung für eine Periode von zwei oder mehr Hauptversammlungen gelten sollte.[352] Die Neuregelung nimmt zudem Abstand von dem Merkmal der gemeinsam zu bewerkstelligenden Einflussnahme auf die Geschäftsführung, das zumindest bei wortlautgetreuer Auslegung den Einfluss auf wesentliche Verwaltungsrechte der Hauptversammlung, wie die Wahl der Aufsichtsratsmitglieder oder die Abgabe von Gegenanträgen, mit dem Ziel, die Verwaltung in eine bestimmte Richtung zu beeinflussen, außen vor ließ.[353] Eine weitere Regelungslücke war nach der Vorgängerregelung durch das Merkmal der zwischen dem Meldepflichtigen und dem Dritten geschlossenen *Vereinbarung* entstanden, im Rahmen derer zweifelhaft war, ob auch ein abgestimmtes Verhalten zwischen den Beteiligten für die Erfüllung des Zurechnungstatbestandes ausreiche.[354] Insoweit soll nach dem Willen des Gesetzgebers mit der Neuregelung auch gleichgerichtetes Abstimmungsverhalten in der Hauptversammlung erfasst werden, ohne dass es einer Vereinbarung in Form eines Stimmbindungsvertrages oder einer sonstigen ausdrücklichen Absprache bedarf.[355]

Durch die Neufassung und tatbestandliche Weitung der Regelung wurden diese Zweifelsfragen im Grundsatz beseitigt. Die Ausgestaltung der Norm begründet freilich eine Reihe von Folgeproblemen, die seit In-Kraft-Treten der Neuregelung mit Blick auf das von der Vorschrift erfasste Verhaltensspektrum entstanden sind. Die Begründung des Regierungsentwurfs leistet hier nur geringe Ab-

---

[351] BegrRegE zu § 30 WpÜG, BT-Drucks. 14/7034, S. 53; *Nottmeier/Schäfer* AG 1997, 87, 93 ff.; Assmann/*Schneider* WpHG[3] § 22 Rn. 137; MüKo-AktG/*Bayer*[2] § 22 Anh. § 22 Rn. 26; Schäfer/*Opitz* § 22 Rn. 37.

[352] Vgl. Assmann/Schneider WpHG[2] § 22 Rn. 78; kritisch Schäfer/*Opitz* § 22 Rn. 47 f.

[353] *Witt* AG 2001, 233, 238; Assmann/*Schneider* WpHG[2] § 22 Rn. 76; Schäfer/*Opitz* § 22 Rn. 46, der insoweit zutreffend auf den englischen Text der Transparenzrichtlinie „*Common policy towards the management*“, statt „gemeinsame Ziele bezüglich der Geschäftsführung“ hinweist.

[354] Vgl. nur Assmann/*Schneider* WpHG[2] § 22 Rn. 73.

[355] *Pötzsch/Möller* WM 2000, Sonderbeil. Nr. 2, S. 3, 19.

hilfe, gehen die dortigen Erläuterungen doch gleich in zweifacher Hinsicht ins Leere. Dies gilt zunächst für die Anlehnung an Verhaltensweisen, die, so die Gesetzesbegründung, international unter dem Begriff des „*Acting in Concert*" zusammengefasst werden.[356] Ein international einheitlicher Begriff des *Acting in Concert* ist jedenfalls nach den Kapitalmarktregelungen des englischen und US-amerikanischen Rechts, die für den deutschen Gesetzgeber eine gewisse Ausstrahlungswirkung gehabt haben dürften, nicht existent.[357] Es bleibt damit offen, welche koordinierten Verhaltensweisen der Gesetzgeber hier konkret im Auge hatte. Auch die pauschale Bezugnahme der Regierungsbegründung zu der parallel zu den Änderungen des WpHG in Kraft getretenen Regelung des § 30 WpÜG auf den Begriff der in § 2 Abs. 5 WpÜG genannten gemeinsam handelnden Personen und die diesen erläuternde Gesetzesbegründung ist, abgesehen von der gesetzestechnisch fragwürdigen Verweisungsmethode, einer näheren Bestimmung des Anwendungsbereichs eher abträglich, denn die Voraussetzungen beider Normen weisen eine Reihe zentraler Unterschiede auf.[358] Während § 2 Abs. 5 WpÜG ein Verhalten „im Hinblick auf [den] Erwerb von Wertpapieren der Zielgesellschaft oder [die] Ausübung von Stimmrechten aus Aktien der Zielgesellschaft" erfordert, verlangt der Begriff des abgestimmten Verhaltens im Sinne des Abs. 2 Satz 1 „ein Verhalten in Bezug auf die Zielgesellschaft". Die Regelung des Abs. 2 scheint damit einerseits weiter, indem der Wortlaut (sämtliche) auf die Gesellschaft bezogenen Handlungsweisen erfasst, andererseits jedoch auch enger, da der Parallelerwerb von Aktien der Gesellschaft zumindest dem Wortlaut nach nicht von der Bestimmung geregelt wird. Auf die mit dieser gesetzlichen Differenzierung begründeten Auslegungsschwierigkeiten ist im Rahmen der einzelnen Anwendungsfälle des § 22 Abs. 2 WpHG zurückzukommen.[359]

bb) Voraussetzungen des *Acting in Concert*

(1) Abstimmungsgegenstand und -handlung

Der Wortlaut des § 22 Abs. 2 WpHG setzt zunächst voraus, dass der Meldepflichtige oder sein Tochterunternehmen *sein* Verhalten (Hervorhebung durch

---

[356] BegrRegE BT-Drucks. 14/7034, S. 54.

[357] Vgl. insoweit zum in einigen Punkten grundlegend abweichenden Begriff des „*Acting in Concert*" im englischen Recht, unten § 3 A) III.) 3.) c) bb); sowie zu den Voraussetzungen einer „Gruppenbildung" im US-amerikanischen Recht § 3 B) II.) 4.) b). Kritisch zu der Begriffsbildung der Regierungsbegründung auch KK-WpÜG/*v. Bülow* § 30 Rn. 106.

[358] Kritisch ebenfalls *Liebscher* ZIP 2002, 1005, 1007; KK-WpÜG/*v. Bülow* § 30 Rn. 135 ff.; *Schockenhoff/Schumann* ZGR 2005, 568, 572.

[359] Vgl. hierzu unten § 2 B) III.) 4.) c) cc) (3).

Verf.) mit einem Dritten abstimmt. Diese Formulierung ist zunächst insofern missverständlich, als sie ausdrücklich nur eine Verhaltensabstimmung des Meldepflichtigen selbst, nicht aber des Dritten einschließt. Der Regelungszweck des Abs. 2 gebietet es jedoch, die Vorschrift auch und gerade für solche Sachverhalte heranzuziehen, in denen der Dritte sein Verhalten mit dem des Meldepflichtigen abstimmt, da andernfalls eine Vielzahl von Fällen koordinierten Zusammenwirkens vom Anwendungsbereich der Vorschrift ausgeschlossen würde.[360]

Im Hinblick auf die erforderliche *Abstimmungshandlung* erfordert die Regelung des Abs. 2 zunächst eine Verhaltensabstimmung im Sinne eines bewussten, interaktiven Kommunikationsprozesses zwischen dem Meldepflichtigen und einem Dritten, unabhängig davon, ob diese auf einer ausdrücklichen oder stillschweigenden Vereinbarung beruht.[361] Erforderlich, aber auch ausreichend ist hierzu im Falle der koordinierten Ausübung der Stimmrechte grundsätzlich ein bewusstes Zusammenwirken der Beteiligten mit dem Ziel, die diesen zustehenden Mitgliedschaftsrechte koordiniert, d.h. in Kenntnis und mit Rücksicht auf die Interessen der an der Vereinbarung Beteiligten, auszuüben.[362] Ein lediglich gleichgerichtetes Parallelverhalten in tatsächlicher Hinsicht ohne Verhaltensabstimmung der Parteien untereinander kann demgegenüber für eine Annahme der Voraussetzungen des Abs. 2 Satz 1 nicht ausreichen,[363] auch wenn der Wortlaut der Regelung eine solche Auslegung ohne weiteres zuließe. Darüber hinaus kommt es nach dem Inhalt der Regelung nicht darauf an, ob sich der gegenüber dem Meldepflichtigen zu einem abgestimmten Verhalten verpflichtende Dritte tatsächlich an diese Vereinbarung gebunden sieht. Erforderlich ist insoweit lediglich, dass sich der Dritte gegenüber dem Meldepflichtigen zu einem abgestimmten Verhalten verpflichtet hat bzw. ein entsprechendes informelles Einverständnis besteht.[364]

---

[360] Vgl. zu § 30 Abs. 2 WpÜG *Pittroff* Zurechnung von Stimmrechten, 2003, S. 268; *Pentz* ZIP 2003, 1478, 1480 f.; KK-WpÜG/*v. Bülow* § 30 Rn. 18, 107.

[361] *Liebscher* ZIP 2002, 1005, 1007; *Casper* ZIP 2003, 1469, 1475; *Mühle* WpÜG, 2002, S. 174; KK-WpÜG/*v. Bülow* § 30 Rn. 108 ff.; Assmann/Pötzsch/*Schneider* WpÜG § 30 Rn. 100 f.

[362] *Liebscher* ZIP 2002, 1005, 1007 f. mit Hinweis auf die entsprechende Auslegung des Begriffs des „abgestimmten Verhaltens" im Sinne von § 1 GWB; KK-WpÜG/*v. Bülow* § 30 Rn. 18, 108.

[363] OLG Frankfurt/Main Beschluss v. 25.05.2004 – WpÜG 5,6 und 8/03, ZIP 2004, 1309 1313 [„Pixelpark"]; ebenso die Auffassung der BaFin, Pressemitteilung v. 23.01.2004, „Kein Acting in Concert bei Beiersdorf AG"; zustimmend *Seibt* ZIP 2004, 1829, 1832; *Liebscher* ZIP 2002, 1005, 1007.

[364] KK-WpÜG/*v. Bülow* § 30 Rn. 110.

Im Hinblick auf die gemäß § 22 Abs. 2 WpHG erforderliche Abstimmungshandlung ist fraglich, welche konkreten Verhaltensweisen der gemeinsam handelnden Personen für die Annahme eines abgestimmten Verhaltens erforderlich sind. Der Wortlaut der Regelung lässt hier augenscheinlich bereits jedes „Verhalten in Bezug auf die Gesellschaft" ausreichen. Diese Formulierung schließt die koordiniert erfolgende Ausübung von Stimmrechten ebenso ein wie eine von der konkreten Stimmrechtsausübung in der Hauptversammlung losgelöste Einflussnahme auf die Leitungsorgane der Zielgesellschaft oder aber den zwischen den Parteien abgestimmten Parallelerwerb der Aktien. Von diesem Verhaltensspektrum werden nach der Ausnahmevorschrift des § 22 Abs. 2 Satz 1, 2. Halbsatz WpHG lediglich „Vereinbarungen über die Ausübung von Stimmrechten in Einzelfällen" ausgenommen.

Die *Form der Vereinbarung*, auf deren Grundlage sich das Zusammenwirken zwischen dem Meldepflichtigen und dem Dritten vollzieht, ist für die Annahme der Voraussetzungen eines *Acting in Concert* ohne Belang. Dies folgt bereits aus dem Umstand, dass die Neufassung des § 22 Abs. 2 WpHG ebenso wie die Regelung des § 30 Abs. 2 WpÜG neben (rechtlich bindenden) „Vereinbarungen" auch ein abgestimmtes Verhalten „in sonstiger Weise" ausreichen lässt. Grundlage für ein abgestimmtes Verhalten kann insoweit neben jeder vertraglichen Vereinbarung (egal ob förmlich oder formlos, ausdrücklich oder stillschweigend) auch ein einvernehmliches Handeln (sog. *gentlement's agreement*) oder ein sonstiges informelles Einverständnis zwischen dem Meldepflichtigen und dem Dritten (gegebenenfalls auch über eine Mittelsperson) sein. Anders als nach der Vorgängerregelung des § 22 Abs. 1 Nr. 3 WpHG a.F. werden daher auch solche Vereinbarungen in den Anwendungsbereich der Zurechnungsvorschriften einbezogen, deren Verletzung keinerlei rechtliche oder sonstige Verpflichtungen nach sich ziehen (insbesondere „weiche" Poolvereinbarungen).[365]

Der Abstimmungsgegenstand muss im Zeitpunkt der Kommunikationshandlung hinreichend bestimmt oder jedenfalls bestimmbar sein. Nicht zurechnungsbegründend wirkt daher eine Interessenkoordinierung von Aktionären im Hinblick auf allgemein gehaltene Ziele (der Erhalt des Unternehmens oder die Steigerung des Börsenwertes).

(2) Gesellschaftsrechtlicher Bezug der Einflussnahme

Darüber hinaus hat die Abstimmung „in Bezug auf die börsennotierte Gesellschaft" zu erfolgen. Die mit der Vereinbarung intendierte Einflussnahme muss

---

[365] *Pittroff* Zurechnung von Stimmrechten, 2003, S. 268; Assmann/Pötzsch/*Schneider* WpÜG § 30 Rn. 100.

dabei nach allgemeiner Meinung einen konkreten gesellschaftsrechtlichen Bezug aufweisen, der mit einer unmittelbar auf die Ausübung der Mitgliedschaftsrechte der beteiligten Aktionäre gerichteten Verhaltensabstimmung regelmäßig gegeben sein wird.[366] Ein solcher Bezug fehlt zunächst dort, wo es den an der Vereinbarung Beteiligten lediglich um eine rein wirtschaftliche oder tatsächliche Einflussnahme geht.[367] Dies ist etwa dann der Fall, wenn das Verhalten der sich untereinander abstimmenden Aktionäre lediglich geschäftspolitische Auswirkungen auf die betreffende Gesellschaft hat, wie dies bei der Kündigung wesentlicher die Geschäftstätigkeit der Gesellschaft betreffender Vertragsvereinbarungen der Fall ist. Letzteres gilt ebenfalls für Verhaltensabstimmungen betreffend eine in Erwägung gezogene Veräußerung der Gesellschaftsanteile durch mehrere Großaktionäre, *Standstill-Agreements* (dazu sogleich) oder Vereinbarungen über die Veräußerung bestimmter Geschäftsbereiche der Gesellschaft nach einer erfolgreichen Übernahme.[368]

Das Erfordernis eines „gesellschaftsrechtlichen" und damit auf die Ausübung von Stimmrechten gerichteten Bezugs der Einflussnahme bedeutet nicht, dass das abgestimmte Verhalten *im Rahmen der* Hauptversammlung tatsächlich in Vollzug gesetzt werden muss. Ausreichend, aber auch erforderlich ist vielmehr bereits eine durch die Abstimmungshandlung begründete abstrakte Gefährdungslage, die sich nicht in einer tatsächlichen Stimmrechtsbeeinflussung innerhalb der Hauptversammlung niederschlagen muss.[369] Folglich können auch Vorgänge einen konkreten gesellschaftsrechtlichen Bezug aufweisen, die lediglich in einem zweiten Schritt auf die Ausübung der Stimmrechte gerichtet sind. Hierzu gehören etwa Absprachen koordiniert vorgehender Aktionäre, die gegenüber den Leitungsorganen der Gesellschaft auf die Durchsetzung grundlegender Maßnahmen der Unternehmensführung gerichtet sind, ohne dass es hinsichtlich dieser Maßnahmen überhaupt zu einer Abstimmung in der Hauptversammlung kommen muss. Das Vorliegen der Voraussetzungen eines *Acting in Concert* ist daher insbesondere auch dort zu prüfen, wo die Leitungsorgane der Gesellschaft außerhalb der Willensbildung in der Hauptversammlung einem im Vorfeld erzeugten Druck im Hinblick auf grundlegende Maßnahmen der Unternehmens-

---

366 OLG München Urt. v. 27.04.2005 ZIP 2005, 856, 857; *Seibt* ZIP 2004, 1829, 1832; *Casper* ZIP 2003, 1469, 1476; KK-WpÜG/*v. Bülow* § 30 Rn. 114; Schwark/*Noack* KMRK³ § 30 WpÜG Rn. 13; Baums/Thoma/*Diekmann* WpÜG § 30 Rn. 72.

367 *Casper* ZIP 2003, 1469, 1476.

368 *Seibt* ZIP 2004, 1829, 1832; *v. Bülow/Bücker* ZGR 2004, 669, 715 f.

369 Ebenso OLG München Urt. v. 27.4.2005 ZIP 2005, 856, 857; *Casper* ZIP 2003, 1469, 1476; KK-WpÜG/*v. Bülow* § 30 Rn. 110.

führung nachgeben, ohne dass es zu einer Ausübung der Stimmrechte betreffend die konkrete Maßnahme kommen muss. Freilich muss auch in diesen Fällen die im Rahmen des Abstimmungsprozesses lancierte Maßnahme eine nachhaltige und beständige Einflussnahme auf die Gesellschaft begründen.

(3) Nachhaltigkeit und Beständigkeit der Einflussnahme

Die inzwischen wohl herrschende Meinung zu der Parallelvorschrift des § 30 Abs. 2 WpÜG folgert aus dem Zweck der Zurechnungsvorschrift und der Ausnahmeregelung für Verhaltensabstimmungen in Einzellfällen, dass die Vereinbarung eine gewisse Nachhaltigkeit und Beständigkeit der Einflussnahme voraussetzt.[370] Dies schließt in zeitlicher Hinsicht zunächst solche Einflussnahmen seitens der sich untereinander abstimmenden Aktionäre aus, die sich jeweils nur auf einen konkreten Einzelfall beziehen (vgl. hierzu nachstehend (4)). Die durch die Vorschrift vorausgesetzte Nachhaltigkeit der Maßnahme beeinhaltet darüber hinaus aber auch ein qualitatives Element im Sinne einer bestimmten Gewichtigkeit der intendierten Einflussnahme.[371] Im Hinblick auf die koordinierte Ausübung von Stimmrechten oder sonstige Einflussnahmen der Gesellschafter muss daher von der Abstimmung über den konkreten Beschlussgegenstand eine spürbare Beeinflussung der Zielgesellschaft mit einem erheblichen Gewicht ausgehen, die sachlich auch im Rahmen des WpHG der aktienrechtlichen Machtposition des Kontrollinhabers entsprechen muss.[372]

(4) Verhaltensabstimmung in Einzelfällen (Abs. 2 Satz 1, 2. Halbs.)

Als weiteres Korrektiv zur Eingrenzung des Tatbestands wirkt die Begrenzung des Zeithorizonts der Vereinbarung über die „Ausübung von Stimmrechten in Einzelfällen". Anders als die Vorgängerregelung, stellt das Gesetz damit nicht mehr auf die langfristige Verfolgung gemeinsamer Ziele ab, sondern lässt jede Form der Verhaltenskoordinierung ausreichen, die über eine Vereinbarung betreffend die Ausübung von Stimmrechten in Einzelfällen hinausgeht.

---

[370] So zuletzt OLG Frankfurt Beschluss v. 25.05.2004 ZIP 2004, 1309 1312 [„Pixelpark"]; OLG München Urt. v. 27.04.2005 ZIP 2005, 856, 857; *Schockenhoff/Schumann* ZGR 2005, 568, 587 ff.; *Seibt* ZIP 2004, 1829, 1833; *Liebscher* ZIP 2003, 1005, 1008.

[371] *Schockenhoff/Schumann* ZGR 2005, 568, 589 f.; *Liebscher* ZIP 2002, 1005, 1008; *Casper* ZIP 2003, 1469, 1476.

[372] *Schockenhoff/Schumann* ZGR 2005, 568, 589; *Liebscher* ZIP 2002, 1005, 1008; *Casper* ZIP 2003, 1469, 1476; *Seibt* ZIP 2004, 1829, 1833; Schwark/*Noack* KMRK[3] § 30 WpÜG Rn. 24; vgl. zu einzelnen Beispielen § 2 B) III.) 4.) c) cc) (1) (Stimmbindungs- und Poolvereinbarungen).

Der Wortlaut der Regelung macht zunächst deutlich, dass sich die Vereinbarung auf die *Ausübung von Stimmrechten* (Hervorh. durch Verf.) beziehen muss. Andere Formen des abgestimmten Verhaltens, die gleichzeitig die Voraussetzungen des Abs. 2 Satz 1, 1. Halbs. erfüllen, wie beispielsweise Vereinbarungen über den koordinierten Erwerb der Anteile an der Gesellschaft,[373] fallen demgegenüber nicht in den Anwendungsbereich des Ausnahmetatbestands. Dies hat zur Folge, dass bereits der erstmalige zwischen zwei Aktionären abgestimmte Erwerb von Aktien an der Zielgesellschaft eine Zurechnung gemäß § 22 Abs. 2 WpHG auslösen kann, wenn hierbei zugleich einer der in § 21 Abs. 1 WpHG genannten Schwellenwerte überschritten wird (vgl. hiezu näher unten cc) (4)).

Die weitere Präzisierung der Ausnahmeregelung bezüglich der Ausübung von Stimmrechten hat sich darüber hinaus wesentlich am Zweck des Ausschlusses von Einzelfäll*en* eines koordinierten Verhaltens zu orientieren. Durch die mit der pluralischen Formulierung vollzogene quantitative Einschränkung des Tatbestands soll nämlich in erster Linie sichergestellt werden, dass die Einflussnahme der untereinander zusammenwirkenden Aktionäre auch in zeitlicher Hinsicht auf einer gewissen Nachhaltigkeit und Beständigkeit basiert. Das punktuelle Einwirken auf die Zielgesellschaft soll demgegenüber eine Zurechnung im Interesse einer effektiven Bekanntmachungspraxis wesentlicher Stimmrechtsänderungen (noch) nicht auslösen können.[374]

Aus diesem Grund sind auch solche Vereinbarungen, die sich in einer Interessenkoordinierung für Abstimmungen in ein und derselben Hauptversammlung erschöpfen, vom Anwendungsbereich der *Acting in Concert*-Regelung auszunehmen.[375] Dies gilt richtigerweise auch dann, wenn sich die an der Poolvereinbarung beteiligen Aktionäre hinsichtlich mehrerer auf der Tagesordnung der Hauptversammlung stehender Beschlussgegenstände (z.B. die Abwahl bestimmter Aufsichtsratsmitglieder, Entzug des Vertrauens und Nichtentlastung von Vorstand und Aufsichtsrat) verabreden. Andernfalls würde bereits jede einzelne Interessenkoordinierung von Aktionären, die gemeinsam einen der in § 21 Abs. 1 WpHG genannten Schwellenwerte überschreiten, eine Mitteilungspflicht auslösen und dem Markt damit eine wesentliche Veränderung der Beteiligungsverhältnisse signalisieren. Aus diesen Gründen ist auch die jüngst durch das

---

[373] Vgl. hierzu § 2 B) III.) 4.) c) cc) (4) (Parallelerwerb) einerseits und § 2 B) III.) 4.) c) cc) (6) (*irrevocable undertakings*) andererseits.

[374] *Schockenhoff/Schumann* ZGR 2005, 568, 587 ff.; *Seibt* ZIP 2004, 1829, 1833; *Liebscher* ZIP 2003, 1005, 1008.

[375] Zutreffend *Schockenhoff/Schumann* ZGR 2005, 568, 588; *von Bülow/Bücker* ZGR 2004, 700, 701; Assmann/*Schneider* WpHG[3] § 22 Rn. 164.

OLG München vertretene Auffassung abzulehnen, nach dem bereits ein einzelnes abgestimmtes Verhalten mit nachhaltiger Wirkung auf die Herrschaftsverhältnisse der Gesellschaft zur Zurechnung führen soll.[376]

Die durch den Tatbestand des Abs. 2 vorausgesetzte Kontinuität der Einflussnahme macht es weiterhin erforderlich, dass zwischen den einzelnen Abstimmungsvorgängen ein *Fortsetzungszusammenhang* besteht.[377] Eine zwar wiederholt erfolgende, sich dabei aber nur auf einen konkreten Einzelfall beziehende Abstimmung mehrerer Aktionäre reicht daher für die Annahme eines abgestimmten Verhaltens nicht aus. Letzteres gilt insbesondere für Vereinbarungen von Aktionären, die sich mit ihrer Umsetzung im Hinblick auf eine bestimmte Hauptversammlung oder das Votum zu einem bestimmten Tagesordnungspunkt erledigt haben. Dies gilt richtigerweise unabhängig von dem Gegenstand des einzelnen Tagesordnungspunktes, so dass auch dann noch von einem Einzelfall anzugehen ist, wenn die Abstimmung (z.B. über die Wahl bestimmter Aufsichtsratsmitglieder[378]) langfristige Auswirkungen auf die Unternehmenspolitik haben kann. Ein entsprechender Fortsetzungszusammenhang dürfte demgegenüber bereits bei Vereinbarungen zu bejahen sein, die die Durchführung bestimmter langfristiger Projekte zum Gegenstand haben. Beispiele hierfür sind etwa die Verfolgung einer dauerhaften Dividendenpolitik, bestimmte umwandlungsrechtliche Vorgänge oder Kapitalmarkttransaktionen, aber auch ein wiederholt koordiniertes Vorgehen bei der Besetzung von Aufsichtsratsmandaten.

(5) Zurechnungsumfang

Nach Abs. 2 Satz 1 werden die durch die einzelnen Abstimmungsbeteiligten selbst gehaltenen Stimmrechte dem Meldepflichtigen „in voller Höhe zugerechnet". Die Zurechnung erfolgt demnach nicht quotal, sondern wechselseitig und in vollem Umfang gegenüber jedem der Beteiligten.[379] Im Rahmen der gegenseitigen Zurechnung kommt es dabei, anders als im Rahmen der Parallelvorschrift nach WpÜG, nicht darauf an, ob eines der Poolmitglieder die interne Willensbildung innerhalb des Stimmrechtspools einseitig beherrschen kann, oder nur eine gemeinsame Beherrschung durch die Gesamtheit der Poolmitglieder mög-

---

[376] Urt. v. 27.4.2205 ZIP 2005, 856, 857.

[377] *Casper* ZIP 2003, 1469, 1476; *Seibt* ZIP 2004, 1829, 1833; KK-WpÜG/*v. Bülow* § 30 Rn. 138; Baums/Thoma/*Diekmann* WpÜG, § 30 Rn. 75.

[378] Vgl. hierzu sogleich § 2 B) III.) 4.) c) cc) (2).

[379] Vgl. bereits die Begründung des Regierungsentwurfs zu § 22 Abs. 1 Nr. 3 a.F. WpHG zum Zweiten Finanzmarktförderungsgesetz BT-Drucks. 12/6679, S. 53; *Witt* AG 2001, 233, 238; *Sudmeyer* BB 2002, 685, 688; für die Vorgängerregelung des § 22 Abs. 1 Nr. 3 WpHG a.F. *Hopt* ZGR 1997, 1, 27; Assmann/*Schneider* WpHG[3] § 22 Rn. 166; Schäfer/*Opitz* § 22 Rn. 49.

lich ist.[380] Die wechselseitige Zurechnung wird vielmehr durch die Interessengemeinschaft der Beteiligten im Hinblick auf die Ausübung der Stimmrechte begründet.[381] Problematisch ist dies, wie schon unter der Vorgängerregelung, im Hinblick auf Kleinstbeteiligungen im Rahmen eines Familienpools oder eines Stimmrechtskonsortiums.[382] In der Praxis wird das Problem regelmäßig dadurch gelöst, dass die Interessenkoordinierung nicht durch einen Stimmbindungsvertrag, sondern durch die Einbringung der Aktien der einzelnen Poolmitglieder in eine zu diesem Zweck errichtete Gesellschaft erfolgt.[383] Bei dieser Lösung kommt eine Zurechnung gegenüber den einzelnen Gesellschaftern nur unter erhöhten Voraussetzungen in Betracht.

Nach Abs. 2 Satz 2 gilt für die Berechnung des dem Meldepflichtigen nach Satz 1 zuzurechnenden Stimmrechtsanteils des Dritten Abs. 1 entsprechend. Dem Meldepflichtigen sind damit als Zurechnungssubjekt alle jene Stimmrechte zurechenbar, die dem Dritten selbst über Abs. 1 zuzurechnen sind.[384] Dies bedeutet dem ausdrücklichen Wortlaut der Regelung entsprechend, dass dem Meldepflichtigen solche Stimmrechte nicht zugerechnet werden können, die dem Dritten seinerseits aufgrund eines abgestimmten Verhaltens zurechenbar sind. Anders ausgedrückt, den einzelnen Gliedern einer Zurechnungskette, die (ausschließlich) auf einem unabhängig voneinander abgestimmten Verhalten basiert, werden die Anteile nicht gegenseitig zugerechnet, sondern nur zwischen den unmittelbaren Parteien der entsprechenden Vereinbarung oder Absprache. Dies kann im Einzelfall einen Anreiz zu Gesetzesumgehungen auslösen, der evidenter Maßen dem eigentlichen Ziel der Zurechnung über die Kette entgegensteht.[385] Hier ist im Einzelfall zu prüfen, ob nicht eine indirekte Verhaltensabstimmung zwischen dem Meldepflichtigen und den einzelnen Mitgliedern der Gruppe gegeben ist. Liegen deren Voraussetzungen nicht vor, so verbietet sich aufgrund

---

[380] Vgl. die insoweit von *Pentz* ZIP 2003, 1478, 1488 im Rahmen des § 30 Abs. 2 WpÜG vorgenommnen und im Ergebnis überzeugende Differenzierung.

[381] Schäfer/*Opitz* § 22 Rn. 49; KK-WpÜG/*v. Bülow* § 30 Rn. 141.

[382] *Hopt* ZGR 1997, 1, 27; *Sudmeyer* BB 2002, 685, 688; die Problematik wird im Rahmen des Übernahmerechts noch dadurch verschärft, dass die Zurechnung im Einzelfall die Verpflichtung zur Abgabe eines Pflichtangebotes auslösen kann; vgl. nur KK-WpÜG/*v. Bülow* § 30 Rn. 142.

[383] Zu § 22 Abs. 1 Nr. 3 WpHG Assmann/*Schneider* WpHG[2] § 22 Rn. 81 f., 87; KK-WpÜG/*v. Bülow* § 30 Rn. 142.

[384] Vgl. hierzu KK-WpÜG/*v. Bülow* § 30 Rn. 143 f.

[385] Zu diesem Ergebnis auch KK-WpÜG/*v. Bülow* § 30 Rn. 143; *Casper* ZIP 2003, 1469, 1476 f.; *Pentz* ZIP 2003, 1478, 1483 f.

des straf- bzw. ordnungswidrigkeitenrechtlichen Analogieverbotes eine entsprechende Zurechnung.

cc) Einzelne Anwendungsfälle

(1) Stimmbindungs- und Poolvereinbarungen

Hauptanwendungsfall der in Abs. 2 vorausgesetzten Verhaltenskoordinierung sind, wie sich bereits aus dem Gesetzeswortlaut ergibt, Stimmbindungsverträge oder sog. Poolvereinbarungen,[386] durch die sich die Vertragspartner verpflichten, die ihnen zustehenden Stimmrechte in der durch die Vereinbarung festgelegten Weise (bei Konsortien regelmäßig nach vorhergehender Mehrheitsentscheidung) auszuüben.[387] Für die Zurechnung kommt es dabei nicht darauf an, ob der Abstimmende bereits von Anfang an Partei einer solchen Vereinbarung war oder dieser erst später beitritt.[388] Der einer Vereinbarung hinzutretenden Partei werden die Stimmrecht der anderen Poolmitglieder mit Vertragsbeitritt bzw. Eintritt in die Rechtsnachfolge in vollem Umfang zugerechnet. Übersteigt der Stimmrechtspool insgesamt 5 Prozent der mit einem Stimmrecht ausgestatteten Aktien, ist der gesamte Poolbestand jedem einzelnen Poolmitglied zuzurechnen.[389] Bestandsänderungen innerhalb des Stimmrechtspools können somit eine gesonderte Mitteilungspflicht jedes einzelnen Poolmitglieds auslösen.[390]

Gegenstand der Offenlegungspflicht ist, und dies entspricht dem allgemeinen Regelungsansatz der Zurechnungstatbestände des WpHG, nicht die Vereinba-

---

[386] Zum Begriff *Hüffer*[6] § 133 Rn. 25 ff.; *K. Schmidt* Gesellschaftsrecht[4] S. 852 f.; ausführlich *Noack* Gesellschaftervereinbarungen, 1994, S. 18 ff.; mit einer Bestandsaufnahme der häufigsten Anwendungsfälle *Baumann/Reiss* ZGR 1989, 157, 183 ff.; zum normativen Zusammenhang zwischen Stimmbindungsvertrag und des „Haltens für fremde Rechnung" *Martens* AG 1993, 495, 500.

[387] Besonders deutlich wird dies durch die Formulierung in Abs. 2 Satz 1, 2. Halbs.: „... Vereinbarungen über die Ausübung von Stimmrechten ..."; vgl. hierzu insbesondere *Liebscher* ZIP 2002, 1005, 1007; zu § 30 Abs. 2 WpÜG; *Pentz* ZIP 2003, 1478, 1481 ff.; KK-WpÜG/*v. Bülow* § 30 Rn. 117.

[388] KK-WpÜG/*v. Bülow* § 30 Rn. 119.

[389] *Sudmeyer* BB 2002, 685, 688; zu der ähnlich gelagerten Problematik bei Familienpools nach § 22 Abs. 1 Nr. 3 a.F. *Hopt* ZGR 1997, 1 ff.; *Jäger* WM 1996, 1356 ff.; Assmann/*Schneider* WpHG[2] § 22 Rn. 83 ff.

[390] *Sudmeyer* BB 2002, 685, 688, der in diesem Fall eine Erleichterung der Mitteilungspflichten entsprechend § 25 Abs. 4 in Betracht zieht; vgl. auch *Lenz/Linke* AG 2002, 361, 369, die im Hinblick auf § 30 Abs. 2 WpÜG für den Fall eines Wechsels der Poolmitglieder durch Rechtsnachfolge eine Befreiung von § 35 Abs. 1 WpÜG in Erwägung ziehen.

rung und deren konkreter Inhalt, sondern lediglich deren Existenz.[391] Dies mag bei unbefangener Betrachtung und unter Zugrundelegung der Vielgestaltigkeit von Gesellschaftervereinbarungen zunächst insoweit überraschen, als für das Publikum weniger die Existenz entsprechender Vereinbarungen von Interesse ist, sondern vielmehr deren konkreter Gegenstand und das durch sie zu ordnende Gesellschafterverhältnis.[392] Abgesehen von der grundsätzlichen Frage, inwieweit die Offenlegung von Stimmbindungsvereinbarungen in der durch das WpHG gewährleisteten Form den Publizitätsinteressen des Anlegerpublikums entgegenkommt, ist im Hinblick auf eine zweckorientierte Anwendung der Norm zunächst zu prüfen, ob nicht bestimmte Formen entsprechender Vereinbarungen aufgrund des ihnen zugrunde liegenden Inhalts von vornherein aus dem Anwendungsbereich der Regelung herausfallen. Jedenfalls begrifflich ausgeschlossen sind Absprachen, nach denen sich die Beteiligten lediglich zur gegenseitigen Information über die von ihnen intendierte Stimmabgabe verpflichten,[393] da in diesem Fall keine Abstimmung ihres Verhaltens in Bezug auf die börsennotierte Gesellschaft gesehen werden kann. Etwas anderes dürfte wohl nur dann gelten, wenn die wechselseitige Mitteilung nach ihrem Informationszweck ein bestimmtes Verhalten des Informationsempfängers auslösen kann oder gerade soll. Weiterhin erscheint es aus telelogischen Erwägungen nicht geboten, Stimmbindungsverträge mit dem Ziel einer Stimmrechtsbeschränkung (z.B. bei einer Entherrschungsvereinbarung) in den Anwendungsbereich der Regelung einzubeziehen, da in diesem Fall eine Einflussnahme auf die Geschäftsführung der Gesellschaft gerade nicht beabsichtigt wird.

Nach dem durch das WpHG verfolgten Regelungsansatz werden darüber hinaus grundsätzlich alle Arten und Erscheinungsformen von Gesellschaftervereinbarungen ohne Rücksicht auf den Grad der durch sie vermittelten Einflussnahme oder das qualitative Gewicht des betreffenden Beschlussgegenstandes erfasst. Zu den von der Regelung einbezogenen Erscheinungsformen von Gesellschaftervereinbarungen kann neben der Ausübung des Stimmrechts bei Gesellschafterbeschlüssen in Ausnahmefällen auch die Stimmenthaltung gegenüber bestimmten Beschlussgegenständen[394] gehören, wenn sich die Vereinbarung nicht

---

[391] Vgl. insoweit auch die Ausführungen zum Inhalt der durch den Meldepflichtigen abzugebenden Mitteilung § 2 B) III.) 3.) c).

[392] Vgl. insoweit ähnlich bereits in einem anderen Zusammenhang *Noack* Gesellschaftervereinbarungen, 1994, S. 14.

[393] *Noack* Gesellschaftervereinbarungen, 1994, S. 35; ähnlich auch *Baumann/Reiss* ZGR 1989, 157, 183.

[394] MünchHdb-AG/*F.-J. Semler*² § 38 Rn. 31; *Zutt* ZHR 155 (1991), 190, 193.

zugleich auf die Ausübung von Stimmrechten in Einzelfällen beschränkt. Darüber hinaus kommt nach dem Wortlaut der Regelung jede Ausübung von Gesellschafterrechten in der Hauptversammlung durch Stimmbindungsvereinbarung in Betracht, sei es im Hinblick auf die Ausübung von Verwaltungs- oder Vermögensrechten. Das Erfordernis der Nachhaltigkeit des koordinierten Vorgehens macht hier jedoch gewissen Einschränkungen in Bezug auf die qualitative Bedeutung der Maßnahmen bzw. der konkrten Beschlussgegenstände erforderlich, da nur eine spürbare Beeinflussung mit einem nicht unerheblichen Gewicht im Hinblick auf die Gesellschaft zurechnungsbegründend wirken kann.[395]

Zu dem zuletzt genannten Fall gehören vor allem die Wahl oder Abbestellung von Aktionärsvertretern im Aufsichtsrat, die in die Zuständigkeit der Hauptversammlung fallende Beschlussfassung über wesentliche Strukturmaßnahmen oder sonstige für die Unternehmensführung wesentliche Maßnahmen einschließlich der Durchsetzung einer bestimmten Dividendenpolitik. Eine Abstimmung der Aktionärsinteressen bezüglich untergeordneter Fragen der Unternehmenspolitik ist demgegenüber für die Annahme eines abgestimmten Verhaltens unschädlich (Beispiele sind hier Bestellung des Abschlussprüfers, Festlegung der Aufsichtsratsvergütung oder die Geltendmachung von Informationsrechten in der Hauptversammlung).[396]

(2) Einflussnahme auf die Leitungs- und Aufsichtsorgane der Zielgesellschaft

Im Hinblick auf die Anwendung des § 22 Abs. 2 WpHG auf die seitens einer Aktionärsgruppe geltend gemachte Einflussnahme auf die Leitungs- und Aufsichtsorgane der börsennotierten Gesellschaft gelten zunächst die bereits oben entwickelten Grundsätze. Hiernach können insbesondere Absprachen zwischen Großaktionären über die Wahl der Anteilseignervertreter im Aufsichtsrat dann nicht zu einem abgestimmten Verhalten der Aktionäre führen, wenn sich die Absprache alleine auf die in einer einzelnen Hauptversammlung anstehenden Aufsichtsratswahlen bezieht.[397] In diesem Fall liegt lediglich eine einzelfallbezogene Verhaltensabstimmung vor, die nach der Ausnahmeregelung des § 22 Abs. 2 Satz 1, 2. Halbs. WpHG nicht zurechnungsbegründend wirkt.

---

[395] Vgl. hierzu mwN. bereits oben § 2 B) III.) 4.) c) bb) (3).

[396] Vgl. hierzu *Schockenhoff/Schumann* ZGR 2005, 168, 590.

[397] LG München I Urt. v. 11.3.2004 ZIP 2004, 1101, 1102 f.; *v. Bülow/Bücker* ZGR 2004, 699, 714; *Weiler/Meier* NZG 2003, 909, 911; *Pittroff* Zurechnung von Stimmrechten, 2003, S. 310 f.; Schwark/*Noack* KMRK^3 § 30 WpÜG Rn. 24; Assmann/*Schneider* WpHG^3 § 22 Rn. 165.

Diese bislang als weitgehend selbstverständlich angesehene Rechtsauffassung ist zuletzt durch die bereits oben erwähnte Entscheidung des OLG München[398] zur Parallelvorschrift des § 30 Abs. 2 WpÜG in Frage gestellt worden. Hiernach führt bereits jedes abgestimmte Verhalten mit einer nachhaltigen Wirkung auf die Herrschaftsverhältnisse der Gesellschaft, namentlich deren Geschäftsführungs- und Aufsichtsorgane, zu einer Zurechnung aufgrund eines *Acting in Concert*. Einschränkend hierzu sei entsprechend der Funktion der Zurechnungstatbestände dann nicht von einem abgestimmten Verhalten auszugehen, wenn die Abstimmung bei der Wahl der Anteilseignervertreter lediglich der Abbildung der wesentlichen Anteilseignerverhältnisse im Aufsichtsrat diene. Auch wenn diese zuletzt genannte Einschränkung des OLG München als Indiz gegen eine Zurechnung sachlich überzeugend ist, kann dem durch das Gericht aufgestellten Grundsatz, wonach auch die auf einen Einzelfall beschränkte Wahl der Mehrheit der Anteilseignervertreter zurechnungsbegründend wirke,[399] nicht gefolgt werden. Vielmehr müssen über die einmalige Abstimmung über die Wahl der Aufsichtsratsmitglieder hinaus weitere Umstände hinzutreten, die eine nachhaltige Interessenkoordinierung begründen. Die Verfolgung einer gemeinsamen unternehmerischen Strategie ist hierzu gerade noch nicht ausreichend, da eine solche regelmäßig Teil einer Initiative zur (Neu-)Besetzung der Leistungsorgane ist. Die Auslegung der Ausnahmeregelung des § 30 Abs. 2 Satz 1, 2. Halbs. WpÜG setzt sich auch in Widerspruch nicht nur zu dem klaren Wortlaut der Regelungen, sondern auch zu deren wesentlichen Zweck. Die Vorschrift soll nämlich gerade eine Zurechnung bei lediglich kurzfristig angelegten Aktionärskoalitionen ausschließen, da in diesen Fällen die Kontrollvermutung gerade (noch) nicht gerechtfertigt erscheinen kann. Nichts anderes kann hier schließlich für die Anwendung der entsprechenden Zurechnungsvorschriften nach dem WpHG gelten, da der Markt hier gerade nicht durch solche Mitteilungen irritiert werden soll, die ausschließlich auf der Grundlage kurzfristiger Aktionärsvereinbarungen erfolgen.

(3) Verhaltensabstimmung indirekter Gesellschafter

Problematisch ist daneben die Frage, ob eine Verhaltensabstimmung im Hinblick auf die börsennotierte Gesellschaft auch dann vorliegt, wenn die Voraussetzungen der *Acting in concert*-Zurechnung zwischen den Gesellschaftern einer

---

[398] OLG München Urt. v. 27.04.2005 ZIP 2005, 856, 857; vgl. hierzu auch die kritische Anm. von *Luther/Brockhausen* DB 2005, 1266 f.

[399] OLG München Urt. v. 27.04.2005 ZIP 2005, 856, 857; a.A. LG München I Urt. v. 11.3.2004 ZIP 2004, 1101, 1102 (*Vorinstanz*); kritisch ebenfalls *Luther/Brockhausen* DB 2005, 1266 f.

Zwischenholding etwa aufgrund einer Stimmbindungsvereinbarung untereinander vorliegen. Dies ist sowohl mit Blick auf die Regelungen des WpHG als auch die übernahmerechtliche Parallelregelung abzulehnen,[400] da die Gesellschafter in diesem Fall ihren Einfluss ausschließlich gegenüber der Zwischengesellschaft und nicht mit Blick auf die börsennotierte Gesellschaft koordinieren, der gegenüber die Mitteilungspflichten bestehen. Dieses Ergebnis wird schließlich auch durch die systematische Stellung des Abs. 2 gestützt, der keinen allgemeinen Auffangtatbestand darstellt und insoweit gegenüber dem spezielleren und in der überwiegenden Zahl der Fälle anwendbaren Konzernzurechnungstatbestand zurücktritt.[401]

(4) Parallelerwerb von Aktien

Auf die Frage, ob der Parallelerwerb von Aktien, die ein Dritter in Abstimmung mit dem Meldepflichtigen erwirbt, in den Anwendungsbereich des *Acting in Concert*-Tatbestandes fällt, wurde bereits oben mit Blick auf das Verhältnis zu § 2 Abs. 5 WpÜG kurz Bezug genommen. Im übernahmerechtlichen Schrifttum geht die heute wohl überwiegende Auffassung im Anschluss an den Pixelpark-Beschluss des OLG Frankfurt am Main[402] davon aus, dass angesichts der unterschiedlichen Schutzzwecke beider Regelungen und der unterbliebenen Angleichung der beiden Tatbestände im Rahmen des Gesetzgebungsverfahrens, der Fall des gemeinsam koordinierten Parallelerwerbs auf die Zurechnung nach § 30 Abs. 2 WpÜG nicht übertragen werden kann, solange nicht zugleich eine Vereinbarung oder sonstige Absprache über die Ausübung der Stimmrechte oder aus den betreffenden Aktien vorliegt.[403]

---

[400] *Liebscher* ZIP 2002, 1005, 1012 f.; zu § 30 Abs. 2 WpÜG KK-WpÜG/*v. Bülow* § 30 Rn. 120 **a.A.** Haarmann/*Riehmer* § 30 Rn. 65; *Pentz* ZIP 2003, 1478, 1484 f.

[401] *Liebscher* ZIP 2002, 1005, 1012.

[402] Beschluss v. 25.05.2004 ZIP 2004, 1309.

[403] LG München I DB 2004, 1252, 1253; KK-WpÜG/*v. Bülow* § 30 Rn. 135 f.; *ders./Bücker* ZGR 2004, 699, 715; ebenso KK-WpÜG/*Versteegen* § 2 Rn. 155 ff.; *Pentz* ZIP 2003, 1478, 1481; *Pittroff* Zurechnung von Stimmrechten, 2003, S. 271 f.; vgl. auch die Pressemitteilung der BaFin im Fall Beiersdorf AG v. 23.01.2004, wonach eine Zurechnung bei einem gemeinsamen Erwerb nur dann erfolgen könne, „wenn ein über den Erwerb von Aktien hinausgehendes *gemeinsames* Interesse verfolgt wird"; zustimmend auch *Mertens* Börsenzeitung v. 24.01.2004, Nr. 16, S. 9; *de lege ferenda Hopt/Mülbert/Kumpan* AG 2005, 109, 111; **a.A.** *Mühle* WpÜG, 2002, S. 177; Haarmann/*Riehmer* § 30 Rn. 60; *Berger/Filgut* AG 2004, 592; Assmann/Pötzsch/*Schneider* WpÜG § 30 Rn. 105 ff. sowie zu § 22 Abs. 2 WpHG Assmann/*Schneider* WpHG[3] § 22 Rn. 154 ff.; *Adolff/Meister/Randell/Stephan* Public Company Takeovers, 2002, S. 102, die unter teleologischen Gesichtspunkten eine Ausdehnung des § 22 Abs. 2 WpHG auf den Parallelerwerb bejahen.

Diese für den Bereich des WpÜG wohl überzeugende Auffassung lässt sich im Hinblick auf die *ratio legis* der Zurechnungsregeln des WpHG nicht übertragen, geht es dort doch nicht alleine um die Offenlegung bestehender Stimmrechtsherrschaft bei der börsennotierten Gesellschaft, sondern auch und gerade um die Offenlegung von Beteiligungstransaktionen und die damit verbundene Änderung und Verschiebung der Kontrollverhältnisse.[404] Die Vorschriften zur Sicherstellung einer umfassenden Stimmrechtspublizität sollen dabei vor allem auch eine rechtzeitige Veröffentlichung von Vorgängen gewährleisten, durch die eine Änderung in der Kontrolle der Gesellschaft eingeleitet wird. Dies ist bei einem koordinierten Erwerb von Anteilen an der Zielgesellschaft ohne Zweifel der Fall, und zwar auch dann, wenn zum Zeitpunkt des Parallelerwerbs nur von einem der Partner unternehmensbezogene Zielsetzungen verfolgt werden. Einer über den Parallelerwerb hinaus gehenden Stimmbindungsvereinbarung bedarf es für die Annahme einer Zurechnung ebenfalls nicht.[405] Würde man die Anwendung des § 22 Abs. 2 WpHG entsprechend der wohl herrschenden Meinung zur Parallelvorschrift des WpÜG nur auf diejenigen Fälle erstrecken, in denen mit dem gemeinsamen Erwerb zugleich eine Vereinbarung (oder ähnliches) über die Ausübung der Stimmrechte aus den Aktien verbunden ist, so würde man die Fälle vom Anwendungsbereich des Umgehungsschutzes ausschließen, in denen die Wertpapiere unmittelbar nach dem Erreichen einer bestimmten Mindestbeteiligung auf eines der Mitglieder der Erwerberkonsortiums übertragen werden sollen.

Das Ziel einer möglichst umfassenden Zurechnung im Rahmen eines abgestimmten Parallelerwerbs scheint im Gegensatz hierzu bei der Anwendung der Parallelvorschrift des § 30 Abs. 2 WpÜG weniger vordringlich, da die Zurechnung hier nicht der möglichst frühzeitigen Offenlegung eines sich anbahnenden Wechsels in den Beteiligungs- oder Kontrollverhältnissen der Gesellschaft dient, sondern vielmehr einen Exit der Minderheitsaktionäre beim tatsächlichen Eintritt eines Kontrollwechsels ermöglichen soll. Aus diesem Grund erscheint für den Fall des Parallelerwerbs von Aktien eine unterschiedliche Behandlung des § 22 Abs. 2 WpHG einerseits und des § 30 Abs. 2 WpÜG andererseits durchaus geboten.

---

[404] Vgl. in diesem Zusammenhang auch die Rechtslage unter dem englischen CA 1985 sowie in dem übernahmerechtlichen Zusammenhang die Regelungen des City Code, die im Rahmen des *acting in concert* ausschließlich den Parallelerwerb von Aktien regeln, dazu näher unten § 3 A) III.) 3.) c) bb) (1).

[405] **A.A.** *Pittroff* Zurechnung von Stimmrechten, 2003, S. 272.

Aufgrund der mit der gegenwärtigen Ausgestaltung des § 22 Abs. 2 WpHG auch weiterhin verbundenen Auslegungsprobleme sollte sich der Gesetzgeber in diesem Punkt, insbesondere mit Blick auf den noch in der Gesetzesbegründung zum WpÜG vorgeschlagenen Gleichlauf der beiden Zurechnungstatbestände, in Zukunft zu einer entsprechenden Klarstellung veranlasst sehen.[406]

(5) *Standstill*-Vereinbarungen

Fraglich ist ferner, ob sich auch Vereinbarungen unter den Tatbestand des Abs. 2 Satz 1 subsumieren lassen, unter denen die an der Gesellschaft Beteiligten verpflichtet werden, ihren Stimmrechtsanteil weder zu erhöhen noch über diesen gegenüber einem außenstehenden Aktionär zu verfügen (sog. *Standstill*-Vereinbarungen).[407] Wirtschaftlicher Hintergrund entsprechender Vereinbarungen ist es, die eigene Kontrolle der beteiligten Aktionäre an der Gesellschaft sicherzustellen und die Kontrollerlangung durch einen Dritten zu verhindern. Mögliches Motiv für die Einbeziehung solcher Vereinbarungen in den kapitalmarktrechtlichen Publizitätskontext wäre die Offenlegung entsprechender Gesellschaftervereinbarungen, durch die die Beteiligungsverhältnisse „eingemauert" werden.[408] Obgleich gerade in diesem Fall vor allem für potentielle Anleger ein erhebliches Informationsinteresse bestehen kann, wird eine Zurechnung hier *de lege lata* abzulehnen sein. Dies folgt zunächst daraus, dass die *Standstill*-Vereinbarung den an ihr Beteiligten keine Möglichkeit der koordinierten Einflussnahme vermittelt, sondern lediglich einer Stabilisierung der Beteiligungsverhältnisse dient. Abweichendes ergibt sich grundsätzlich auch nicht dann, wenn die an der Vereinbarung beteiligten Aktionäre ihre Stimmrechte zur Aufrechterhaltung der Beteiligungsverhältnisse bei einer Kapitalmaßnahme bündeln, da es sich hierbei regelmäßig um eine Vereinbarung betreffend die Ausübung von Stimmrechten in Einzelfällen handeln wird. Das vorstehende Ergebnis wird schließlich auch durch die sachlich vergleichbare Behandlung von Vorkaufsrechten nahe gelegt, für die das Gesetz ebenfalls keine Zurechnung bei dem Berechtigten begründet.[409]

---

[406] Ebenso *Hopt/Mülbert/Kumpan* AG 2005, 109, 111.

[407] Vgl. zu Begriff und Gestaltungsformen *O. Wagner* Standstill Agreements, 1999, S. 40 ff.; KK-WpÜG/*v. Bülow* § 30 Rn. 124.

[408] *Sudmeyer* BB 2002, 685, 688 Fn. 58.

[409] Vgl. insoweit mit Blick auf § 30 Abs. 1 Satz 1 Nr. 5 WpÜG KK-WpÜG/*v. Bülow* § 30 Rn. 98 sowie zu Standstill- Vereinbarungen Rn. 124; im Ergebnis verneinen auch *Casper* ZIP 2003, 1469, 1476 sowie *Pentz* ZIP 2003, 1478, 1481 eine Zurechnung nach Abs. 2, da es insoweit an einem gesellschaftsrechtlichen Bezug fehle; ebenso nun auch *Schocken*-

(6) Vorvereinbarungen und Nebenpflichten bei Paketkaufverträgen („*irrevocable undertakings*")

Im Zusammenhang mit der Abgabe eines Übernahmeangebotes wird der präsumtive Bieter neben oder alternativ zu dem Abschluss von Paketkaufverträgen vielfach versuchen, von den annahmewilligen Aktionären eine vertragliche Verpflichtung zur Annahme des zu einem späteren Zeitpunkt abzugebenden Übernahmeangebotes zu erhalten (sog. *irrevocable undertakings*). Entsprechende Vereinbarungen werden regelmäßig unmittelbar vor Veröffentlichung der Entscheidung zur Abgabe eines Angebotes abgeschlossen. Bei größeren Aktienpaketen werden in diesem Fall häufig zugleich bestimmte Garantieverpflichtungen auf Seiten des veräußerungswilligen Aktionärs hinzutreten, die gewährleisten sollen, dass dieser seine Einflussmöglichkeiten mit Rücksicht auf die Interessen des Erwerbers bzw. Bieters ausrichtet. In beiden Fällen stellt sich die Frage der Zurechnung der von dem Erwerber gesicherten Aktien bzw. Stimmrechte, wenn man zugrunde legt, dass der verkaufswillige Aktionär sein Verhalten entweder mit Blick auf seine eigenen Verkaufsabsichten oder die Ausübung seiner Aktionärsrechte ausrichtet.

Nach der im übernahmerechtlichen Schrifttum durch *von Bülow* vertretenen Auffassung soll es bei entsprechenden Vorfeldvereinbarungen im Rahmen des § 30 Abs. 2 WpÜG nicht zu einer Zurechnung kommen, da es sich bei den vertraglich begründeten Pflichten lediglich um Nebenpflichten zum Schutze des Kaufgegenstandes handele.[410] Eine entgegenstehende Auffassung würde insoweit den Konnex zwischen Paketkaufverträgen und der Verpflichtung des Verkäufers zum Schutz des Vertragsgegenstandes vernachlässigen.[411] Der Frage, ob diese Auffassung im Falle des WpÜG und der drohenden Verpflichtung zur Abgabe eines Pflichtangebotes überzeugen kann, ist an dieser Stelle nicht weiter nachzugehen.[412] Im Hinblick auf die Auslegung nach WpHG und den durch die Zurechnung verfolgten Zweck, unbemerkte Anteilsakkumulationen zu verhindern, kann diese Argumentation jedenfalls nicht durchdringen, geht es doch bei dem Abschluss entsprechender Vorfeldvereinbarungen unzweifelhaft um einen Fall, in dem der Dritte sein Verhalten in Bezug auf die börsennotierte Gesellschaft – hier im Hinblick auf den Erwerb der Anteile – abstimmt, ja sogar aus-

---

hoff/Schumann ZGR 2005, 568, 579; **a.A.** zu § 22 WpHG Assmann/*Schneider* WpHG³ § 22 Rn. 163.

[410] KK-WpÜG/*v. Bülow* § 30 Rn. 131.

[411] KK-WpÜG/*v. Bülow* § 30 Rn. 132.

[412] Vgl. insoweit jedoch die gegenteilige Perspektive des englischen Companies Act 1985 sowie des City Codes, hierzu unten § 3 A) III.) 3.) b) bb).

richtet. Würde man entsprechende Vorfeldvereinbarungen von dem Anwendungsbereich der Zurechnungsbestimmungen ausklammern, so würden sich auch hier Gestaltungsspielräume für den Erwerber bieten, die es diesem bei Erreichen der von ihm angestrebten Beteiligungsquote erlauben, quasi „stichtagsbezogen" mit einer Mitteilung über eine bereits bestehende faktische Kontrollstellung an das Anlegerpublikum heranzutreten. Ob ein entsprechendes Vorgehen durch den Gesetzeszweck noch gedeckt ist, hängt letztlich von der Frage ab, ob man dem Erwerber dieses Vorgehen im Interesse der Förderung der (Rahmen-)Bedingungen für die Abgabe eines Übernahmeangebotes gestatten will. Die Zielsetzung, einen unbemerkten Beteiligungserwerb im Wege nicht transparenter Pakettransaktionen zu verhindern, steht jedenfalls in klarem Widerspruch zu einem solchen Vorgehen.

Fraglich ist in diesem Zusammenhang auch, ob bei einer der oben geschilderten Vorfeldvereinbarungen die Ausnahmeregelung des Abs. 2 Satz 1, 2. Halbs. greifen wird. Dies wäre dann der Fall, wenn es sich bei der Vereinbarung um eine solche handeln würde, die lediglich die Ausübung *von Stimmrechten* in Einzelfällen (Hervorh. durch den Verf.) betrifft. Letzteres ist nach der oben vorgenommenen Differenzierung zwischen der generellen Einbeziehung abgestimmter Verhaltensweisen einerseits und der engeren Ausnahmeregelung für die gemeinsame Ausübung von Stimmrechtrechten bei Abschluss eines *irrevocable undertakings* zumindest im Regelfall nicht zutreffend, da die Vereinbarung zwar auch hier die Ausübung der Stimmrechte in der kommenden Hauptversammlung zum Gegenstand haben kann, vorwiegend aber die Verfügung über die Anteile des veräußerungswilligen Aktionärs betrifft. In diesem Fall findet der Ausnahmetatbestand nach dem oben Gesagten gerade keine Anwendung, da es hier nicht (nur) um die Ausübung der Stimmrechte geht. Insoweit kommt gerade hier die in Abs. 2 Satz 1, 2. Halbs. zugrunde liegende Unterscheidung zwischen Vereinbarungen, die einerseits den Erwerb der Anteile und andererseits die Ausübung von Stimmrechten regelt, zum Tragen.

dd) Zwischenergebnis

Mit der Neufassung des Zurechnungstatbestandes des Abs. 2 hat der deutsche Gesetzgeber einige der bis dahin in der Vorgängerregelung enthaltenen Unklarheiten beseitigt. So sehr dies im Hinblick auf die bis dahin bestehenden Anwendungsschwierigkeiten und Transparenzlücken zu begrüßen ist, begründet der auf die Neufassung zurückgehende Begriff des *Acting in Concert* eine Reihe von Folgeproblemen, mit denen sich die Rechtspraxis ohne weitere Hilfestellung des Gesetzgebers auseinander zu setzen hat. Dies gilt vor allem für die Bestimmung der im Rahmen des Abs. 2 konkret zu berücksichtigenden Verhaltensweisen sowie die fehlende Abstimmung des Begriffs des abgestimmten Verhaltens mit dem der gemeinsam handelnden Personen im Sinne des § 2 Abs. 5 WpÜG.

Das Hauptaugenmerk der Zurechnung unter der Voraussetzung eines abgestimmten Verhaltens liegt auf Stimmbindungs- und Poolvereinbarungen und auf dem Parallelerwerb von Aktien sowie auf den Erwerb der Anteile gerichteter Vorfeldvereinbarungen. Im Hinblick auf die gegenseitige Zurechnung der Stimmrechte der Mitglieder einer Stimmbindungsvereinbarung kennt der gesetzliche Zurechnungstatbestand lediglich die Beschränkung durch die Entscheidung für Vereinbarungen über die Ausübung von Stimmrechten in Einzelfällen. Auf dieser Grundlage werden von der Vorschrift zunächst alle Arten und Erscheinungsformen von Gesellschaftervereinbarungen ohne Rücksicht darauf einbezogen, welche Form und Intensität der Einflussnahme auf die börsennotierte Gesellschaft durch sie vermittelt wird. Dies ist aus informationsökonomischer Sicht insbesondere deshalb problematisch, da das Anlegerpublikum auf der Grundlage der abgegebenen Mitteilung nicht beurteilen kann, welchen konkreten Inhalt die Vereinbarung zum Gegenstand hat. Aus diesem Grunde werden von der inzwischen wohl herrschenden Meinung der gesellschaftrechtliche Bezug des abgestimmten Verhaltens sowie die Nachhaltigkeit und Beständigkeit der Einflussnahme als weitere wesentliche Voraussetzungen der Zurechnungsvorschrift zugrunde gelegt.

Das Erfordernis eines „gesellschaftsrechtlichen“ Bezugs setzt nicht voraus, dass das abgestimmte Verhalten *im Rahmen der* Hauptversammlung tatsächlich in Vollzug gesetzt werden muss. Vielmehr reicht es aus, wenn durch die Abstimmungshandlung eine abstrakte Gefährdungslage begründet wird, die sich nicht in einer tatsächlichen Stimmrechtsbeeinflussung innerhalb der Hauptversammlung niederschlagen muss.[413] Es können daher auch Vorgänge einen konkreten gesellschaftsrechtlichen Bezug aufweisen, die lediglich in einem zweiten Schritt auf die Ausübung der Stimmrechte gerichtet sind. Dies kann auch den im Vorfeld einer Hauptversammlung erzeugten Druck auf die Unternehmensführung einschließen, ohne dass es hinsichtlich der konkreten Maßnahme überhaupt zu einer Abstimmung innerhalb der Hauptversammlung kommen muss.

Die Untersuchung des Zurechnungstatbestandes des abgestimmten Verhaltens nach § 22 Abs. 2 WpHG hat zudem gezeigt, dass die von dem Gesetzgeber angestrebte gleichlaufende Auslegung mit der Parallelvorschrift des § 30 Abs. 2 WpÜG nicht in jedem Fall geboten erscheint. Dies gilt aufgrund der unter-

[413] Ebenso OLG München Urt. v. 27.4.2005 ZIP 2005, 856, 857; *Casper* ZIP 2003, 1469, 1476; KK-WpÜG/*v. Bülow* § 30 Rn. 110.

schiedlichen Zweckbestimmungen beider Vorschriften insbesondere für die Fälle des Parallelerwerbs von Anteilen der Zielgesellschaft sowie auf den Erwerb von Aktien gerichtete Vorfeldvereinbarungen in Form sog. *irrevocable undertakings.*

d) Sonderregelungen für Kapitalanlage- und Investmentgesellschaften

Einige Sondervorschriften zu den zuletzt erörterten Zurechnungstatbeständen sieht das Gesetz gegenüber Kapitalanlage- und Investmentgesellschaften vor. Die melderechtliche Privilegierung, nach der Stimmrechte aus Aktien aus dem Sondervermögen einer Kapitalanlagegesellschaft erst bei einer Beteiligungsschwelle von 10 Prozent zu veröffentlichen waren,[414] ist mit In-Kraft-Treten des Gesetzes zur Regelung von öffentlichen Angeboten zum Erwerb von Wertpapieren und von Unternehmensübernahmen zum 1.1.2002 aufgehoben worden.[415]

aa) Nichtberücksichtigung der Stimmrechte gegenüber Mutterunternehmen

Für die Zurechnung von Stimmrechten aus Aktien, die zu dem von einer inländischen Kapitalanlage- oder Investmentgesellschaft mit Sitz in der EU oder dem EWR verwalteten Sondervermögen gehören, gelten die Sondervorschriften der § 10 Abs. 1a Satz 1 KAGG (§ 32 Abs. 2 Satz 1 InvG), § 15b Abs. 2 Satz 1 AuslInvestmG (§ 134 Satz 1 InvG).[416] Hiernach sind Kapitalanlage- bzw. Investmentgesellschaften hinsichtlich des von ihnen verwalteten Sondervermögens nicht als Tochterunternehmen im Sinne des § 22 Abs. 3 WpHG anzusehen. Eine Zurechnung der Stimmrechte gemäß § 22 Abs. 1 Satz 1 Nr.1 WpHG der durch die Kapitalanlage-/Investmentgesellschaft in deren Sondervermögen gehaltenen Anteilen gegenüber der Muttergesellschaft (z.B. einem Kreditinstitut, Finanzdienstleistungs- oder Industrieunternehmen) findet daher nicht statt.[417] Der daraus resultierenden melderechtlichen Privilegierung von Kapitalanlage- und In-

---

[414] § 10 Abs. 1a Satz 3 KAGG a.F.

[415] Vgl. Begr RegE BT-Drucks. 14/7034, S. 71.

[416] Die dem § 10 Abs. 1a KAGG nachgebildete Vorschrift des § 15 Abs. 2 AuslInvestmG geht auf das 3. Finanzmarktförderungsgesetz zurück. Sie dient dazu, Investmentgesellschaften mit Sitz in einem anderen Mitgliedstaat der EU oder einem Vertragstaat des EWR inländischen Kapitalanlagegesellschaften gleichzustellen. Kritisch zur unterschiedlichen Behandlung inländischer Kapitalanlagegesellschaften sowie ausländischer Investmentgesellschaften mit Sitz in der EU oder dem EWR einerseits und den in Drittländern ansässigen Fondgesellschaften andererseits Schäfer/*Opitz* § 22 Rn. 23.

[417] Im Umkehrschluss bedeutet dies, dass Aktien im Eigenbesitz der Kapitalanlage-/Investmentgesellschaft der Muttergesellschaft voll zugerechnet werden, vgl. *Baur* Investmentgesetze^2 § 10 Rn. 45.

vestmentgesellschaften liegt die Erwägung zugrunde, dass die in dem Sondervermögen der Gesellschaft gehaltenen Anteile unabhängig von den Weisungen der Muttergesellschaft ausschließlich im Interesse der Fondsanleger zu verwalten sind[418] und somit nicht dem Einflusspotential der die Gesellschaft beherrschenden Muttergesellschaft unterliegen.[419] Diese Erkenntnis wird freilich durch empirische Befunde relativiert, nach denen der überwiegende Teil der Stimmrechte von Kapitalanlagegesellschaften durch Stimmrechtsvertreter des mit der Gesellschaft assoziierten Kreditinstituts ausgeübt wird.[420] Im Übrigen erscheint es auch hier denkbar, dass sich der durch den Fondsgesellschaft vermittelte gesellschaftsrechtliche Einfluss zum unbemerkten Aufbau eines Beteiligungspaketes an einer präsumtiven Zielgesellschaft nutzbar machen lässt.[421]

bb) Nichtberücksichtigung bei Anteilinhabern

§ 10 Abs. 1a Satz 2 KAGG (§ 32 Abs. 2 Satz 1 InvG) und § 15b Abs. 2 Satz 2 AuslInvestmG (§ 134 Satz 1 InvG) regeln die Berechnung der Stimmrechte in der Person des Anlegers. Das Gesetz unterscheidet hier entsprechend der rechtlichen Ausgestaltung der zum Sondervermögen gehörenden Anteile danach, ob diese ausgehend von der in § 6 Abs. 1 Satz 2 KAGG (§ 30 Abs. 1 Satz 1 InvG) vorgesehenen Wahlmöglichkeit im Miteigentum der Anteileigner oder im treuhänderischen Eigentum der Kapitalanlagegesellschaft stehen. Dem entsprechend werden zunächst Stimmrechte aus Aktien des verwalteten Sondervermögens, die im Miteigentum der Kapitalanlagegesellschaft stehen, bei der Anwendung des § 21 Abs. 1 WpHG nicht berücksichtigt.[422] Letzteres gilt seit dem 1.1.2002 mit Ausnahme sog. Spezialfonds,[423] deren Aktien den Inhabern der Anteile an dem

---

[418] § 10 Abs. 1 Satz 2 KAGG.

[419] BegrRegE BT-Drucks. 12/6679 zu § 10 Abs. 1a KAGG, S. 81; kritisch zu dieser Schlussfolgerung Assmann/*Schneider* WpHG[3] Anh. 1 zu § 22 Rn.205 f.; Schäfer/*Opitz* § 22 Rn. 23.

[420] *Fraune* Der Einfluss institutioneller Anleger in der Hauptversammlung, 1996, S. 83, 138; *Baums/Fraune* Institutionelle Anleger und Publikumsgesellschaft, S. 31; kritisch im Hinblick auf die Vereinbarkeit der Regelung mit Art. 8 der Transparenz-Richtlinie Assmann/*Schneider* WpHG[3] Anh. 1 zu § 22 Rn. 206; *ders.* FAZ v. 23.7.2002, Nr. 168, S. 10; *Mühle* WpÜG S. 179; Schäfer/*Opitz* § 22 Rn. 23; **abw.** *Starke* Beteiligungstransparenz, 2002, S. 219 f., der in diesem Zusammenhang grundsätzlich auf eine Regulierung durch den Markt vertraut. Zur Frage der Zurechnung der durch das depotführende Kreditinstitut ausgeübten Stimmrechte, siehe oben § 2 B) III.) 4.) b) ff).

[421] Assmann/*Schneider* WpHG[3] Anh. 1 zu § 22 Rn. 205; *Mühle* WpÜG S. 179.

[422] § 10 Abs. 1a Satz 2, 1. Halbsatz KAGG (§ 32 Abs. 2, S. 2, 1. Halbs. InvG), § 15b Abs. 2 Satz 2 AuslInvestmG (§ 134 Satz 2 InvG).

[423] Spezialfonds sind Sondervermögen, deren Anteilscheine aufgrund schriftlicher Vereinbarung mit der Kapitalanlagegesellschaft jeweils von nicht mehr als dreißig Anteilinhabern, die

Sondervermögen nunmehr in vollem Umfang zuzurechnen sind.[424] Die durch das Gesetzes zur Regelung von öffentlichen Angeboten zum Erwerb von Wertpapieren und von Unternehmensübernahmen eingeführte Beschränkung auf Publikumsfonds soll vor allem Missbrauchsmöglichkeiten einschränken, die nach bisherigem Recht bei der Umgehung der kapitalmarktrechtlichen Mitteilungspflichten durch Einschaltung eines oder mehrerer Spezialfonds offen standen.[425] Eine Zurechnung der Anteile eines Publikumsfonds erschiene demgegenüber unsachgemäß, da die Anteilinhaber hier anders als bei Spezialfonds typischerweise keinen Einfluss auf die Stimmrechte der Kapitalanlage-/Investmentgesellschaft haben.[426]

Stehen die Anteile in treuhänderischem Eigentum der Kapitalanlage- bzw. Investmentgesellschaft, so ist eine Zurechnung gemäß § 22 Abs. 1 WpHG gegenüber den einzelnen Anteilinhaber generell ausgeschlossen.[427] Diese pauschale Privilegierung der Stimmrechte aus den Aktien des verwalteten Sondervermögens überrascht insoweit, als hierdurch nicht nur die Zurechnung der Anteile gemäß § 22 Abs, 1 Satz 1 Nr. 2 WpHG ausgeschlossen ist, sondern ein genereller Ausschluss der in § 22 Abs. 1 WpHG (nicht Abs. 2 !) erfassten Zurechnungskonstellationen angeordnet wird. Dies kann insbesondere in solchen Fällen zu Wertungswidersprüchen führen, in denen eine Kapitalanlagegesellschaft einem Dritten ein Erwerbsvorrecht gewährt und dieses ebenfalls von der melderechtlichen Freistellung berührt wird.[428] Folgerichtig sollte die Norm zur Vermeidung dieses, dem Schutzzweck der Regelungen klar widersprechenden, Ergebnisses dahingehend geändert werden, mit Ausnahme der Zurechnung nach Satz 1 Nr. 2 die übrigen Zurechnungstatbestände des § 22 WpHG in den Anwendungsbereich einzubeziehen.

---

nicht natürliche Personen sind, gehalten werden (siehe § 91 Abs. 1 InvG, vgl. zuvor § 1 Abs. 2, Satz 1 KAGG). Einer entsprechenden Sonderregelung für ausländische Investmentgesellschaften bedarf es insoweit nicht, da Investmentanteile im Sinne des § 1 AuslInvestmG öffentlich vertrieben werden müssen. Zu anderen setzt der Ausnahmetatbestand des § 15b Abs. 2 Satz 2 AuslInvestmG voraus, dass der Anteilinhaber im Regelfall keine Weisungen für die Ausübung der Stimmrechte erteilen kann.

[424] Zu diesem Ergebnis nach § 10 Abs. 1a KAGG a.F. bereits Assmann/*Schneider* WpHG² Anh. 1 zu § 22 Rn. 11; ablehnend *Baums/König* FS Kropff, 1997, S. 1, 16; *Mülbert* Gutachten zum 61. DJT, 1996, Bd. I, S. E 112, Fn. 245.

[425] BegrRegE BT-Drucks. 14/7034, S. 71.

[426] So auch die Beschlussempfehlung und der Bericht des Finanzausschusses des Deutschen Bundestages, BT-Drucks. 12/7918, S. 116; dem zustimmend Assmann/*Schneider* WpHG³ Anh. 1 § 22 Rn. 136.

[427] § 10 Abs. 1a Satz 2, 2. Halbs. KAGG (§ 32 Abs. 2, S. 2, 2. Halbs. InvG).

[428] KK-WpÜG/*v. Bülow* § 30 Rn. 39; ähnlich wohl auch Haarmann/*Riehmer* § 30 Rn. 40.

5.) Nichtberücksichtigung von Stimmrechten, § 23 WpHG

Die BaFin kann gemäß § 23 Abs. 1 WpHG auf schriftlichen Antrag eines Unternehmens, das Wertpapierdienstleistungen erbringt, gestatten, von diesem im Handelsbestand gehaltene Aktien bei der Berechnung des Stimmrechtsanteils unberücksichtigt zu lassen, wenn mit der Beteiligung keine Absicht unternehmerischer Einflussnahme verfolgt wird. Entsprechendes gilt unter engeren Voraussetzungen für den sog. „Spekulationsbestand" anderer Unternehmen (Abs. 2). Die Stimmrechte unterliegen in beiden Fällen gemäß Abs. 4 einer Ausübungssperre, wenn bei ihrer Berücksichtigung eine Mitteilungspflicht nach § 21 Abs. 1 WpHG bestehe würde. Durch die bereits in der europäischen Börsen-Richtlinie[429] zugelassene Befreiung des Handelsbestandes soll die Erbringung von Wertpapierdienstleistungen sowie die Ausnutzung kurzfristiger Spekulationsgewinne erleichtert werden, wenn hiermit nicht zugleich eine dauerhafte Anlage beabsichtigt wird. Gleichzeitig sucht die Regelung Mehrfachmitteilungen aufgrund ständiger Bestandsänderungen und daraus resultierende Fehlbewertungen durch das Anlegerpublikum zu vermeiden.[430] Eine vergleichbare Regelung enthält nun auch die übernahmerechtliche Sondervorschrift des § 20 WpÜG, nach der Wertpapiere (also nicht nur Aktien) auf Antrag des Bieters bei bestimmten sich aus dem WpÜG ergebenden Pflichten, insbesondere bei der Berechnung des ein Pflichtangebot auslösenden Stimmrechtsanteils nach § 29 Abs. 2 WpÜG sowie bei der Bestimmung der Gegenleistung nach § 31 Abs. 1, 3 und 4 WpÜG und der Geldleistung nach § 31 Abs. 5 WpÜG, unberücksichtigt bleiben können.[431]

Kehrseite des Befugnistatbestandes des § 23 WpHG für die durch das Gesetz bezweckte Stimmrechtspublizität sind die durch die Vorschrift eröffneten Gestaltungsspielräume bei dem vom Markt unbemerkten Aufbau größerer Aktienpakete. Dies gilt insbesondere mit Blick auf die jederzeit mögliche Umbuchung von dem Handels- bzw. Spekulationsbestand in den Anlagebestand oder eine Änderung der mit der Beteiligung verfolgten Absichten und die damit auch gezielt durchführbare „Umwidmung" des Bestandes.[432] Die darüber hinaus bestehende

---

[429] Art. 94 der konsolidierten Richtlinie 2001/34/EG = Art. 9 der Richtlinie 88/627/EG.

[430] BegrRegE zu § 23 WpHG BT-Drucks. 12/6679, S. 54; Schäfer/*Opitz* § 23 Rn 1; Assmann/*Schneider* WpHG[3] § 23 Rn. 2.

[431] Zu der Auslegung des § 23 WpHG einseits und dem § 20 WpÜG anderseits *Hirte* FS Wiedemann, 2002, S. 955 ff.

[432] *Hirte* FS Wiedemann, 2002, S. 955, 956 ff.; Assmann/*Schneider* WpHG[3] § 23 Rn. 5, 32 a; MüKo-AktG/*Bayer*[2] § 22 Anh. § 23 Rn. 3; jeweils mit Hinweis auf das hierin liegende Umgehungspotential; zurückhaltender Schäfer/*Opitz* § 23 Rn. 8; ablehnend *Weisgerber/Jütten* Das Zweite Finanzmarktförderungsgesetz, 1995, S. 15.

„Durchlässigkeit“ der Regelung hängt weitgehend von der Auslegung der einzelnen Tatbestandsmerkmale ab.

a) Handelsbestand (Abs. 1)

Für die Befreiung des Handelsbestands antragsberechtigt sind Unternehmen, die Wertpapierdienstleistungen im Sinne des § 2 Abs. 3 WpHG erbringen und an einer Börse in einem Mitgliedstaat der EU oder in einem Vertragsstaat des EWR zugelassen sind (Abs. 1 Nr. 1). Die Regelung erfasst in erster Linie Kreditinstitute und Finanzdienstleistungsunternehmen, geht jedoch über den in § 2 Abs. 4 WpHG definierten Begriff des „Wertpapierdienstleistungsunternehmens“ insoweit hinaus, als jedes Unternehmen unabhängig von seinem Sitz und unabhängig davon, welche Wertpapierdienstleistungen im Einzelnen erbracht werden, eine Befreiung seines Handelsbestands beantragen kann.[433] Für die Befreiung zuständig ist die BaFin. Sie muss eine Befreiung dann erteilen, wenn die hierfür erforderlichen Voraussetzungen gegeben sind.[434] Die Befreiung kann sowohl für einen konkreten Handelsbestand als auch in Form einer Dauergenehmigung, d.h. für wechselnde Bestände, erteilt werden.[435]

Der „Handelsbestand“ im Sinne des Abs. 1 Nr. 2 ist von sonstigen Wertpapierbeständen, wie dem „Anlagebestand“ oder etwaigen Liquiditätsreserven, zu unterscheiden.[436] Für die Begriffsbildung kann trotz der abweichenden Zweckrichtung der einzelnen Regelungen auf die zum Bankbilanzrecht[437], Aktienrecht[438] und Bankenorganisationsrecht[439] entwickelten Grundsätze zurückgegriffen werden.[440] Die Abgrenzung erfolgt anhand objektiver und subjektiver Kriterien. Ausgangspunkt für die Zuordnung ist der Zweck des Befreiungstatbestands, der darin besteht, die Erbringung von Wertpapierdienstleistungen zu erleichtern und gleichzeitig Fehlbewertungen des Anlegerpublikums durch ständig wechselnde Be-

---

[433] Schäfer/*Opitz* § 23 Rn. 3; missverständlich insoweit die Diktion der BegrRegE zu § 20 WpÜG BT-Drucks. 14/7034, S. 48; vgl. insoweit KK-WpÜG/*Hirte* § 20 Rn. 62.

[434] Assmann/*Schneider* WpHG[3] § 23 Rn. 71; MüKo-AktG/*Bayer*[2] § 22 Anh. § 23 WpHG Rn. 14.

[435] BegrRegE, BT-Drucks. 12/6679, S. 54; MüKo-AktG/*Bayer*[2] § 22 Anh. § 23 WpHG Rn. 15.

[436] Assmann/*Schneider* WpHG[3] § 23 Rn. 13; zur Liquiditätsreserve bei Kreditinstituten Baumbach/*Hopt* § 340e HGB Rn. 3 f.; *Krumnow/Sprißler/Bellavite-Hövermann/Kemmer/Steinbrücker* Rechnungslegung der Kreditinstitute 1994, § 340e HGB Rn. 31 ff.

[437] § 340e Abs. 1 Satz 2, 341 f. HGB.

[438] § 71 Abs. 1 Nr. 7 AktG.

[439] § 12 Abs. 1 Satz 3 KWG.

[440] Assmann/*Schneider* WpHG[3] § 23 Rn. 14; Schäfer/*Opitz* § 23 Rn. 6.

standsmeldungen zu verhindern. Zum Handelsbestand gehören daher alle jene Aktien, die zur Erbringung von Wertpapierdienstleistungen im Sinne des § 2 Abs. 3 WpHG bestimmt sind. Letztere umfassen den Erwerb bzw. die Veräußerung von Aktien im Kundenauftrag, gleichgültig ob in offener oder verdeckter Stellvertretung und unabhängig davon, ob hiermit ein Entgelt erzielt oder lediglich Unterschiede zwischen dem Erwerbs- und Veräußerungspreis genutzt werden sollen.[441] Voraussetzung ist die freie Verfügungsbefugnis über die Wertpapiere durch den Antragsteller. Weitere Anwendungsfälle sind daher Rechtsgeschäfte zur Erfüllung von Darlehensverträgen ebenso wie die Wertpapierleihe.[442] Erfasst wird daneben auch der Eigenhandel des Antragstellers, auch wenn es sich hierbei nicht um Geschäfte handelt, die der Erbringung von Wertpapierdienstleistungen zu dienen bestimmt sind (*arg e* Abs. 2 Nr. 1).[443] Der hiervon zu unterscheidende Anlagebestand erfasst demgegenüber solche Wertpapiere, die dem Geschäftsbetrieb zum Zwecke einer langfristigen Vermögensbildung, der Verfolgung einer aktiven Beteiligungspolitik und der Verwirklichung strategischer Ziele dienen sollen.[444] Auf die Dauer und den Umfang des Engagements kommt es, anders nach § 23 Abs. 2 WpHG, nicht an. Aus diesem Grund kann auch die Übernahme eines größeren Anteilspaketes zum Zwecke der Streuung über den Kapitalmarkt eine Zuordnung zum Handelsbestand rechtfertigen.[445] Die (beabsichtigte) Dauer der Beteiligung ebenso wie deren Größe können jedoch indizielle Bedeutung für die Zuordnung zum Handels- oder Anlagebestand haben und damit den Begründungsaufwand des Antragstellers bei der Darlegung der für den Handelsbestand erforderlichen Voraussetzungen erhöhen.[446]

In subjektiver Hinsicht setzt die Zuordnung zum Handelsbestand eine entsprechendende Zweckbestimmung des Antragstellers voraus, die nach außen hin objektiv feststellbar sein muss.[447] Erforderlich ist insoweit eine ausreichende Dokumentation der Entscheidung sowie die organisatorische Trennung von Handelsbestand

---

[441] Assmann/*Schneider* WpHG[3] § 23 Rn. 16; MüKo-AktG/*Bayer*[2] § 22 Anh. § 23 Rn. 7; KK-WpÜG/*Hirte* § 20 Rn. 67.

[442] MüKo-AktG/*Bayer*[2] § 22 Anh. § 23 Rn. 7; Schäfer/*Opitz* § 23 Rn. 6; Assmann/*Schneider* WpHG[3] § 23 Rn. 16; KK-WpÜG/*Hirte* §20 Rn. 67.

[443] AllgM Schäfer/*Opitz* § 23 Rn. 6; Assmann/*Schneider* WpHG[3] § 23 Rn. 16; KK-WpÜG/*Hirte* §20 Rn. 67.

[444] Vgl. § 247 Abs. 3 HGB; Assmann/*Schneider* WpHG[3] § 23 Rn. 15.

[445] Assmann/*Schneider* WpHG[3] § 23 Rn. 17.

[446] Assmann/*Schneider* WpHG[3] § 23 Rn. 20; KK-WpÜG/*Hirte* § 20 Rn. 68 und 71.

[447] Assmann/Schneider WpHG[3] § 23 Rn. 18; Schäfer/*Opitz* § 23 Rn. 7; KK-WpÜG/*Hirte* § 20 Rn. 70.

und Anlagebestand durch die Einrichtung und Führung unterschiedlicher Konten.[448]

b) Spekulationsbestand (Abs. 2)

Abs. 2 erweitert die Regelung des Abs. 1 auf den „Spekulationsbestand" anderer *Unternehmen*, deren Wertpapierbestand nicht als Anlagebestand zu qualifizieren ist. Erfasst werden damit vor allem Versicherungsunternehmen, aber auch Industrieunternehmen, die zur kurzfristigen Ausnutzung von Preisschwankungen Wertpapiere erwerben, ohne hiermit zugleich eine unternehmerische Beteiligung anzustreben.[449] Die Nichtberücksichtigung der Stimmrechte ist, anders als im Rahmen des Abs. 1, nur im Hinblick auf die Meldeschwelle von 5 Prozent der Stimmrechte zulässig. Die Beschränkung auf die 5-Prozent-Meldeschwelle trägt dem Umstand Rechnung, dass Art. 94 der RL 2001/34/EG eine entsprechende Befreiungen nur für den Handelsbestand eines „berufsmäßigen Wertpapierhändlers" vorsieht und als unterste zur Mitteilung verpflichtende Stimmrechtsschwelle eine solche von 10 Prozent statuiert. Der deutsche Gesetzgeber kann daher im Hinblick auf die 5-Prozent-Schwelle beliebige Ausnahmeregelungen treffen.

Darüber hinaus setzt der Befreiungstatbestand die *kurzfristige* Ausnutzung von Kursdifferenzen voraus. Das Merkmal der Kurzfristigkeit bezieht sich auf den Zeitraum, über den die von der Befreiung erfassten Aktien gehalten werden sollen, und setzt die Veräußerungsabsicht des Antragstellers voraus. Die Vorschrift verlangt nicht, dass sich die Absicht der Gewinnerzielung aus kurzfristigen Preisschwankungen innerhalb eines bestimmten Mindestzeitraums realisiert.[450] Der Verbleib der Aktien innerhalb des Spekulationsbestandes über einen längeren Zeitraum mag insoweit lediglich ein Indiz für die sachliche Unrichtigkeit der Zuordnung sein.[451] An der unternehmerischen Entscheidung, die Aktien weiterhin zu Spekulationszwecken einzusetzen, ändert dies nichts.

c) Fehlende Absicht unternehmerischer Einflussnahme

Der Antragsteller muss sowohl im Hinblick auf den Handels- als auch den Spekulationsbestand darlegen, dass er mit dem Erwerb der Aktien nicht beabsichtigt,

---

[448] Assmann/*Schneider* WpHG[3] § 23 Rn. 24 f.; Schäfer/*Opitz* § 23 Rn. 7.

[449] Bericht des Finanzausschusses BT-Drucks. 12/7918, S. 102 f.

[450] Schäfer/*Opitz* § 23 Rn. 17; MüKo-AktG/*Bayer*[2] § 22 Anh. § 23 Rn. 10; **abw.** Assmann/*Schneider* WpHG[3] § 23 Rn. 54 ff., der mit Blick auf § 23 Abs. 3 Satz 1 WpHG einen Zeitraum von nicht mehr als sechs Monaten zwischen Anschaffung und Veräußerung in Betracht zieht; für eine Haltefrist von einem Jahr KK-WpÜG/*Hirte* § 20 Rn. 75.

[451] Schäfer/*Opitz* § 23 Rn. 17.

Einfluss auf die Geschäftsführung der Gesellschaft zu nehmen.[452] Ein Verstoß hiergegen lässt die Voraussetzungen der Befreiung entfallen.[453] Die Regelung hat rein deklaratorische Bedeutung, da bereits die Zuordnung der Aktien zu einem Handels- oder Spekulationsbestand die fehlende Absicht unternehmerischer Einflussnahme voraussetzt.[454] Von dieser begrenzten Funktion abgesehen, bezieht sich die Absicht fehlender Einflussnahme im Kern auf Instrumente der informellen Einwirkung des Antragstellers auf die Geschäftsführung, da eine Einflussnahme *qua* Stimmrechte aufgrund der in Abs. 4 angeordneten Ausübungssperre im Regelfall ausscheidet.[455] Insoweit fallen unter das Einwirkungsverbot neben der Einflussnahme auf Satzungsmaßnahmen[456] vor allem Anregungen oder Erwartungen, mit denen der Antragsteller an die Leitungsorgane der Gesellschaft heran tritt. Hierzu kann auch die Erhebung einer Anfechtungsklage gehören, wenn der Aktionär hiermit die Umsetzung der ohne seine Mitwirkung zustande gekommene Mehrheitsentscheidung verhindern kann.[457] Dem Umfang nach erstreckt sich das Gebot der Enthaltung von einer tatsächlichen Einflussnahme nach richtiger und überwiegender Auffassung nur auf die Aktien, für die eine Befreiung beantragt wurde; nicht hingegen auf die Stimmrechte, die zu dem Anlagebestand des Antragstellers gehören.[458] Dies mag zwar insbesondere im Hinblick auf informelle Einflussmöglichkeiten zu einer schwierigen Abgrenzung zwischen einer zulässigen, weil durch den Anlagebestand begründet, und einer unerlaubten Einflussnahme führen.[459] Jedes andere Ergebnis stünde jedoch in klaren Widerspruch zum Wortlaut des Gesetzes und der durch Art. 14 GG geschützten Mitgliedschaft.

---

452 § 23 Abs. 1 Nr. 3, Abs. 2 Nr. 2 WpHG; ausf. *Hirte* FS Wiedemann, 2002, S. 955, 960 ff.; plastisch *Schneider* AG 1997, 81, 86: „vom Zölibat zum Seitensprung“; Assmann/*Schneider* WpHG³ § 23 Rn. 32 ff.

453 *Hirte* FS Wiedemann, 2002, S. 955, 962; Assmann/*Schneider* WpHG³ § 23 Rn. 28.

454 Ähnlich KK-WpÜG/*Hirte* § 20 Rn. 78.

455 Raum für die Ausübung der Stimmrechte bleibt insoweit nur in den Fällen, in denen der Antragsteller eine Befreiung nach § 23 WpHG beantragt, ohne unter den Voraussetzungen des § 21 Abs. 1 WpHG selbst meldepflichtig zu sein.

456 Vgl. § 83 Abs. 2 AktG.

457 KK-WpÜG/*Hirte* § 20 Rn. 79.

458 Assmann/*Schneider* WpHG³ § 23 Rn. 28 a; *Hildner* Kapitalmarktrechtliche Beteiligungspublizität, 2002, S. 123 f. *Hirte* FS Wiedemann, 2002, S. 955, 963 ff. mit Hinweis auf die sich mit Blick auf die Ausübung einer faktischen Einflussnahme ergebenden Schwierigkeiten; ähnlich *Cahn* AG 1997, 504, 509; **abw.** für einen generellen Verzicht auf die Ausübung einer faktischen Einflussnahme MüKo-AktG/*Bayer*² § 22 Anh. § 23 WpHG Rn. 11.

459 MüKo-AktG/*Bayer*² § 22 Anh. § 23 WpHG Rn. 11; KK-WpÜG/*Hirte* § 20 Rn. 80.

d) Prüfervermerk

Der Einhaltung der in den Abs. 1 und 2 genannten Voraussetzungen ist durch den Abschlussprüfer im Rahmen der Prüfung des Jahresabschlusses in einem gesonderten Vermerk festzustellen (Abs. 3). Der Abschlussprüfer hat dabei zu prüfen, ob die Zuordnung der durch den Antragsteller im Handels- bzw. Spekulationsbestand gehaltenen Aktien den tatsächlichen Verhältnissen entspricht o-der die Stimmrechte entgegen der Zuordnung ausgeübt wurden. Die Vorschrift soll ausweislich der Regierungsbegründung eine unter Umgehung der Mitteilungspflichten erfolgendes Ausnutzen des Handels- bzw. Spekulationsbestandes verhindern.[460] Der Abschlussprüfer hat hierüber einen Vermerk in den Prüfungsbericht aufzunehmen, den das Unternehmen der BaFin unverzüglich vorzulegen hat. Erfolgt eine entsprechende Vorlage nicht, kann die Befreiung gemäß Abs. 3 Satz 3 und 4 unter Verhängung einer Sperrfrist wiederrufen werden.

e) Ausübungssperre

Abs. 4 begründet eine in der Richtlinie 2001/34/EG nicht vorgesehene, aber als gegenüber dieser strengerer Regelung, zulässige Ausübungssperre für Stimmrechte aus Aktien, die aufgrund der Befreiung für den Handels- oder Spekulationsbestand unberücksichtigt gelassen wurden. Hiernach können Stimmrechte aus Aktien, die wegen einer Befreiung unberücksichtigt bleiben, nicht ausgeübt werden, wenn im Falle ihrer Berücksichtigung eine Mitteilungspflicht noch § 21 Abs. 1 WpHG bestünde (§ 23 Abs. 4 WpHG). Dies entspricht dem Zweck des Gesetzes, eine Befreiung nur in Fällen zu ermöglichen, in denen durch die Aktien kein Einfluss auf die Geschäftsführung der Gesellschaft gewonnen werden soll.[461] Im Gegenschluss daraus folgt, dass auch im Falle einer umfassend erteilten Genehmigung einer Stimmrechtsausübung nichts im Wege steht, solange die Voraussetzungen einer Mitteilungspflicht nicht gegeben sind. Ist dies doch der Fall, so ist die entgegen der Ausübungssperre des § 23 Abs. 4 WpHG erfolgende Stimmabgabe unwirksam.[462]

Schwierigkeiten bereitet die Frage, ob das Ausübungsverbot alle von der Erlaubnis nach § 23 Abs. 1 und 2 WpHG erfassten Stimmrechte berührt, Umfang der Erlaubnis und Ausübungsverbot also deckungsgleich sind („große Lö-

---

[460] Vgl. die Beschlussempfehlung des Finanzausschusses, BT-Drucks. 12/7918, S. 102.

[461] Vgl. BR-Drucksache 793/93 S. 166 f.

[462] Ein Beschluss der Hauptversammlung, für den entgegen § 23 Abs. 4 WpHG abgegebene Stimmen ursächlich waren, ist gem. § 243 Abs. 1 AktG anfechtbar.

sung“)[463], oder nur jene Stimmrechte erfasst, die über die entsprechende Stimmrechtsschwelle hinausgehen („kleine Lösung“).[464] Hält also ein Unternehmen 7 Prozent der Stimmrechte an einer börsennotierten Gesellschaft in seinem Anlagebestand und weitere 5 Prozent in einem befreiten Handelsbestand, so sind nach der großen Lösung Prozent der Aktien von der Ausübungssperre erfasst, während nach der letztgenannten Lösung lediglich 2 Prozent und eine Aktie der Stimmrechte nicht ausgeübt werden können. Weder der Wortlaut der Regelung noch die Gesetzesbegründung geben zu dieser Frage eine eindeutige Lösung vor, wenngleich die fehlende gesetzliche Differenzierung zwischen zu berücksichtigenden und nicht zu berücksichtigenden Stimmrechten für die „große Lösung“ sprechen mag.[465] Auch eine Parallelwertung des in § 28 WpHG vollumfänglich angeordneten Rechtsverlusts von Stimmrechten aus Aktien, für die die Mitteilungspflichten nicht erfüllt wurden, hilft hier nicht weiter, da die Ausübungssperre alleine die Sicherung der „Nicht-Einflussnahme“ gewährleisten soll und anders als der Verlust der Rechte aus den Aktien keine darüber hinausgehende Sanktionierung bezweckt. Überzeugender erscheint letztlich die »große Lösung«, würde doch bei größeren Aktienbeständen die Bedeutung der unterhalb der Schwelle liegenden Stimmrechte überproportional zunehmen.[466] Hat der Antragsteller als Voraussetzung der Befreiung nach Abs. 1 oder 2 darzulegen, dass er mit den seinem Handel- oder Spekulationsbestand zugeordneten Aktien keine Einflussnahme auf die Geschäftsführung beabsichtigt, so erscheint es nur konsequent, nach erteilter Befreiung diese Stimmrechte der Ausübungssperre auszusetzen.

f) Auswirkungen der Befreiung gegenüber einem Dritten zuzurechnenden Stimmrechten

Werden die Stimmrechte des nach Abs. 1 oder 2 befreiten Unternehmens einem Dritten zugerechnet, stellt sich die Frage, inwieweit die Befreiung auf diesen „durchgreift“ oder dies angesichts der Zweckrichtung der Befreiungsmöglichkeiten ausgeschlossen ist. Im Hinblick auf Konzernsachverhalte ist daher zunächst zu prüfen, ob die gegenüber einem Tochterunternehmen nach § 23 Abs. 1 oder 2 WpHG erteilte Befreiung automatisch auch zu einer Befreiung gegenüber

---

463 *Hirte* FS Wiedemann, 2002, S. 955, 964 ff.; *Hildner* Kapitalmarktrechtliche Beteiligungspublizität, 2002, S. 140 ff.; MüKo-AktG/*Bayer*[2] § 22 Anh. § 23 WpHG Rn. 21; Schäfer/*Opitz* § 23 Rn. 58.

464 *Cahn* AG 1997, 502, 508 f.; *Arends* Offenlegung, 2000, S. 78 f.; *Starke* Beteiligungstransparenz, 2002, S. 236 f.; Assmann/*Schneider* WpHG[3] § 23 Rn. 101.

465 So ebenfalls *Hirte* FS Wiedemann, 2002, S. 955, 964; Schäfer/*Opitz* § 23 Rn. 58

466 *Hirte* FS Wiedemann, 2002, S. 955, 965; Schäfer/*Opitz* § 23 Rn. 58.

den dem Mutterunternehmen zuzurechnenden Stimmrechten führt, oder ob dieses ungeachtet der gegenüber der Tochter erteilten Befreiung eine eigene Befreiung beantragen muss. Einigkeit besteht hier zunächst darüber, dass eine Konsolidierung im Wege einer konzernweiten Zusammenfassung der Handels- und Spekulationsbestände nicht erfolgen kann.[467] Daher ist der Umfang des Handels- bzw. Spekulationsbestands für jedes der am Konzern beteiligten Unternehmen getrennt zu ermitteln und die Erfolgsaussichten des Befreiungsantrages danach zu beurteilen, ob das antragstellende Unternehmen die Befreiungsvoraussetzungen selbst erfüllt. Dies gilt im Gleichordnungskonzern ebenso wie im Unterordnungskonzern. Für das Mutterunternehmen sind die Bestände der einzelnen Tochterunternehmen zusammenzufassen und zu den eigenen Beständen zu addieren. Wird hierdurch bei dem Mutterunternehmen die 10 Prozent-Schwelle erreicht, so ist dies mit Blick auf die Vorgaben der Richtlinie 2001/34/EG unabhängig von der Befreiung der Tochterunternehmen selbst mitteilungspflichtig.[468] Die Verletzung der in diesem Fall für das Mutterunternehmen bestehenden Meldepflicht und der hieraus resultierende Rechtsverlust wirken sich unmittelbar auf das Tochterunternehmen aus.[469]

Hiervon ist die eingangs gestellte Frage zu unterscheiden, inwieweit die dem Tochterunternehmen erteilte Befreiung auch zu einer Befreiung der Muttergesellschaft führt, oder ob diese einen eigenen Befreiungsantrag stellen muss. Dies ist entgegen teilweise vertretener Auffassung[470] abzulehnen.[471] Die gegenteilige Auffassung lässt sich weder dem Gesetz selbst entnehmen noch erschiene sie im Hinblick auf eine an der Konzernspitze entstehende Konzentration der Einflussmöglichkeiten geboten. Anders ist dies nach Sinn und Zweck des § 23 WpHG bei befreiten Stimmrechten aus Aktien, die beispielsweise von einem Kreditinstitut für Rechnung des Meldepflichtigen oder eines seiner Tochterunternehmen gehalten werden.[472] Dieser Auffassung ist richtigerweise wegen des damit verbundnen Umgehungspotentials auch im Hinblick auf die insoweit ver-

---

[467] *Cahn* AG 1997, 502, 509 ff.; *Hildner* Kapitalmarktrechtliche Beteiligungspublizität, 2002, S. 127; MüKo-AktG/*Bayer*[2] § 22 Anh. § 23 WpHG Rn. 12; Assmann/*Schneider* WpHG[3] § 23 Rn. 23; *ders.* FS Brander, 1996, 565, 570 f.

[468] Schäfer/*Opitz* § 23 Rn. 26.

[469] Schäfer/*Opitz* § 23 Rn. 26.

[470] *Cahn* AG 1997, 502, 510 f.; *Hildner* Kapitalmarktrechtliche Beteiligungspublizität, 2002, S. 133 ff.

[471] Ebenso die hM MüKo-AktG/*Bayer*[2] § 22 Anh. § 23 WpHG Rn. 18; *Burgard* BB 1995, 2069, 2078; Schäfer/*Opitz* § 23 Rn. 28; *Starke* Beteiligungstransparenz, 2002, S. 237 f.; Assmann/*Schneider* WpHG[3] § 23 Rn. 81; *ders.* FS Brander, 1996, 565, 571 f.

gleichbaren Zurechnungsbestimmungen des § 22 Abs. 1 Nr. 3 bis 6 WpHG zu folgen.[473]

6.) Erfüllung der Mitteilungspflicht durch Konzernunternehmen

§ 24 WpHG gestattet für Konzernunternehmen – basierend auf Art. 93 der konsolidierten Börsenrichtlinie – die Bündelung der durch die Töchter abzugebenden Mitteilungen und die konzernweite Erfüllung der Mitteilungspflichten nach § 21 Abs. 1 und 1a WpHG durch die Muttergesellschaft. Die Vorschrift dient in erster Linie der Vermeidung von Mehrfachmitteilung[474] sowie der zentralen Erfüllung der Mitteilungspflichten im Konzern.

Die Regelung knüpft für die erforderliche Konzernzugehörigkeit des Tochterunternehmens an die Aufstellung eines Konzernabschlusses gemäß §§ 290, 340i HGB an; sie gilt daneben auch für den Fall des § 292a HGB.[475] Voraussetzung einer Bündelung der Mitteilungen ist, dass das Mutterunternehmen eine Kapitalgesellschaft mit Sitz im Inland und entweder an der Tochter im Sinne des § 271 HGB beteiligt ist und diese einheitlich leitet (§ 290 Abs. 1 HGB) oder die Tochter gemäß § 290 Abs. 2 HGB durch Stimmrechtsmehrheit, Personalentscheidungsgewalt, Beherrschungsvertrag bzw. Satzungsbestimmung kontrolliert.[476] Handelt es sich bei dem Mutterunternehmen um ein Kreditinstitut, so muss dieses nicht zwingend eine Kapitalgesellschaft sein (vgl. § 340i HGB). Bei mehrstufigen Konzernverbindungen (d.h. auch im mehr als dreistufigen Konzern) kann die Mitteilung durch die Konzernmutter vorgenommen werden.[477]

Liegen die Voraussetzungen des § 24 WpHG nicht vor (z.B. wegen Sitz des Mutterunternehmens im Ausland oder Beherrschung durch Personengesellschaft), so kann eine Zusammenfassung der konzernweiten Mitteilungen dadurch sichergestellt werden, dass sich das Mutterunternehmen durch die mitteilungspflichtigen Töchter zur Abgabe der Mitteilung gegenüber der Gesellschaft und der BaFin bevollmächtigen lässt.[478]

---

[472] *Burgard* BB 1995, 2069, 2078; Assmann/*Schneider* WpHG³ § 23 Rn. 82.

[473] So die bisher h.M. *Burgard* BB 1995, 2069, 2078; MüKo-AktG/*Bayer*² § 22 Anh. § 23 Rn. 18; Schäfer/*Opitz* § 23 Rn. 29 ff.

[474] BegrRegE BT-Drucks. 12/6679, S. 54.

[475] MüKo-AktG/*Bayer*² § 22 Anh. § 24 WpHG Rn. 4.

[476] Vgl. hierzu im Einzelnen oben § 2 B) III.) 4.) b) aa) (2).

[477] MüKo-AktG/*Bayer*² § 22 Anh. § 24 WpHG Rn. 5.

[478] Schäfer/*Opitz* § 24 Rn. 5.

Das Mutterunternehmen kann (muss aber nicht) die Meldepflicht für das Tochterunternehmen erfüllen. Dies gilt auch in Fällen, in denen die Mutter selbst nicht mitteilungspflichtig ist.[479] Letzteres kommt insbesondere bei konzerninternen Rechtsgeschäften (z.B. der Übertragung von Anteilen zwischen zwei Töchtern) in Betracht, die lediglich Mitteilungspflichten der Töchter begründen. Das Tochterunternehmen wird durch die Mitteilung der Mutter von seiner eigenen Meldepflicht befreit. Auch die Nachweispflicht des § 27 WpHG besteht nur für das Mutterunternehmen.[480] Von der Mitteilung der Muttergesellschaft nach § 24 WpHG ist der Fall zu unterscheiden, bei dem die Aktien des Tochterunternehmens der Mutter wegen eines beherrschenden Einflusses auf die Tochter gemäß § 22 Abs. 1 Nr. 1, Abs. 3 WpHG zugerechnet werden. In diesem Fall steht die Mitteilungspflichten des Mutter- und des Tochterunternehmens als eigenständige Rechtspflichten nebeneinander.

Der Inhalt der Mitteilung hat nach § 24 WpHG die Angaben zu enthalten, die auch das Tochterunternehmen abgeben müsste. Hierzu gehören neben Name und Anschrift des Tochterunternehmens[481] die Nennung der betreffenden Stimmrechtsquote sowie die Bezeichnung der dem Tochterunternehmen gemäß § 22 WpHG zuzurechnenden Stimmrechte.

7.) Veröffentlichungspflichten der Gesellschaft

Die zur Unterrichtung des Anlegerpublikums erforderliche Informationsöffentlichkeit[482] über Bestand und Änderungen der Stimmrechtsverhältnisse einer börsennotierten Gesellschaft wird durch die in den §§ 25 und 26 WpHG statuierten Veröffentlichungspflichten hergestellt.[483] Hiernach hat die zum Handel an einem organisierten Markt zugelassen Gesellschaft mit Sitz im Inland, die eine Mitteilung ihres Aktionärs nach § 21 Abs. 1, 1a WpHG erhalten hat, diese unverzüglich, spätestens innerhalb von neun Kalendertagen, in einem überregionalen Börsenpflichtblatt[484] zu veröffentlichen.[485] Sind die Aktien (auch) in einem an-

---

[479] *Witt* Übernahmen, 1998, S. 145; MüKo-AktG/*Bayer*[2] § 22 Anh. § 24 Rn. 2.

[480] Vgl. unten § 2 B) III.) 8.).

[481] Allg.M. *Nottmeier/Schäfer* WM 1996, 513, 514 ff.; Assmann/*Schneider* WpHG[3] § 24 Rn. 16; Schäfer*Opitz* § 24 Rn. 6; **a.A.** *Falkenhagen* WM 1995, 1005, 1009, der die Nennung des Tochterunternehmens für entbehrlich hält.

[482] Vgl. zum Regelungszweck *Hüffer*[6] Anh § 22 § 25 Rn. 1; Assmann/*Schneider* WpHG[3] § 25 Rn. 1.

[483] Die Regelung beruht auf Art. 91 und 94 der konsolidierten Börsen-Richtlinie 2001/34/EG.

[484] § 37 Abs. 4 BörsG.

deren EU-Mitgliedstaat oder Vertragsstaat des EWR zugelassen, so hat die Veröffentlichung mit gleicher Frist und inhaltlich mit § 25 Abs. 1 WpHG übereinstimmend auch in einem Börsenpflichtblatt dieses Staates zu erfolgen.[486] Adressaten der Veröffentlichungspflicht nach § 25 Abs. 1 WpHG sind inländische Gesellschaften, deren Aktien zum Handel an einem organisierten Markt im Sinnes des § 21 Abs. 2 WpHG zugelassen sind. Die Veröffentlichung der Mitteilung nach § 21 Abs. 1, 1a WpHG hat unverzüglich,[487] spätestens innerhalb von neun Kalendertagen nach Zugang in deutscher Sprache, in einem überregionalen Börsenpflichtblatt[488] zu erfolgen. Die Kosten für die Veröffentlichung trägt die Gesellschaft.

Die Veröffentlichung hat ihrem Inhalt nach mit der durch den Meldepflichtigen abgegebenen Mitteilung überein zu stimmen. Anders als bei § 21 Abs. 1 WpHG ist der meldepflichtige Aktionär hier jedoch nur mit Namen (oder Firma) und als Privataktionär nur mit dem Wohnsitzstaat zu nennen; bei Kaufleuten ist demgegenüber der Wohnort (i.e. vollständige Sitz) anzugeben (Abs. 1 S. 2).[489] Erfährt die Gesellschaft auf andere Weise vom Bestehen einer Mitteilungspflicht, so hat sie dies der BaFin bekannt zu geben. Es steht der Gesellschaft in diesem Fall frei, eine Veröffentlichung vorzunehmen oder nicht.[490]

Hat die Gesellschaft eigene Aktien erworben oder später veräußert, so hat sie dies nach Maßgabe der oben genannten Voraussetzungen zu veröffentlichen (Abs. 1 Satz 3 WpHG).[491] Die durch das KonTraG eingeführte Regelung dient der erhöhten kapitalmarktrechtlichen Transparenz bei der Umsetzung von Aktienrückkaufprogrammen durch die Gesellschaft. Sie ist mittelbar vor allem für die Mitaktionäre von Bedeutung, da sich durch an den Aktienrückerwerb an-

---

[485] § 25 Abs. 1 Satz 1 WpHG. Daneben hat die Gesellschaft, deren Aktien (auch) an einer Börse eines anderen Mitgliedstaates der EG oder eines Vertragstaates des EWR zum amtlichen Handel zugelassen sind, die Veröffentlichung in einem Börsenpflichtblatt dieses Staates vorzunehmen § 25 Abs. 2 WpHG. Die Pflicht, die Veröffentlichung im Bundesanzeiger bekannt zu machen (§ 25 Abs. 1 Satz 2 WpHG a.F.), ist durch das Dritte Finanzmarktförderungsgesetz aufgehoben worden.

[486] § 25 Abs. 2 WpHG.

[487] § 121 Abs.1 Satz 1 BGB.

[488] Vgl. § 31 Abs. 4 BörsG.

[489] *Hüffer*[6] Anh § 22 § 25 Rn. 2; MüKo-AktG/*Bayer*[2] Anh § 22 § 25 WpHG Rn. 5.

[490] MüKo-AktG/*Bayer*[2] Anh § 22 § 25 WpHG Rn. 3; Assmann/*Schneider* WpHG[3] § 25 Rn. 4.

[491] Vgl. Nr. 3 des Schreibens des BAWe/nun BaFin an die Vorstände der börsennotierten Aktiengesellschaften vom 28.6.1999, abrufbar unter http://www.bawe.de/index_old.htm.

schließende Einziehung der Aktien das relative Gewicht ihrer Stimmrechte verändern kann.

Abs. 2 regelt die Veröffentlichungspflichten für Gesellschaften mit Sitz im Inland, deren Aktien (auch) zum Handel an einem „organisierten Markt“ eines anderen Mitgliedstaates der EU oder eines anderen Vertragsstaates des EWR zugelassen sind. In diesem Fall ist die Veröffentlichung auch in einem Börsenpflichtblatt dieses Staates oder nach dem Recht dieses Staates auch in anderer Form und in einer zugelassenen Sprache vorzunehmen. Die Anzahl der Pflichtveröffentlichungen bestimmt sich daher nach der Zahl der Staaten, in denen die Aktien zu einem organisierten Markt zugelassen sind. Die Norm dient damit auch der gleichförmigen Publizität innerhalb der einzelnen Mitglieds- bzw. Vertragsstaaten.

a) Befreiung von der gesetzlichen Veröffentlichungspflicht

Von zentraler Bedeutung für die durch die gesetzlichen Veröffentlichungspflicht geschaffene Publizität sind die im Rahmen von Abs. 4 vorgesehenen Befreiungsmöglichkeiten für die Gesellschaft. Hiernach soll die BaFin die mitteilungspflichtige Gesellschaft auf schriftlichen Antrag von ihren Pflichten befreien können, wenn die Veröffentlichung entweder dem öffentlichen Interesse zuwiderlaufen oder der Gesellschaft erheblichen Schaden zufügen würde. Für eine Befreiung im Rahmen des öffentlichen Interesses werden regelmäßig Gründe des Allgemeinwohls, wie der Schutz von Arbeitsplätzen oder andere volkswirtschaftliche Interessen, genannt.[492] Fälle, in denen die Offenlegung der Stimmrechtsverhältnisse zu einer konkreten Gefährdung von öffentlichen Interessen führen kann, sind in der Praxis freilich selten. Hauptanwendungsfall ist die drohende Veröffentlichung sich gegenseitig widersprechender Mitteilungen.[493] Ob eine Befreiung von der Veröffentlichungspflicht daneben auch aufgrund einer wechselseitigen Zurechnung der Stimmrechte der Inhaber von Kleinstbeteiligungen eines Familienpools in Betracht kommen sollte, deren Anteile über § 22 Abs. 2 WpHG gegenseitig zugerechnet werden, erscheint zweifelhaft. Eine entsprechende Ausnahme lässt sich jedenfalls über den Wortlaut der Regelung nur

---

[492] MüKo-AktG/*Bayer*[2] Anh § 22 § 25 WpHG Rn. 13; Schäfer/*Opitz* § 25 Rn. 23: „Maßnahmen im Zuge realistischer Sanierungspläne, deren vorzeitiges Bekanntwerden die Sanierung von größeren Unternehmen [insbesondere bei Kreditinstituten] gefährden könnte“; zu weit wohl Assmann/*Schneider* WpHG[3] § 25 Rn. 46: „wenn andernfalls ein Zusammenschlussvorhaben gefährdet würde, das zur Erhaltung von Arbeitsplätzen, zur Förderung der internationalen Wettbewerbsfähigkeit oder aus volkswirtschaftlichen Gründen erforderlich ist“ mit Hinweis auf § 24 Abs. 3 GWB.

schwer begründen. Die für die Einzelnen Poolmitglieder aus der Veränderung von Kleinstbeteiligungen entstehenden Belastungen bei der Berücksichtigung ihrer eigenen Mitteilungspflichten lassen sich, wie bereits an anderer Stelle dargelegt, dadurch umgehen, dass die Anteile von Seiten der Mitglieder des Aktienpools in eine eigene zu diesem Zweck gegründete Gesellschaft eingebracht werden.[494]

Die Befreiung im Interesse der Gesellschaft setzt neben der drohenden Entstehung eines erheblichen Schadens voraus, dass die Befreiung nicht zu einer konkreten Irreführung des Anlegerpublikums führen kann.[495] Eine entsprechende Befreiungsmöglichkeit wird hier unter engen Voraussetzungen wohl nur in Sanierungsfällen in Betracht kommen können, in denen sich ein einzelnes oder mehrere Kreditinstitute zur Rettung der betreffenden Gesellschaft an dieser beteiligt. Hinsichtlich der Voraussetzungen einer entsprechenden Befreiung kann hier auf die Grundsätze bei der Suspendierung der Verpflichtung zur Ad-hoc-Publizität verwiesen werden.[496]

b) Veröffentlichungspflichten für Gesellschaften mit Sitz im Ausland

Neben den vorgenannten Veröffentlichungspflichten für Gesellschaften mit Sitz im Inland statuiert § 26 WpHG eingeschränkte Veröffentlichungspflichten für ausländischen Gesellschaften, deren Aktien (zumindest auch) zum organisierten Markt an einer inländischen Börse zugelassen sind. Abs. 1 betrifft die Veröffentlichungspflichten von Gesellschaften mit Sitz außerhalb der EU oder des EWR, deren Aktien zum Handel an einem organisierten Markt an einer Börse im Inland zugelassen sind, und bei denen die Voraussetzungen des Abs. 3 nicht vorliegen. Für diese Gesellschaften gelten die allgemeinen Publizitätsanforderungen (Meldeschwellen, Zurechnungen etc.) die auch für inländische Gesellschaften nach § 21 Abs. 1 gelten. Die Vorschrift ist daneben auch dann anwendbar, wenn die betreffende Gesellschaft nur im Inland, nicht aber auch im Sitzstaat zum amtlichen Handel zugelassen ist (z.B. Sitz in Spanien, Zulassung in Frankfurt/Main und London). Abs. 3 regelt die Publizitätspflichten für Gesellschaften, die ihren Sitz in einem Mitgliedstaat der EU oder in einem anderen Vertragsstaat

---

[493] MüKo-AktG/*Bayer*[2] Anh § 22 Anh. § 25 WpHG Rn. 13 f.; Assmann/*Schneider* WpHG[3] § 25 Rn. 47.

[494] MüKo-AktG/*Bayer*[2] Anh § 22 Anh. § 25 WpHG Rn. 14; **a.A.** für unter der 5 Prozent-Schwelle liegende Beteiligungen *Hüffer*[6] Anh § 22 § 25 Rn. 4; *Nottmeier/Schäfer* AG 1997, 87, 94 f.; für „Kleinstbeteiligungen" mit Blick auf das Grundrecht auf informationelle Selbstbestimmung Assmann/*Schneider* WpHG[3] § 25 Rn. 51.

[495] Ausführlich Assmann/*Schneider* WpHG[3] § 25 Rn. 57 ff.

[496] Siehe hier *M. Weber* ZGR 2001, 422, 445.

des EWR-Abkommens haben. Hier richten sich die Mitteilungspflichten grundsätzlich nach dem auf der konsolidierten Börsenrichtlinie 2001/34/EG beruhenden nationalen Recht des Sitzstaates. Durch die Regelung wird vermieden, dass die Gesellschaft einer doppelten Veröffentlichungspflicht nachkommen muss, nämlich nach dem Recht des Sitzstaates einerseits und dem des Staates der Börsenzulassung andererseits.

8.) Nachweis mitgeteilter Beteiligungen

§ 27 WpHG verpflichtet den Aktionär, der eine Mitteilung nach § 21 Abs. 1 oder 1a WpHG abgegeben hat, zum Nachweis dieser Beteiligung[497], wenn die BaFin oder die börsennotierte Gesellschaft dies verlangt. Die Vorschrift dient neben dem allgemeinen Transparenzzweck des § 21 Abs. 1 WpHG der Kapitalmarktaufsicht einerseits und – ebenso wie sie aktienrechtliche Parallelnorm des § 22 AktG – dem Schutz der Gesellschaft gegenüber unrichtigen Mitteilungen andererseits.

Voraussetzung für das Entstehen der Nachweispflicht ist das Vorliegen einer Mitteilung nach § 21 Abs. 1 oder 1a WpHG. Die Kenntniserlangung in sonstiger Weise begründet keinen Nachweisanspruch gegenüber dem Meldepflichtigen.[498] Die BaFin kann in diesem Fall nur nach § 29 Abs. 1 WpHG vorgehen, gegebenenfalls auch auf Anregung der Gesellschaft. Die BaFin oder die Gesellschaft können jedoch auch den Nachweis des Fortbestands des gemeldeten Stimmrechtsanteils verlangen.[499] Ausreichend ist insoweit der Nachweis des Meldepflichtigen, dass er immer noch über eine Beteiligung verfügt, die ihrerseits eine Meldepflicht wegen Erreichens oder Überschreitens der Meldeschwelle des § 21 WpHG ausgelöst hätte; wie viel er darüber liegt, braucht er in diesem Fall – ebenso wie bei § 22 AktG – nicht anzugeben.[500] Die Möglichkeiten einer Dauerüberwachung durch die Gesellschaft sind daher begrenzt. Wurde die Mitteilung gemäß § 24 WpHG durch das Mutterunternehmen abgegeben, so trifft allein dieses die Nachweispflicht des § 27 WpHG. Eines gesonderten Nachweises des

---

[497] Richtig müsste es heißen: „des mitgeteilten Stimmrechtsanteils", da die Vorschrift anders als § 22 AktG nicht auf eine (Kapital-)Beteiligung, sondern den Stimmrechtsanteil abstellt.

[498] MüKo-AktG/*Bayer*[2] § 20 Anh. § 27 Rn. 3.

[499] *Hirte* FS Lutter, 2000, S. 1347, 1350 f.; MüKo-AktG/*Bayer*[2] Anh § 22 § 27 Rn. 4; *Hüffer*[6] § 22 Anh. § 27 Rn. 1; Schäfer/*Opitz* § 27 Rn. 7; **a.A.** MünchHdb-AG/*Krieger*[2] § 68 Rn. 153; Assmann/*Schneider* WpHG[3] § 27 Rn. 7 f., der hierin eine Form der Dauerüberwachung begründet sieht, die der Gesetzgeber mit der Ausgestaltung der Überwachungsbefugnisse in § 29 WpHG alleine der BaFin vorbehalten habe.

[500] *Hirte* FS Lutter, 2000, S. 1347, 1351.

Tochterunternehmens bedarf es in diesem Fall nicht, da dieses die Mitteilung selbst nicht abgegeben hat.[501]

Der Nachweis der mitgeteilten Beteiligung hat auf Verlangen der BaFin oder der börsennotierten Gesellschaft zu erfolgen. Bei beiden Nachweisbegehren handelt es sich um zwei selbstständig nebeneinander stehende Ansprüche. Äußert nur einer der beiden Nachweisberechtigten das Verlangen, so ist der Nachweis nur diesem gegenüber zu erbringen. Geht das Nachweisverlangen von beiden aus, ist der Nachweis auch gegenüber beiden Berechtigten zu erbringen.[502] Die BaFin ist bei dem Vorgehen nach § 27 WpHG an ihr pflichtgemäßes Ermessen gebunden. Das Verlangen darf nicht willkürlich oder ins Blaue hinein erfolgen.[503]

Dem Inhalt nach hat sich der Nachweis an den nach §§ 21, 22 WpHG mitteilungspflichtigen Tatsachen zu orientieren. Im Unterschied zu § 22 AktG, der alleine den Nachweis über das Überschreiten einer der Meldeschwellen voraussetzt, ist im Rahmen des § 27 WpHG die genaue Höhe des mitgeteilten Stimmrechtsanteils nachzuweisen.[504] Etwas anderes gilt nur dann, wenn nach einer erfolgten Mitteilung der Nachweis über den Fortbestand des mitteilungspflichtigen Stimmrechtsanteils verlangt wird. Hier ist der Nachweis ausreichend, dass die nächste Meldeschwelle noch nicht überschritten wurde.

Der Nachweis über die mitgeteilte Beteiligung ist ebenso wie bei § 22 AktG in einer Form zu erbringen, die Gewissheit über das Bestehen der Beteiligung schafft (z.B. Depotbescheinigungen, Abtretungsurkunden etc.). Letzteres gilt grundsätzlich auch für den Nachweis über das Vorliegen der Zurechnungsvoraussetzungen nach § 22 Abs. 1 und 2 WpHG. Aufgrund des in § 22 Abs. 4 WpHG fehlenden Erfordernisses, die Identität der Person, deren Stimmrechte zugerechnet werden, offen zu legen, kann dies im Einzelfall eine Anonymisierung der in den Urkunden enthaltenen personenbezogenen Angaben rechtfertigen.[505] Geht es um den Nachweis des Fortbestands des Stimmrechtsanteils, dürfte aufgrund der in diesem Fall herabgesetzten Nachweisanforderungen eine Bescheinigung eines Kreditinstitutes oder Notars ausreichend sein, wenn sich hier-

---

[501] *Hirte* FS Lutter, 2000, S. 1347, 1349 f. ; *Hildner* Kapitalmarktrechtliche Beteiligungspublizität, 2002, S. 37; a.A. Assmann/*Schneider* WpHG^3 § 27 Rn. 4.

[502] *Hirte* FS Lutter, 2000, S. 1347, 1353 f.

[503] *Hirte* FS Lutter, 2000, S. 1347, 1351 f.; Schäfer/*Opitz* § 27 Rn. 4.

[504] *Hirte* FS Lutter, 2000, S. 1347, 1355.

[505] *Hirte* FS Lutter, 2000, S. 1347, 1357.

aus ergibt, dass die Beteiligung in dem Umfang fortbesteht, wie sie Anlass zu der letzten Mitteilung nach § 21 Abs. 1 oder 1a WpHG war.[506]

Eine Frist zur Erfüllung der Nachweispflicht sieht das Gesetz nicht vor. Im Interesse des Transparenzzweckes des § 27 WpHG hat der Nachweispflichtige seine gesetzlichen Pflichten jedoch ohne schuldhaftes Zögern zu erfüllen. In jedem Fall können die BaFin oder die börsennotierte Gesellschaft dem Mitteilungspflichtigen eine angemessene Frist setzen, bis zu deren Ablauf der Nachweis zu erbringen ist.[507]

9.) Normdurchsetzung und Sanktionen

Das auf die europäische Börsenrichtlinie[508] zurückgehende Gebot einer „angemessenen" Sanktionierung der Verletzung der in nationales Recht umgesetzten Mitteilungs- und Veröffentlichungspflichten wurde im WpHG durch ein Nebeneinander privat- und öffentlich-rechtlicher Sanktionsnormen umgesetzt. Zu den privatrechtlichen Rechtsfolgen gehört zunächst der in § 28 Satz 1 WpHG für den Fall einer Verletzung der Mitteilungspflichten angeordnete Verlust der aus den Aktien resultierenden Rechte. Als weitere privatrechtliche Durchsetzungsinstrumente kommen allgemeine Erfüllungs- und Schadensersatzansprüche gegenwärtiger und künftiger Aktionäre der Gesellschaft in Betracht. Darüber hinaus sieht das Gesetz bei Verletzung der Mitteilungspflichten die Möglichkeit der Verhängung eines Bußgeldes durch die BaFin vor (§ 39 Abs. 1 und 3 WpHG). Zur Durchsetzung der Regelungen wurden diese mit einer Reihe von Befugnissen ausgestattet, die eine effektive Beaufsichtigung gewährleisten sollen. Neben den unmittelbar an die Verletzung der kapitalmarktrechtlichen Offenlegungspflichten anknüpfenden Sanktionen kann im Einzelfall eine Anwendung der ebenfalls im WpHG vorgesehenen Regelungen des Marktmissbrauchs (insbesondere des Insiderhandelsverbots) und der Marktmanipulation in Betracht kommen.[509]

a) Verlust der Rechte aus den Aktien, § 28 WpHG

Nach § 28 Satz 1 WpHG bestehen Rechte aus Aktien, die dem Meldepflichtigen gehören oder aus denen ihm Stimmrechte gemäß § 22 Abs. 1 Satz 1 Nr. 1 oder 2 WpHG zugerechnet werden, für den Zeitraum nicht, in dem der Meldepflichtige seine Mitteilungspflichten nicht erfüllt. Die Vorschrift begründet damit ebenso

---

[506] *Hirte* FS Lutter, 2000, S. 1347, 1356 f.

[507] *Hirte* FS Lutter, 2000, S. 1347, 1358; Assmann/*Schneider* WpHG[3] § 27 Rn. 17.

[508] Art. 97 der konsolidierten Richtlinie 2001/34/EG = Art. 15 der Richtlinie 88/627/EG.

[509] Vgl. dazu unten § 2 B) IV.) 1.) und 4.).

wie die Parallelregelungen der §§ 20 Abs. 7, 21 Abs. 4 AktG sowie des § 59 WpÜG einen vollständigen Verlust aller Vermögens- und Mitverwaltungsrechte aus den Aktien, soweit hierdurch die vermögensrechtliche Substanz der Mitgliedschaft nicht beeinträchtigt wird.[510] Die jeweiligen Rechte aus den Aktien bleiben im Falle der rechtzeitig, also vor der Entsehung des einzelnen Rechts, abgegebenen Mitteilung uneingeschränkt erhalten. Der durch die Vorschrift angeordnete Rechtsverlust realisiert sich mithin in einer Vielzahl der Fälle erst und nur dann, wenn die erforderliche Mitteilung nicht bis zur nächsten Hauptversammlung nachgeholt wurde.[511]

Dogmatisch führt die Vorschrift zu der engen – nicht unproblematischen – Verbindung zwischen kapitalmarktrechtlicher Haftungsbegründung und gesellschaftsrechtlichen Rechtsfolgen. So wird durch den in der Vorschrift angeordneten umfassenden Rechtsverlust einerseits in die Mitgliedschaft des Aktionärs eingegriffen, andererseits die Willensbildung und Entscheidungsfindung der Hauptversammlung beschnitten. Dies gilt um so mehr, als die Gesellschaft und die Mitaktionäre durch den Verlust des Stimmrechts des Meldepflichtigen einem erhöhten Risiko fehlerhafter und damit anfechtbarer Hauptversammlungsbeschlüsse ausgesetzt sind.[512]

Eine Ausnahme von dem gesetzlich angeordneten Rechtsverlust statuiert § 28 Satz 2 WpHG für den Anspruch auf den Bilanzgewinn (§ 58 Abs. 4 AktG) sowie den Liquidationserlös (§ 271 AktG), wenn die Mitteilung nicht vorsätzlich unterlassen wurde und nachgeholt worden ist. Die nach § 28 Satz 2 WpHG insoweit „privilegierten" Vermögensrechte unterliegen lediglich einer Suspendierung, deren endgültige Wirkung durch die nachträgliche Erfüllung der Mitteilungspflichten verhindert werden kann. Die auf das Dritte Finanzmarktförderungsgesetz zurückgehende Regelung sucht damit den Eingriff in die eigentumsrechtlich garantierte Mitgliedschaft abzumildern und den so im Hinblick auf das verfassungsrechtliche Übermaßverbot entstehenden Bedenken vorzugreifen.[513]

---

[510] Die zuletzt durch Art. 15 Nr. 1 3. Finanzmarktförderungsgesetz v. 24.3.1998 geänderte Vorschrift beseitigt die nach dem früheren Wortlaut („können für die Zeit ... nicht ausgeübt werden") bestehende Streitfrage, ob die Rechte für die Zeit einer unterlassenen Mitteilung lediglich ruhen oder endgültig erlöschen; vgl. BegrRegE BT-Drucks. 13/8933, S. 96, 147.

[511] Kritisch *Burgard* WM 2000, 611, 615.

[512] Assmann/*Schneider* WpHG[2] § 28 Rn. 2; *Merkt* Unternehmenspublizität, 2002, S. 355; vgl. auch Schäfer/*Opitz* § 28 Rn. 2, der aufgrund dieser Erwägungen eine Verschiebung hin zu einem ausschließlich auf Strafnormen basierenden Sanktionssystem zu Bedenken gibt.

[513] Vgl. BegrRegE BT-Drucks. 13/8933, S. 95.

aa) Nichterfüllung der Mitteilungspflichten

Die Begründung des Rechtsverlusts nach § 28 Satz 1 WpHG setzt voraus, dass der Meldepflichtige seine gegenüber der Gesellschaft und der BaFin gemäß §§ 21 Abs. 1, 1a; 22 Abs. 1 S. 1 Nr. 1 oder 2 WpHG bestehenden Mitteilungspflichten verletzt. Der Nichterfüllung steht es gleich, wenn die Mitteilung zwar erfolgt, formal oder inhaltlich aber fehlerhaft ist und aus diesem Grund der Publizitätszweck der Mitteilungspflichten verfehlt wird.[514] Anders als im Rahmen der aktienrechtlichen Parallelvorschriften wird nicht nur die fehlende Mitteilung bei Erreichen oder Überschreiten, sondern auch bei Unterschreiten einer der relevanten Meldeschwellen sanktioniert.[515] Die alleinige Mitteilung an die Gesellschaft oder die BaFin reicht zur Vermeidung der Sanktionen nach § 28 Satz 1 WpHG nicht aus.[516] Unerheblich ist es für den Eintritt des Rechtsverlusts auch, wenn die Gesellschaft auf andere Weise von dem mitteilungspflichtigen Vorgang Kenntnis erlangt hat.[517]

bb) Rechtsfolgen: Eintritt des Rechtsverlusts

Von dem in § 28 Satz 1 WpHG angeordneten Rechtsverlust werden grundsätzlich alle Rechte erfasst, die dem Aktionär aus seinen Aktien zustehen, d.h. alle Herrschafts- und Vermögensrechte. Letzteres gilt mit Ausnahme der Mitgliedschaft selbst[518] sowie Organfunktionen eines entsandten Mitglieds des Aufsichtsrat.[519] Der Rechtsverlust setzt – ebenso wie die Parallelregelungen der §§ 20 Abs. 7, 21 Abs. 4 AktG und § 59 Satz 1 WpÜG – eine schuldhafte, d.h. wenigstens fahrlässige Verletzung der Mitteilungspflicht voraus.[520] Der Eintritt

---

[514] MüKo-AktG/*Bayer*[2] § 22 Anh § 28 WphG Rn. 3; *Hüffer*[5] § 22 Anh § 28 Rn. 3; Assmann/*Schneider* WpHG[3] § 28 Rn. 11 ff. mit der Einschränkung, dass rein formale Mängel oder inhaltliche Ungenauigkeiten, die weder bei der Gesellschaft noch beim Anlegerpublikum falsche Vorstellungen hinsichtlich der Kursentwicklung hervorrufen, von einem Rechtsverlust nicht erfasst werden.

[515] Assmann/*Schneider* WpHG[3] § 28 Rn. 11; MüKo-AktG/*Bayer*[2] § 22 Anh. § 28 WphG Rn. 3; *Hüffer*[6] Anh § 22 § 28 Rn. 3; *Neye* ZIP 1996, 1853, 1857 f.; **a.A.** *Witt* WM 1998, 1153, 1160.

[516] Assmann/*Schneider* WpHG[3] § 28 Rn. 12.

[517] Assmann/*Schneider* WpHG[3] § 28 Rn. 13.

[518] Vgl. Begr RegE Drittes Finanzmarktförderungsgesetz zu § 28 WpHG BT Drucks. 13/8933, S. 95, 147.

[519] Allg.M. zu § 20 AktG MüKo-AktG/*Bayer*[2] § 20 Rn. 77; Emmerich/Habersack/*Emmerich*[3] § 20 Rn. 47; zu § 59 WpÜG KK-WpÜG/*Kremer/Oesterhaus* § 59 Rn. 54.

[520] Schäfer/*Opitz* § 28 Rn. 6; Assmann/*Schneider* WpHG[3] § 28 Rn. 62 ff.; zu § 59 WpüG KK-WpÜG/*Kremer/Oesterhaus* § 59 Rn. 44 f.; zu § 20 AktG: MüKo-AktG/*Bayer*[2] § 20 Rn. 49;

der Sanktionswirkung kann daher bereits durch den Nachweis eines entschuldbaren Rechtsirrtums vermieden werden,[521] wenngleich hier ein hoher Sorgfaltsmaßstab bei der Erfüllung der Meldepflichten zu fordern sein wird.[522]

(1) Betroffene Aktien

Der Rechtsverlust erstreckt sich auf sämtliche Aktien des Meldepflichtigen, d.h. nicht nur jene, die die mitteilungspflichtige Beteiligungsquoten überschreiten.[523] Im Falle der Veräußerung der Aktien – die sanktionsbefangenen Aktien stehen dem Erwerber die Rechte aus den Aktien uneingeschränkt zu – tritt der Rechtsverlust nicht ein, vorausgesetzt, dass der Erwerber selbst die ihm gegenüber geltenden Mitteilungspflichten erfüllt.[524]

Darüber hinaus erfasst die Regelung Aktien Dritter, die dem Meldepflichtigen gemäß § 22 Abs. 1 Satz 1 Nr. 1 und 2 WpHG zugerechnet werden, also Aktien eines Tochterunternehmens des Meldepflichtigen sowie solche, die ein Dritter für Rechnung des Meldepflichtigen hält.[525] Die dem Meldepflichtigen nach den übrigen Zurechnungstatbeständen des § 22 WpHG zuzurechnenden Anteile werden von der Regelung – ähnlich wie im Rahmen der aktienrechtlichen Mitteilungspflichten[526] – nicht erfasst. Die Regelung bleibt damit hinter der Parallelvorschrift des § 59 Satz 1 WpÜG zurück, nach der sich der Rechtsverlust auch auf Aktien eines gemeinsam mit dem Bieter handelnden Dritten (vgl. § 2 Abs. 5 WpÜG) erstreckt.[527] Die gesetzliche Differenzierung zwischen sanktions-

---

MünchHdb-AG/*Krieger*[2] § 68 Rn. 125; *Arends* Offenlegung, 2000, S. 18 f.; GroßK-AktG/*Windbichler* § 20 Rn 70; Emmerich/Habersack/*Emmerich*[3] § 20 Rn 46; differenzierend *Hüffer*[5] § 20 Rn. 11, der bei versammlungsbezogenen Verwaltungsrechten ein Verschuldenserfordernisses verneint, weil ein Verschulden dort nicht geprüft werden könne; dagegen *Arends* Offenlegung, 2000, S. 19; die Frage wurde von der Rspr. bisher offen gelassen, vgl. KG Beschl. v. 14.6.1990 AG 1990, 500, 501 = WM 1990, 1546 [„Springer/Kirch"]; LG Berlin Urt. v. 1.12.1997 AG 1998, 195, 196 f.; **a.A.** *Hägele* NZG 2000, 726, 727; zur früheren Rechtslage KK-AktG/*Koppensteiner*[3] § 20 Rn. 51.

[521] Zur Beweislastverteilung MüKo-AktG/*Bayer*[2] § 22 Anh § 28 WphG Rn. 6; Assmann/*Schneider* WpHG[3] § 28 Rn. 46.

[522] Schäfer/*Opitz* § 28 Rn. 6; Assmann/*Schneider* WpHG[3] § 28 Rn. 69 f.; MüKo-AktG/*Bayer*[2] § 22 Anh § 28 Rn. 6; zu § 59 WpÜG KK-WpÜG/*Kremer/Oesterhaus* § 59 Rn. 44.

[523] Schäfer/*Opitz* § 28 Rn. 37.

[524] LG Hamburg Urt. v. 8.6.1995 WM 1996, 168, 170; MünchHdb-AG/*Krieger*[2] § 68 Rn. 126.

[525] Kritisch *Hildner* Kapitalmarktrechtliche Beteiligungspublizität, 2002, S. 58 f.

[526] Vgl. hierzu AnwaltK-AktR/*Heinrich* § 20 Rn. 15; MüKo-AktG/*Bayer*[2] § 20 Rn. 48; MünchHdbAG/*Krieger*[2] § 68 Rn. 126; KK-AktG/*Koppensteiner*[3] § 20 Rn. 62; GroßK-AktG/*Windbichler*[4] § 20 Rn. 68; **a.A.** *Burgard* Offenlegung, S. 56 f.

[527] Vgl. KK-WpÜG/*Kremer/Oesterhaus* § 59 Rn. 47.

freien und dem drohenden Rechtsverlust ausgesetzten Zurechnungstatbeständen kann in der Sache wenig überzeugen, weder im Rahmen des § 28 Satz 1 WpHG noch nach § 59 Satz 1 WpÜG. Besonders augenfällig ist dies im Falle der Sicherungsübereignung: der nach § 22 Abs. 1 Satz 1 Nr. 3 WpHG Meldepflichtige, der regelmäßig weiter über die Ausübung der Stimmrechte entscheiden können wird, kann hier beispielsweise unter Einschaltung mehrerer Kreditinstitute, denen jeweils ein Anteil unterhalb der 5 Prozent-Schwelle übertragen wird, gegen die gesetzlichen Mitteilungspflichten verstoßen, ohne zugleich einem drohenden Rechtsverlust ausgesetzt zu sein.[528] Zu dem gleichen Ergebnis gelangt man bei einer Zurechnung der Stimmrechte an den Nießbrauchberechtigten sowie der Zurechnung von Aktien, die dem Meldepflichtige anvertraut sind und zu deren Ausübung der Stimmrechte er nach alleinigem Ermessen berechtigt ist.[529] Nichts anderes gilt schließlich in jenen Fällen, in denen der Meldepflichtige die Aktien oder die eines seiner Tochterunternehmen durch eine Willenserklärung erwerben kann.[530]

(2) Betroffene Rechte

Im Hinblick auf die von der Sanktionswirkung des § 28 Satz 1 WpHG erfassten Rechte ist zwischen (Mit-)Verwaltungs- und Vermögensrechten des Aktionärs zu unterscheiden.

(α) Verwaltungsrechte

Zu den einer möglichen Suspendierung unterliegenden Verwaltungsrechten gehören zunächst alle Rechte, die der Aktionär in der Hauptversammlung wahrnehmen kann. Namentlich umfasst dies das Recht auf Einberufung der Hauptversammlung,[531] die Teilnahme (insbesondere das Zutrittsrecht), das Stimmrecht[532] sowie das Auskunfts- und Rederecht,[533] die Anfechtungsbefugnis[534] sowie Rechte, die einer Minderheit oder einem einzelnen Aktionär zustehen.[535]

---

[528] Schäfer/*Opitz* § 28 Rn. 35; *Witt* Übernahmen, 1998, S. 269; zu § 59 WpÜG Haarmann/*Hommelhoff/Witt* § 59 Rn. 23.

[529] So zutreffend Schäfer/*Opitz* § 28 Rn. 36; *Witt* Übernahmen, 1998, S. 269 f.; ähnlich zu § 59 WpÜG Haarmann/*Hommelhoff/Witt* § 59 Rn. 23.

[530] **Abw.** zu § 59 WpÜG Haarmann/*Hommelhoff/Witt* § 59 Rn. 24.

[531] § 122 Abs. 3 AktG.

[532] §§ 12, 134 AktG.

[533] § 131 AktG.

[534] § 245 AktG.

[535] So z.B. §§ 120 Abs. 1 Satz 2, 142 Abs.2 Satz 1, 258 Abs. 2 Satz 3 AktG.

Die Mitteilungspflicht kann, wie eingangs erwähnt, bis zu Beginn der Hauptversammlung nachgeholt werden und damit den drohenden Rechtverlust abwenden. Daher kann eine gegebenenfalls erforderliche Hinterlegung von Aktien und die Anmeldung nicht verweigert werden,[536] da diese noch bis zur Hauptversammlung erfüllt werden können.[537] Aktien, die wegen eines Verstoßes gegen § 28 Satz 2 WpHG kein Stimmrecht vermitteln, gelten in der Hauptversammlung als nicht vertreten. Wird das Stimmrecht dennoch ausgeübt, so ist der Hauptversammlungsbeschluss anfechtbar (nicht nichtig), wenn das Beschlussergebnis auf der Mitwirkung des nicht stimmberechtigten Aktionärs beruht.[538]

(β) Vermögensrechte

Bei der Identifizierung der durch den Rechtsverlust erfassten Vermögensrechte geht es vor allem um die Frage, welche Vermögensrechte der Wahrung der unmittelbaren vermögensmäßigen Substanz der Mitgliedschaft dienen und daher sanktionsfest sind. Zu diesen die Mitgliedschaft repräsentierenden Einzelrechten gehören nach allgemeiner Meinung zunächst die verschiedenen konzern- und umwandlungsrechtliche Ausgleichs-, Umtausch- und Abfindungsansprüche, das Einziehungsgeld[539] sowie Rückzahlungsansprüche bei der Kapitalerhöhung.[540] Darüber hinaus sind Einzelheiten umstritten. Bei der Behandlung der Bezugsrechte ist zwischen der Kapitalerhöhung gegen Einlagen und der aus Gesellschaftsmitteln zu unterscheiden. Weitgehende Einigkeit besteht heute darüber, dass die Aktien aus einer Kapitalerhöhung aus Gesellschaftsmitteln[541] keinem Rechtsverlust unterliegen, da in diesem Fall die Mitgliedschaft selbst betroffen

---

[536] § 123 Abs. 2 AktG.

[537] GroßKomm-AktienR/*Windbichler*[4] § 20 Rn. 73; zu § 59 WpÜG KK-WpÜG /*Kremer* /*Oesterhaus* § 59 Rn. 55.

[538] HM KG Urt. v. 27.11.1998 AG 1999, 126 = NZG 2000, 42; KG Urt. v. 20.4.1999 AG 2000, 227; LG Hannover Urt. v. 29.5.1992 WM 1992, 1239 [„Pirelli/Continental“]; MüKo-AktG/*Bayer*[2] § 20 Rn. 55 f. zu den hiermit verbundenen Beweisproblemen, wenn der betroffene Aktionär über die Stimmabgabe hinaus in sonstiger Weise auf die Willensbildung in der Hauptversammlung Einfluss genommen hat; Burgard Offenlegung, S. 49/59; MünchHdb-AG/*Krieger*[2] § 68 Rn. 130; *Hüffer* FS Boujong, 1996, 277, 295; *ders.*[5] § 20 Rn. 17; zu § 59 WpÜG KK-WpÜG/*Kremer/Oesterhaus* § 59 Rn. 57; **abw.** *Geßler* BB 1980, 217, 219; *Quack* FS Semler, 1993, 581, 589 (Nichtigkeit).

[539] § 237 AktG.

[540] § 225 AktG. *Hüffer* FS Boujong, 1996, 277, 287; Schäfer/*Opitz* § 28 Rn. 20 ff. KK-WpÜG/*Kremer/Oesterhaus* § 59 Rn. 74; **a.A.** Assmann/*Schneider* WpHG[2] § 28 Rn. 32; MüKo-AktG/*Bayer*[2] § 20 Rn. 77.

[541] §§ 207 ff. AktG.

ist.[542] Dies folgt bereits daraus, dass in diesem Fall keine Rechte aus Aktien entstehen, sondern die bisherige Mitgliedschaft durch Umwandlung von Kapital- oder Gewinnrücklagen in Eigenkapital neu strukturiert wird.[543] Anders zu beurteilen ist nach überwiegender und richtiger Auffassung die Rechtslage mit Blick auf das Bezugsrecht aus einer Kapitalerhöhung gegen Einlagen.[544] Grund für diese Differenzierung ist, neben dem fehlenden Eingriff in die Mitgliedschaft selbst, der qualitativ geringere Verwässerungseffekt gegenüber der Kapitalerhöhung aus Gesellschaftsmitteln.[545] Entsprechendes gilt für das Bezugsrecht im Falle der Ausgabe von für Wandel- und Gewinnschuldverschreibungen sowie Genussrechte (§ 221 Abs. 4 Satz 1 AktG). Maßgebender Zeitpunkt, bis zu dem der Mitteilungspflichtige seinen gesetzlichen Pflicht unter Wahrung des Bezugsrechts nachkommen kann, ist der Kapitalerhöhungsbeschluss (§ 182 AktG).[546] Geschieht dies nicht, so erlischt das Bezugsrecht endgültig; die Möglichkeit einer sanktionsbefreienden Nachholung, wie im Fall des § 28 Satz 2 WpHG, besteht nicht. Die jungen Aktien, die dem Aktionär bei rechtzeitiger Erfüllung seiner Mitteilungspflichten zugestanden hätten, fallen der Gesellschaft zu und sind dem Vorstand zur Verwertung (i.d.R. durch Verkauf) zu überlassen.[547] Werden dem nach Abs. 7 von dem Bezugsrecht ausgeschlossenen Aktionär Aktien zugeteilt, so hat dieser den im Erhalt des Bezugsrechts zu Unrecht ausgeschütteten

---

542 BegrRegE zu § 28 WpHG BT-Drucks. 13/8933, S. 95; *Hüffer*[6] § 20 Rn. 16; *ders.* FS Boujong, 1996, 277, 285; *Witt* WM 1998, 1153, 1156; KK-AktG/*Koppensteiner*[3] § 20 Rn. 72; GK-AktienR/*Windbichler*[4] § 20 Rn. 81; Schäfer/*Opitz* § 28 WpHG Rn. 18; *Witt* Übernahmen, 1998, S. 188; zu § 59 WpÜG KK-WpÜG/*Kremer*/*Oesterhaus* § 59 Rn. 70 ff.; **a.A.** MüKo-AktG/*Bayer*[2] § 20 Rn. 67; Emmerich/Habersack/*Emmerich*[3] § 20 Rn. 63; Assmann/*Schneider* WpHG[3] § 28 Rn. 36.

543 *Hüffer* FS Boujong, 1996, 277, 291; *ders.*[6] § 20 Rn. 16; Schäfer/*Opitz* § 28 Rn. 18; *Witt* WM 1998, 1153, 1156; **a.A.** MüKo-AktG/*Bayer*[2] § 20 Rn. 67.

544 *Hüffer*[6] § 20 Rn. 16; MüKo-AktG/*Bayer*[2] § 20 Rn. 60; zu § 59 WpÜG KK-WpÜG/*Kremer/Oesterhaus* § 59 Rn. 64; **a.A.** MünchHdb-AG/*Krieger*[2] § 68 Rn. 133.

545 *Hüffer* FS Boujong, 1996, 277, 289; zu § 59 WpÜG KK-WpÜG/*Kremer/Oesterhaus* § 59 Rn. 64; *Hirte* Bezugsrechtsausschluss und Konzernbildung, 1986, S. 7 ff.

546 Heute h.M. MüKo-AktG/*Bayer*[2] § 20 Rn. 61; Emmerich/Habersack/*Emmerich*[3] § 20 Rn. 60; *Hüffer*[6] § 20 Rn. 16; ders. FS Boujong, 1996, 277, 293; MünchHdb-AG/*Krieger*[2] § 68 Rn. 133; *Neye* ZIP 1996, 1853, 1857; **a.A.** Ablauf der Bezugsfrist *Heinsius* FS Rob. Fischer, 1979, 215, 253; *Schäfer* BB 1966, 1004, 1006; *Godin/Wilhelmi* § 20 Anm. 10.

547 Schäfer/*Opitz* § 28 Rn. 44; zu § 20 AktG MüKo-AktG/*Bayer*[2] § 20 Rn. 64; *Hüffer*[6] § 20 Rn. 16; *ders.* FS Boujong, 1996, 277, 292 f.; MünchHdb-AG/*Krieger*[2] § 68 Rn. 133; zu § 59 WpÜG KK-WpÜG/*Kremer/Oesterhaus* § 59 Rn. 66; **a.A.**, nach der sich das Bezugsrecht der anderen Aktionäre erhöht KK-AktG/*Koppensteiner*[3] § 20 Rn. 70; Assmann/*Schneider* WpHG[2] § 28 Rn. 29.

Vermögensvorteil zurückzugewähren.[548] Grundlage für die Berechnung ist hierbei die Differenz zwischen Erwerbspreis und dem Preis, den er am Markt für die neuen Aktien hätte aufbringen müssen.

Der Rechtsverlust kann sich daneben auch auf den Dividendenanspruch des Aktionärs beziehen. Maßgeblicher Zeitpunkt für die Feststellung, ob der Dividendenanspruch verloren gegangen ist oder lediglich ruht, ist der Gewinnverwendungsbeschluss der Hauptversammlung (§ 174 AktG).[549] Ist die Mitteilung bis dahin nicht erfolgt, so kommt es für die Aufrechterhaltung des Dividendenanspruchs darauf an, ob die Mitteilung vorsätzlich unterlassen wurde oder nicht (§ 28 Satz 2 WpHG). Bei vorsätzlichem Handel entfällt der Anspruch ersatzlos, unabhängig davon, ob die Mitteilung nachgeholt wurde oder nicht. Bei Fahrlässigkeit ruht der Anspruch bis zu dem Zeitpunkt, zu dem die Mitteilung nachgeholt wurde. Die zu Unrecht bezogene Dividende ist gemäß § 62 Abs. 1 AktG an die Gesellschaft zurückzuführen und von dieser bilanziell als Ertrag zu verbuchen.[550] Bei Ruhen des Dividendenanspruchs wegen fahrlässigem Pflichtverstoß ist die nicht ausgeschüttete Dividende als sonstige Verbindlichkeit auszuweisen.[551] Bei Unklarheiten darüber, ob ein vorsätzlichen Verstoß gegen die Mitteilungspflichten vorliegt, bleibt es bei der Passivierungspflicht.[552]

Nach wohl überwiegender Auffassung lässt das vorsätzliche Unterlassen der Mitteilung auch für den Fall der Liquidation der Gesellschaft das Recht auf einen Anteil am Abwicklungsüberschuss entfallen.[553] Dies hat der Gesetzgeber mit In-Kraft-Treten des Dritten Finanzmarktförderungsgesetzes ausdrücklich klargestellt. Im Hinblick auf die Voraussetzungen eines Rechtsverlustes gilt hier das zum Verlust des Dividendenanspruchs Gesagte. Streitig ist auch hier der für den Eintritt des Rechtsverlustes maßgebliche Zeitpunkt. Überzeugend erscheint

---

[548] Heute wohl h.M. *Hüffer*[6] § 20 Rn. 16; MünchHdb-AG/*Krieger*[2] § 68 Rn. 133; Emmerich/Habersack/*Emmerich*[3] § 20 Rn. 62.

[549] *Hüffer*[5] § 20 Rn. 15; MünchHdb-AG/ *Krieger*[2] § 68 Rn. 130.

[550] *Hüffer* FS Boujong, 1996, 277, 291; *ders.*[5] § 20 Rn. 15a; MüKo-AktG/*Bayer*[2] § 20 Rn. 74; Emmerich/Habersack/ *Emmerich*[3] § 20 Rn. 56; **a.A.** KK-AktG/*Koppensteiner*[3] § 20 Rn. 76 (Erhöhung des Gewinnanteils der übrigen Aktionäre).

[551] *H.P. Müller* AG 1996, 396, 397; *Hüffer*[5] § 20 Rn. 15a; MünchHdb-AG/*Krieger*[2] § 68 Rn. 130; **abw.** *Gelhausen/Bandey* WPg 2000, 497, 503.

[552] *Gelhausen/Bandey* WPg 2000, 497, 503 ff.; *Hüffer*[5] § 20 Rn. 15a.

[553] BegrRegE BT-Drucks. 13/8933, S. 96, 147; zu § 20 AktG MüKo-AktG/*Bayer*[2] § 20 Rn. 68 f.; Emmerich/Habersack/*Emmerich*[3] § 20 Rn. 58; zu § 59 WpÜG KK-WpÜG/*Kremer/Oesterhaus* § 59 Rn. 67; **a.A.** *Hüffer* FS Boujong, 1996, 277, 286; *ders.*[6] § 20 Rn. 13; *Witt* Übernahmen, 1998, S. 188 Fn 276; *ders.* WM 1998, 1153, 1157; Schäfer/*Opitz* § 28 Rn. 19: „§ 28 Satz 2 geht insofern ins Leere“ .

es auch in diesem Fall auf den Zeitpunkt des Auflösungsbeschlusses[554] abzustellen und nicht bereits auf den Eintritt der Verteilungsvoraussetzungen.[555]

b) Sonstige privatrechtliche Rechtsfolgen

Als weitere Sanktionsmöglichkeit ist schließlich ein privatrechtliches Vorgehen gegenwärtiger Anleger und im Einzelfall der Gesellschaft gegenüber dem seine Mitteilungspflichten verletzenden Meldepflichtigen im Wege der Geltendmachung von Schadenersatzansprüchen denkbar. Mögliche Grundlage des gegenüber dem Anleger eingetretenen Schadens kann dabei die durch die unterlassene Mitteilung bzw. die daraus folgende Nichtveröffentlichung der Information hervorgerufene Vermögenseinbuße sein, die aus dem Umstand resultiert, dass der Anleger seine Anteile bei einem durch die Mitteilung und der Publikation unterstellten Kursanstieg „zu billig“ entweder an den Meldepflichtigen selbst oder einen Dritten veräußert hat. Als Anspruchsgrundlage kommt dabei in beiden Fällen vorrangig § 823 Abs. 2 BGB i.V.m. § 21 Abs. 1 WpHG in Betracht, wenn man der Stimmrechtspublizität nach WpHG für die Begründung der Schutzgesetzeigenschaft neben ihrem funktionsschützenden Charakter auch eine individualschützende Wirkung zuschreibt.[556] Losgelöst von dem im Schrifttum regelmäßig ausschließlich diskutierten dogmatischen Problem der Schutzgesetzqualität der kapitalmarkrechtlichen Meldepflichten stellt sich in praktischer Hinsicht die schwierigere Frage, ob und inwieweit sich die Voraussetzungen einer deliktischen Schadenersatzhaftung in diesem Fall bejahen lassen.

Schwierigkeiten bereitet dabei insbesondere die Begründung des als entgangenem Gewinn in Betracht kommenden Schadens, da Ausgangspunkt für dessen Berechnung letztlich die hypothetische Erfüllung der Mitteilungspflicht und ein hiernach festzustellender Kurswert sein muss. Dies ist deshalb problematisch, da der Aktienkurs naturgemäß durch zahlreiche Faktoren, wie die spezifische Marktsituation oder bestimmten branchenspezifische Ereignisse beeinflusst wird (haftungsausfüllende Kausalität). Insoweit wird die Geltendmachung von Schadenersatzansprüchen regelmäßig überhaupt nur dann eine Rolle spielen, wenn wesentlicher Anreiz für die unterlassene Offenlegung der verdeckte Aufbau eines Beteiligungspaketes ist und das Marktumfeld aufgrund der bestehenden Gerüchte außerordentlich sensibel auf die entsprechenden Informationen reagiert.

---

[554] § 262 Abs. 1 AktG.

[555] Zu § 20 AktG Emmerich/Habersack/*Emmerich*[3] § 20 Rn. 59; MünchHdb-AG/*Krieger*[2] § 68 Rn. 130; *Burgard* Offenlegung, S. 60; zu § 59 WpÜG KK-WpÜG/*Kremer/Oesterhaus* § 59 Rn. 68; **a.A.** GroßK-AktG/*Windbichler*[4] § 20 Rn. 83.

[556] Vgl. hierzu bereits oben § 2 B) III.) 1.).

Geht man mit dem zuvor gebildeten Grundfall davon aus, dass der Bieter gegenüber dem seine Meldepflichten unterlassenden Erwerber seine Aktien „zu billig" veräußert, da er in Anbetracht der antizipierten Entwicklung der Aktien diese mit Blick auf einen möglichen höheren Verkaufserlös bei Überschreiten bestimmter Meldeschwellen zu einem höheren Kurs veräußert hätte, so stellt sich die Frage, wie dieser nicht verwirklichte Veräußerungserlös berechnet werden kann.

Die vorstehenden Ausführungen gelten dem Grunde nach ebenso für den Fall der durch die Gesellschaft unterlassenen Veröffentlichung der Mitteilung.[557] Hier wird freilich ohnehin der Verhaltensanreiz für eine Unterlassung im Regelfall geringer sein als bei der Mitteilungspflichten des einzelnen Anteilseigners, so dass sich die vorstehende Frage der Entstehung von Schadenersatzansprüchen hier in noch geringerem Maße stellen wird.

c) Öffentlich-rechtliche Rechtsfolgen

Die vorsätzliche oder leichtfertige Unterlassung oder Schlechterfüllung der Mitteilungs- und Veröffentlichungspflichten ist darüber hinaus mit einem Bußgeld von bis 200.000 Euro bedroht.[558] Im Einzelfall kann seitens der BaFin auch eine höhere Geldbuße verhängt werden, wenn die gesetzlich vorgesehenen Höchstgrenzen nicht ausreichend, um den wirtschaftlichen Vorteil des Meldepflichtigen abzuschöpfen.[559] Darüber hinausgehende Strafsanktionen für die Verletzung der Mitteilungspflichten sieht das Gesetz nicht vor.

d) Überwachung der Mitteilungs- und Veröffentlichungspflichten durch die BaFin

Die Befugnisse für die Überwachung der Mitteilungs- und Veröffentlichungspflichten durch die BaFin richten sich nach § 29 WpHG.[560] Nach Abs. 1 dieser Regelung kann die BaFin Auskünfte sowie die Vorlage von Unterlagen von der börsennotierten Gesellschaft, deren gegenwärtigen und ehemaligen Aktionären, Wertpapierdienstleistungsunternehmen sowie Dritten, deren Stimmrechte dem Meldepflichtigen gemäß § 22 Abs. 1 WpHG (nicht jedoch nach § 22 Abs. 2 WpHG!) zugerechnet werden, verlangen, soweit dies für die Überwachung der

---

[557] Ausf. zu der Schutzgesetzeigenschaft des § 25 WpHG in diesem Zusammenhang *Starke* Beteiligungspublizität, 2002, S. 268 ff.; die Frage bejahend ebenfalls *Witt* Übernahmen, 1998, S. 163.

[558] § 39 Abs. 2 Nr. 1 lit. d), Abs. 2 Nr. 2 lit. c), Abs. 4 WpHG.

[559] § 17 Abs. 4 OWiG.

[560] Vergleichbare Regelungen finden sich in den § 44 KWG, § 59 GWB, § 40 WpÜG.

Mitteilungspflichten erforderlich ist. Seit In-Kraft-Treten des Vierten Finanzmarktförderungsgesetz gilt dies auch für Wertpapiersammelbanken, wie die Clearstream Banking AG, die als Zentralverwahrer tätig sind. Durch die Neuregelung soll in Zweifelsfällen eine zeitnahe Überprüfung der Einhaltung der Meldeschwellen sichergestellt werden.[561] Ein darüber hinausgehendes Durchsuchungsrecht, vergleichbar der wettbewerbsrechtlichen Parallelvorschrift des § 59 GWB, sieht das Gesetz nicht vor.[562]

Durch die Verweisung des § 29 Abs. 1 Satz 3 auf § 16 Abs. 6 WpHG kann der Auskunftspflichtige grundsätzlich solche Angaben verweigern, deren Beantwortung ihn selbst oder einen Angehörigen[563] der Gefahr der Strafverfolgung oder eines Verfahrens nach dem OWiG aussetzen würde. Problematisch und in der aufsichtsrechtlichen Praxis von erheblicher Bedeutung ist dabei die Frage, ob von dem Auskunftsverweigerungsrecht auch die Pflicht zur Herausgabe der angeforderten Unterlagen erfasst wird. Hiergegen spräche zunächst der Wortlaut des § 16 Abs. 6 WpHG, der sich ausdrücklich nur auf „Auskünfte" bezieht.[564] Daneben kann die BaFin auf Kosten der Gesellschaft eine Veröffentlichung vornehmen, wenn diese ihren Veröffentlichungspflichten nach § 25 Abs. 1 und 2 WpHG nicht nachkommt. Die Zusammenarbeit und der Austausch von Informationen der BaFin mit den zuständigen Stellen im Ausland bestimmt sich nach § 30 WpHG. Hierdurch soll sichergestellt werden, dass auch bei grenzüberschreitenden Transaktionen die Mitteilungs- und Veröffentlichungspflichten beachtet werden. Für andere Zwecke, wie die Verfolgung steuerlicher (oder wettbewerbsrechtlicher) Ansprüche sind die Daten gesperrt.[565]

---

[561] BegrRegE BT-Drucks. 14/8017, S. 91

[562] Kritisch im Hinblick auf § 40 WpÜG KK-WpÜG/*Schäfer* § 40 Rn. 4.

[563] § 383 Abs. 1 Nr. 1 bis 3 ZPO.

[564] So etwa zu § 44 Abs. 4 KWG VG Berlin Urt. v. 23.7.1987 NJW 1988, 1105, 1106; zu § 40 WpÜG KK-WpÜG/*Schäfer* § 40 Rn. 49.

[565] *Assmann/Schneider* WpHG[3] § 30 Rn. 6; zur Informationssperre gegenüber den Finanzbehörden ausführlich *Carl/Klos*, Informationssammlung durch das neue Bundesaufsichtsamt für den Wertpapierhandel wistra 1995, 10, 16.

IV.) Regelungen des Marktmissbrauchs und der Ad-hoc-Publizität

1.) Insiderhandelsverbot, §§ 12-14 WpHG

a) Regelungsgegenstand und -kontext

In engem sachlichen Zusammenhang zu den Mitteilungspflichten über Stimmrechtsanteile an einer börsennotierten Gesellschaft steht das in den §§ 12 bis 14 WpHG geregelte und auf der europäischen Marktmissbrauchs-Richtlinie[566] basierende Insiderhandelsverbot, das es einem einem Insider verbietet, unter Verwendung einer Insiderinformation Insiderpapiere für eigene oder fremde Rechnung oder für einen anderen zu erwerben oder zu veräußern, einem anderen eine Insidertatsache unbefugt mitzuteilen oder zugänglich zu machen, oder einem anderem auf Grundlage einer Insiderinformation den Erwerb oder die Veräußerung von Insiderpapieren zu empfehlen oder einen anderen auf sonstige Weise dazu zu verleiten (§ 14 Abs. 1 Nr. 1 bis 3 WpHG). Die Verletzung des Insiderhandelsverbots ist eine Straftat, die mit Freiheitsstrafe von bis zu fünf Jahren oder mit Geldstrafe bedroht ist (§ 38 Abs. 1 WpHG). Die Entscheidung über die Einleitung eines strafrechtlichen Ermittlungsverfahrens obliegt alleine der Staatsanwaltschaft. Die BaFin hat bei entsprechenden Verdachtsmomenten dies der zuständigen Staatsanwaltschaft mitzuteilen.

Die insiderrechtlichen Vorschriften des WpHG haben zuletzt mit In-Kraft-Treten des Gesetzes zur Verbesserung des Anlegerschutzes (Anlegerschutzverbesserungsgesetz – AnSVG)[567] am 30.10.2004 zahlreiche Änderungen erfahren. Der regelungspolitische Ausgangspunkt der gesetzlichen Bestimmungen zum Verbot von Insidergeschäften liegt seit der erstmaligen Einführung der Regelungen in der Herstellung eines gleichberechtigten Zugangs der Anleger zu kapitalmarktrelevanten Informationen und der Verhinderung eines Ausnutzens solcher Informationen durch einzelne Marktteilnehmer. Damit soll zugleich die Entstehung von Informationsasymmetrien unterbunden und das Vertrauen der Anleger in die Funktionsfähigkeit des deutschen Kapitalmarktes gestärkt werden.[568] Das deutsche Recht folgt dabei einem im Kern marktbezogenen Regelungsansatz, der sich von dem traditionell im anglo-amerikanischen Rechtskreis

---

566 Vgl. hierzu sowie zu der zwischenzeitlich in Kraft getretenen Richtlinie 2003/6/EG oben § 2 A) III.) 2.).

567 BGBl. I Nr. 56 v. 29.10.2004, S. 2630.

568 Begr RegE zum 2. Finanzmarktförderungsgesetz, BT-Drucks. 12/6679, S. 33, 45; Assmann/*Schneider* WpHG[3] Vor § 12 Rn. 40 ff.

herrschenden gesellschaftsrechtlich orientierten, fiduziarischen Regelungsmodell unterscheidet.[569]

Für den vorliegend interessierenden Erwerb von Beteiligungs- und Kontrollpositionen an einer börsennotierten Gesellschaft wirft die Regelung des Insiderhandelsverbots eine Reihe von Fragestellungen auf, die das Zusammenspiel informationeller Offenlegungspflichten und kapitalmarktrechtlicher Erwerbshindernisse betreffen. Hierzu gehört zunächst die Frage, inwieweit es für den Erwerber selbst und einen von ihm eingeschalteten Dritten innerhalb der für die Meldepflichten vorgegebenen Zeitfenster und Schwellenwerte insiderrechtlich zulässig ist, Anteile an einer Zielgesellschaft zu erwerben. Darüber hinaus ist im Einzelfall zu prüfen, ob, und wenn ja wie, sich die im Rahmen der wertpapierhandelsrechtlichen Beteiligungspublizität bestehenden Meldepflichten und deren Verletzung auf die Fortsetzung des Erwerbsvorgangs aus der Perspektive des Insiderrechts auswirken. Das Verhältnis des Insiderrechts zu den Regelungen der Beteiligungspublizität ist dabei letztlich auch für die Bewertung des hiermit verbundenen Sanktionssystems von Bedeutung, da dieses bei einer unterstellten insiderrechtlichen Unzulässigkeit verdeckter Pakettransaktionen und der hieran anknüpfenden Sanktionen einen weiteren wichtigen Anreiz zu gesetzeskonformem Verhalten begründen kann. Der Erörterung dieser Fragen soll nachfolgend zunächst die abstrakte Darstellung der einzelnen Tatbestandsvoraussetzungen des Insiderhandelsverbotes nach dem WpHG in der Form des AnSVG vorangestellt werden, bevor diese einer konkreten Anwendung mit Blick auf den Erwerb von Wertpapieren an einer börsennotierten Gesellschaft unterzogen werden.

b) Voraussetzungen des Insiderhandelsverbots

In den sachlichen Anwendungsbereich des in § 14 WpHG geregelten Erwerbs- bzw. Veräußerungsverbots fallen Finanzinstrumente,[570] die an einer inländischen Börse zum Handel zugelassen oder in den geregelten Markt oder in den Freiverkehr einbezogen sind sowie Effekten, die an einem organisierten Markt eines anderen EU-Mitgliedstaates oder innerhalb des EWR zugelassen wurden.[571]

---

[569] Zu der Differenzierung ausführlich *J. Black* CfiLR 1998, 1, 2; *P.L. Davies* 11 O.J.L.S., 92 ff. (1991); aus dem deutschen Schrifttum Assmann/*Schneider* WpHG[3] Vor § 12 Rn. 41; *Lenenbach/Lohrmann* RIW 1998, 115.

[570] Vgl. § 2 Abs. 2 d WpHG. Finanzinstrumente sind Wertpapiere (§ 2 Abs. 1 WpHG), Geldmarktinstrumente, Derivate sowie Rechte auf Zeichnung von Wertpapieren und sonstige Instrumente, die zum Handel an einem organisierten Markt in der EU zugelassen sind oder für die eine solche Zulassung beantragt oder öffentlich angekündigt worden ist.

[571] § 12 Abs. 1 Satz 1 WpHG.

Dem gleichgestellt sind die im Gesetz aufgezählten Derivate wie Terminkontrakte und Optionen.[572]

Das WpHG definiert eine Insiderinformation als jede konkrete Information über nicht öffentlich bekannte Umstände, die sich auf einen oder mehrere Emittenten von Insiderpapieren oder auf die Insiderpapiere selbst beziehen und die geeignet sind, im Falle ihres öffentlichen Bekanntwerdens, den Börsen- oder Marktpreis der Insiderpapiere erheblich zu beeinflussen.[573] Eine solche Eignung ist gegeben, wenn ein verständiger Anleger die Information im Rahmen seiner Anlageentscheidungen berücksichtigen würde. Der Begriff der Insiderinformation ist somit deckungsgleich mit den nach § 15 Abs. 1 WpHG im Rahmen der Ad-hoc-Publizität zu veröffentlichenden Insiderinformationen.[574]

Das Insiderhandelsverbot richtet sich auch nach dem AnSVG sowohl gegen Primär- als auch gegen Sekundärinsider. Zwar gilt das Mitteilungs- ebenso wie das Empfehlungsverbot nunmehr für jedermann, der über Insiderinformationen verfügt, was zu einer Gleichstellung zwischen Primär- und Sekundärinsidern auf Tatbestandsebene führt. Auf der Rechtsfolgenseite kommt die Differenzierung hingegen weiterhin zum Tragen, da Verstöße gegen das Weitergabe- oder Empfehlungsverbot nur für Primärinsider zu einer Strafbarkeit führen, während eine entsprechende Verletzung für Sekundärinsider lediglich eine Ordnungswidrigkeit darstellt.[575]

Der Insider – unabhängig davon, ob Primär- oder Sekundärinsider – darf seine Kenntnis von einer Insidertatsache nicht dazu verwenden, Insiderpapiere für eigene oder fremde Rechnung oder als Vertreter eines Dritten zu erwerben oder zu veräußern. Gemeint ist ein Rechtsgeschäft, das zu einer Verschiebung der Verfügungsmacht über die betreffenden Wertpapiere führt und es dem Handelnden erlaubt, sich den Gewinn aus der Transaktion zu sichern. Eines Eigentumsüber-

---

[572] § 12 Abs. 2 WpHG.

[573] § 13 Abs. 1 Satz 1 WpHG.

[574] *BaFin* Emittentenleitfaden, S. 38.

[575] *Cahn* Der Konzern, 2005, 5, 11.

gangs bedarf es hierzu nicht.[576] Als zugrunde liegende Transaktionen kommen sowohl börsliche als auch außerbörsliche Geschäfte[577] in Betracht.

Für ein „Verwenden" einer Insiderinformation im Sinne des § 14 Abs. 1 WpHG reicht es nicht bereits aus, dass der Täter die Tathandlung mit Gewinnerzielungsabsicht ausübt. Vielmehr bedarf es darüber hinaus eines Ursachenzusammenhangs zwischen der Kenntnis des Insiders von der Insiderinformation und der Vornahme der Wertpapiertransaktion.[578] Die Insiderinformation muss insoweit auch tatsächlich in das Handeln des Täters einfließen.[579] Anders als nach der Vorgängerregelung, die auf das Ausnutzen einer Insidertatsache abstellte, bedarf es hingegen seit dem AnSVG nicht mehr der Absicht des Täters, aufgrund seiner Kenntnis der Insidertatsache einen Sondervorteil zu erzielen.

Schließlich muss die Tatsache geeignet sein, im Falle ihres Bekanntwerdens den *Kurs* der Wertpapiere erheblich zu beeinflussen. Die Eignung zur Kursbeeinflussung ist *ex ante*, d.h. zum Zeitpunkt der Wertpapiertransaktion anhand objektiver Kriterien zu bestimmen.[580] Maßstab ist der Horizont eines durchschnittlich börsenkundigen Anlegers.[581] Auf eine tatsächlich eintretende Kursänderung kommt es hierbei nicht an.[582] Das Kriterium der *Erheblichkeit* ist mit Rücksicht auf die Umstände des Einzelfalls, insbesondere die Größe des maßgeblichen Unternehmens sowie die jeweilige Marktsituation, auszulegen. Als Orientierungsgröße wird, angelehnt an die Kennzeichnungspflicht des Kursmaklers auf eine

---

576 *Dreyling/Schäfer* Rn. 112; Assmann/Schneider/*Assmann/Cramer* WpHG² § 14 Rn. 6 ff.; *Kümpel* Bank- und Kapitalmarktrecht² Rn. 16.164; *Lenenbach* Kapitalmarktrecht, Rn. 10.48; **a.A.** Schäfer/*Schäfer* § 14 Rn. 5: Änderung der eigentumsrechtlichen Zuordnung.

577 H.M. Assmann/Schneider/*Assmann/Cramer* WpHG² § 14 Rn. 28; *Kümpel* Bank- und Kapitalmarktrecht² Rn. 16.81; *Steinhauer* Insiderhandelsverbot und Ad-hoc-Publizität, 1999, S. 46.

578 Zutreffend *Cahn* Der Konzern 2005, 5, 8; *DAV Handelsrechtsausschuss* NZG 2004, 703, 704.

579 Ebenso BegrRegE zum AnSVG, BT-Drucks. 15/3174, S. 34; *BaFin* Emittentenleitfaden, S. 26.

580 AllgM Caspari ZGR 1994, 530, 540; Assmann/Schneider/*Assmann* WpHG³ § 13 Rn. 65 ff., 65b; Schimansky/Bunte/Lwowski/*Hopt*² § 107 Rn. 24; *Lenenbach* Kapitalmarktrecht Rn. 10.37; Schäfer/*Schäfer* § 13 Rn. 58.

581 Schäfer/*Schäfer* § 13 Rn. 58.

582 Begr RegE zum 2. Finanzmarktförderungsgesetz BT-Drucks. 12/6679; *Fürhoff/Wölk* WM 1997, 449, 455; *Dreyling/Schäfer* Rn. 68; Schimansky/Bunte/Lwowski/*Hopt*² § 107 Rn. 24; **a.A.** *Hirte* Bankrechtstag, 1995, S. 77; *Gehrt* Ad-hoc-Publizität, 1997, S. 153.

positive oder negative Kursveränderung von mindestens 5 Prozent abgestellt,[583] obgleich bei einer erhöhten Marktbreite des Wertpapiers, insbesondere bei DAX-Werten, regelmäßig ein Kursausschlag von 2 bis 3 Prozent als ausreichend angesehen wird.[584] Neben diesen Parametern wird zunehmend auch von dem flexibleren Standard des rational handelnden, professionellen Marktteilnehmers ausgegangen.[585]

Auf subjektiver Ebene setzt das Insiderhandelsverbot vorsätzliches Handeln des Insiders voraus. Diesem muss bekannt sein, dass er eine Insidertatsache unbefugt weiterleitet bzw. einem anderen zugänglich macht. Ein den Vorsatz ausschließender Tatbestandsirrtum liegt nur dann vor, wenn er sich hinreichend ernsthaft um die Klärung der Frage bemüht hat, ob er zur Weitergabe der Information befugt ist.[586]

c) Anwendung des Insiderhandelsverbotes bei sukzessivem Beteiligungserwerb

Naturgemäß sprechen für den designierten Bieter zur Sicherung der eigenen Erfolgschancen zahlreiche Gründe dafür, im Vorfeld der Abgabe eines Übernahmeangebotes entweder selbst oder unter Beteiligung Dritter einen möglichst hohen Beteiligungsstock an der Zielgesellschaft aufzubauen. Hierdurch wird die beachsichtigte Übernahme nicht nur wesentlich ungünstiger. Vielmehr werden durch einen bestimmten Beteiligungsstock auch die Erfolgsaussichten gegenüber anderen Bietern und die Verhandlungsposition gegenüber dem Management der Zielgesellschaft wesentlich verbessert. Eine vergleichbare Interessenlage besteht in diesem Fall für den präsumtiven Erwerber eines größeren Beteiligungspakets, der mit dem Ziel des Erreichens einer bestimmten Beteiligungsschwelle sukzessiv Aktien an einer börsennotierten Gesellschaft erwirbt. Für den in dem ein oder anderen Fall verkaufswilligen Aktionär kann dies umgekehrt bedeuten, dass er an einer im Rahmen eines Angebotsverfahrens gewährten Übernahmeprämie oder einer durch die Nachfrage des Erwerbers begründeten Preissteigerung nicht teilhaben kann, er seine Anteile also zu früh bzw. zu billig verkauft.

---

583 Vgl. § 8 der Geschäftsbedingungen der Wertpapierbörsen, der eine Pflicht des Kursmaklers begründet bei einem Kursausschlag von 5% (bei Aktien), die zuletzt notierten Kurse mit einem „+" oder „-" zu versehen; Assmann/Schneider/*Assmann*³ § 13 Rn. 69 ff.; AnwaltKomm-AktG/*Fischer zu Cramburg* § 15 Rn. 17.

584 Vgl. *Wittich* AG 1997, 1, 3; *Wölk* AG 1997, 73, 79; AnwaltKomm-AktG/*Fischer zu Cramburg* § 15 Rn. 17.

585 Vgl. *Dreyling/Schäfer* Rn. 442; AnwaltKomm-AktG/*Fischer zu Cramburg* § 15 Rn. 17.

586 Schäfer/*Schäfer* § 14 Rn. 24.

aa) Sukzessiver Beteiligungserwerb durch den Bieter

(1) Umsetzung eigener Erwerbsabsichten

Außer Frage steht zunächst, dass der Plan, Anteile an einer Gesellschaft zu erwerben, unabhängig, ob in Vorbereitung eines Übernahmeangebotes oder übernahmeneutral, eine Insiderinformation im Sinne des § 13 Abs. 1 WpHG darstellt.[587] Bereits vor In-Kraft-Treten des AnSVG wurde von der überwiegenden Meinung im Schrifttum vertreten, dass der Erwerber, der den Entschluss zum Erwerb von Anteilen an einer Gesellschaft gefasst hat und diesen umsetzt, nicht *in Ausnutzung* einer Insidertatsache handelt, sondern lediglich in Ausführung des eigenen Entschlusses, Wertpapiere der betreffenden Gesellschaft zu erwerben.[588] Gestützt wurde diese Position bisher vor allem durch den Erwägungsgrund 11 der Insider-Richtlinie, wonach „dem Erwerb oder der Veräußerung von Wertpapieren stets eine entsprechende Entscheidung der Person vorausgehen muss, die eines der beiden Geschäfte tätigt, [und] die Tatsache dieses Erwerbs oder dieser Veräußerung nicht als solche eine Verwendung einer Insider-Information" darstellen könne.[589] Diesem Standpunkt ist auch nach dem AnSVG zu folgen, so dass die Umsetzung des eigenen Erwerbsentschlusses keine Verwendung einer Insiderinformation im Sinne des § 14 Abs. 1 WpHG darstellt. Insiderrechtlich macht es hierbei für die Fortführung des Erwerbsplans keinen Unterschied, ob der Erwerber im Vorfeld oder in Ansehung des Beteiligungserwerbs durch eine *Due-Diligence*-Prüfung Insiderinformationen erlangt hat,[590] und ob die Beteiligung durch ein einzelnes Erwerbsgeschäft (Paketerwerb) oder durch eine Vielzahl von Einzelgeschäften im Wege des sukzessiven Beteili-

---

[587] Vgl. nur *Vaupel/Uhl* WM 2003, 2126, 2127. *Assmann* ZGR 2002, 697, 701; Assmann/Schneider/*Assmann/Cramer* WpHG[3] § 14 Rn. 81; Schimansky/Bunte/Lwowski/*Hopt*[2] § 107 Rn. 60; Arbeits-Hdb. Übernahmen/*Marsch-Barner* § 7 Rn. 121.

[588] Allg.M. zum WpHG a.F. Begr RegE BT-Drucks 12/6679, S. 47; *BAWe/Deutschen Börse AG* Leitfaden[2] S. 20; *Assmann* ZGR 2002, 699, 701; *ders.* WM 1996, 1337, 1354; Assmann/Schneider/*Assmann/Cramer* WpHG[3] § 14 Rn. 27a, 81; *Cahn* ZHR 162 (1998), 1, 18/19; *Caspari* ZGR 1994, 530, 542; Schimansky/Bunte/Lwowski/*Hopt*[2] § 107 Rn. 60; *ders.* FS Beusch, 1993, 393, 406; *ders.* FS Heinsius, 1991, 289, 296; Arbeits-Hdb. Übernahmen/*Marsch-Barner* § 7 Rn. 121.

[589] Dem entspricht nun Erwägungsgrund 30 der Richtlinie 2003/6/EG, hierzu oben § 2 A) III.) 2.) a) aa). Ähnlich auch die BegrRegE, BT-Drucks. 12/6679, S. 47, nach der „in der Umsetzung einer eigenen unternehmerischen Entscheidung als solcher kein Ausnutzen von Insiderwissen" liegt.

[590] Vgl. zu § 14 WpHG a.F. Assmann/Schneider/*Assmann/Cramer* WpHG[3] § 14 Rn. 31; 88b, 88f.

gungserwerbs erworben wurde.[591] Unerheblich ist auch, ob es sich bei dem Erwerber um eine natürliche oder juristische Person handelt, da letzterer das Wissen ihrer Vertretungsorgane zugerechnet wird.[592]

Schwieriger erscheint der Fall, dass sich der Anteilserwerb mit Blick auf das zu einem späteren Zeitpunkt in Erwägung gezogene Übernahmeangebot vollzieht, basiert das Geschäft hier doch gerade nicht alleine auf der dem Erwerb vorgelagerten Investitionsentscheidung, sondern auch auf der Kenntnis der Tatsache, zu einem späteren Zeitpunkt ein über dem aktuellen Marktpreis stehendes Übernahmeangebot abgeben zu wollen. Im Ergebnis wird jedoch auch hier von der bisher überwiegenden Auffassung ein Ausnutzen der Insidertatsache verneint und auch nach neuem Recht eine Verwendung der Insiderinformation zu verneinen sein.[593] Der Anteilserwerb vor Abgabe eines Angebotes sei insoweit Teil eines Gesamtplanes und damit lediglich eine Maßnahme zur Umsetzung der Erwerbsabsicht des Käufers.[594] Wirtschaftlich lässt sich dieser Standpunkt auch mit einer Art Kompensation zu Gunsten des Bieters begründen, die durch die fortgesetzte Paketbildung die mit der Identifizierung und Bewertung der Zielgesellschaft verbundenen Kosten ausgleichen können soll (*reward-for-research-costs*-Theorie).[595]

---

[591] Assmann/Schneider/*Assmann/Cramer* WpHG[3] § 14 Rn. 32, *Caspari* ZGR 1994, 530, 542; Schimansky/Bunte/Lwowski/ *Hopt*[2] § 107 Rn. 60; Arbeits-Hdb. Übernahmen/*Marsch-Barner* § 7 Rn. 121.

[592] *Schacht* Insiderhandelsverbot bei Öffentlichen Übernahmeangeboten, 2002, S. 66 ff.; *Assmann* ZGR 2002, 699, 701 f.; Assmann/Schneider/*Assmann* WpHG[3] § 13 Rn. 4a.

[593] *Assmann* ZGR 2002, 697, 702; *Liebscher* ZIP 2001, 853, 860 f.; *Schmidt-Diemitz* DB 1996, 1809, 1812; *Vaupel*/Uhl WM 2003, 2126, 2128; Fleischer/*Kalss* WpÜG S. 16; Schäfer/*Schäfer* § 14 Rn. 74; Schimansky/Bunte/Lwowski/*Hopt*[2] § 107 Rn. 60; zweifelnd *Hopt* FS Heinsius, 1989, 289, 296, der eine Klarstellung im Rahmen einer europäischen Übernahmeregelung fordert und die Freistellung vom Insiderhandelsverbot bei Hinzutreten zusätzlicher Umstände wie wechselseitiger Aufsichtsratsmandate, Überkreuzbeteiligungen etc. ausschließt; aus englischer Sicht *P L Davies* in: Hopt/Wymeersch, S. 243, 247; **a.A.** *Schacht* Insiderhandelsverbot bei Öffentlichen Übernahmeangeboten, 2002, S. 69 ff.; *Caspari* ZGR 1994, 530, 542.

[594] *Assmann* ZGR 2002, 697, 702.

[595] Ähnlich *Schacht* Insiderhandelsverbot bei Öffentlichen Übernahmeangeboten, 2002, S. 168; *P. L. Davies* in: Hopt/Wymeersch (Hrsg.), S. 244; *R. Cranston* in: Hopt/Wymeersch (Hrsg.), S. 203, 204 f.; kritisch zu dieser These *Tippach* Insider-Handelsverbot, S. 202 f.

(2) Insiderrechtliche Behandlung der Verletzung der §§ 21 ff. WpHG sowie der übernahmerechtlichen Publizitätspflichten nach WpÜG

Problematisch ist darüber hinaus die Frage, ob die Umsetzung eigener Erwerbsabsichten des Erwerbers auch dann noch von der insiderrechtlichen Freistellung der Vorerwerbe gedeckt ist, wenn sich diese unter Missachtung der in §§ 21 ff. WpHG geregelten Mitteilungspflichten vollziehen. Gegen eine in diesem Fall gestattete Fortsetzung des eigenen Erwerbsentschlusses unter Aussetzung des Insiderhandelsverbotes spricht, dass der Erwerber hier regelmäßig nicht *nur* in dem Bewusstsein der Tatsache handelt, zu einem späteren Zeitpunkt ein über dem Marktpreis liegendes Angebot für die Aktien der Zielgesellschaft abgeben zu wollen, sondern auch und gerade in Kenntnis des Umstandes, durch die von ihm unterlassene Mitteilung der eigenen Beteiligungsquote einen Kursanstieg der Papiere der Zielgesellschaft zu vermeiden, der bei Erfüllung der gesetzlichen Offenlegungspflichten mit einer gewissen Wahrscheinlichkeit eingetreten wäre.[596] Voraussetzung für einen Verstoß gegen das Insiderhandelsverbot ist dabei freilich, dass die Verletzung der Mitteilungspflichten die gesetzliche Erheblichkeitsschwelle des § 13 Abs. 1 Satz 2 WpHG überschreitet. Ist dies nicht der Fall, wird die Nichtbeachtung der Publizitätspflichten nach WpHG unter Forstsetzung des Beteiligungserwerbs keinen darüber hinaus gehenden Verstoß gegen das Insiderrecht begründen können.[597] Die vorstehenden Grundsätze gelten ebenfalls für die Verletzung der übernahmerechtlichen Publizitätspflichten der §§ 10, 35 Abs. 1 WpÜG.

(3) Insiderrechtliche Behandlung einer Verletzung der Veröffentlichungspflichten nach dem WpÜG

Eine Verletzung des Insiderhandelsverbots kann im Kontext eines sukzessiven Beteiligungserwerbs schließlich auch durch die Missachtung einzelner Veröffentlichungspflichten nach dem WpÜG begründet werden.

Dies gilt zunächst für die Verletzung der in § 10 WpÜG begründeten Verpflichtung zur unverzüglichen Veröffentlichung der Entscheidung über die Abgabe eines Angebotes nach dem WpÜG. Der durch den Bieter gefasste Entschluss zur Abgabe eines solchen Angebotes stellt nämlich regelmäßig eine Insiderinformation dar, da die zugrunde liegende Information regelmäßig geeignet sein wird,

---

[596] So *Caspari* ZGR 1994, 530, 542 f.; *U.H. Schneider* AG 1997, 81, 86; Assmann/Schneider/*Assmann/Cramer* WpHG[3] § 14 Rn. 32; *Tippach* Insider-Handelsverbot, 1995, S. 204 ff.; **a.A.** *Süßmann* AG 1999, 162, 170; AnwaltK-AktG/*Fischer zu Cramburg* § 14 WpÜG Rn. 7.

[597] Ebenso *Vaupel/Uhl* WM 2003, 2126, 2136.

den Aktienkurs der Zielgesellschaft (und gegebenenfalls auch des Bieters) erheblich zu beeinflussen.[598]

Eine vergleichbare Beurteilung ergibt sich regelmäßig auch bei der Verletzung der Veröffentlichungspflicht des Bieters, der im Zuge des sukzessiven Beteiligungserwerbs die Kontrollschwelle des § 29 Abs. 1 WpÜG überschreitet und diesen Umstand gemäß § 35 Abs. 1 WpÜG unverzüglich, spätestens innerhalb von sieben Kalendertagen unter Angabe der Höhe des Stimmrechtsanteils zu veröffentlichen hat. Die Fortsetzung des Beteiligungserwerbs vollzieht sich hier nicht mehr alleine in der Umsetzung des ursprünglichen Erwerbsentschlusses, sondern auch und gerade in Kenntnis des Umstandes des Erreichens der übernahmerechtlichen Kontrollschwelle, die regelmäßig eine Insiderinformation darstellt.[599]

bb) Einschaltung am Beteiligungserwerb mitwirkender Dritter

Von der insiderrechtlichen Behandlung der Vorerwerbe des Bieters vor Veröffentlichung seiner Entscheidung zur Abgabe eines Angebotes[600] ist der Fall zu unterscheiden, in dem dieser zum Zwecke der Vorbereitung einer Übernahme, Dritte (insbesondere Kreditinstitute, Wertpapierdienstleistungsunternehmen oder andere institutionelle Anleger) einschaltet, um Aktien der Zielgesellschaft durch Zukäufe an der Börse oder außerbörsliche Pakettransaktionen zu erwerben. Die Hinzuziehung Dritter erfolgt in diesem Falle regelmäßig unter der Prämisse, die Anteile zu einem späteren Zeitpunkt von diesen zu erwerben. Die obigen Ausführungen haben gezeigt, dass ein solches Vorgehen unter den engen Voraussetzungen der melderechtlichen Unbedenklichkeit steht, ein verbotenes Verwenden der Insiderinformation also bereits dann vorliegen kann, wenn entweder auf Seiten des Bieters oder des eingeschalteten Dritten ein Verstoß gegen die Bestimmungen über die Stimmrechtspublizität nach WpHG vorliegt. Unabhängig davon sind einige Konstellationen denkbar, in denen eine Gruppenbildung mangels Entstehung der Meldepflicht zumindest publizitätsrechtlich unbedenklich bleibt. Für die Beurteilung der insiderrechtlichen Zulässigkeit eines solchen Vorgehens, soll es nach bislang wohl herrschender Meinung darauf ankommen, ob der für den Erwerber handelnde Dritte Aktien für Rechnung des Erwerbers oder, wie im

---

[598] Ebenso *Vaupel/Uhl* WM 2003, 2126, 2130.

[599] Ähnlich *Vaupel/Uhl* WM 2003, 2126, 2131.

[600] Vgl. § 10 WpÜG, zu diesem durch das Übernahmerecht in diesem Zusammenhang angeordneten Veröffentlichungszeitpunkt, siehe § 2 B) V.) 1.).

Fall des *warehousing*, in eigenem Namen und auf eigene Rechnung erwirbt.[601] Ein zulässiger Aktienerwerb liege dabei allein im erstgenannten Fall vor, unter der Voraussetzung also, dass der Erwerber nicht im Eigenhandel tätig wird und hieraus einen eigenen wirtschaftlichen Vorteil erzielt. Unschädlich sei dabei, ob der Anteilserwerb durch den Dritten eigennützig, d.h. auf der Grundlage eines Entgeltes, einer Provision oder anderer geldwerter Vorteile oder uneigennützig erfolge. Auf die Höhe des Entgeltes oder der Provisionen komme es insoweit nicht an.[602]

Nach einer anderen im Schrifttum vertretenen Auffassung solle es dem Informationsträger grundsätzlich selbst überlassen bleiben, in welcher Form er die von ihm geschaffene Insiderinformation verwertet.[603] Für den Anleger mache es keinen Unterschied, ob die Information vom Inhaber selbst oder von einem Dritten verwertet werde. Insoweit stelle die Gruppenbildung im Rahmen des *warehousing* lediglich eine gegenüber dem Erwerb durch den Bieter alternative Form der Finanzierung dar, die es dem Bieter erlaube, auf die Aufnahme von Fremdkapital zur Finanzierung des Beteiligungserwerbs zu verzichten.[604]

Einschränkend hierzu hat zuletzt *Assmann* mit Blick auf das WpÜG die Auffassung vertreten, dass die insiderrechtliche Zulässigkeit von Vorerwerben unter Einschaltung der mit dem Bieter gemeinsam handelnden Personen durch die übernahmerechtlichen Sondervorschriften des WpÜG und der WpÜG-Angebots-VO bestimmt werde. Insoweit hänge die insiderrechtliche Bewertung des Handelns eines durch den Bieter instruierten Dritten einerseits davon ab, ob dieser dem Ansinnen des Bieters nachkomme und später in der Angebotsunterlage als mit dem Bieter „gemeinschaftlich handelnd" benannt werde (vgl. § 2 Abs. 5

---

[601] Assmann/Schneider/*Assmann/Cramer* WpHG[3] § 14 Rn. 83b; *Assmann* WM 1996, 1337, 1355; *Fleischer/Kalss* WpÜG S. 17; Schimansky/Bunte/Lwowski/*Hopt*[2] § 107 Rn. 60; *ders.* FS Heinsius, 1989, 289, 297; Arbeits-Hdb. Übernahmen/*Marsch-Barner* § 7 Rn. 121; Schäfer/*Schäfer* § 14 Rn. 74; *Schacht* Insiderhandelsverbot bei Öffentlichen Übernahmeangeboten, 2002, S. 166 ff.; *Tippach* Insiderhandels-Verbot, 1995, S. 209 f.

[602] *Assmann* WM 1996, 1337, 1355; Schäfer/*Schäfer* § 14 Rn. 74.

[603] *Krauel* Insiderhandel, 2000, S. 252 f.; AnwaltsKomm-AktG/*Preusche* Compliance-Regeln Rn. 12; vgl. auch *Süßmann* AG 1999, 162, 170, der ein Ausnutzen erst dann bejaht, wenn der Dritte die Aktien nicht zu einem vorher mit dem Bieter vereinbarten Kaufpreis, sondern zu dem nach dem öffentlichen Bekanntwerden des Übernahmeangebotes geltenden Marktpreis verkauft.

[604] *Krauel* Insiderhandel, 2000, S. 253 Fn 384; aus dem US-amerikanischen Schrifttum, vgl. vor allem *Fleischer/Mundheim/Murphy* 121 U.Penn.Law.Rev. 798, 814 f. (1973); *Barry* 129 U.Penn.Law Rev. 1307, 1373 (1981).

WpÜG[605] i.V.m. § 2 Nr. 1 WpÜG-AngebotsV).[606] Das Übernahmerecht begründe daher eine „angebotsrechtliche Sonderrolle" für die mit dem Bieter gemeinsam handelnden Personen, die eine Anpassung des Insiderrechts rechtfertige und erforderlich mache.[607] Bleibt die Veröffentlichung in der Angebotsunterlage aus, so soll die über den Angebotsplan informierte Person, die daraufhin Wertpapiere der Zielgesellschaft erwirbt, so zu behandeln sein, wie jede sonst durch den Bieter über seinen Plan in Kenntnis gesetzte Person oder unter Mitteilung des Vorhabens zum Erwerb von Aktien der Zielgesellschaft aufgeforderte Dritte.[608] Die vorgenannte Ansicht begründet damit, anders ausgedrückt, die Möglichkeit durch die nachwirkende Publizität der Angebotsunterlage das „heimlich" koordinierte Vorgehen der gemeinsam mit dem Bieter handelnden Personen nachträglich zu heilen oder, unter Gebrauch der strafrechtlichen Begrifflichkeiten, durch Veröffentlichung der Beteiligten in der Angebotsunterlage strafbefreiend von dem Insidervergehen zurückzutreten. Ob diese übernahmerechtlich begründete Abkehr von der bisher vorherrschenden Position des Insiderrechts in dieser Form vom Gesetzgeber intendiert wurde, darf bezweifelt werden. Denn die Veröffentlichung der mit dem Bieter gemeinsam handelnden Personen dient primär dazu, den Aktionären der Zielgesellschaft ein umfassendes Bild über die tatsächlichen Einflussmöglichkeiten des Bieter zum Zeitpunkt der Abgabe des Angebotes zu vermitteln.[609] Darüber hinaus wird der Begriff der gemeinsam handelnden Personen im Übernahmerecht vor allem im Zusammenhang mit den Regelungen über Art und Umfang der durch den Bieter zu gewährenden Gegenleistung verwendet.[610] Die Publizität der Angebotsunterlage dient damit zugleich mittelbar dem Zweck, die durch den Bieter zu gewährende Gegenleistung festzusetzen. Dass mit der Offenlegung der mit dem Bieter gemeinsam handelnden Personen

---

605 „Gemeinsam" mit dem Bieter „handelnde Personen" sind hiernach natürliche oder juristische Personen, die ihr Verhalten im Hinblick auf ihren Erwerb von Wertpapieren der Zielgesellschaft oder ihre Ausübung von Stimmrechten aus Aktien der Zielgesellschaft mit dem Bieter aufgrund einer Vereinbarung oder in sonstiger Weise abstimmen, wobei Tochterunternehmen des Bieters als mit diesem gemeinsam handelnde Personen gelten. Vgl. hierzu auch § 2 B) III.) 4.) c.

606 *Assmann* ZGR 2002, 697, 705; Assmann/Schneider/*Assmann/Cramer* WpHG³ § 14 Rn. 83b.

607 *Assmann* ZGR 2002, 697, 705.

608 *Assmann* ZGR 2002, 697, 705; Assmann/Schneider/*Assmann/Cramer* WpHG³ § 14 Rn. 83b.

609 Vgl. hierzu näher § 2 B) V.) 2.).

610 Vgl. § 31 Abs. 1 Satz 2, Abs. 3 Nr. 1, Abs. 7 WpÜG i.V.m. § 4 WpÜG-Angebots-VO.

zugleich die Frage der insiderrechtlichen Zulässigkeit des Parallelerwerbs beantwortet werden sollte, erscheint demgegenüber nicht vertretbar.

Nach der zuletzt von *Hopt* vertretenen Auffassung soll die Einschaltung von Interessenten an dem Erwerb von Anteilen an der Zielgesellschaft zulässig sein, wenn es sich um einen oder wenige objektiv in Frage kommende und sorgfältig ausgewählte Personen, Banken oder Unternehmen handelt und wenn ihnen die Information gegen eine ausdrückliche Vertraulichkeitserklärung zugänglich gemacht wird.[611] Sieht man den Schutzzweck des Insiderhandelsverbotes durch ein entsprechendes Geheimhaltungsversprechen ausreichend gedeckt, so ließe sich hierdurch die Weitergabe der Information an Dritte unterbinden. Diese Auffassung steht jedenfalls im Einklang mit Art. 6 Abs. 1 der europäischen Marktmissbrauchs-Richtlinie bzw. der Neuregelung des WpHG durch das AnSVG. Denn die hierin niedergelegte allgemeine Offenlegungspflicht soll nach der Entscheidung des Emittenten auch dann aufgeschoben werden können, „wenn die Person, an die die Information weitergegeben wird, dem Emittenten gegenüber zur Vertraulichkeit verpflichtet ist oder sich ausdrücklich verpflichtet, über die weitergegebene Information Vertraulichkeit zu wahren".[612]

cc) Behandlung des Erwerbs eines konkurrierenden Bieters

Von der insiderrechtlichen Behandlung der Vorerwerbe des Bieters sind Anteilskäufe eines konkurrierenden Bieters („*White Knight*") zu unterscheiden, der sich in Kenntnis des Angebotsplans und vor Veröffentlichung des eigenen Entschlusses zur Abgabe eines konkurrierenden Angebotes, zum Erwerb von Aktien an der Zielgesellschaft entschließt. Ziel eines solchen Vorgehens ist es regelmäßig zu den Anteilskäufen des Erstbieters aufzuschließen und zugleich die Anzahl der übernahmefähigen Wertpapiere zu verringern.

Auch in diesem Fall stellt sich die Frage, ob der häufig von Seiten der Zielgesellschaft in das Vertrauen gezogene konkurrierende Bieter als Insider an dem Erwerb von Aktien der Zielgesellschaft bis zu Veröffentlichung der Information gehindert sein kann.[613] Die Beantwortung der Frage ergibt sich hier nicht alleine aus dem Insiderrecht, sondern auch und vielmehr aus einem Umkehrschluss der übernahmerechtlichen Sonderregelung des § 33 Abs. 1 Satz 2 WpÜG, die es dem Vorstand der Zielgesellschaft erlaubt, einen konkurrierenden Bieter zu su-

---

[611] *Hopt* ZGR 2002, 333, 340; ähnlich auch *Schacht* Insiderhandelsverbot bei Öffentlichen Übernahmeangeboten, 2002, S. 169.

[612] Vgl. Art. 6 Unterabs. 2 Buchst a) der Marktmissbrauchs-Richtlinie sowie hierzu unten § 2 B) IV) 2.) b).

[613] *Assmann* ZGR 2002, 697, 706.

chen und eben deshalb auch über das bestehende Übernahmevorhaben in Kenntnis zu setzen. Mit der Regelung wird dabei das grundsätzlich geschützte Interesse der Aktionäre, selbst über das Angebot zu entscheiden, nicht berührt, da die Bestimmung gerade dazu dienen soll, dem Vorstand der Zielgesellschaft die Förderung weiterer Angebote zu gestatten und damit die Entscheidungssituation der Aktionäre zu verbessern.[614] Aufgrund dieser Wertung sollte der konkurrierende Bieter insiderrechtlich betreffend den Erwerb von Anteilen an der Zielgesellschaft nicht anders behandelt werden als der ursprüngliche Bieter und mit diesem gemeinsam handelnde Personen (Gebot der Waffengleichheit).[615] Konsequent erscheint es daher auch hier, dem konkurrierenden Bieter die Einschaltung Dritter in demselben Umfang zu gestatten, wie dem Bieter, der in Umsetzung des eigenen Angebotsplans Dritte beim Erwerb von Anteilen an der Zielgesellschaft hinzuziehen kann. Etwas anderes muss freilich auch unter übernahmerechtlichen Gesichtspunkten für denjenigen gelten, der ohne die Absicht, selbst ein Übernahmeangebot abzugeben oder einen mit ihm gemeinsam handelnden Dritten hierbei zu unterstützen, Aktien der Zielgesellschaft aufgrund seiner Kenntnis von anderweitig erlangten Insiderinformationen erwirbt.[616]

d) Zwischenergebnis

Die Umsetzung eigener Erwerbsabsichten im Rahmen eines sukzessiven Beteiligungserwerbs begründet keinen Verstoß gegen das Insiderhandelsverbot. Dies gilt unter den gegebenen Voraussetzungen mit Ausnahme der Fälle, in denen der Erwerbsvorgang unter Verletzung der in §§ 21 ff. WpHG vorgesehenen Mitteilungspflichten fortgeführt wird oder unter Verstoß gegen die übernahmerechtlichen Veröffentlichungspflichten der §§ 10, 35 Abs. 1 WpÜG erfolgt.

Die Rechtmäßigkeit der Einschaltung Dritter bei dem Erwerb von Anteilen an der Zielgesellschaft hängt maßgeblich davon ab, ob der Erwerb im Eigenhandel der Beteiligten oder für Rechnung des Bieters erfolgt. Nur in dem letztgenannten Fall ist die Einschaltung Dritter zulässig und zwar unabhängig davon, ob dieser hierfür eine Gegenleistung erhält oder nicht. Die insiderrechtliche Zulässigkeit der Hinzuziehung Dritter hängt nicht von der Frage ab, ob diese bei der späteren Abgabe eines Übernahmeangebotes in der Angebotsunterlage genannt werden.

---

614 Vgl. im Einzelnen KK-WpÜG/*Hirte* § 33 Rn. 75.

615 *Assmann* ZGR 2002, 697, 707; Assmann/Schneider/*Assmann/Cramer* WpHG^3 § 14 Rn. 84 d; im Ergebnis so auch *Schacht* Insiderhandelsverbot bei Öffentlichen Übernahmeangeboten, 2002, S. 85; *Süßmann* AG 1999, 162, 171.

616 *Assmann* ZGR 2002, 697, 707.

2.) Veränderungen der Aktionärsstruktur als Gegenstand der Ad-hoc-Publizität, § 15 WpHG

a) Regelungsgegenstand und -kontext

Eine weiteres Kernelement des kapitalmarktrechtlichen Publizitätsregimes bildet die in Abschnitt 3 des WpHG (Insiderüberwachung) geregelte Pflicht des Emittenten zur unverzüglichen Veröffentlichung von Insiderinformationen (sog. Ad-hoc-Publizität, § 15 Abs. 1 Satz 1 WpHG). Die Regelung ist erstmals als Bestandteil des Zweiten Finanzmarktförderungsgesetzes am 1.1.1995 in Kraft getreten[617] und wurde zuletzt durch das Vierte Finanzmarktförderungsgesetz und hiernach durch das AnSVG in einigen Teilen grundlegend geändert. Die durch das Vierte Finanzmarktförderungsgesetz herbeigeführten Änderungen waren zunächst darauf gerichtet, zahlreiche der in der bisherigen Praxis der Ad-hoc-Publizität aufgetretenen Missstände zu beseitigen und zugleich die Transparenz von Ad-hoc-Mitteilungen durch die Verwendung vergleichbarer Parameter (Kennzahlen) zu erhöhen.[618] Darüber hinaus sollte den Anlegern durch die Schaffung eigenständiger Anspruchsgrundlagen in den §§ 37b und 37c WpHG und die damit verbundene Ausweitung des Rechtsschutzes gegenüber fehlerhaften und missbräuchlichen Ad-hoc-Meldungen die Möglichkeit gegeben werden, hieraus resultierende Verluste gegenüber dem Emittenten geltend zu machen.[619] Die zuletzt durch das AnSVG eingeführten Änderungen dienten vor allem der Umsetzung der europäischen Marktmissbrauchsrichtlinie 2003/6/EG sowie der Durchführungs-Richtlinie 2003/104/EG.[620] Im Vordergrund stehen hierbei die Anlehnung der publizitätspflichtigen Informationen an den Begriff Insiderinformation gemäß § 13 Abs. 1 WpHG. Auf die hiermit in Zusammenhang stehenden Änderungen des § 15 WpHG ist im Rahmen der nachfolgenden Darstellung der Voraussetzungen der Ad-hoc-Publizität zurückzukommen.

Die durch den Gesetzgeber im Zusammenhang mit der Regelung der Ad-hoc-Publizität artikulierten Ziele decken sich im Wesentlichen mit den allgemein vorgebrachten Schutzzweckerwägungen in anderen kapitalmarktrechtlichen Regelungszusammenhängen. Sie erfassen insoweit in erster Linie die Verbesserung

---

[617] Regelung ersetzt den früheren § 44a BörsG a.F., der bereits mit einem nahezu identischen Wortlaut i.V.m. § 70 BörsZulV a.F. und mit §§ 76, 90 Abs. 1 Nr. 2, Abs. 4 BörsG a.F. die Veröffentlichung kursrelevanter Tatsachen regelte.

[618] Vgl. hierzu insbesondere das Rundschreiben der BAFin v. 26.11.2002, abrufbar unter: www.bafin.de; dazu *Grimme/v. Buttlar* WM 2003, 901, 902.

[619] BegrRegE BT-Drucks. 14/8017, S. 63 f.

[620] Vgl. hierzu bereits oben § 2 A) III.) 2.) b).

der Funktionsfähigkeit der Finanzmärkte durch eine angemessene Preisbildung sowie die Beseitigung von Informationsasymmetrien der Anleger untereinander.[621] Anders als im Rahmen der handelsrechtlichen Regelpublizität geht es dabei nicht allein um die Unterrichtung der Anteilseigner und Gesellschaftsgläubiger, sondern vor allem auch um die Information des anonymen Anlegerpublikums.[622] Die Bestimmung soll insoweit den Zeit- und Kostenaufwand für die Informationsbeschaffung (Verringerung von Transaktionskosten) am Kapitalmarkt verringern und so zu einer höheren Markteffizienz beitragen. Darüber hinaus ist die Regelung wesentliche Voraussetzung für die wirksame Durchsetzung des Insiderhandelsverbotes. Insoweit sollen durch die unverzügliche Veröffentlichung kursrelevanter Tatsachen der Kreis potentieller Insider verringert und der Zeitraum für mögliche Insidergeschäfte verkürzt werden.[623]

Die gesetzlichen Bestimmungen über die Ad-hoc-Publizität und die Mitteilungspflichten über die Stimmrechte an einer börsennotierten Gesellschaft sind grundsätzlich nebeneinander anwendbar.[624] Im Zusammenhang mit der hier interessierenden Offenlegung beteiligungsrelevanter Sachverhalte ergibt sich daraus zunächst, dass der Erwerb oder die Veräußerung größerer Beteiligungen durch den Emittenten oder das Überschreiten bestimmter Beteiligungsschwellen eine publizitätspflichtige Insiderinformation im Sinne des § 13 Abs. 1 WpHG darstellen kann.[625] Ferner stellt sich die Frage, ob und inwieweit Beteiligungsver-

---

[621] BegrRegE BT-Drucks. 12/6679, S. 48; Beschlussfassung und Bericht des BT-Finanzausschusses BT-Drucks. 12/7918, S. 96; *Merkt* Unternehmenspublizität, S. 286; Assmann/Schneider/*Kümpel* WpHG[3] § 15 Rn. 18 ff.; *Gehrt* Ad-hoc-Publizität, S. 19; *Hopt* ZHR 159 (1995), 135, 147; *Burgard* ZHR 162 (1998), 51, 54.

[622] Beschlussempfehlung und Bericht des BT-Finanzausschusses, BT-Drucks. 12/7918, S. 102; *Ekkenga* ZGR 1999, 165, 170 f.; *Hirte* Bankrechtstag, 1995, 47, 49 f.; *Merkt* Unternehmenspublizität, S. 286; *Möllers* ZGR 1997, 334, 358 f.; *Wölk* AG 1997, 73, 75; Assmann/Schneider/*Kümpel* WpHG[3] § 15 Rn. 2.

[623] BegrRegeE BT-Drucks. 12/6679, S. 48; Beschlussempfehlung und Bericht des BT-Finanzausschusses, BT-Drucks. 12/7918, S. 96; *Hirte* Bankrechtstag, 1995, 47, 49; *Assmann* ZGR 1994, 494, 528. Dies ist nicht zuletzt Grund für die systematische Einordnung der Ad-hoc-Publizität im Abschnitt über die Insiderüberwachung im WpHG.

[624] Allg.M. Assmann/*Schneider* WpHG[3] Vor § 21 Rn. 34 ff.; *Witt* Übernahmen, 1998, S. 171; *Starke* Beteiligungstransparenz, 2002, S. 104 ff.; *Fiedler* Mitteilungen über Beteiligungen von Mutter- und Tochterunternehmen, 2005, S. 60.

[625] Dieser Befund wird auch durch die statistische Bedeutung der Veröffentlichung strategischer Unternehmensentscheidungen, wie Strukturänderungen, Erwerb und Veräußerung von Beteiligungen sowie Fusionen, die in den vergangenen Jahren die zweitgrößte Mitteilungsgruppe von Ad-hoc-Mitteilungen dargestellt haben, bestätigt, vgl. nur den Jahresbericht des BAWe 2001, S. 33.

änderungen des Emittenten selbst unter den gegebenen Voraussetzungen einen ad-hoc-publizitätspflichtigen Sachverhalt begründen können.

b) Voraussetzungen der Regelung im Einzelnen

Die Regelung des § 15 Abs. 1 Satz 1 WpHG verpflichten den Emittenten von Finanzinstrumenten zur unverzüglichen Veröffentlichung von Insiderinformationen, die ihn unmittelbar betreffen. Adressaten der Verpflichtung zur Ad-hoc-Publizität sind Emittenten, deren Wertpapiere zum Handel an einem inländischen organisierten Markt zugelassen sind. Entsprechend des Anwendungsbereichs der kapitalmarktrechtlichen Beteiligungspublizität, jedoch abweichend vom auch den Freiverkehr umfassenden Insiderhandelsverbot,[626] werden von der Regelung alle jene Wertpapiere erfasst, die am Amtlichen oder Geregelten Markt einer inländischen Börse gehandelt werden.[627]

Die Voraussetzungen des Vorliegens einer Insiderinformation bestimmen sich nach § 13 Abs. 1 WpHG.[628] Der Begriff der Insiderinformation ist damit einheitlicher Ausgangspunkt sowohl für den insiderrechtlichen Verbotstatbestand des § 14 WpHG als auch für die Verpflichtung zur Ad-hoc-Publizität. Eine Insiderinformation *betrifft* den Emittenten insbesondere dann unmittelbar, wenn sie sich auf Umstände bezieht, die in seinem Tätigkeitsbereich eingetreten sind (§ 15 Abs. 1 Satz 2 WpHG). Hieraus folgt zunächst, dass auch nach dem AnSVG alle jene Informationen unter den Anwendungsbereich der Regelung fallen, die als Tatsachen im Tätigkeitsbereich des Emittenten von der Vorgängerregelung erfasst waren. Darüber hinaus können nunmehr aber auch solche Informationen publizitätspflichtig sein, die zwar außerhalb des Tätigkeitsbereichs des Emittenten eingetreten sind, ihn gleichwohl aber unmittelbar betreffen. Hierzu gehören als von außen kommende Umstände für den vorliegend interessierenden Zusammenhang insbesondere die Übermittlung eines Übernahmeangebots, die Veräußerung größerer Aktienpakete durch Aktionäre bzw. beabsichtigte Kauf-

---

[626] Vgl. § 12 Abs. 1 Satz 1 Nr. 1 WpHG; Assmann/Schneider/*Kümpel/Assmann* WpHG[3] § 15 Rn. 31, 34; Schäfer/*Geibel* § 15 Rn. 21; *Burgard* ZHR 162 (1998), 51, 58; *Hopt* ZHR 159 (1995), 135, 151.

[627] Assmann/Schneider/*Kümpel/Assmann* WpHG[3] § 15 Rn. 31; *Fülbier* Ad-hoc-Publizität, 1998, S. 240; Leitfaden BAWe/Deutsche Börse AG, S. 21, *Gehrt* Ad-hoc-Publizität, S. 117; **abw** in Schimansky/Bunte/Lwowski/*Hopt*[2] § 107 Rn. 50; *ders.* in FG für Hellner, WM Sonderheft 1994, 29, 32, der ein Verstoß gegen europäisches Recht annimmt und eine europarechtkonforme Auslegung des § 15 Abs. 1 Satz 1 ausschließt. Vgl. hierzu auch *Burgard* ZHR 162 (1998), 51, 58.

[628] Vgl. hierzu bereits oben § 2 A) III.) 2.) b).

Orders mit einem bestimmten Mindestvolumen oder die Mitteilung des Großaktionärs über die Durchführung eines Squeeze Out-Verfahrens.[629]

Durch die Neuerungen des AnSVG hat sich die Rechtslage auch bei sog. mehrstufigen Entscheidungsprozessen gegenüber dem bisherigen Recht wesentlich verschärft. So handelt es sich nunmehr bei jeder einzelnen Stufe eines mehrstufigen Entscheidungsprozesses um publizitätspflichtige Insiderinformationen, soweit ihnen eine erhebliche Kursrelevanz zukommt. Nach bisherigem Recht war in derartigen Fällen insbesondere streitig, ob im Hinblick auf die aktienrechtliche Kompetenzordnung zwischen Vorstand und Aufsichtsrat eine publizitätspflichtige Tatsache bei zustimmungspflichtigen Maßnahmen erst mit der Zustimmung des Aufsichtsrats vorliegen würde.[630]

c) Aufschub der Ad-hoc-Publizität, § 15 Abs. 3 WpHG

Der Emittent ist von seiner Verpflichtung zur Ad-hoc-Publizität solange befreit, wie es der Schutz seiner berechtigten Interessen erfordert, keine Irreführung der Öffentlichkeit zu befürchten ist und die Vertraulichkeit der Insiderinformation durch den Emittenten gewährleistet ist. Anders als nach bisherigem Recht, wonach eine Befreiung von der Ad-hoc-Publizität lediglich kurzfristig durch die BaFin angeordnet werden konnte, wenn die Veröffentlichung der Insidertatsache geeignet war, den berechtigten Interessen des Emittenten zu schaden, liegt es nunmehr bei dem Emittenten zu entscheiden, ob die kumulativ zu erfüllenden Voraussetzungen des Befreiungstatbestandes in § 15 Abs. 3 WpHG vorliegen oder nicht. Bei der Befreiungsmöglichkeit hinsichtlich der Bekanntgabe der Insiderinformation, die damit auf eigene Verantwortung des Emittenten erfolgt, handelt es sich freilich nicht um eine dauerhafte Befreiung, sondern lediglich um eine Aufschiebung der Veröffentlichungspflicht bis zu dem Zeitpunkt, zu dem die berechtigten Interessen des Emittenten entfallen sind. Hiernach ist die Veröffentlichung unverzüglich nachzuholen (§ 15 Abs. 3 Satz 2 WpHG).

Ein *berechtigtes Interesse* des Emittenten liegt grundsätzlich dann vor, wenn das Geheimhaltungsinteresse des Emittenten das Interesse des Kapitalmarktes an einer vollständigen und zeitnahen Veröffentlichung der Insiderinformation überwiegt.[631] Dies ist insbesondere dort gegeben, wo unternehmerische Ziele oder Entwicklungen des Emittenten durch die Veröffentlichung vereitelt, gefährdet

---

[629] Siehe Begr.RegE BT-Drucks. 15/3174, S. 35; *BaFin* Emittentenleitfaden, 2005, S. 40 ff.; vgl. im Übrigen *Simon* Der Konzern, 2005, 5, 15.

[630] Vgl. zu Nachweisen des bisherigen Rechts *Brandi/Süßmann* AG 2004, 642, 649 mwN.

[631] § 6 WpAIV; Reg.Begr., BT-Drucks. 15/3174, S. 35; nun auch *BaFin* Emittentenleitfaden, S. 55; *Simon* Der Konzern 2005, 13, 19; eingehend auch *Möllers* WM 2005, 1393, 1395 ff.

oder wesentlich beeinträchtigt würden. Bei dieser Abwägung sind alleine die berechtigten Interessen des Emittenten selbst zu berücksichtigen; auf die Interessen eines Dritten, beispielsweise eines Verhandlungspartners, kommt es nicht an. Zu den Fällen, in denen das berechtigte Geheimhaltungsinteresse des Emittenten überwiegt, gehören nach den insoweit nicht abschließenden Vorgaben der WpAIV inbesondere laufende Vertragsverhandlungen, die durch eine Veröffentlichung der Information wahrscheinlich beeinträchtigt würden oder Fälle, in denen die Bekanntgabe der Vorstandsentscheidung, die unter dem Zustimmungsvorbehalt des Aufsichtsrats getroffen wurde, die korrekte Bewertung des Vorgangs durch die Öffentlichkeit gefährden würde.[632] Insoweit sind nach der Neuregelung mehrstufige Entscheidungsprozesse nur noch dann nach Vorliegen des Aufsichtsratsbeschlusses zu veröffentlichen, wenn dargelegt werden kann, dass andernfalls eine Irreführung der Öffentlichkeit drohen würde.

Darüber hinaus darf durch den Aufschub der Veröffentlichung gemäß § 15 Abs. 3 WpHG *keine Irreführung des Kapitalmarktes* begründet werden. Dies ist streng genommen zunächst insofern missverständlich, als dass durch den Aufschub der Veröffentlichung einer Insiderinformation *per se* bereits eine Irreführung des Marktes herbeigeführt wird, da die Preisbildung sich ohne Berücksichtigung der tatsächlich existierenden Information vollzieht. Die Irreführung muss folglich auf einem Umstand beruhen, der über diesen „falschen" Kurs hinaus geht.[633]

Schließlich kann der Emittent die Veröffentlichung der Ad-hoc-Meldung nur solange aufschieben, wie er die *Vertraulichkeit der Insiderinformation gewährleisten* kann. Entsprechend dem originären Ziel der Verpflichtung zur Ad-hoc-Publizität, die Handlungsspielräume für Insidergeschäfte zu reduzieren, hat der Emittent hiernach durch organisatorische Maßnahmen zu gewährleisten, dass die vorhandenen Insiderinformationen bis zu ihrer Veröffentlichung nur an solche Personen weitergegeben werden, die die Information zur Wahrnehmung der ihnen übertragenen Aufgaben benötigen.[634] Zu den durch den Emittenten zu ergreifenden Vorkehrungen gehören hierbei auch Maßnahmen, die eine unverzügliche Veröffentlichung der Information gewährleisten, wenn die Information durchgesickert ist.

---

[632] § 6 Nr. 1 und 2 WpAIV.

[633] Ebenso *Simon* Der Konzern 2005, 13, 20.

[634] *Simon* Der Konzern 2005, 13, 21.

d) Anwendbarkeit der Ad-hoc-Publizität bei Erwerb und Veräußerung wesentlicher Beteiligungen

Die Bedeutung der Ad-hoc-Publizität für Veränderungen in der Aktionärsstruktur börsennotierter Unternehmen, sei es durch den Erwerb wesentlicher Beteiligungen seitens des Emittenten oder der Veränderung der Aktionärsstruktur bei dem Emittenten selbst, hat seit In-Kraft-Treten des AnSVG erheblich an Bedeutung gewonnen. Hinsichtlich des Beteiligungserwerbs an einer börsennotierten Gesellschaft hat sich die Problematik seit Einführung des WpÜG zumindest teilweise auf die bereits erwähnte übernahmerechtliche Regelung des § 10 WpÜG als *lex specialis* gegenüber § 15 WpHG verlagert, wonach der Bieter seine Entscheidung zur Abgabe eines Erwerbsangebotes, die letztlich auch durch entsprechende Pakettransaktionen dokumentiert oder begründet werden kann, unverzüglich offen zu legen hat.[635] Unabhängig von diesem Sondertatbestand bleibt für die weitere Anwendung des § 15 WpHG in dem hier zu erörternden Zusammenhang zumindest soweit Raum, als die Voraussetzungen der Vorschrift seitens des erwerbenden Emittenten bei einem (zunächst) übernahmeneutralen Beteiligungserwerb gegeben sein können. Darüber hinaus ist mit der Ausweitung der Ad-hoc-Publizitätspflicht durch das AnSVG eine Veröffentlichungspflicht auch dann in stärkerem Umfang zu prüfen, wenn sich Veränderungen in der Beteiligungsstruktur des Emittenten selbst ergeben. Der damit schematisch skizzierte Anwendungsbereich der Ad-hoc-Publizität für die Offenlegung von Änderungen der Beteiligungsverhältnisse bei kapitalmarktaktiven Gesellschaften kann damit unter Publizitätsgesichtspunkten eine wichtige Ergänzungsfunktion für die Mitteilungs- und Veröffentlichungspflichten in Abschnitt 5 WpHG erfüllen, wenn man zugrunde legt, dass eine Offenlegung des Erwerbs, oder auch der Veräußerung einer wesentlichen Beteiligung bei Vorliegen der entsprechenden Voraussetzungen des § 15 WpHG, unverzüglich und direkt gegenüber dem Markt und unabhängig von dem Berühren bestimmter Schwellenwerte zu erfüllen ist.

aa) Erwerb und Veräußerung der Anteile durch den Emittenten

Zunächst kann der Erwerb oder die Veräußerung eines größeren Beteiligungspakets, insbesondere einer kontrollvermittelnden Beteiligung an einer börsennotierten Gesellschaft, durch den Emittenten von Finanzinstrumenten eine publizitätspflichtige Insiderinformation für diesen darstellen.[636] Einen Unterschied

---

[635] Vgl. hierzu im Einzelnen unten § 2 B) IV.) 1.) c) aa).

[636] *Bafin* Emittentenleitfaden, S. 52; *Brandi/Süßmann* AG 2004, 642, 653; zum bisherigen Recht *Witt* Übernahmen, 1998, S. 170; vgl. auch *Schander/Lucas* DB 1997, 2109 ff.

macht es dabei nicht, ob der Emittent die Aktien selbst oder durch ein mit ihm verbundenes Unternehmen erwirbt, vorausgesetzt, dass die Maßnahme Auswirkungen auf dessen Konzernabschluss haben kann.[637] Eine darüber hinaus gehende Zurechnung des Verhaltens Dritter im Wege der Gesetzesanalogie wird demgegenüber aufgrund der insoweit abschließenden Regelung des § 15 WpHG nicht in Betracht kommen.

Bei dem Erwerb und der Veräußerung von Wertpapieren durch einen Emittenten von Finanzinstrumenten ist im Einzelfall zu prüfen, ob die zugrunde liegende Transaktion geeignet ist, den Kurs der Wertpapiere des Erwerbers erheblich zu beeinflussen. Hierbei ist auch nach In-Kraft-Treten des AnSVG nicht eindeutig geklärt, ob und in welchem Umfang ein möglicher Einfluss der Transaktion auf den Kurs der Wertpapiere des Erwerbers bestehen kann. Die bisher von *Schander/Lucas* unter Hinweis auf einzelne empirische Untersuchungen vertretene Auffassung, bei der übernehmenden Gesellschaft würden sich grundsätzlich keine signifikanten Kurseffekte bei Ankündigung entsprechender Erwerbsabsichten einstellen,[638] kann in dieser Allgemeinheit nicht gefolgt werden.[639] Vielmehr wird es auch seitens des erwerbenden Unternehmens aus Sicht eines börsenkundigen Anlegers maßgebend darauf ankommen, wie der Kapitalmarkt die Akquisition und das damit verbundene Synergiepotential einschätzt.[640] Maßgebende Faktoren sind dabei vor allem die Größe und wirtschaftliche Situation des erwerbenden Unternehmens, das aktuelle Marktumfeld sowie die Schwankungsbreite, in der sich der Kurs der betreffenden Wertpapiere bewegt.

Bejaht man demnach im Grunde die Voraussetzungen des § 15 WpHG bei Erwerb oder Veräußerung einer wesentlichen Beteiligung durch den Emittenten, so

---

637 So für den vorliegenden Zusammenhang ausdrücklich auch Arbeitshdb. Übernahmen/*Marsch-Barner* § 7 Rn. 141.

638 *Schander/Lucas* DB 1997, 2109, 2111.

639 Zur Rechtslage vor In-Kraft-Treten des AnSVG *Happ/Semler* ZGR 1998, 116, 140; *DAV-Handelsrechtsausschuss* AG 1997, 559, 567, die generell die Verpflichtung zur Abgabe einer Ad-hoc-Mitteilung durch das Bieterunternehmen annehmen **abw.** *v. Klitzing* Ad-hoc-Publizität, S. 106, der für diesen Fall eine freiwillige Veröffentlichungspflicht befürwortet.

640 Vgl. insbesondere *Jensen/Ruback* 11 J.Fin.Econ. 5 ff. (1983), die seitens des Bieterunternehmens im Zusammenhang mit der Abgabe eines *tender offer* abnorme Kursbewegungen von durchschnittlich 4 Prozent nachgewiesen haben; *Nowak* ZBB 2001, 449, 460; *ders.* DB 1999, 601, 602 ff.; *Böhmer/Löffler* Kursrelevante Ereignisse bei Unternehmensübernahmen: Eine empirische Analyse des deutschen Kapitalmarktes, Zfbf 1999, 299 ff.; *Gerke/Garz/Oerke* Die Bewertung von Unternehmensübernahmen auf dem deutschen Aktienmarkt, Zfbf 1995, 805 ff.; *Heiko Seeger* Insiderhandel am deutschen Aktienmarkt, Frankfurt/Main, 1998, S. 86; vgl. aus dem rechtswissenschaftlichen Schrifttum KK-WpÜG/*Hirte* Einl. Rn. 12 ff.; *Witt* Übernahmen, 1998, S. 170; *Dreyling/Schäfer* Rn. 459.

stellt sich die Frage nach der Bestimmung eines angemessenen Zeitpunktes, zu dem der die Ad-hoc-Publizitätspflicht begründende Sachverhalt eintreten kann. Im Anschluss an die Erörterung der insiderrechtlichen Behandlung von Paketerwerben[641] wird man zunächst folgern können, dass Pakettransaktionen unterhalb der 5 Prozent-Schwelle, selbst wenn sie mit der Absicht der Abgabe eines Übernahmeangebotes zu einem späteren Zeitpunkt erfolgen, keine publizitätspflichtige Insiderinformation darstellen können. Denn in diesem Fall handelt der Erwerber nicht in Verwendung einer Insiderinformation, sondern lediglich in Umsetzung der eigenen Erwerbsabsichten. Aus dem Umkehrschluss der insiderrechtlichen Freistellung solcher Vorerwerbe ergibt sich damit, dass er in diesem Fall nicht zur Veröffentlichung der entsprechenden Tatsache verpflichtet sein kann.[642] Im Einzelfall kann demgegenüber auch das Erreichen oder Überschreiten bestimmter Beteiligungsschwellen eine Pflicht zur Ad-hoc-Publizität auslösen.[643] Dies gilt insbesondere in Fällen, in denen der vorangehende Erwerb keine signifikanten Kursbewegungen bewirkt hat und das Erreichen oder Überschreiten einer bestimmten Beteiligungsschwelle eine besondere Signalwirkung für den Kapitalmarkt entfaltet. Unabhängig von dem Erreichen eines der in § 21 Abs. 1 WpHG vorgesehenen Schwellenwerte können darüber hinaus weitere beteiligungsspezifische Sachverhalte ein eigenes Kursbeeinflussungspotential begründen. Hierzu wird insbesondere der Fall gehören, in dem der Erwerber angesichts der durchschnittlich zu erwartenden Hauptversammlungspräsenz eine faktische Mehrheit an der Gesellschaft erlangt.

Setzt man in den vorgenannten Fällen den dinglichen Erwerb der Aktien an der betreffenden Gesellschaft für das Überschreiten einer der in § 21 Abs. 1 WpHG genannten Beteiligungsschwellen voraus,[644] so stellt sich für die Bestimmung des die Ad-hoc-Publizitätspflicht auslösenden Zeitpunktes die Frage, ob mit Blick auf die hier interessierenden Pakettransaktionen auch Vorgänge vor Abschluss des dinglichen Rechtsgeschäfts als pflichtbegründend angesehen werden können. Weitgehende Einigkeit besteht im Schrifttum insoweit, als jedenfalls der Abschluss eines *Letters of Intent*, d.h. einer Vereinbarung, die lediglich die Einigung der Parteien über die Aufnahme von Kaufverhandlungen dokumentiert, kein ausreichendes Realisierungsstadium konstituiert.[645] Dies wird auch

---

[641] Vgl. hierzu oben § 2 B) IV.) 1.) c) aa).

[642] Ähnlich auch *Cahn* ZHR 162 (1998), 1, 19.

[643] *Witt* Übernahmen, 1998, S. 171; *Starke* Beteiligungspublizität, 2002, S. 121 ff.

[644] Vgl. insoweit oben § 2 B) III.) 3.) a).

[645] Dreyling/Schäfer Rn. 460; einschränkend *BaFin* Emittentenleitfaden, S. 52, nach der die Verpflichtung nach § 15 Abs. 1 WpHG auch bei Abschluss eines *Letter of Intent* dann beste-

hier für den Abschluss einer *Due Diligence*-Prüfung gelten, da es hiermit noch nicht zu einem Abschluss des Entscheidungsprozesses innerhalb des Erwerberunternehmens kommen wird.[646]

Weitere zeitlich nachfolgende Wirksamkeitsvoraussetzungen für die In-Vollzug-Setzung des Kaufvertrages (z.B. kartellrechtliche- oder registerrechtliche Verfahren oder ein Zustimmungsvorbehalt der Hauptversammlung) haben keinen Einfluss auf das Entstehen der Publizitätspflicht.[647] Das Bestehen entsprechender Vollzugshindernisse ist jedoch in der Mitteilung klar zum Ausdruck zu bringen.[648]

bb) Wesentliche Veränderungen in der Aktionärsstruktur des Emittenten

Der Anwendungsbereich der Ad-hoc-Publizität bei Veränderungen in der Aktionärsstruktur des Emittenten selbst ist seit der Umsetzung der europäischen Marktmissbrauchs-Richtlinie durch das AnSVG erheblich ausgedehnt worden. Während es bei maßgeblichen Veränderungen in der Aktionärsstruktur des Emittenten unter der Vorgängerregelung regelmäßig an der Voraussetzung der Tatsache fehlte, die *im Tätigkeitsbereich* des Emitteten eingetreten war,[649] setzt die Regelung seit dem AnSVG nur noch voraus, dass die Insiderinformation den Emittenten „unmittelbar betrifft". Dies ist bei bedeutenden Beteiligungstransaktionen in den Wertpapieren des Emittenten aufgrund der damit verbundenen Änderung der Kontrollverhältnisse regelmäßig der Fall.[650] Zu prüfen ist auch hierbei, ob die betreffende Beteiligungstransaktion die für eine Ad-hoc-Pflicht

---

hen kann, wenn mit dem Verhandlungspartner eine Exklusivitätsvereinbarung getroffen wurde. Hier können im Einzelfall jedoch die Voraussetzungen einer Befreiung nach § 15 Abs. 3 WpHG vorliegen.

[646] Dreyling/Schäfer Rn. 460 f.

[647] Dreyling/Schäfer Rn. 464.

[648] Dreyling/Schäfer Rn. 464.

[649] So zur alten Rechtslage BAWe Schreiben vom 26.4.2002; BAWe/Deutsche Börse AG Leitfaden, S. 35: „Marktdaten"; *Assmann* ZGR 2002, 687, 714; *Fürhoff/Wölk* WM 1997, 449, 452; Schander/Lucas DB 1997, 2109, 2112; KK-WpÜG/*Hirte* § 10 Rn. 103; Arbeitshdb.-Übernahmen/*Marsch-Barner* § 7 Rn. 111; *Waldhausen* Ad-hoc-publizitätspflichtige Tatsache, S. 196; *Witt* Übernahmen, 1998, S. 171; **abw.** mit Blick auf die Abgabe eines feindlichen Übernahmeangebotes *Happ/Semler* ZGR 1998, 116, 140 sowie *DAV-Handelsrechtsausschuss* AG 1997, 559, 567; *Nowak* DB 1999, 601, 602; *Gehrt* Ad-hoc-Publizität, 1997, S. 140, nach dem sich eine Ad-hoc-Publizitätspflicht bereits aus der in den §§ 21 Abs. 1, 25 Abs. 1 WpHG getroffenen Wertentscheidung ergebe, nach der § 15 WpHG in dieser Hinsicht als Auffangtatbestand gelte, so dass in diesem Fall eine erweiternde Auslegung des Begriffs im Tätigkeitsbereich des Emittenten geboten sei; dem folgend *v. Klitzing* Ad-hoc-Publizität, S. 107.

[650] Ebenso *Brandi/Süßmann* AG 2004, 642, 666.

Kursrelevanz im Sinne des § 13 Abs. 1 Satz 2 WpHG mit sich bringt. Dies kann insbesondere dann der Fall sein, wenn durch den neuen Großaktionär kolportiert wird, unternehmerischen Einfluss auf die Zielgesellschaft nehmen zu wollen.

Aus dem oben Gesagten lässt sich weiterhin der Schluss ziehen, dass der Emittent grundsätzlich dann unter Vorliegen der entsprechenden übrigen Voraussetzungen publizitätspflichtig sein kann, wenn er selbst, stellvertretend durch seine Organe, an den Kaufverhandlungen und damit an der Gestaltung der Transaktion beteiligt ist.[651] Hier kann eine Veröffentlichungspflicht insbesondere dann geboten sein, wenn der Erwerber bzw. Bieter selbst von einer ad-hoc-Mitteilung oder gegebenenfalls auch einer Veröffentlichung nach § 10 WpÜG absieht, obgleich der Kurs der Wertpapiere der Zielgesellschaft aufgrund eines Durchsickerns der Informationen bereits heftige Reaktionen zeigt.[652] Dem liegt letztlich die Erwägung zugrunde, dass die Zielgesellschaft adverse Preisreaktionen dann abzuwenden hat, wenn sie zu deren Verursachung zumindest (mit-)beigetragen hat. Der Emittent kann sich in diesem Fall nicht darauf berufen, dass der Erwerber seine eigene Verpflichtung zur Ad-hoc-Publizität verletzt.

e) Zwischenergebnis

Der Erwerb einer Beteiligung an einer börsennotierten Gesellschaft kann unter den gegebenen Voraussetzungen eine ad-hoc-publizitätspflichtige Insiderinformation darstellen und damit zu einer beschleunigten Offenlegung des nach den §§ 21 ff. WpHG publizitätspflichtigen Tatbestandes führen. Im Einzelnen ist hierbei zwischen dem Erwerb und der Veräußerung von Anteilen durch den Emittenten sowie Veränderungen der Aktionärsstruktur des Emittenten selbst zu unterscheiden. In dem erstgenannten Fall kommt eine Ad-hoc-Publizitätspflicht insbesondere dann in Betracht, wenn die Insiderinformation zugleich geeignet ist, eine erhebliche Kursbeeinflussung zu entfalten. Dies kann sowohl bei dem Überschreiten bestimmter Beteiligungsschwellen als auch in anderen beteiligungsspezifischen Sachverhalten der Fall sein.

Ebenso kann nach § 15 Abs. 1 WpHG nF bei Veränderungen in der Aktionärsstruktur des Emittenten selbst eine Verpflichtung zur Ad-hoc-Publizität bestehen, da eine solche Information den Emittenten unmittelbar betrifft. Voraussetzung ist auch hier, dass die Veränderungen der Beteiligungsverhältnisse bei dem Emittenten eine Eignung für eine erhebliche Kursrelevanz im Sinne des § 13

---

[651] KK-WpÜG/*Hirte* § 10 Rn. 103; *Waldhausen* Ad-hoc-publizitätspflichtige Tatsache, 2002, S. 195; *Starke* Beteiligungspublizität, 2002, S. 124; in diese Richtung gehend zuletzt auch *Hopt* ZGR 2002, 333, 347.

[652] *Hopt* ZGR 2002, 333, 347.

Abs. 1 Satz 2 WpHG mit sich bringt. Dies kann insbesondere bei dem Einstieg eines „aktiven" Großaktionärs der Fall sein.

3.) Directors' Dealings, § 15a WpHG

a) Gesetzeszweck und Regelungskontext

Seit In-Kraft-Treten des Vierten Finanzmarktförderungsgesetzes besitzt das deutsche Recht mit § 15a WpHG erstmals eine gesetzliche Regelung, die die Mitglieder der Leitungsorgane des Emittenten, und neuerdings darüber hinaus sonstige Personen, die regelmäßig Zugang zu Insiderinformationen haben und zu unternehmerischen Entscheidungen ermächtigt sind, zur Offenlegung von Wertpapiergeschäften verpflichtet. Diese transaktionsbezogene Publizitätspflicht steht neben einer Reihe börsen-[653] und bilanzrechtlicher[654] Vorschriften, die eine Offenlegung der Anteile und Bezugsrechte des Managements der Gesellschaft verlangen. Sie wird zudem durch die teilweise deckungsgleiche Ziff. 6.6 des Deutschen Corporate Governance Kodex (DCGK) ergänzt, nach der neben den dem § 15a WpHG vergleichbaren Offenlegungspflichten im Anhang des Konzernabschlusses auch Angaben über den Aktienbesitz, einschließlich Optionen und den einzelnen Vorstands- oder Aufsichtsratsmitgliedern zustehende sonstige Derivate, anzugeben sind, wenn diese direkt oder indirekt mehr als 1 Prozent der von der Gesellschaft ausgegebenen Aktien umfassen.[655]

Erklärtes Ziel des neuen § 15a WpHG ist es, Informationsvorsprünge von Unternehmensinsidern gegenüber anderen Marktteilnehmern durch eine zeitnahe Veröffentlichung der Wertpapiergeschäfte von Organmitgliedern abzubauen und damit die Entscheidungssituation der Kapitalanleger zu verbessern.[656] Darüber hinaus wurde die Verhinderung des Missbrauchs von Insiderinformationen in

---

[653] § 28 Abs. 2 Nr. 4 BörsZulVO.

[654] Zu den bilanzrechtlichen Pflichtangaben gehören die gemäß §§ 285 Nr. 9 lit. a), 314 Abs. 1 Nr. 6 lit. a) HGB erforderlichen Angaben des (Konzern-)Anhangs u.a. über Bezugsrechte und andere Formen der aktienbasierten Vergütung für die Mitglieder des Vorstands und des Aufsichtsrats, die sich allerdings nur auf das Gesamtorgan und nicht auf den Anteil der jeweiligen Einzelmitglieder beziehen.

[655] Daneben soll der Gesamtbesitz aller Vorstands- und Aufsichtsratsmitglieder jeweils getrennt für Vorstand und Aufsichtsrat angegeben werden, wenn der Gesamtbesitz 1% der von der Gesellschaft ausgegebenen Aktien übersteigt (Ziff. 6.6. Abs. 2 Satz 2 DCGK). Soweit die nach dem DCGK bestehenden Pflichtangaben über die Anforderungen des § 15a WpHG hinausgehen und die Gesellschaft sich auf die gesetzlichen Angaben beschränkt, hat sie dies in der Entsprechenserklärung nach § 161 AktG aufzuführen; vgl. zu der Regelung des Kodex insgesamt Ringleb/Kremer/Lutter/v. Werder/*Ringleb* DCGK Rn. 857 ff.

[656] BegrRegE BT-Drucks. 14/8017, S. 87.

die Regelungsziele der Vorschrift aufgenommen, was zugleich deutlich macht, dass hiermit auch einer gesteigerten Informationseffizienz des Kapitalmarktes beigetragen werden soll.[657] Äußerer Anlass für die Neuregelung waren, neben dem bis dahin bestehenden Rückstand gegenüber Publizitätsstandards anderer Rechtsordnungen, insbesondere des US-amerikanischen Rechts, einige weitgehend unbemerkt abgelaufene Desinvestitionen von Unternehmensvorständen am damaligen Neuen Markt, die, unter gleichzeitiger Abgabe positiver Prognosen für die Unternehmensentwicklung, das Anlegerpublikum getäuscht hatten.[658]

Durch die Ausgestaltung des § 15a WpHG als transaktionsbezogene Publizitätspflicht, die eine Offenlegung *nach* Durchführung des entsprechenden Wertpapiergeschäftes voraussetzt, hat sich der Gesetzgeber für eine von mehreren rechtspolitischen Handlungsalternativen entschieden. Im Gesetzgebungsverfahrens war insbesondere umstritten, ob der für die Veröffentlichungspflicht maßgebende Zeitpunkt nicht weiter nach vorne verschoben werden sollte. So befürworteten der Bundesrat[659] und Anlegerschützer[660] eine Vorabveröffentlichung der Erwerbs- oder Veräußerungsabsichten des Unternehmensinsiders (sog. *pretrading disclosure*) während der von der Bundesregierung bereits in ihrem Regierungsentwurf vertretene Standpunkt einer unverzüglichen, aber erst nach dem Erwerb oder der Veräußerung eintretenden, Veröffentlichungspflicht Gesetz wurde.[661] Im Kern ging es bei der Entscheidung zwischen beiden Alternativen um die verteilungspolitische Zuweisung der aus den Wertpapiertransaktion zu ziehenden Renditen. Unter der Annahme eines (semi-)effizienten Kapitalmarktes wird das durch den Unternehmensinsider abgegebene Kauf- oder Verkaufssignal unmittelbar in den Kurs der betreffenden Wertpapiere eingespeist und führt so bei einer Wertdifferenz zwischen dem aktuellen Börsenkurs und dem tatsächlichen Wert der Aktie zu einer Reduzierung des durch den Insider zu erzielenden Gewinns. Ein zusätzlicher Anreizverlust zur Vornahme von Wertpapiergeschäften in dem betreffenden Unternehmen entsteht für den Organin-

---

[657] BegrRegE BT-Drucks. 14/8017, S. 63, 87.

[658] Hierzu gehörten insbesondere die Aktienverkäufe des ehemaligen Vorstandsvorsitzenden und des Finanzvorstands, den Brüdern *Thomas* und *Florian Haffa*, des einstigen Börsenlieblings EM.TV, die nach einer Kapitalerhöhung im November 2000 und im Vorgriff auf die Veröffentlichung des Quartalsberichtes, Aktien im Wert von mehr als US$18 Millionen verkauft hatten; vgl. hierzu TIME Europe, Transparency has its Price, Feb. 6, 2001.

[659] Stellungnahme des Bundesrates zum Vierten Finanzmarktförderungsgesetz BT-Drucks. 14/8017, S. 165.

[660] *Rudolph* BB 2002 1036, 1040; vgl. aus dem US-amerikanischen Schrifttum *Fried* 71 S.Cal.L.Rev. 303 ff. (1998).

[661] Vgl. insoweit die Gegenäußerung der Bundesregierung BT-Drucks. 14/8017, S. 181.

sider sogar dann, wenn sich der aktuelle Kurs und der tatsächlichen Wert der Wertpapiere im Zeitpunkt der Vorabveröffentlichung entsprechen, da in diesem Fall eine Preisanpassung zu Lasten des Insiders zu erwarten ist.[662] Der Gesetzgeber hat sich letztlich wohl weniger aus diesen Erwägungen, sondern vielmehr wegen der darüber hinaus drohenden Entstehung von Marktirritationen aufgrund der jederzeit denkbaren Änderung von Kauf- oder Verkaufsabsichten des Unternehmensinsiders, zurecht für eine *post trading disclosure* entschieden.[663]

Auch von weiteren Beschränkungen, wie der Schaffung bestimmter Handelsfenster (*trading windows*)[664] oder der aus dem US-amerikanischen Recht bekannten Gewinnabschöpfung bei rein spekulativen Transaktionen innerhalb bestimmter Zeiträume (sog. *short swing profits*), hat der deutsche Gesetzgeber bislang keinen Gebrauch gemacht. Obgleich durch die Einführung von Handelsfenstern bzw. Handelsverboten für bestimmte Zeitperioden (insbesondere kurz vor einer Hauptversammlung oder der Veröffentlichung der Unternehmenszahlen) der Missbrauch von Insiderinformationen nicht generell unterbunden werden kann, ist doch zu begrüßen, dass einige Unternehmen diese strengeren Regelungen bereits heute für ihre Organmitglieder auf freiwilliger Basis anwenden.[665]

b) Tatbestandsvoraussetzungen

aa) Sachlicher und persönlicher Anwendungsbereich

Der sachliche Anwendungsbereich der Regelung umfasst zunächst Wertpapiere von Emittenten, die zum Handel an einer inländischen Börse zugelassen sind. Dazu gehören auch hier der amtliche und der geregelte Markt, nicht hingegen der Freiverkehr. Meldepflichtig sind neben Aktiengeschäften in Stamm- und Vorzugsaktien auch solche in anderen Wertpapieren, bei denen dem Gläubiger ein Umtauschrecht eingeräumt oder ein sonstiges Recht zum Erwerb oder der Veräußerung von Aktien des Emittenten gewährt wird.[666] Hierzu gehören, neben den Aktien selbst, vor allem auch aktienvertretende Zertifikate sowie Wandel-

---

[662] Ähnlich auch *Schuster* ZHR 167 (2003), 196, 210 f., der in diesem Fall der Anregung des Deutschen Corporate Governance Kodex folgt und eine Verpflichtung des Organmitglieds zur Meldung größerer Transaktionen gegenüber der Compliance-Abteilung des Emittenten sowie des Vergütungsausschusses des Aufsichtsrats zu bedenken gibt.

[663] Vgl. insoweit die Gegenäußerung der Bundesregierung BT-Drucks. 14/8017, S. 181.

[664] Vgl. hierzu *Fischer zu Cramburg/Hannich* Directors' Dealings, S. 52 ff.

[665] *Fischer zu Cramburg/Hannich* Directors' Dealings, S. 52; einer entsprechenden Praxis zustimmend *Baums* ZHR 166 (2002), 376; *Rudolph* BB 2002, 1040.

[666] § 15a Abs. 1 Nr. 1 WpHG.

schuldverschreibungen, unabhängig davon, ob diese von dem Emittenten selbst oder einem Dritten ausgegeben wurden sowie die Einräumung sonstiger Rechte zum Erwerb oder zur Veräußerung von Wertpapieren des Emittenten (z.B. Optionsanleihen, Optionsscheine sowie Put- oder Call-Optionen).[667] Daneben erfasst das Gesetz Finanzinstrumente, deren Preis unmittelbar vom Börsenpreis der Emittentenaktien abhängt.[668] Hierzu gehören in erster Linie auf Barausgleich gerichtete Optionen.[669]

Hinsichtlich des persönlichen Anwendungsbereichs von § 15a WpHG unterwirft die Regelung seit dem AnSVG sämtliche Personen mit Führungsaufgaben bei dem Emittenten einer Meldepflicht für Directors' Dealings. Die gegenüber der Vorgängerregelung, die eine Meldepflicht lediglich für Mitglieder des Geschäftsführungs- oder Leitungsorgans oder persönlich haftende Gesellschafter des Emittenten bzw. eines Mutterunternehmens derselben vorsah, erheblich ausgeweitete Vorschrift, geht auf Art. 6 Abs. 4 der Marktmissbrauchs-Richtlinie 2003/6/EG zurück. Die hierzu im Rahmen des Komitologieverfahrens erlassene Ausführungsrichtlinie 2004/72/EG[670] regelt in Art. 1 Abs. 1, dass Personen mit Führungsaufgaben sowohl diejenigen Personen sind, „die einem Verwaltungs-, Leitungs- oder Aufsichtsorgan des Emittenten angehören", als auch Personen, die, ohne Mitglied der Leitungsorgane zu sein, „regelmäßig Zugang zu Insider-Informationen mit direktem oder indirektem Bezug zu [dem] Emittenten haben und befugt sind, unternehmerische Entscheidungen über zukünftige Entwicklungen und Geschäftsperspektiven dieses Emittenten zu treffen". Der deutsche Gesetzgeber hat in der jetzigen Fassung des § 15a WpHG zunächst nur die Formulierung der Marktmissbrauchs-Richtlinie übernommen und damit offen gelassen, welche Personen Führungsaufgaben bei dem Emittenten im Sinne der Richtlinie wahrnehmen. Eine Auslegungshilfe bietet hier die soeben wiedergegebene Umsetzungsregelung der Richtlinie 2004/72/EG, nach deren Entstehungsgeschichte und insbesondere den im Vorfeld erfolgten Anhörungen von CESR nur sog. „Top Executives" erfasst werden sollen, nicht hingegen sämtliche leitenden An-

---

[667] Bericht des Finanzausschusses, BT-Drucks. 14/8601, S. 18; BaFin Rundschreiben 17/2002 vom 5.9.2002; vgl. hierzu im Einzelnen *Fischer zu Cramburg/Hannich* Directors' Dealings, S. 27 f.; Assmann/Schneider/*Sethe* WpHG[3] § 15a Rn. 65 ff.

[668] § 15a Abs. 1 Nr. 2 WpHG.

[669] Bericht des Finanzausschusses, BT-Drucks. 14/8601, S. 19; BaFin Rundschreiben 17/2002 vom 5.9.2002; *Letzel* BKR 2002, 862, 866; Assmann/Schneider/*Sethe* WpHG[3] § 15a Rn. 68.

[670] Richtlinie 2004/72/EG der Kommission vom 29.4.2004, ABl. EG Nr. L162 v. 30.4.2004, S. 70.

gestellten des Emittenten.[671] Eine sachgerechte Anwendung der Vorschriften über Directors' Dealings macht es daher erforderlich, nur diejenigen Personen in deren Anwendungsbereich einzubeziehen, die neben ihrer unternehmerischen Entscheidungsbefugnis auch regelmäßig Zugang zu Insiderinformationen haben.[672] Dies wird bei Führungskräften unterhalb der Vorstandsebene regelmäßig nur bei solchen Personen der Fall sein, die unternehmerische Entscheidungen mit Auswirkungen auf die zukünftige Geschäftsentwicklung des Emittenten treffen können.[673]

bb) Umgehungstatbestände

Zur Vermeidung von Umgehungsgeschäften über die Depots naher Angehöriger erstreckt sich die Mitteilungspflicht auch auf Transaktionen von Ehepartnern, eingetragenen Lebenspartnern, unterhaltsberechtigten Kindern und anderen Verwandten, die zum Zeitpunkt des Abschusses des meldepflichtigen Geschäfts seit mindestens einem Jahr im selben Haushalt leben (§ 15a Abs. 1 Satz 2, Abs. 3 WpHG).[674] Berichtspflichtig ist in diesem Fall der Angehörige selbst, nicht dagegen die Person, die Führungsaufgaben bei dem Emittenten wahrnimmt.[675]

Anders als unter der Vorgängerregelung erfasst § 15a WpHG n.F. neben der Führungsperson nahe stehende Personen auch juristische Personen, Gesellschaften und Einrichtungen, die direkt oder indirekt von der Führungsperson kontrolliert werden, die zugunsten dieser gegründet wurden oder deren wirtschaftliche Interessen weitgehend denen einer solchen Person entsprechen (§ 15a Abs. 3 Satz 2 WpHG n.F.). Damit werden vom Anwendungsbereich der Regelung auch sog. Konzernsachverhalte erfasst, im Rahmen derer der Meldepflichtige über abhängige juristische Personen (insbesondere Vermögensverwaltungsgesell-

---

671 Ebenso Marsch-Barner/Schäfer/*Schäfer* Hdb. börsennotierte AG § 15 Rn. 5; **a.A.** *Kuthe* ZIP 2004, 883, 886, nach dem auch leitende Angestellte im Sinne von § 5 Abs. 3 Satz 2 BetrVG als unternehmerische Entscheidungsträger erfasst werden sollen.

672 *BaFin* Emittentenleitfaden, S. 63; *Diekmann/Sustmann* NZG 2004, 929, 936; *Erkens* Der Konzern 2005, 29, 32.

673 *BaFin* Emittentenleitfaden, S. 69.

674 BegrRegE, BT-Drucks. 14/8017, S. 88; vgl. hierzu auch *BaFin* Emittentenleitfaden, S. 70 f.

675 „Die Verpflichtung nach Satz 1 gilt auch für Ehepartner ..." klarstellend insoweit auch der Bericht des Finanzausschusses BT-Drucks. 14/8601, S. 10: „Die Meldepflicht richte sich zudem an die Verwandten selbst, nicht an das Vorstands- oder Aufsichtsratsmitglied". Kritisch hierzu *Fleischer* ZIP 2002, 1217, 1226; *Letzel* BKR 2002, 862, 865.

schaften) Wertpapiertransaktionen tätigt.[676] Die Bestimmung beruht auf Art. 1 Ziffer 2 der (Ausführungs-)Richtlinie 2004/72/EG der EU-Kommission.

cc) Begründung der Publizitätspflicht

Pflichtbegründendes Ereignis für die Meldepflicht sind der Erwerb und die Veräußerung der Aktien oder sonstigen Rechte. Fallen das schuldrechtliche Verpflichtungsgeschäft und das dingliche Verfügungsgeschäft auseinander, so kommt es ebenso wie im Rahmen des § 14 Abs. 1 Nr. 1 WpHG allein auf das Kausalgeschäft an.[677] Die Änderung der dinglichen Rechtslage ist nicht erforderlich.[678] Als Erwerbs- oder Veräußerungsgeschäfte sind auch Wertpapierpensions- oder -darlehensgeschäfte zu publizieren.[679] Die bloße Verpfändung von Wertpapieren stellt dagegen keinen Erwerbs- oder Veräußerungstatbestand dar, ebenso wie Erbschaften und Schenkungen.[680] Depotüberträge sind ebenfalls nicht mitteilungspflichtig. Allerdings kann hier das zugrunde liegende Kausalgeschäft der Mitteilungspflicht nach § 15a WpHG unterliegen.

Dem Inhalt nach hat die Mitteilung die Bezeichnung des Wertpapiers oder Rechts und die Wertpapierkennnummer, das Datum des Geschäftsabschlusses, sowie den Preis, die Stückzahl und den Nennbetrag der Wertpapiere oder Rechte zu enthalten (§ 15a Abs. 3 WpHG i.V.m § 10 WpAIV). Die Mitteilung hat schließlich unverzüglich[681] zu erfolgen. Maßgebend ist dabei der Zeitpunkt, zu dem der Meldepflichtige Kenntnis vom Zustandekommen des schuldrechtlichen Rechtsgeschäfts hatte oder haben musste. Dies wird regelmäßig mit Erhalt der

---

[676] Vgl. hierzu im Einzelnen *BaFin* Emittentenleitfaden, S. 71 ff.; *Erkens* Der Konzern, 2005, 29, 34.

[677] Ebenso *Erkens* Der Konzern 2005, 29, 35; *von Buttlar* BB 2003, 2133, 2137.

[678] BaFin Rundschreiben 17/2002 vom 5.9.2002; *Schuster* ZHR 167 (2003) 183, 203; *Uwe H. Schneider* BB 2002, 1817; 1819; AnwaltKomm-AktG/*Fischer zu Cramburg* § 15a Rn. 4; **a.A.** *Fleischer* ZIP 2002, 1217, 1226.

[679] Rundschreiben der BaFin 17/2002 vom 5.9.2002 zu den Mitteilungs- und Veröffentlichungspflichten gemäß § 15a WpHG, Az-WA 22 – W 2320-1/2002; zustimmend Assmann/Schneider/*Sethe* WpHG^3 § 15a Rn. 54.

[680] *Pluskat* BKR 2004, 467, 471.

[681] § 121 Abs.1 Satz 1 BGB.

Bestätigung der Orderausführung der Fall sein,[682] die in der Praxis spätestens am auf die Ausführung folgenden Tag an den Meldepflichtigen übersendet wird.[683]

c) Ausnahmen von der Mitteilungspflicht

Ausnahmeregelungen von der Meldepflicht für Directors' Dealings sieht die Neufassung des § 15a WpHG nunmehr für Geschäfte von Personen mit Führungsaufgaben und den mit diesen in einer engen Beziehung stehenden Personen vor, die innerhalb eines Kalenderjahres einen Betrag von EUR 5.000,00 nicht übersteigen (§ 15a Abs. 1 Satz 5 WpHG n.F.)[684]. Zu beachten ist insoweit, dass die vorgeschriebene *de minimis*-Grenze nicht nur für Wertpapiertransaktionen der jeweiligen Führungsperson gilt, sondern den Gesamtbetrag der Geschäfte dieser Person und der mit dieser in enger Beziehung stehenden Personen erfasst. Obgleich eine entsprechende Bagatellklausel mit Blick auf die selektiven Informationsbedürfnisse der Kapitalmarktteilnehmer sinnvoll erscheinen, ist fraglich, ob durch die mit dem AnSVG auf Basis der Vorgaben des Europäischen Rechts erfolgten Herabsetzung der maßgebenden Schwellenwerte der Bogen nicht überspannt wurde. Die Bagatellklausel in ihrer gegenwärtigen Form erscheint insoweit wenig geeignet, den Kapitalmarkt von Pflichtveröffentlichungen ohne eine Aussagekraft für die Marktteilnehmer freizuhalten.[685]

d) Veröffentlichungsverfahren

Ähnlich wie im Rahmen der §§ 21 ff. WpHG ist das in § 15a WpHG angelegte Veröffentlichungsverfahren zweistufig angelegt. Ausgangspunkt bildet insoweit die Mitteilung der meldepflichtigen Person gegenüber dem Emittenten, der diese wiederum gegenüber dem Markt entweder durch eine Bekanntmachung auf seiner Website für die Dauer von mindestens einem Monat oder in einem überregionalen Börsenpflichtblatt zu veröffentlichen hat.[686]

e) Normdurchsetzung und Sanktionen

Die zumindest leichtfertige Verletzung der nach § 15a WpHG begründeten Melde- und Publizitätspflichten stellt eine Ordnungswidrigkeit dar, die mit einer Geldbuße zwischen EUR 50.000 bis 100.000 von der BaFin geahndet werden

---

682 BaFin Rundschreiben 17/2002 vom 5.9.2002.

683 *Fischer zu Cramburg/Hannich* Directors' Dealings, S. 36; zu dem von dem Meldepflichtigen zu treffenden organisatorischen Vorkehrungen Assmann/Schneider/*Sethe* WpHG^3 § 15a Rn. 88.

684 Vgl. *BaFin* Emittentenleitfaden, S. 75.

685 Ebenso Marsch/Barner/Schäfer/*Schäfer* Hdb. Börsennotierte AG § 15 Rn. 14.

686 § 15a Abs. 3 WpHG; vgl. *BaFin* Emittentenleitfaden, S. 79 f.

kann.[687] Weitere Sanktionsfolgen, wie die im US-amerikanischen Recht vorgesehene Gewinnabführungspflicht bei sog. *short swing profits*, sieht das deutsche Recht nicht vor.[688]

f) Zwischenergebnis

Ohne dass die Regelung von Directors' Dealings im deutschen Recht vor der Einbeziehung der Erfahrungen in England und den USA bereits hier einer abschließenden Würdigung unterzogen werden soll, lassen sich, mit Blick auf die durch die Regelung verfolgten Ziele, bereits an dieser Stelle einige erste Schlussfolgerungen ziehen.

Obgleich die gesetzgeberische Entscheidung, den Tatbestand des § 15a WpHG nicht im Rahmen einer Verpflichtung zur Vorabveröffentlichung von Insidertransaktionen (pre-trading disclosure) auszugestalten, sinnvoll erscheint, weist die Regelung doch einige zentrale Regelungsdefizite auf. Hierzu gehört zunächst das Fehlen einer Meldepflicht, die Rückschlüsse über die von den einzelnen Organmitglieder unterhalb der 5 Prozent Schwelle gehaltenen Aktien an der Gesellschaft zuließe. Ausreichend, aber auch erforderlich wäre insoweit eine entsprechende Erweiterung der bereits oben genannten (konzern-)bilanzrechtlichen Bestimmungen der §§ 285 Nr. 9, 314 Abs. 1 Nr. 6 HGB unter Einbeziehung von Pflichtangaben über die jeweils durch die einzelnen Organmitglieder unmittelbar oder mittelbar gehaltenen Anteile an der Gesellschaft. Dies würde es dem Anlegerpublikum ermöglichen, über die stichtagsbezogene Jahresabschlusspublizität hinaus und in Zusammenschau mit den nach § 15a WpHG erfolgenden, anlassbezogenen Pflichtmitteilungen auch über das Geschäftsjahr hinweg Rückschlüsse über den genaueren Umfang der durch das Organmitglied gehaltenen Beteiligung zu ziehen.[689]

Der Anwendungsbereich des § 15a WpHG sollte weiterhin dahingehend erweitert werden, die derzeit bestehenden Publizitätspflichten auf den Anfangsbestand neu bestellter Organmitglieder auszudehnen und bestimmte Übergangsfristen für ausscheidende Organmitglieder einzuführen.[690] Im Hinblick auf den zuerst genannten Vorschlag ließe sich somit eine informationell adäquate Ergänzung zu

---

[687] Vgl. § 39 Abs. 2 Nr. 1, 2, 4, Abs. 3 Nr. 1 i.V.m. Abs. 4 WpHG.

[688] Vgl. zu entsprechenden Vorschlägen; *Baums* ZHR 2002, 376; *Fischer zu Cramburg/Hannich* Directors' Dealings, S. 56 ebenfalls mit Nachweisen zu den teils drakonischen Rechtsfolgen im US-amerikanischen und englischen Recht.

[689] Ebenso *Schuster* ZHR 167 (2003) 183, 214.

[690] Ebenso *Fischer zu Cramburg/Hannich* Directors' Dealings, S. 23; *Schuster* ZHR 167 (2003) 183, 206 f.

der oben angeführten Erweiterung der Jahresabschlusspublizität für Fälle der Neubestellung während des laufenden Geschäftsjahres erreichen. Mit einer darüber hinaus einzuführenden nachwirkenden Publizitätspflicht ließe sich die durch § 15a WpHG bezweckte disziplinierend Wirkung auch auf solche Fälle ausdehnen, in denen der Unternehmensinsider nach Ausscheiden aus dem Amt die zu diesem Zeitpunkt regelmäßig noch bestehenden Insiderinformationen zu versilbern versucht.

4.) Verbot der Kurs- und Marktpreismanipulation, § 20a WpHG

a) Gesetzeszweck und Regelungskontext

Im Rahmen der Ausgestaltung des kapitalmarktrechtlichen Publizitätssystems und der Sanktionierung von Verstößen gegen kapitalmarktbezogene Offenlegungspflichten weiterhin von Bedeutung ist das mit dem Vierten Finanzmarktförderungsgesetz neu geregelte und nunmehr in § 20a WpHG aufgenommene Verbot der Kurs- und Marktpreismanipulation,[691] mit dem der deutsche Gesetzgeber die Verpflichtungen der europäischen Marktmissbrauchs-Richtlinie umgesetzt hat.[692] Der Begriff der Kurs- und Marktmanipulation bezieht sich dabei dem Grunde nach auf Handlungen, die einen Preis herbeiführen, der nicht den tatsächlichen Marktgegebenheiten entspricht. Anders als bei dem Tatbestand des Insiderhandels, geht es demnach nicht um das Ausnutzen einer bestehenden Fehlbewertung durch den Kapitalmarkt, sondern um die Herbeiführung eines falschen Kurses, mit dem der Delinquent sich einen bestimmten Sondervorteil zu verschaffen versucht.[693] Dementsprechend untersagt der neue § 20a WpHG alle Eingriffe in die Börsenkursbildung, die entweder auf bestimmten informationsbezogenen Handlungen beruhen[694] oder im Rahmen der hier weniger interessierenden sonstigen Täuschungshandlungen geeignet sind, auf den Börsen- oder Marktpreis der von der Norm erfassten Wertpapiere einzuwirken.[695] Schutzgut

---

[691] Die Vorschrift ersetzt den früheren § 88 BörsG a.F., der keine nennenswerte praktische Bedeutung entfalten konnte; vgl. insoweit *Altenhain* BB 2002, 1874; *Lenzen* FB 2001, 603 ff.; dies. Unerlaubte Eingriffe in die Börsenkursbildung, 2000, S. 159 ff.; *Möller* WM 2002, 309; zu den Reformvorschlägen ebenfalls *Hopt/Rudolph/Baum* Börsenreform, 1997, S. 440 ff.; zu den mit der Anwendung der Regelung verbundenen Problemen u.a.: *Bröker* wistra 1995, 130, 133; Assmann/Schneider/*Vogel* WpHG[3] § 20a Rn. 2 ff.

[692] Vgl. hierzu oben § 2 A) III.) 2.) a) bb).

[693] Ähnlich *Lenzen* WM 2000, 1131.

[694] § 20a Abs. 1 Satz 1 Nr. 1 WpHG.

[695] § 20a Abs. 1 Satz 1 Nr. 2 WpHG. Entsprechende Täuschungshandlungen umfassen dabei Handlungen, die entweder den Eindruck verstärkter Handelsaktivitäten erwecken sollen oder eine Verknappung der Wertpapiernachfrage beabsichtigen; vgl. hierzu im einzelnen *Möller*

der Vorschrift ist dabei in erster Linie die Gewährleistung der Zuverlässigkeit und Wahrheit der Preisbildung an den Börsen bzw. organisierten Wertpapiermärkten.[696]

Im Hinblick auf die Intensität und Auswirkungen der durch die Vorschrift geregelten Manipulationshandlungen, unterscheidet das Gesetz zwei unterschiedliche Sanktionstatbestände. So werden schwerwiegende Eingriffe in den Preisbildungsprozess mit einer tatsächlich nachgewiesenen Einwirkung auf den Preis des Vermögenswertes als Straftat verfolgt, während unterhalb dieser Schwelle begangene Manipulationshandlungen als bloßer Gefährdungstatbestand lediglich als Ordnungswidrigkeit geahndet werden.[697]

b) Voraussetzungen und Anwendung auf die Verletzung von Publizitätspflichten

Im Hinblick auf die im vorliegenden Zusammenhang interessierenden informationsbezogenen Manipulationshandlungen, unterbindet § 20a WpHG alle Eingriffe in die Kurs- oder Marktpreisbildung, die entweder auf bewertungserheblichen unrichtigen Angaben über bestimmte Umstände beruhen[698] oder bei denen durch das Verschweigen solcher Umstände entgegen bestehender Rechtsvorschriften die entsprechenden Angaben oder deren Verschweigen geeignet sind, auf den Börsenkurs unmittelbar einzuwirken.[699] Auf die unterschiedlichen kapitalmarktrechtlichen Informationszusammenhänge übertragen bedeutet dies zunächst, dass die Regelung neben Angaben oder dem Verschweigen bestimmter Umstände in Verkaufsprospekten, Unternehmensberichten, Geschäftsberichten, Bilanzen, Pressemitteilungen sowie Beratungs- und Vermittlungsgesprächen vor allem auch kapitalmarktrechtliche Informationspflichten wie die Ad-hoc-Publizität,[700] die Verpflichtung zur Offenlegung von Directors' Dealings oder, wie bisweilen übersehen wird, die Mitteilungspflichten über die Stimmrechte an börsennotierten Gesellschaften erfassen kann.[701] Insoweit ist insbesondere für

---

WM 2002, 309, 312 ff.; *Lenzen* WM 2000, 1131, 1132 ff.; siehe hierzu neuerdings auch die Verordnung zur Konkretisierung des Verbots der Marktmanipulation (MaKonV) v. 1.3.2005 (BGBl. 515).

[696] Begr RegE BT-Drucks. 14/8017, S. 89; *Möller* WM 2002, 309, 310; im Einzelnen auch *Altenhain* BB 2002, 1874, 1875.

[697] § 39 Abs. 1 Nr. 1 und 2 WpHG.

[698] § 20a Abs. 1 Nr. 1, 1. Alt. WpHG.

[699] § 20 Abs. 1 Nr. 1, 2. Alt. WpHG.

[700] So ausdrücklich § 2 Abs. 2 MaKonV; sowie bereits Begr RegE BT-Drucks. 14/8017, S. 89.

[701] *Assmann* ZGR 2002, 697, 723; *BaFin* Emittentenleitfaden, S. 87.

die zuletzt genannten Fälle denkbar, dass durch die bewusste Unterlassung oder Umgehung der durch das WpHG begründeten Publizitätspflichten im Zusammenhang mit Paketerwerben und sonstigen Wertpapiertransaktionen, die mit dem Ziel verfolgt werden, den Kurs „flach zu halten", eine durch die Norm vorausgesetzte Kurseinwirkung begründet wird.

Konkret ist in diesem Fall jeweils zu prüfen, ob die Angaben bzw. die Nichterfüllung gesetzlich begründeter Publizitätspflichten für die Bewertung des Vermögenswertes *erheblich* sind. Das bereits in § 88 BörsG a.F.[702] enthaltene Merkmal der Erheblichkeit wird damit zugleich zum wesentlichen Abgrenzungskriterium gegenüber Handlungen, die für die Marktteilnehmer keinen eigenen Investitions- oder Desinvestitionsanreiz begründen. Nach § 2 Abs. 1 MaKonV sind solche Umstände erheblich, die ein verständiger bei seiner Anlageentscheidung berücksichtigen würde („Verkehrsauffassung").[703] Entsprechend den in § 2 Abs. 2 MaKonV exemplarisch aufgeführten bewertungserheblichen Umständen, können daher u.a. Tatsachen im Sinne des § 15 WpHG sowie der §§ 10, 35 WpÜG das gesetzliche Erheblichkeitskriterium erfüllen. Nichts anderes kann aufgrund des nicht abschließenden Charakters der Regelung für eine Missachtung der kapitalmarktrechtlichen Stimmrechtspublizität sowie der Offenlegungspflichten für Directors' Dealings gelten, zumal auch in diesen Fällen eine ausdrückliche Rechtspflicht zur Offenlegung besteht. Anders als im Rahmen des § 15 WpHG ist hier jedoch die erforderliche Bewertungserheblichkeit gesondert festzustellen, da in diesem Fall nicht bereits *per definitionem* eine besondere Geeignetheit zur (erheblichen) Kursbeeinflussung bestehen muss.

Bejaht man die vorgenannten Voraussetzungen, so ist für die möglicherweise in Betracht kommende Erfüllung des Straftatbestandes des § 38 WpHG im Einzelfall zu untersuchen, ob es durch die Maßnahme zu einer tatsächlichen Einwirkung auf den Börsen- oder Marktpreis gekommen ist. Der Nachweis hierüber ist, ebenso wie in der Praxis zu § 88 BörsG a.F., in der Regel jedoch mit erheblichen praktischen Schwierigkeiten verbunden.[704]

---

702 Vgl. insoweit die ausdrückliche Bezugnahme der Begr RegE BT-Drucks. 14/8017, S. 89.

703 So ausdrücklich die Begr RegE zu § 2 Entwurf Kurs- und Marktmanipulations-VO unter Hinweis auf die Begr RegE zu § 88 BörsG a.F. BT-Drucks. 10/318, S. 46; ähnlich *Altenhain* BB 2002, 1874, 1878; zu § 88 BörsG a.F. ebenso *Groß* Kapitalmarktrecht², § 88 Rn. 3.

704 Ebenso FAZ v. 12.2.2003 (*jja./nr.*) Verdacht auf Kursmanipulation, Nr. 36, S. 21 im Zusammenhang mit Untersuchungen der BAFin gegenüber Zurich Finance wegen einer Studie zu der Kursentwicklung der WCM-Aktie.

c) Normdurchsetzung und Sanktionen

Für die Überwachung von Eingriffen in die Börsenkursbildung nach dem WpHG ist seit In-Kraft-Treten der Regelung, statt wie bisher die Staatsanwaltschaft, nun die BaFin zuständig, die zu diesem Zweck mit umfangreichen Ermittlungsbefugnissen ausgestattet worden ist.[705] Bei Verdacht für das Vorliegen einer Straftat hat die BaFin dies der Staatsanwaltschaft mitzuteilen,[706] die sodann über die Einleitung eines Ermittlungsverfahrens entscheidet.

Wie zu Beginn dieses Abschnitts erwähnt, basiert § 20a WpHG auf einem zweistufigen Sanktionssystem. Wird durch unrichtige oder pflichtwidrig verschwiegene Angaben auf den Börsen- oder Marktpreis eines Wertpapiers eingewirkt, so stellt dies, entsprechend der bisherigen Regelung, eine Straftat dar.[707] Zu beachten ist hierbei auch, dass die tatsächliche Kurseinwirkung ein qualifizierendes Tatbestandsmerkmal und nicht eine objektive Strafbarkeitsbedingung ist, so dass der Täter im Hinblick auf die Kursbeeinflussung zumindest mit bedingtem Vorsatz handeln muss.[708] Damit geht die Bestimmung weiter als der bisherige § 88 BörsG a.F., nach dem es noch auf eine absichtliche Preisbeeinflussung ankam. Folgerichtig werden nun auch Fälle erfasst, in denen es dem Täter nicht direkt auf eine Einflussnahme auf den Börsenkurs ankommt, er aber die Möglichkeit einer solchen Folge in Kauf nimmt.[709] Andererseits, und dies ist ebenfalls neu, fungiert das allgemeine Manipulationsverbot in Verbindung mit dem als Ordnungswidrigkeit ausgestalteten § 39 Abs. 1 Nr. 1 WpHG, unter Verzicht auf jegliche subjektive Voraussetzungen, als reines Gefährdungsdelikt. Hierbei ist es, anders als für die Verwirklichung der Strafnorm, nicht erforderlich, dass der Handelnde tatsächlich eine Marktpreis- oder Kursbeeinflussung herbeiführt. Der BaFin wird demnach gestattet, bestimmte Manipulationshandlungen effektiv zu verfolgen, ohne dass dabei wie bisher eine tatsächliche Einwirkung auf den Börsenkurs nachgewiesen werden müsste. Ausreichend für die Erfüllung des § 20a WpHG und damit zugleich für die drohende Verhängung eines Bußgeldes von bis zu EUR 1.500.000,- ist jede Täuschungshandlung die abstrakt

---

[705] Siehe insoweit § 20b WpHG. Damit wird gleichzeitig erreicht, dass die Einhaltung des Kurs- und Marktpreismanipulationsverbotes bundesweit durch eine einzige Behörde überwacht wird, die gleichzeitig für die Verhängung von Bußgeldern zuständig ist und damit unmittelbar auf festgestellte Verstöße reagieren kann, vgl. insoweit BegrRegE BT-Drucks. 14/8017, S. 64.

[706] § 20b Abs. 6 WpHG.

[707] § 38 Abs. 1 Nr. 4 WpHG.

[708] *Möller* WM 2002, 309, 316.

[709] *Möller* WM 2002, 309, 316.

geeignet ist (damit also bereits der Versuch), auf den Börsen- oder Marktpreis einzuwirken.[710]

d) Zwischenergebnis

Mit dem neu eingeführten § 20a WpHG wird für das Anwendungsfeld der kapitalmarktrechtlichen Publizität und dem diesem zugrunde liegenden Sanktionssystem ein weiterer wichtiger Anreiz zu gesetzeskonformem Verhalten bei der Erfüllung gesetzlicher Publizitätspflichten durch die Marktteilnehmer geschaffen. Obgleich die vergleichsweise hohen Anforderungen an das Vorliegen einer tatsächlichen Kursbeeinflussung bei dem gezielten Unterlassen entsprechender gesetzlicher Pflichtmitteilungen im Regelfall nur schwer nachzuweisen sein werden, so ist doch die denkbare Verhängung eines Ordnungsgeldes von bis zu EUR 1.500.000,- ein im Kapitalmarktrecht bedeutendes Novum, dass sich kraft der Erfassung eines breiten Spektrums informationsbezogener Manipulationshandlungen auch auf die Verletzung der Mitteilungspflichten über die Offenlegung stimmrechtsmäßiger Beteiligungen, die Ad-hoc-Publizität und die Meldepflichten über Directors' Dealings erstrecken kann. Die mit § 20a WpHG verbundene Strafandrohung kann dabei freilich auch eine mittelbare Wirkung entfalten, denn insbesondere Kreditinstitute und andere Finanzdienstleistungsunternehmen werden die mit einem Verstoß gegen Bestimmung verbundene negative Publizität in die Entscheidung einbeziehen, sich etwa an bestimmten Umgehungskonstruktionen zu beteiligen.

V.) Spezielle übernahmerechtliche Publizitätspflichten

Neben den kapitalmarktrechtlichen Pflichten über die Offenlegung von Aktionärsstrukturen und bestimmten Wertpapiertransaktionen durch das WpHG, begründet nun auch das Übernahmerecht eine Reihe von gesetzlichen Publizitätspflichten, die auf unterschiedlichen Stufen des Angebotsverfahrens teilweise unmittelbar und teilweise mittelbar zu einer Transparentmachung von Erwerbsvorgängen in Wertpapieren der Zielgesellschaft führen. Obschon diese Regelungen maßgeblich aus ihrem übernahmerechtlichen Regelungskontext heraus zu verstehen sind, ergeben sich auch hier einige Berührungspunkte zu den allgemeinen Publizitätsanforderungen nach WpHG.

---

[710] BegrRegE BT/Drucks. 14/8017.

1.) Veröffentlichung der Entscheidung zur Abgabe eines Angebotes als Sondertatbestand der Ad-hoc-Publizität, § 10 WpÜG

Die bereits an anderer Stelle erwähnte Regelung des § 10 WpÜG verpflichtet den Bieter, seine Entscheidung zur Abgabe eines Angebots, d.h. jedes öffentliche Kauf- oder Tauschangebot zum Erwerb von Wertpapieren einer Zielgesellschaft, deren Aktien zum Handel an einem organisierten Markt zugelassen sind,[711] nach Maßgabe des im Gesetz festgelegten Verfahrens unverzüglich[712] zu veröffentlichen und der Zielgesellschaft mitzuteilen. Die Vorschrift ist *lex specialis* zu der in § 15 WpHG statuierten Pflicht der Ad-hoc-Publizität.[713] Die Entscheidung zur Abgabe eines Angebots ist dabei, anders als eine Tatsache im Sinne des § 15 Abs. 1 Satz 1 WpHG, unabhängig davon publizitätspflichtig, ob sie im konkreten Fall geeignet ist, den Börsenkurs der Wertpapiere zu beeinflussen. Ebenso wie die Pflicht zur Ad-hoc-Publizität soll § 10 WpÜG dafür Sorge tragen, die Öffentlichkeit frühzeitig über marktrelevante Daten zu informieren und damit das Ausnutzen von Insiderinformationen zu verhindern.[714] Die Regelung begründet damit zugleich eine zeitliche Begrenzung für börsliche und außerbörsliche Vorerwerbe in Anteilen der Zielgesellschaft durch den Bieter und die gemeinsam mit ihm handelnden Personen.[715]

Die Veröffentlichungspflicht ist für das damit einsetzende Angebotsverfahren in mehrfacher Hinsicht von Bedeutung: Sie begründet die Verpflichtung, innerhalb von vier bzw. in Einzelfällen innerhalb von acht Wochen nach der Veröffentlichung der Angebotsabsicht eine vollständige Angebotsunterlage bei der BaFin einzureichen[716] und – mit diesem Datum korrespondierend – den außenstehenden Aktionären bei Bemessung der Gegenleistung mindestens den Wert der in den letzten drei Monaten vor Veröffentlichung der Angebotsunterlage gezahlten Gegenleistung zu erstatten.[717] Zum anderen greift mit dem Zeitpunkt das, für die Leitungsorgane der Zielgesellschaft bestehende, übernahmerechtliche Verhinderungsverbot des § 33 WpÜG.

---

[711] Vgl. § 2 Abs. 1 WpÜG.

[712] § 121 Abs. 1 Satz 1 BGB.

[713] § 10 Abs. 6 WpÜG.

[714] BegrRegE BT-Drucks. 14/7034, S. 39.

[715] *Liebscher* ZIP 2001, 853, 860; KK-WpÜG/*Hirte* § 10 Rn. 8.

[716] § 14 Abs. 1 Satz 1 WpÜG.

[717] § 31 Abs. 1 Satz 1, Abs. 7 WpÜG i.V.m. § 4 WpÜG-AngebotsVO.

Der Bieter hat seine Entscheidung zur Abgabe eines Angebots vor der Veröffentlichung zunächst den Geschäftsführungen der inländischen Börsen, an denen Wertpapiere der Zielgesellschaft und anderer durch das Angebot unmittelbar betroffener Gesellschaften sowie Derivate der Wertpapiere dieser Gesellschaften zugelassen sind, sowie der BaFin mitzuteilen (§ 10 Abs. 2 Satz 1 WpÜG). Im Anschluss hieran hat die Veröffentlichung der Entscheidung des Bieters zur Abgabe eines Angebots in deutscher Sprache in einem überregionalen Börsenpflichtblatt oder über ein elektronisch betriebenes Informationssystem zu erfolgen.[718]

Die Regierungsbegründung stellt zur Konkretisierung des die Publizitätspflicht auslösenden Zeitpunktes maßgeblich auf den Abschluss der internen Willensbildung in Bezug auf den Übernahmeplan durch den Bieter ab.[719] Ist die Entscheidung zur Abgabe eines Übernahmeangebotes bei einer Gesellschaft als Bieter Gegenstand eines mehrstufigen Entscheidungsprozesses, soll es hiernach für den Eintritt der Veröffentlichungspflicht maßgeblich auf die Abgabe der in diesen Fällen regelmäßig erforderlichen Zustimmung durch den Aufsichtsrat,[720] nicht hingegen auf eine gegebenenfalls erforderliche Beschlussfassung der Hauptversammlung, ankommen.[721] Der Verschiebung der Publizitätspflicht auf den Zeitpunkt der Entscheidung des Aufsichtsrats mag man unabhängig von der Beurteilung der Streitfrage im Rahmen des § 15 WpHG angesichts der Tragweite der Entscheidung zur Abgabe eines Übernahmeangebotes dem Grunde nach zustimmen.[722] Stimmt man dem zu, kann es auch nicht darauf ankommen, ob die erforderliche Zustimmung des Aufsichtsrats wahrscheinlich oder auch sicher zu erwarten ist. Eine Ausnahme des im Rahmen des § 10 WpÜG aufgestellten Grundsatzes der Verlagerung der Publizitätspflicht auf die Zustimmung des Aufsichtsrats sollte, ebenso wie im Rahmen der Ad-hoc-Publizität, jedenfalls für

---

718 § 10 Abs. 1 Satz 1 i.V.m. Abs. 3 Satz 1 WpÜG.

719 BegrRegE BT-Drucks. 14/7034, S. 39.

720 Vgl. BegrRegE BT-Drucks. 14/7034, S. 39, die sich insoweit auf die „herrschende Meinung“ zu § 15 WpHG beruft (vgl. zu der damit zusammenhängenden Streitfrage unten § 2 B) IV.) 2. b) aa)) und die dort entwickelten Grundsätze auf § 10 WpÜG anwenden will.

721 Vgl. § 10 Abs. 1 Satz 2 WpÜG. Vgl. hierzu im Einzelnen statt aller KK-WpÜG/*Hirte* § 10 Rn. 37 ff.

722 *BAWe* Schreiben vom 26.4.2002; KK-WpÜG/*Hirte* § 10 Rn. 35; *Hopt* ZGR 2002, 333, 342 ff., für eine Ausnahme bei Entscheidungen des Vorstands, denen eine eigene rechtliche Bedeutung zukommt.

solche Fälle gelten, in denen die Vertraulichkeit der Information über ein bevorstehendes Übernahmeangebot nicht mehr gewährleistet erscheint.[723]

Unabhängig von dem Einfluss der internen Willensbildung auf die Entstehung der Veröffentlichungspflicht nach § 10 Abs. 1 Satz 1 WpÜG bei einer Bietergesellschaft stellt sich die Frage, zu welchem Zeitpunkt sich die Entscheidung über die Abgabe eines Übernahmeangebots soweit verdichtet hat, dass hierdurch eine entsprechende Veröffentlichungspflicht ausgelöst wird. Allgemein wird hierzu zunächst darauf abgestellt, ob die Entscheidung aus Sicht des Bieters so weit feststeht, dass er von ihr nach dem normalen Lauf der Dinge nicht mehr abrücken wird, es sich also bei der Veröffentlichung der Angebotsunterlage nur noch um die förmliche Umsetzung seines eigenen Angebotsentschlusses handelt.[724] Regelmäßig wird dies der Fall sein, wenn die wesentlichen Eckpunkte des Angebots, insbesondere Art und Höhe der Gegenleistung, vorliegen, auch wenn dies keine zwingende Voraussetzung für die Annahme einer Publizitätspflicht ist.[725] Legt man diese Kriterien zugrunde, wird jedenfalls die Durchführung bzw. der Abschluss einer *Due-Diligence*-Prüfung kein pflichtbegründendes Ereignis darstellen können, da diese lediglich eine Entscheidungsgrundlage für ein zu einem späteren Zeitpunkt abzugebendes Übernahmeangebot bildet.[726] Schwieriger ist die Beurteilung von Bedingungen, von denen die Entscheidung zur Abgabe eines Übernahmeangebotes abhängig sein kann. Steht das Angebot unter einer nicht durch den Bieter selbst herbeigeführten Bedingung (§ 18 Abs. 1 WpÜG),[727] so wird dies einen zulässigen Vorbehalt gegenüber der Publizitätspflicht darstellen.[728] Anders ist es, wenn die Entscheidung zur Veröffentlichung der Angebotsabsicht von Faktoren abhängt, auf die der Bieter zumindest einen gewissen Einfluss hat.[729]

Für die Beurteilung der Frage, inwieweit börsliche oder außerbörsliche Pakettransaktionen einen publizitätspflichtigen Tatbestand begründen, kommt es nach

---

[723] In diese Richtung gehend wohl auch Geibel/Süßmann/*Geibel* § 10 Rn. 13, allerdings nur in Form einer „extensiven Anwendung von § 15 WpHG". Vgl. insoweit auch die Regelung des § 5 Abs. 2 öÜbG sowie Rule 2.2 City Code.

[724] *Liebscher* ZIP 2001, 853, 859; KK-WpÜG/*Hirte* § 10 Rn. 27.

[725] Vgl. insoweit die BegrRegE BT-Drucks. 14/7034, S. 39.

[726] KK-WpÜG/*Hirte* § 10 Rn. 27; Haarmann/*Riehmer* § 10 Rn. 22.

[727] Vgl. zu insoweit zulässigen Angebotsbedingungen statt anderer KK-WpÜG/*Hasselbach* § 18 Rn. 22.

[728] KK-WpÜG/*Hirte* § 10 Rn. 28.

[729] KK-WpÜG/*Hirte* § 10 Rn. 29 ff.

dem oben Gesagten maßgebend darauf an, inwieweit sich zum Erwerbszeitpunkt die vermeintliche Angebotsabsicht des Bieters konkretisiert hat. Erfolgt der Paketerwerb übernahmeneutral, etwa weil (zunächst) der Aufbau einer strategischen Beteiligung beabsichtigt wird, liegen die Voraussetzungen des § 10 Abs.1 WpÜG schon begrifflich nicht vor, da es insoweit an einer konkreten Angebotsabsicht fehlt. In diesem Fall hat der Erwerber zu prüfen, ob das Berühren bestimmter Beteiligungsschwellen neben den §§ 21 ff. WpHG eine Verpflichtung zur Ad-hoc-Publizität begründen kann. Dies gilt richtigerweise auch dann, wenn der Bieter zunächst einen bestimmten Beteiligungsstock aufbauen will, um die Entscheidung zur Abgabe eines öffentlichen Angebotes dann von dem Erfolg dieses Vorgehens oder auch von der Frage abhängig zu machen, ob er sich in diesem Fall der Unterstützung „befreundeter" Investoren vergewissern kann. Dies bedeutet zugleich, dass die Entscheidung des Bieters, ein Angebot für die Aktien der Zielgesellschaft abgeben zu wollen, regelmäßig dem Abschluss des dem Erwerb zugrunde liegenden Rechtsgeschäfts zeitlich vorgeschaltet sein muss, der Erwerbsvorgang die Entscheidung des Bieters damit lediglich voraussetzt bzw. dokumentiert und folglich selbst nicht zwingend einen publizitätspflichtigen Tatbestand begründet.[730] Im Einzelfall werden beide Vorgänge freilich regelmäßig in einem engen zeitlichen Zusammenhang zueinander stehen. Eine andere Beurteilung mag sich schließlich dann ergeben, wenn mit Abschluss der entsprechenden vertraglichen Vorvereinbarungen, etwa in Form eines *„pre-commitment agreement"* oder eines *„letter of intent"* oder aber bei börslichen Transaktionen mit Überschreiten der für den Erfolg des Übernahmeplans ausschlaggebenden Beteiligungsschwelle nach dem im Vorfeld festgelegten Gesamtplan des Bieters, der Entschluss zur Abgabe des Angebotes nach WpÜG unmittelbar eingeleitet wird. In diesem Fall hat der Bieter seine Entscheidung zur Abgabe des Angebotes, d.h. bereits nach Abschluss des schuldrechtlichen Erwerbsgeschäfts, unverzüglich nach Abs. 1 zu veröffentlichen.[731] Nichts anderes kann insoweit für den Erhalt einer bestimmten Mindestzahl von durch den Bieter für die Begründung seiner Angebotsabsicht vorausgesetzten *irrecocable undertakings* gelten, durch die die Aktionäre der Zielgesellschaft ihre Bereitschaft zur Annahme eines Übernahmeangebotes dokumentieren.[732]

---

[730] *Liebscher* ZIP 2001, 853, 861.

[731] *Liebscher* ZIP 2001, 853, 861; KK-WpÜG/*Hirte* § 10 Rn. 27; Geibel/Süßmann/*Geibel* § 10 Rn. 15.

[732] Siehe insoweit auch zu der Rechtslage unter dem englischen City Code, unten § 3 II.) 3.) c).

2.) Offenlegung der gehaltenen Stimmrechte und Wertpapiere im Rahmen der Angebotsunterlage, § 11 Abs. 4 Nr. 1 WpÜG i.V.m. § 2 Nr. 5 WpÜG-AngebotsVO

Eine unmittelbare Verpflichtung zur Offenlegung der durch den Bieter an der Zielgesellschaft gehaltenen Stimmrechte und Wertpapiere sieht § 11 Abs. 4 Nr. 1 WpÜG i.V.m. § 2 Nr. 5 WpÜG-AngebotsVO vor. Mit der Regelung soll den Aktionären der Zielgesellschaft ein umfassendes Bild über die Einflussverhältnisse des Bieters zum Zeitpunkt der Abgabe des Erwerbsangebotes an der Zielgesellschaft gegeben werden.[733] § 2 Nr. 5 AngebVO verlangt zu diesem Zweck Angaben über die durch den Bieter und die mit ihm gemeinsam handelnden Personen und deren Tochterunternehmen gehaltenen Wertpapiere.[734] Hinsichtlich der mit dem Bieter gemeinsam handelnden Personen sind die von diesen gehaltenen Stimmrechtsanteile (nicht hingegen die gehaltenen Wertpapiere[735]) getrennt für jeden der in § 30 WpÜG genannten Zurechnungstatbestände anzugeben. Der Handelsbestand gemäß § 20 WpÜG ist darüber hinaus bei der Zurechnung der Stimmrechte ebenso wie der nach § 23 WpHG nicht zu berücksichtigen.[736]

3.) Offenlegungspflichten des Bieters nach Abgabe des Übernahmeangebotes, § 23 WpÜG

Eine weitere ihrem Kern nach übernahmerechtliche Regelung der Beteiligungspublizität sieht die in § 23 WpÜG zugrunde gelegte Pflicht des Bieters zur Veröffentlichung der während der Annahmefrist des laufenden Angebotsverfahrens erworbenen Wertpapiere an der Zielgesellschaft vor (sog. „Wasserstandsmeldungen"). Der Bieter hat hiernach, parallel zu den nach WpHG bestehenden Mitteilungspflichten,[737] zunächst wöchentlich und in der Woche vor Ablauf der Angebotsfrist täglich, Angaben über die ihm und von mit ihm gemeinsam handelnden Personen und deren Tochterunternehmen gehaltenen Wertpapieren der Zielgesellschaft, einschließlich solcher, die ihm zustehen oder gemäß § 30 WpüG zuzurechnen sind, die sich aus den ihm zugegangenen Annahmeerklä-

---

[733] BegrRegE BT-Drucks. 14/7034, S. 78; insoweit bereits auch schon *Witt* Übernahmen, 1998, S. 226 gegenüber der Vörgängerregelung des Art. 7 Nr. 8 Übernahmekodex.

[734] Der Begriff der Wertpapiere umfasst dabei sämtliche Wertpapiere im Sinne des § 2 Abs. 2 WpÜG, also auch Vorzugsaktien und Wandelschuldverschreibungen, siehe hierzu im Einzelnen KK-WpÜG/*Versteegen* § 2 Rn. 84 ff.

[735] Kritisch hierzu KK-WpÜG/*Seydel* § 11 Rn. 95.

[736] KK-WpÜG/*Seydel* § 11 Rn. 94.

rungen ergebende Anzahl von Wertpapieren und die sich daraus ergebende Höhe der Wertpapier- und Stimmrechtsanteile zu machen.[738] Entsprechende Pflichtangaben sieht das Gesetz für den Zeitpunkt unmittelbar nach Ablauf der Annahmefrist sowie nach Ablauf der weiteren Annahmefrist gemäß § 16 Abs. 2 Satz 1 WpÜG vor.[739] Die Vorschrift ergänzt dabei zunächst die gemäß § 11 Abs. 4 Nr. 1 WpÜG i.V.m. § 2 Nr. 5 WpÜG-AngebotsVO gewährleistete Publizität der Angebotsunterlage über die Anzahl der von dem Bieter und von mit ihm gemeinsam handelnden Personen gehaltenen Wertpapiere der Zielgesellschaft für die Zeit während des Angebotsverfahrens.

Die Mitteilungspflichten nach WpHG sind in diesem Fall erst dann anwendbar, wenn das Eigentum an den Aktien auf den Bieter übergeht. Der für die Begründung der Mitteilungspflicht nach § 21 Abs. 1 WpHG erforderliche eigentumsrechtliche Erwerb der Anteile an der Zielgesellschaft durch den Bieter steht jedoch regelmäßig unter einer oder mehreren von diesem gesetzten aufschiebenden Bedingungen, z.B. in der Form, dass er durch Abgabe des Angebotes eine von ihm angestrebte Mindestannahmeschwelle erzielt, die notwendige Zustimmung der Hauptversammlung der Zielgesellschaft erlangt[740] oder eine gegebenenfalls erforderliche kartellrechtliche Genehmigung für die Übernahme erhält.[741] Auch wird es während der Laufzeit des Übernahmeangebotes regelmäßig nicht zu einer Zurechnung der Anteile der Aktionäre der Zielgesellschaft kommen, an die das Übernahmeangebot adressiert wird. Denn der in diesem Zusammenhang in Betracht kommende § 22 Abs. 1 Satz 1 Nr. 5 WpHG greift hier, nach wohl derzeit geltender Rechtspraxis, solange nicht, bis dem Erwerber ein dingliches Übereignungsrecht zusteht.[742]

Durch die fehlende Anwendbarkeit der allgemeinen Offenlegungspflichten des WpHG wird freilich noch kein zwingend weitergehendes Informationsinteresse der Anteilseigner der Zielgesellschaft begründet. Weiteren Aufschluss gewährt hier die Regierungsbegründung zu § 23 WpÜG. Informationsökonomisches Anliegen der Regelung ist es danach, die Entscheidungssituation der mit dem Ü-

---

[737] Zu dem Nebeneinander beider Pflichten KK-WpÜG/*Möllers* § 23 Rn. 35; Haarmann/*Schröder* § 23 Rn. 9.

[738] § 23 Abs. 1 Nr. 1 WpÜG.

[739] § 23 Abs. 1 Nr. 2 und 3 WpÜG.

[740] § 25 WpÜG.

[741] Vgl. hierzu sowie zu weiteren im Rahmen des § 18 WpÜG zulässigen Bedingungen des Bieters statt anderer KK-WpÜG/*Hasselbach* § 18 Rn. 22 ff.

[742] Vgl. hierzu *Burgard* WM 2000, 611, 613 f.

bernahmeangebot konfrontierten Anleger durch die Offenlegung der bereits erfolgten Annahmen zu verbessern und damit die Folgewirkungen der eigenen Desinvestitionsentscheidung prognostizieren zu können.[743] Die in dieser Situation für den Anleger bestehende Konfliktsituation wird häufig mit dem aus der ökonomischen Spieltheorie stammenden Begriff des *prisoners' dilemma* umschrieben,[744] in dem der Anleger aufgrund der fehlenden Möglichkeit zur Verhaltenskoordinierung mit anderen Aktionären einem indirekten Verkaufsdruck in der Erwartung ausgesetzt ist, die Mehrheit der übrigen Aktionäre werde das Angebot annehmen.

Die Intensität dieses Entscheidungskonflikts wird freilich im Schrifttum teilweise überbewertet, denn letzterer wird grundlegend durch die übernahmerechtliche Regelung des § 16 Abs. 2 WpÜG relativiert, nach der es den bis zum Ablauf der Angebotsfrist nicht übernahmewilligen Aktionären erlaubt ist, das Angebot innerhalb der darauf folgenden gesetzlichen Zwei-Wochen-Frist anzunehmen. Daneben wird das Erfordernis einer fortlaufenden Offenlegung der abgegebenen Annahmeerklärungen auch durch die Praxis institutioneller Investoren in Frage gestellt, ihrer Entscheidung zur Annahme oder Ablehnung des Angebotes regelmäßig erst wenige Stunden vor Ablauf der Angebotsfrist abzugeben.[745] Mitteilungen über eine niedrige Annahmequote zum Ende des Angebotsverfahrens reflektieren daher nicht in geeigneten Maße die tatsächliche Entscheidungssituation übernahmewilliger Aktionäre und können daher vor allem für Kleinaktionäre ein unzutreffendes Bild über die Erfolgsaussichten des Angebotes vermitteln. Ob aus diesen Gründen an der oben beschriebenen Regelung festgehalten werden sollte, erscheint folglich zweifelhaft.[746]

---

[743] BegrRegE BT-Drucks. 14/7034, S. 50: „Überblick über die Akzeptanz des Angebots". Zu den Folgewirkungen einer durch den Anleger erklärten Annahme des Angebotes oder dessen Ablehnung abhängig vom Erfolg des Übernahmeangebotes KK-WpÜG/*Möllers* § 23 Rn. 4 ff.

[744] Ausführlich hierzu *Witt* NZG 2000, 809 ff.; KK-WpÜG/*Möllers* § 23 Rn. 2 ff.

[745] Ebenso *von Bülow* in FAZ v. 12.2.2003 Nr. 36, S. 19; *Liebscher* ZIP 2001, 853, 865; KK-WpÜG/*Möllers* § 23 Rn. 12

[746] Kritisch auch *von Bülow* FAZ v. 12.2.2003 Nr. 36, S. 19

§ 3 DIE OFFENLEGUNG BETEILIGUNGSRELEVANTER SACHVERHALTE NACH ANGLO-AMERIKANISCHEM RECHT

Die nachfolgende rechtsvergleichend Analyse des englischen und US-amerikanischen Rechts soll die vorstehenden Betrachtungen der Regelungen zur Offenlegung von beteiligungsrelevanten Sachverhalten im europäischen und deutschen Recht zum Anlass nehmen, die dort identifizierten Regelungsstrukturen und Auslegungsfragen einer vergleichenden Würdigung zu unterziehen. Die Untersuchung der Entwicklung und Ausgestaltung entsprechender Publizitätspflichten in England und den USA eignet sich hierbei gleich in mehrfacher Hinsicht für eine Gegenüberstellung der einzelnen Regelungsansätze. Zum einen hat in beiden Rechtsordnungen das Prinzip der informationellen Kapitalmarktregulierung und der Grundsatz der *full disclosure* vor dem Hintergrund einer weitgehend auf den Kapitalmarkt gestützten Unternehmensfinanzierung traditionell eine besonders wichtige Rolle gespielt. Nicht zuletzt aus diesem Grund können die hier zu untersuchenden Regelungen auf eine weitaus längere Geschichte zurückblicken, als dies in Deutschland der Fall ist. Darüber hinaus werden die Regelungen zur Offenlegung wesentlicher Beteiligungen sowohl in der englischen als auch in der US-amerikanischen Rechtspraxis im Kern als Teil der Regulierung von Unternehmensübernahmen verstanden. Dementsprechend haben sich der Regelungsfokus und die rechtspolitische Auseinandersetzung in beiden Ländern in der Vergangenheit in weitaus stärkerem Maße als in Deutschland auf die mit der Übernahmesituation verbundenen Informationsinteressen und Schutzziele konzentriert.

Zu den im Folgenden zu untersuchenden Bereichen gehören daher die generellen Offenlegungspflichten über bedeutende Beteiligungen, die in England in dem *Companies Act 1985* und in den USA in den bundesstaatlichen Regelungen des *Securities and Exchange Act 1934* zugrunde gelegt sind. Daneben befasst sich die Untersuchung mit der Offenlegung von Directors Dealings'.

A) Englisches Recht

I.) Grundlagen und Entwicklungen informationeller Kapitalmarktregulierung

Die Entwicklung kapitalmarktorientierter Publizitätspflichten sowohl für den Primär- als auch den Sekundärmarkt gehört bereits seit der Mitte des 19. Jahrhunderts zu den wesentlichen Eckpfeilern des englischen Gesellschafts- und Kapitalmarktrechts. Regulatorischer Ausgangspunkt für diese Entwicklung war zunächst die Verabschiedung des Companies Act 1844, mit dem als Reaktion auf den wachsenden Kapitalbedarf der englischen Industrialisierung erstmals ein gesetzliches Prospekterfordernis für die Emission von Wertpapieren im Vereinigten Königreich statuiert wurde.[747] Über den Companies Act von 1867, durch den erstmals Mindestvorschriften über den Prospektinhalt statuiert wurden sowie die Companies Acts der Jahre 1908, 1929 und 1948 fanden diese Regelungen Eingang in die konsolidierte Fassung des Companies Act 1985, der bis heute die wesentliche Grundlage der Regulierung des Gesellschaftsrechts einschließlich einer Vielzahl von kapitalmarktorientierten Informationspflichten darstellt. Die Herausbildung einer informationellen Kapitalmarktregulierung hat sich auf diesem Wege zu einem wesentlichen Teil im Rahmen der Regelungsinitiativen der *Company Law Reform* vollzogen, durch die sich der Grundsatz der *full disclosure* schrittweise zu einem "*fundamental principle of the Companies Acts*" formierte.[748] Die in der Vergangenheit ständig gewachsene Bedeutung kapitalmarktgerichteter Offenlegungspflichten wird dabei häufig als „*price to be paid for the twin privileges of legal personality and limited liability*" angesehen.[749]

Im Bereich der sekundärmarkbezogenen Publizität verfügt das englische Recht heute über ein weit verzweigtes und gleichzeitig nahezu lückenloses Regelungsgefüge, das sich im Einzelnen über die gesetzlichen Vorschriften des Companies Act 1985, die aufsichtsrechtlichen Bestimmungen des Financial Services and Markets Act 2000 (FSMA 2000), die Listing Rules der UK Listing Authority (UKLA) sowie die verschiedenen Instrumente der Selbstregulierung wie den City Code of Takeovers and Mergers (City Code) und die Rules Governing Substantial Acquisitions of Shares (SARs) erstreckt.

Zentraler Bestandteil der Vorschriften über die Offenlegung bedeutender Beteiligungen sind dabei die heute in Part VI des Companies Act 1985 niedergelegten Vorschriften über die Offenlegung von *interests in shares* an börsennotierten und nicht-börsennotierten *public limited companies*. Ergänzt und teilweise überlagert werden diese Vorschriften durch den erstmals 1968 von dem *Takeover Panel* herausgegebenen *City Code*, der als Instrument der in England traditionell vorherrschenden Selbstregulierung eine Reihe bei öffentlichen Übernahmeangebote zu erfüllende Publizitätspflichten statuiert. In diesen Zusammenhang gehören schließlich auch die zuvor erwähnten SARs, die unter anderem konkrete beteiligungsrelevante Publizitätspflichten enthalten.

---

[747] *Pettet* Company Law, S. 336.

[748] *P.L. Davies* Gower's Company Law[6] S. 505.

[749] *L.S. Sealy* 2 Co.Lawyer 51 (1981).

Rechtsquellen sekundärmarktbezogener Publizität für amtlich notierte, d.h. die in der Official List geführten Gesellschaften, sind darüber hinaus die heute von der UKLA herausgegebenen Listing Rules, in denen insbesondere die Regelungen über die Ad-hoc-Publizität sowie bestimmte Regelberichtspflichten nieder gelegt sind. Weitere hier interessierende Rechtsquellen des englischen Kapitalmarktrechts finden sich insbesondere in dem *FSMA 2000*, mit dem vor kurzem einige wesentliche Teile des Börsen- und Finanzdienstleistungsrechts in England grundlegend reformiert wurden und zugleich mit der Einsetzung der *Financial Services Authority* (*FSA*) die Zusammenführung verschiedener, für die Überwachung des englischen Finanzmarktes bis dahin selbstständig verantwortlicher Aufsichtsträger vollzogen wurde.[750] In dem Bereich der kapitalmarktorientierten Publizität und der an ihre Verletzung anknüpfenden Rechtsfolgen ist vor allem der in Sec. 118 FSMA aufgenommene Marktmissbrauchstatbestand (*market abuse*) zu nennen, der funktional dem nunmehr in das deutsche WpHG übernommenen Marktmissbrauchsverbot entspricht.

II.) Offenlegungspflichten von *interests in shares* nach dem CA 1985

1.) Gesetzeszweck und Regelungskontext

Die gesetzlichen Pflichten zur Offenlegung von Beteiligungsverhältnissen wurden in England erstmals mit dem *Companies Act* 1967 und damit bereits mehr als zwanzig Jahre vor Verabschiedung der europäischen Transparenz-Richtlinie I eingeführt. Historisch lassen sich die Regelungen bereits bis zu den Empfehlungen des *Cohen Report* aus dem Jahre 1945 zurückverfolgen, in dem entsprechende Publizitätspflichten erstmals vorgeschlagen wurden.[751] Gegenstand des Regelungsinteresses war dabei zunächst die wachsende Verbreitung sog. *nominee shareholdings*,[752] die bei der traditionell in England vorherrschenden Rolle von Namensaktien und der damit verbundenen Publizität des Aktienregisters (*share register*) zugleich zu einem Transparenzverlust von Beteiligungen an *public companies* führte. Hieran anschließend spielte die nach dem Zweiten Weltkrieg existierende Befürchtung eine wichtige Rolle, dass ausländische Anleger Kontrollpositionen in Schlüsselindustrien des Vereinigten Königreichs erwerben und die Unabhängigkeit der Presse und derer, die ihre Organe kontrol-

---

[750] *M. Blair* Blackstone's Guide to the FSMA 2000; aus dem deutschen Schrifttum *Binder* WM 2001, 2230, 2232 ff.; *Fleischer* RIW 2001, 817 ff.

[751] Report of the Committee on Company Law Amendment, June 1945 ("*Cohen Report*"), S. 39-45.

[752] Hierbei handelt es sich um: „Holdings registered in the name of someone holding the shares directly on behalf of the true owner." Vgl. zum Begriff *Farrar/Hannigan* Farrar's Company Law[4] S. 238.

lieren, gefährden könnten. Weitere Aspekte waren der drohende Missbrauch von Insiderinformationen sowie die Funktion eines *register for beneficial ownership* als Instrument zur Erleichterung der Kommunikation der Aktionäre untereinander.[753]

Die Empfehlungen des *Cohen Committee* zur Offenlegung von *interests in shares* wurden erst einige Jahre später wieder aufgegriffen und erstmals in dem bereits erwähnten CA 1967 umgesetzt, nachdem das Thema mit dem *Jenkins Report*[754] zu Beginn der sechziger Jahre erneut auf die politische Tagesordnung gelangt war.[755] Zwischenzeitlich hatte die zu dieser Zeit in England angestiegene Übernahmeaktivität und die damit verbundene Konsolidierung verschiedener Industriezweige den Fokus stärker auf den übernahmerechtlichen Zusammenhang der Offenlegungspflichten gerichtet.[756] Der Jenkins Report verwies zu diesem Zweck auch auf die seit längerer Zeit in den Vereinigten Staaten geltenden Regelungen des Securities Exchange Act 1934, nach denen der wirtschaftliche Eigentümer von wenigstens 10 Prozent der Anteile an einer börsennotierten Gesellschaft diese offen zu legen hatte.

Die einige Zeit später in den CA 1976 aufgenommenen Bestimmungen über die Offenlegung sog. *interests in shares* wurden seither im Rahmen mehrerer Gesetzesinitiativen zur Modernisierung des Gesellschaftsrechts mit dem Ziel der Verdichtung des Offenlegungsregimes mehrfach geändert und konkretisiert. Anlass hierfür boten zunächst die Erfahrungen aus dem „*Dawn Raid*" im Zusammenhang mit der Übernahme der *Consolidated Gold Fields PLC* (*ConsGold*) durch *De Beers Consolidated Mines Ltd.* Ende der siebziger und Anfang der achtziger Jahre. *De Beers* war es seinerzeit unter Einschaltung von mehreren als Akquisitionsvehikel dienenden *nominee companies* gelungen, einen erheblichen Beteiligungsblock an *ConsGold* zu erwerben, ohne dass das Management oder der Markt von den zugrunde liegenden Vorgängen hätten Notiz nehmen können. Das Vorgehen kulminierte, als *De Beers* am 12.2.1980 innerhalb von einer Stunde insgesamt 16,5 Millionen Aktien an *ConsGold* erwarb und mit einer Beteiligung von mehr als 26 Prozent, die in der Folgezeit auf 28,9 Prozent ausge-

---

753 Cohen Report S. 40 f.

754 Report of the Company Law Committee 1962 ("*Jenkins Report*"); vgl. insbesondere paras. 142-143.

755 *Tolley's* Company Law, Rn. D 6501.

756 Jenkins Report Paras. 142-143: "of particular importance in cases where there is reason to suppose that someone may be in the process of buying for control."

baut wurde, kurzerhand als faktischer Mehrheitsaktionär auftreten konnte.[757] Im August 1980 reagierte das DTI mit einem Konsultationspapier, in dem eine weitere Ausdehnung der Offenlegungspflichten sowie die Übertragung umfassender Befugnisse zur Durchführung von Untersuchungen auf den Secretary of State vorgeschlagen wurden. Obgleich die Frage ursprünglich der in England traditionell vorherrschenden Selbstregulierung überlassen bleiben sollte, wurden durch den CA 1981 weitere Änderungen der Vorschriften erlassen. Obwohl sich hierin nicht alle in den Konsultationen erhobenen Forderungen umsetzen ließen (insbesondere die Forderung, die Meldeschwelle für die mitteilungspflichtige Beteiligung bei einem Prozent anzusetzen), markierten die Regelungsbemühungen deutlich den Übergang hin zu einem im Wesentlichen übernahmerechtlich orientierten Regelungsansatz. Dies wird auch durch die Aussage des DTI aus dem vorzitierten Konsultationspapier des Jahres 1980 ausdrücklich bestätigt: "*A company, its members and the public at large should be entitled to be informed promptly of the acquisition of a significant holding in its voting shares* [...] *in order that existing members and those dealing with the company may protect their interests and that the conduct of the affairs of the company is not prejudiced by uncertainty over those who may be in the position to influence or control the company.*"[758] Über die vorgenannten Regelungsziele hinaus sollten die gesetzlichen Bestimmungen in der Folgezeit das konzeptionell hiervon zu unterscheidende Ziel der Markttransparenz als Mittel zur Förderung des Anlegerschutzes und der Funktionsfähigkeit des Kapitalmarktes zur Geltung bringen.[759]

Weitere Änderungen gehen auf den CA 1989 zurück, durch welchen dem Secretary of State weitreichende Kompetenzen zum Erlass konkretisierender Rechtsverordnungen eingeräumt wurden, um insoweit eine gewisse Flexibilität bei der Anpassung an aktuelle Entwicklungen in der Anwendung der Regelungen zu

---

[757] Noch am selben Tag veröffentlichte *De Beers* eine Mitteilung, in der sie ihre Beteiligung offen legte und angab, in der Folgezeit keine grundlegenden Änderungen in der Geschäftspolitik von *ConsGold* einleiten zu wollen. Im unmittelbaren Anschluss hieran leitete der Secretary of State Untersuchungen zu der Frage ein, wie es *De Beers* gelungen sein konnte, innerhalb eines so kurze Zeitraums eine Beteiligung in dem oben beschriebenen Umfang aufzubauen. Vgl. zu den Einzelheiten den nach Sec. 442 CA 1985 verfassten 615 Seiten starken Bericht des DTI, der sich jedoch zentral mit den Ende der achtziger Jahre aufgeworfenen Fragen der Übernahme von ConsGold befasst, *DTI* Consolidated Gold Fields PLC, London, 1994, S. 15 ff.; *Tolley's* Company Law, Rn. D 6501; Weinberg & Blank Rn. 3-901; *De Mott* Current Issues in Tender Offer Regulation, Lessons from the British, 58 N.Y.Univ.L.Rev. 945 (1983).

[758] *DTI* Disclosure of Interests in Shares, 1980, S. 2.

[759] See *DTI* Disclosure 1995, S. 2 and S. 6, *P. L. Davies* Gower's Company Law, S. 485.

gewährleisten.[760] Diese Verordnungskompetenzen wurden neben einigen im Wesentlichen technischen Änderungen[761] vor allem dazu genutzt, die inzwischen auf europäischer Ebene verabschiedete Transparenz-Richtlinie I umzusetzen.[762] Darüber hinausgehende Änderungsvorschläge wurden schließlich mit dem Konsultationspapier des DTI vom April 1995 formuliert, durch das eine umfassende Revision von Part VI CA 1985 angeregt worden war.[763] Auf die hierin enthaltenen Änderungsvorschläge, die zuletzt teilweise im Rahmen der jüngsten *Law Reform*-Initiativen zur Überarbeitung des Gesellschaftsrechts in England aufgegriffen wurden,[764] ist im Folgenden im Rahmen der Darstellung der Einzelregelungen zurückzukommen.

2.) Systematischer Überblick

Gesetzliche Verpflichtungen zur Offenlegung von Beteiligungsverhältnissen sind heute für alle *public limited companies* (unabhängig davon, ob börsennotiert oder nicht) in den Sec. 198 bis 220 Companies Act 1985 (CA 1985) geregelt.[765] Wesentliche Eckpunkte der Vorschriften sind zum einen die bei Überschreiten bestimmter Schwellenwerte bestehenden Offenlegungspflichten sowie das in Sec. 212 CA 1985 geregelte umfassende Auskunftsrecht (*right to investi-*

---

[760] Vgl. hierzu im Einzelnen *M. Hatchard* Law Society's Gazette v. 24.10.1990, Nr. 38, S. 24 ff.

[761] Solche Änderungen erfassten vor allem die Disclosure of Interests in Shares (Amendment) (No. 2) Regulations (S.I. 1993, No. 2689); Disclosure of Interests in Shares (Amendment) Regulations (S.I. 1996, No. 1560); sowie die später erlassene Open-Ended Investment Companies (Investment Companies with Variable Capital) Regulations (S.I. 1996 No. 2827) und schließlich die Financial Services and Markets Act 2000 (Consequential Amendments and Repeals) Order 2001, S.I. 2001 No. 3649.

[762] Vgl. die Disclosure of Interests in Shares (Amendment) Regulations (S.I. 1993, No 1819). Die Änderungen waren vor allem deshalb erforderlich geworden, da einzelne der in den gesetzlichen Regelungen bis dahin bestehenden Befreiungstatbestände mit der Richtlinie nicht vereinbar waren. Zu den Vorarbeiten *DTI* A Consultative Document on the Implementation in to UK Law of the Major Shareholding Directive, February 1991; *The Law Society* Disclosure of interests in shares: The EC Major Shareholdings Directive, No. 252, April 1991 sowie darauf folgend *The Law Society* Disclosure of interests in shares, The EC Major Shareholdings Directive, No. 275, September 1992; vgl. hierzu *P. Emmett* 2 ICCLR (1993), 43 f.

[763] *DTI* Proposals for Reform of Part VI of the Companies Act 1985, London 1995.

[764] *DTI* Modern Company Law for a Competitive Economy: Developing the Framework (2000), paras. 4.178 ff.; *DTI* Modern Company Law for a Competitive Economy: Final Report (2001), para. 7.32.

[765] Zu der Frage inwieweit sich nach englischem Recht gesonderte Regelungen für nicht-börsennotierte Gesellschaften empfehlen *P.L. Davies* Gower's Company Law[6] S. 486.

gate) der Gesellschaft gegenüber dem Meldepflichtigen sowie bestimmten, mit diesem assoziierten Dritten. Die Verletzung dieser Vorschriften wird zum einen durch eine mögliche Suspendierung der Rechte aus den Aktien und zum anderen durch Kriminalstrafen geahndet. Weitere Kernelemente der Regelungen sind heute die Definition des Begriffs der die Offenlegungspflichten auslösenden *interest in shares*, die neben der unmittelbaren Beteiligung am stimmberechtigten Kapital auch eine Reihe von Fällen indirekter Beteiligungen erfasst. In diesen Zusammenhang gehört schließlich auch die in Sec. 204 CA 1985 vorgesehene Zurechnung bei Anteilen von Familienangehörigen und konzernverbundnen Unternehmen sowie die Zurechnung bei einem Parallelerwerb von Aktien (*Acting in Concert*). Verschiedene Befreiungstatbestände sind schließlich in Sec. 209 CA 1985 vorgesehen.

3.) Voraussetzungen und Gegenstand der Mitteilungspflichten

a) Entstehen der Meldepflicht

Eine mitteilungspflichtige Beteiligung besteht bei einem sog. *material interest*, wenn der Anteil des Meldepflichtigen am Nennkapital (*relevant share capital*) der Gesellschaft 3 Prozent überschreitet.[766] Darüber hinaus hat der Aktionär alle oberhalb der 3 Prozent-Schwelle getätigten Erwerbs- und Veräußerungsgeschäfte offen zu legen, wenn sich hierdurch der Stimmrechtsanteil um einen ganzzahligen Prozentpunkt verändert (d.h. 3,5 - 4,2 Prozent oder 5,2 - 4,7 Prozent). Eine entsprechende Mitteilungspflicht entsteht insoweit auch dann, wenn sich die Beteiligung in dieser Größenordnung verringert.[767] Von der an den vorgenannten *material interest* anknüpfenden Meldeschwelle von 3 Prozent sind *non-material interests* zu unterscheiden, im Rahmen derer die Meldeschwelle erst bei einer Beteiligung von 10 Prozent einsetzt. Hierzu gehören grundsätzlich jene Beteiligungen, die unter den allgemeinen Befreiungstatbestand von Sec. 209 CA 1985 fallen oder entgegen der melderechtlichen Befreiung nicht als *material interest* deklariert werden.

Der Begriff des "*relevant share capital*" wird durch das Gesetz als "*the company's issued share capital of a class carrying rights to vote in all circumstances of the general meeting*" legaldefiniert.[768] Die Tatsache, dass die Bestimmungen damit alleine in Bezug auf das *issued share capital*, also das ausgegebene Kapital Anwendung finden, kann im Einzelfall zu Schwierigkeiten füh-

---

[766] Sec. 199(2)(a) CA 1985.

[767] Sec. 199(5)(b) CA 1985.

[768] Sec. 198 (2) CA 1985.

ren, wenn sich die Zuteilung (*allotment*) und der Registrierungsprozess (*registration*) für die Aktien über einen längeren Zeitraum hinzieht.[769] Bestehen verschiedene Aktiengattungen (*classes of shares*), wird der meldepflichtige Anteil anhand der jeweiligen Gattung und nicht gegenüber der Gesamtzahl der von der Gesellschaft emittierten Aktien berechnet.[770]

Das Entstehen der Meldepflicht setzt Kenntnis des mitteilungspflichtigen Sachverhaltes voraus. Im Falle einer durch eine juristische Person gehaltenen Beteiligung wird dieser die Kenntnis ihrer Organe und des Managements zugerechnet („*corporate knowledge*"). Seit jeher ist in der englischen Rechtspraxis in diesem Zusammenhang die Frage umstritten, ob die Bestimmungen des CA lediglich tatsächliche Kenntnis (*actual knowledge*) oder auch ein „Kennenmüssen" voraussetzen (*constructive knowledge*).[771] Der Wortlaut von Sec. 198 CA 1985 („*to his knowledge acquires an interest* ...") legt zunächst nur das Bestehen tatsächlicher Kenntnis nahe und ist damit enger als der Wortlaut der europäischen Börsen-Richtlinie, nach der die Meldepflicht auch ab dem Zeitpunkt eintreten soll, zu dem der Meldepflichtige „nach den Umständen davon hätte Kenntnis haben müssen".[772] Der Wortlaut der Regelung lässt sich nicht ohne Weiteres durch eine richtlinienkonforme Auslegung der Vorschrift korrigieren, da eine solche angesichts der strafbewährten Sanktionierung einer Verletzung der Mitteilungspflichten auch nach englischem Recht an dem Vorrang des nationalen Rechts gegenüber einer strafbarkeitserweiternden richtlinienkonformen Auslegung scheitern würde.[773] Das DTI hat daher auch im Rahmen seines Konsultationspapiers aus dem Jahre 1995 eine entsprechende Anpassung der Regelung an die Vorgaben der Richtlinie erwogen.[774] Bis eine solche Anpassung eintritt, bleibt die Frage des Umfangs der von dem Meldepflichtigen zu fordernden Kenntnis

---

[769] Vgl. hierzu näher *Tolley's* Company Law, Rn. D 6505.

[770] Sec. 198 (2)(a) CA 1985, d.h. eine Meldepflicht besteht nicht bei Bestehen von zwei Aktiengattungen und einer Beteiligung an jeder Gattung von 2 Prozent; kritisch zu der insoweit vom Gesetzgeber offen gelassenen Frage *Tolley's* Company Law, Rn. D 6507/2: „*Persons genuinely seeking to comply with these requirements will not wish to rely upon this point*"!

[771] Vgl. insoweit *Tolley's* Company Law, Rn. D 6505.

[772] Art. 89 Abs. 1 Richtlinie 2001/34/EG.

[773] Ähnlich insoweit auch *Tolley's* Company Law, Rn. D 6505.

[774] *DTI* Proposals for Reform of Part VI of the Companies Act 1985, 1995, S. 25 f.: "...*from the time when, in view of the circumstances, he should have learnt of it.*"

indes offen, auch wenn die Gerichte hier offenbar von einem weiterem Verständnis des Begriffs ausgehen.[775]

b) Abgabe der Mitteilung und Gegenstand der Offenlegungspflichten, Sec. 202 CA 1985

aa) Abgabe und Inhalt der Mitteilung

Die Verpflichtung zur Mitteilung eines *interest in shares* ist nach Eintritt des meldepflichtigen Ereignisses innerhalb von zwei Tagen[776] gegenüber der Gesellschaft, und bei börsennotierten Aktien gegenüber der Stock Exchange, schriftlich zu erfüllen.[777] Dem Inhalt nach hat sie im Einzelnen folgende Tatsachen zu enthalten:

- Name und Adresse des Meldepflichtigen;
- die Anzahl der Aktien, von denen der Meldepflichtige Kenntnis über das Bestehen eines *interest* am Grundkapital (*share capital*) hat; sowie
- soweit dies dem Meldepflichtigen bekannt ist, Einzelheiten über den oder die *registered holder(s)* der Aktien, die Anzahl der von diesen jeweils gehaltenen Aktien sowie die Anzahl der Aktien, an denen ein *interest* im Sinne der Sec. 208 (5) CA 1985 (*put* und *call-options*) besteht.[778].

Mit den zuletzt bezeichneten Angaben über *Put*- und *Call*-Optionen sollen die Gesellschaft und das Anlegerpublikum in die Lage versetzt werden, einen Überblick über die Entwicklung strategischer Beteiligungen zu behalten. Insoweit soll hierdurch in Verbindung mit den Angaben über Änderungen der ursprünglich abgegebenen Mitteilung eine Offenlegung der Art des *interest* bzw. der Frage erreicht werden, ob und wieviel der von dem Meldepflichtigen gehaltenen Optionen bereits ausgeübt wurden.[779] Handelt es sich bei dem Meldepflichtigen um einen *director* der Gesellschaft, so hat dieser zur Differenzierung gegenüber

---

[775] *Tolley's* Company Law, Rn. D 6505 unter Hinweis auf die Entscheidung des Privy Council in *Meridian Global Funds Management Asia Ltd. v Securities Commission* [1995] AC 500.

[776] Samstage, Sonntage und „*British bank holidays*" werden nicht mitgerechnet, vgl. im Einzelnen *Tolley's* Company Law, Rn. D 6508.

[777] Sec. 202 (1) CA 1985. Die Übersendung per Fax ist ausreichend, so ausdrücklich *Tolley's* Company Law, Rn. D 6508. Die Zwei-Tages-Frist soll auch nach den jüngsten Änderungsvorschlägen zu Part VI des CA 1985 beibehalten werden, vgl. *DTI* Modern Company Law for a Competitive Economy: Developing the Framework (2000), para. 4.179.

[778] Sec. 202 (3) CA 1985.

[779] *Tolley's* Company Law, Rn. D 6509.

Mitteilungen über *Directors' Dealings*[780] anzugeben, ob es sich bei der Meldung um die Erfüllung seiner Pflichten nach Part VI CA 1985 handelt.[781] Angaben darüber, welche Art eines *interest* der Meldepflichtige an dem Kapital der Gesellschaft hat oder ob der *interest material* oder *not material* ist,[782] setzt das Gesetz nicht voraus.

In Ergänzung zu den nach Sec. 202 CA 1985 erforderlichen Angaben hat der Meldepflichtige im Falle der Zurechnung nach Sec. 204 CA 1985 (*Acting in Concert*) neben der Information darüber, selbst Partei der Vereinbarung zu sein, offen zu legen, wer – soweit es in seiner Kenntnis steht – die übrigen Parteien der Vereinbarung sind. Die Mitteilung hat dabei zwischen dem *interest* des Meldepflichtigen und demjenigen eines Dritten zu differenzieren, dessen Aktien ihm nach Sec. 204 CA 1985 zugerechnet werden.[783]

bb) Gegenstand der Mitteilungspflicht (*interest in shares*), Sec. 208 CA 1985

Gegenstand der Mitteilungspflichten ist nach dem CA 1985, anders als nach deutschem und europäischem Recht, nicht die stimmrechtsmäßige Beteiligung an der Gesellschaft, sondern das in Sec. 208 CA 1985 geregelte, sehr viel weiter reichende Konzept eines *interest in shares*, das neben direkten auch indirekt gehaltene Beteiligungen erfasst.[784] Der CA 1985 definiert zu diesem Zweck den Begriff des "*interest in shares*" als „*interest of any kind whatsoever* [...] *not be regarded any restraints or restrictions to which the exercise of any right attached to the interest is or may be subject*".[785] Entgegen der unter diesem Gesichtspunkt nicht zwingenden Vorgaben zur Umsetzung der europäischen Börsen-Richtlinie werden unter den Begriff des *interest* damit rechtstechnisch einige – wenn auch nicht alle – Konstellationen erfasst, die die Richtlinie im Wege der Zurechnung der Anteile Dritter regelt. Ähnlich wie dort, kommt es bei der Zurechnung des *interest* eines Dritten nicht zu einer Absorption der Stimmrech-

---

[780] Vgl. hierzu unten § 3 A) IV.).

[781] Sec. 210 (2) CA 1985.

[782] Sec. 202 (2B) CA 1985.

[783] Sec. 205 (4) und (5) CA 1985.

[784] Vorschläge des DTI, die Bestimmungen dem Regelungsansatz der konsolidierten Börsen-Richtlinie 2001/34/EG anzupassen, wurden bisher nicht aufgegriffen; vgl. *DTI* Proposals for Reform of Part VI of the Companies Act 1985, 1995, S. 15 f.

[785] Sec. 208 (2) CA 1985.

te, so dass die Meldepflicht sowohl für den wirtschaftlichen wie für den rechtlichen Eigentümer grundsätzlich uneingeschränkt bestehen bleibt.[786]

(1) Treuhandverhältnisse

Eine Zurechnung über den Begriff des *interest in shares* erfolgt zunächst bei unterschiedlichen Formen von Treuhandverhältnissen, in denen der Treuhänder (*trustee*) die Aktien für einen Treugeber (*beneficiary*) hält, vorausgesetzt, dass dem Treuhänder kein eigenes Ermessen bei der Verwaltung der Anteile zusteht.[787] Bei der Zurechnung der Anteile aus einem *trust* ist der *beneficiary* damit so zu behandeln, als ob er einen *interest* in den Aktien halten würde.[788] Für den *trustee* ist in diesem Fall die Befreiungsmöglichkeit nach Sec. 209 (1)(a) CA 1985 zu berücksichtigen.

(2) Put- und Call-Optionen

Eine Person wird daneben auch dann als *interest-holder* an der Gesellschaft angesehen, wenn sie nach Sec. 208 (5) CA 1985 einen Anspruch auf Lieferung der Aktien (*right to call for delivery of the shares*) hat, ihr das Recht zum Erwerb eines *interest* (*right to acquire an interest*) zusteht oder eine Abnahmeverpflichtung (*obligation to take an interest in shares*) existiert.[789] Eine Differenzierung zwischen obligatorischen und dinglichen Erwerbsrechten wird in der englischen Rechtspraxis, anders als nach dem im deutschen Rechtsraum geltenden Abstraktionsprinzip, nicht unternommen. Das Recht zum Erwerb von Aktien erfasst nach allgemeiner Meinung sowohl börsliche als auch außerbörsliche *Put*- und *Call*-Optionen zum Erwerb der Aktien. Dies gilt unabhängig davon, ob die jeweiligen Optionen unter einer Bedingung („*conditional or absolute*“) stehen oder nicht.[790] *In concreto* bedeutet dies, dass dem Optionsberechtigten einer *Call*-Option diese ebenso als *interest in shares* zugerechnet wird, wie dem Stillhalter eine Verkaufsoption.

(3) Irrevocable Undertakings

Im Zusammenhang mit dem in Sec. 208 (5) CA 1985 angesprochenen Recht, Aktien an einer *public company* zu erwerben, wird gleichsam, wie in der deut-

---

[786] *Pennington* Company Law[7] S. 458.

[787] *Pennington* Company Law[7] S. 455 f.

[788] Sec. 208 (3) CA 1985.

[789] Sec. 208 (5) CA 1985.

[790] Tolley's Company Law, Rn D 6510; *The Law Society* Disclosure of Interests in Shares, April 1990, No. 217, S. 6 f.

schen Rechtspraxis, die Frage erörtert, ob hierunter auch von dem Inhaber der Anteile gegenüber einem potentiellen Erwerber abgegebene *irrevocable undertakings* fallen. Entsprechende Vereinbarungen, durch die sich der Eigentümer z.B. gegenüber einem präsumtiven Bieter verpflichtet, das Angebot im Falle dessen Eintritts anzunehmen, spielen auch in der englischen Übernahmepraxis eine wichtige Rolle. Die melderechtliche Erfassung entsprechender Vorfeldvereinbarungen wurde zuletzt in der Entscheidung *Re Ricardo Group plc*[791] ausdrücklich bejaht. Die Allgemeingültigkeit der Entscheidung wurde in der Vergangenheit teilweise in Zweifel gezogen, da die Begründung einer Mitteilungspflicht für den Erhalt von *irrevocables* in einem gewissen Widerspruch zu dem Befreiungstatbestand nach Sec. 209 (1)(e) CA 1985, stehe.[792] Denn hiernach sind solche *interests*, die der Bieter im Rahmen eines bedingt abgegebenen Übernahmeangebotes erwirbt, solange nicht publizitätspflichtig, bis die entsprechende Bedingung eingetreten ist.[793] Dies würde im Fall der Zurechnung entsprechender Vorfeldvereinbarungen dazu führen, dass diese zunächst einen *interest* begründen würden, der dann im Fall der Abgabe eines Übernahmeangebotes aufgrund der zuvor erwähnten Befreiung wieder entfallen würde, bis die mit dem Angebot verbundene Bedingung eingetreten ist. Auch wenn man diesen Erwägungen grundsätzlich folgen mag, wird die in der Entscheidung *Re Ricardo Group plc* vertretene Rechtsauffassung letztlich auch durch die Auslegung des City Code gestützt, dem zufolge *irrevovcables* im Rahmen von Rule 5 ein *right over shares* darstellen können und damit zu einer Zurechnung nach dem City Code führen.[794]

(4) Wandel-, Options- und Umtauschanleihen

Von der Zurechnung unter dem Begriff des *interest in shares* werden keine Rechts an Aktien erfasst, die noch gar nicht bestehen. Hierzu gehören nach englischem Recht ebenso wie unter der deutschen Rechtslage Wandel-, Options- und Umtauschanleihen sowie Optionsrechte (*allotted but unregistered shares*,

---

[791] [1989] B.C.L.C. 566 per Millett J.; so im Ergebnis auch *P. Emmett* 2 ICCLR 43 (1993), der jedoch auch auf die daraus resultierenden praktischen Schwierigkeiten hinweist.

[792] *P. Emmett* 2 ICCLR 43 (1993).

[793] *P. Emmett* 2 ICCLR 43 (1993).

[794] Vgl. In der Praxis unter dem City Code werden entsprechende *irrevocables* daher regelmäßig erst unmittelbar vor der Veröffentlichung einer *firm intention* zur Abgabe eines Übernahmeangebotes abgegeben; für diesen praktischen „*Insight*" danke ich Frau *Amanda Patterson* vom Takeover Panel für die zu dieser Frage erteilte Auskunft.

warrants sowie *convertibles*).[795] Eine entsprechende Offenlegungspflicht hierüber kann sich jedoch auf der Grundlage des in Sec. 212 CA 1985 statuierten Auskunftsanspruchs ergeben.[796]

c) Zurechnung indirekt gehaltener Anteile

Neben der Zurechnung indirekt gehaltener Anteile über den Begriff des *interest in shares* kennt der Companies Act 1985 eine Reihe weiterer Zurechnungstatbestände, im Rahmen derer die Anteile von Familienangehörigen, konzernverbundener Unternehmen sowie gemeinsam handelnder Personen zugerechnet werden. In den beiden zuerst genannten Fällen wird rechtstechnisch der in Sec. 208 CA 1985 begründete Begriff des *interest in shares* auf *family* und *corporate interests* ausgedehnt.[797]

aa) Zurechnung der Anteile Familienangehöriger und konzernverbundener Unternehmen (*family and corporate interests*), Sec. 203 CA 1985

(1) Familiy interests

Die für die Zurechnung der Anteile von Familienangehörigen (*family interests*) und der durch verbundene Gesellschaften (*corporate interests*) gehaltenen Beteiligungen geltenden Regelungen sind in Sec. 203 CA 1985 geregelt. In beiden Fällen werden die Anteile dem wirtschaftliche Eigentümer in vollem Umfang zugerechnet, auch wenn dieser, wie im Falle einer Gesellschaftsbeteiligung, nicht alle Anteile an der Zwischengesellschaft hält. Daher kann es auch nach dem CA 1985 zu einer Mehrfachberücksichtigung des *interest in shares* kommen, da sowohl das Beteiligungsunternehmen als auch der Meldepflichtige selbst publizitätspflichtig sind.[798]

Zu den durch Sec. 203 (1) CA 1985 erfassten Anteilen von Familienangehörigen gehört zunächst jeder *interest*, der von dem Ehepartner des Meldepflichtigen

---

[795] Vgl. in diesem Zusammenhang den Vorschlag des *DTI* Proposals for Reform of Part VI of the Companies Act 1985, 1995, S. 20 f. entsprechende potentielle Erwerbsrechte in die Mitteilungspflichten einzubeziehen; demgegenüber kritisch *The Law Society* Proposals for Reform of Part VI of the CA 1985, No. 320, July 1995, S. 12 ff. sowie mit ähnlichen Vorbehalten *dies.* Disclosure of Interests in Shares, April 1990, No. 217, S. 16 ff.

[796] Vgl. hierzu unten § 3 A) II.) 4.).

[797] *Tolley's* Company Law, Rn D 6512.

[798] Vgl. zu dem damit verbundenen Problem des „*double counting*" *DTI* Proposals for Reform of Part VI of the Companies Act 1985, London 1995, S. 19.

oder seinen minderjährigen (Stief-)Kindern gehalten wird.[799] Andere als die o-ben genannten verwandtschaftlichen Beziehungen werden von der Regelung nicht erfasst.

(2) Corporate interests

Darüber hinaus werden einem Mutterunternehmen auch über eine zwischengeschaltete Gesellschaft gehaltene indirekte Beteiligungen zugerechnet (*corporate interests*). Die Zurechnung ist in diesen Fällen unter den folgenden Voraussetzungen zu bejahen:

- *the controlled company or its directors are accustomed to act in accordance with the controller's directions or instructions;*[800] *or*
- *the controller is entitled to exercise of one third or more of the voting power at general meetings of the controlled company.*[801]

In beiden Fällen sind sowohl die Anteile des Mutterunternehmens als auch die der Tochter jeweils getrennt, d.h. auch durch die Tochtergesellschaft selbst, zu melden.[802]

Sec. 203(3) CA 1985 erweitert über die vorgenannten Konstellationen hinaus die Zurechnung von Anteilen eines Tochterunternehmens im Wege der Kettenzurechnung auf vertikale Verbindungen von Gesellschaften, bei denen mehrere Tochtergesellschaften hintereinander geschaltet Anteile für die jeweilige Zwischengesellschaft halten („*see-through-provision*"). Darüber hinaus sind Stimmrechte, die dem Tochterunternehmen auf andere Weise zugerechnet werden, e-benfalls bei der Mutter zu berücksichtigen. Dies bedeutet umgekehrt, dass, auch wenn der Anteil des Tochterunternehmens an der Zielgesellschaft weniger als

[799] Die Vorschrift wurde erst 1981 eingeführt, nachdem ein entsprechender Zurechnungstatbestand im Rahmen der Directors' Dealings Bestimmungen bereits seit 1967 bestand.

[800] Sec. 203 (2)(a) CA 1985.

[801] Sec. 203 (2)(b) CA 1985 ; vgl. hierzu auch die Vorschläge des *DTI* Proposals for Reform of Part VI of the Companies Act 1985, London 1995, S. 19, die für das Auslösen der Zurechnung relevante Kontrollschwelle von 1/3 entsprechend den Vorgaben der Transparenz-Richtlinie auf das Bestehen einer Stimmrechtsmehrheit zu beschränken. Hierdurch würde der Begriff des Tochterunternehmens in Sec. 202 CA 1985 zugleich der Legaldefinition einer „*Subsidiary*" in Sec. 736 CA 1985 angeglichen werden; dem zustimmend *The Law Society* Proposals for Reform of Part VI of the CA 1985, No 320, July 1995, S. 12. Zum Begriff der „*Subsidiary*" im Einzelnen *Prentice* ZGR-Sonderheft 11, S. 93, 94 ff.

[802] Vgl. hierzu die Vorschläge des *DTI* Proposals for Reform of Part VI of the CA 1985, London 1995, S. 19, nach denen es dem Mutterunternehmen künftig erlaubt sein solle, die Mitteilung auch für die Tochtergesellschaft abzugeben; dem zustimmend *The Law Society* Proposals for Reform of Part VI of the CA 1985, No. 320, July 1995, S. 12.

ein Drittel beträgt, eine Beteiligung von anderen Unternehmen aus der Gruppe zu einer Zurechnung gegenüber dem Mutterunternehmen führen kann. Im Falle des Bestehens einer *Put-* oder *Call*-Option auf die Aktien des Beteiligungsunternehmens ist die herrschende Gesellschaft als Zurechnungssubjekt zu behandeln, wenn bei Ausübung der Option die Voraussetzungen einer Zurechnung nach Sec. 203 (2) CA 1985, also insbesondere das Überschreiten einer Beteiligung von wenigstens einem Drittel der Anteile an der Gesellschaft, gegeben sind.[803] Insoweit kennt auch das englische Recht eine Konzernzurechnung in Fällen der „vormitgliedschaftlichen Abhängigkeit".[804]

bb) Abgestimmtes Verhalten (*Acting in Concert*), Sec. 204 (1) CA 1985

Sec. 204 (1) CA 1985 sieht darüber hinaus eine Zurechnung von *interests in shares* in solchen Fällen vor, in denen eine Vereinbarung zwischen zwei oder mehreren Personen über den Erwerb von Aktien an der Zielgesellschaft („*the target company*") getroffen wurde. Mit den Regelungen sollen neben der Zurechnung der Anteile von Familienangehörigen und indirekten Gesellschaftsbeteiligungen solche Fälle erfasst werden, in denen Gesetzesumgehungen der Offenlegungspflichten durch den koordinierten Erwerb von Anteilen an der Zielgesellschaft, sei es in Vorfeld einer Übernahme oder unabhängig hiervon, im Raum stehen.[805] Ist eine Person Beteiligter einer solchen Vereinbarung, so sind ihrem eigenen *interest* die Anteile der übrigen Mitglieder der Vereinbarung in vollem Umfang zuzurechen.[806] Insoweit kennt auch das englische Recht keine Absorption bei einer entsprechenden Mehrfachzurechnung der Anteile.

(1) Beschränkung auf den abgestimmten (Parallel-)Erwerb von Wertpapieren

Gegenstand der Zurechnung des *Acting in Concert* sind ausschließlich Vereinbarungen zwischen zwei oder mehreren Personen über den (Parallel-)Erwerb von Anteilen an der Zielgesellschaft.[807] Die Vereinbarungen muss dabei Regelungen zum Gegenstand haben, die gegenseitige Verpflichtungen (*obligations*) oder Beschränkung (*restrictions*) der Vertragsparteien mit Blick auf den Gebrauch (*use*), die Aufbewahrung oder die Übertragung des an der Zielgesellschaft erworbenen

---

[803] Sec. 203 (4) CA 1985.

[804] Vgl. zu der entsprechenden Frage nach deutschem Recht § 2 B) III.) 4.) b) aa) (3) (γ).

[805] *P.L. Davies* Gower's Company Law[6] S. 488; *Palmer's* Company Law, Rn. 7.207; *Pennington* Company Law[7] S. 458 f.

[806] Sec. 205(1) CA 1985.

[807] Sec. 204(1) CA 1985.

interest vorsehen und[808] dazu führen, dass eine oder mehrere Parteien der Vereinbarung tatsächlich Anteile an der Zielgesellschaft erwerben.[809] Der Begriff des Gebrauchs (*use*) richtet sich auf die Ausübung eines jeden Rechts oder jedweder Kontrolle oder Einflussnahme, die aus dem *interest in shares* resultiert.[810] Deutlich machen lässt sich der Anwendungsbereich der Regelung auch am Beispiel der bereits oben zitierten Entscheidung in *Re Ricardo Group (No. 2)*[811], in der es unter anderem um eine Vereinbarung zwischen zwei Parteien ging, der die Abmachung zugrunde lag, dass der Erwerber der präsumtiven Bietergesellschaft im Falle der Abgabe eines Übernahmeangebotes seine Beteiligung an der Zielgesellschaft übertragen werde. Das Gericht sah in diesem Zusammenhang die Voraussetzungen von Sec. 204 (1) CA 1985 als nicht erfüllt an, da die Vereinbarung keine gegenseitigen *restrictions* der Vertragsparteien vorsah und der *interest* des Bieters an den Anteilen der Zielgesellschaft lediglich kraft („*by virtue*") der Vereinbarung und nicht in Ausübung („*in pursuance of*") derselben, also im Rahmen des gemeinsamen Erwerbs der Anteile, entstanden war.[812] Darüber hinaus sind die Voraussetzungen für eine Zurechnung nach Sec. 204 (1) CA 1985 erst dann gegeben, wenn der *interest* tatsächlich erworben wird. Die Offenlegungspflicht wird also nicht bereits mit dem Zeitpunkt begründet, zu dem die Parteien die Erwerbsvereinbarung getroffen haben, sondern erst, wenn der Erwerbsvorgang tatsächlich in Vollzug gesetzt wird.[813]

Eine über die vorgenannten Voraussetzungen hinausgehende Bestimmung, die unabhängig von dem Parallelerwerb der Aktien ebenfalls auf die gemeinsame Ausübung der Stimmrechte oder die Verfolgung gemeinsamer Ziele hinsichtlich der Geschäftsführung der Gesellschaft gerichtet wäre, ist nach dem CA 1985 nicht vorgesehen.[814] Dies entspricht zugleich der Position des City Code, der im Hinblick auf die Zurechnung der Anteile Dritter im Zusammenhang mit der Verpflichtung zur Abgabe eine *mandatory bid* nach Rule 9.1 eine vergleichbare, wenn auch im Ergebnis weniger detailierte, Regelung trifft[815]: "*Persons acting in concert comprise persons who, pursuant to an agreement or understanding*

---

[808] Unterstreichung vom Verf. hinzugefügt.

[809] Sec. 204(2) CA 1985.

[810] Sec. 204(3) CA 1985.

[811] [1989] B.C.L.C. 766.

[812] Vgl. hierzu auch *Pennington* Company Law[7] S. 459.

[813] Sec. 204 (2)(b) CA 1985 ; *Pennington* Company Law[7] S. 459.

[814] *Farrar/Hannigan* Farrar's Company Law[4] S. 569; *Tolley's* Company Law D 6514.

[815] Definition C.1 City Code.

(whether formal or informal) actively co-operate, through the acquisition by any of them of shares in a company, to obtain or consolidate control (...) of the company."[816] Die Beschränkung des Anwendungsbereichs auf den Parallelerwerb von Aktien mag zumindest mit Blick auf die Bestimmungen des CA 1985 insoweit überraschen, als angesichts der Vorgaben der Komplementärregelung der europäischen Börsen-Richtlinie 2001/34/EG eine gegenseitige Zurechnung bereits bei Vereinbarungen zu erfolgen hat, die die Parteien *langfristig* zu einer *gemeinsamen Politik bezüglich der Geschäftsführung* der betreffenden Gesellschaft verpflichten.[817] Die Regelungen des englischen CA 1985 weichen von dieser Regelung in beträchtlichem Maße ab und offenbaren insoweit eine nicht unerhebliche Lücke gegenüber den sekundärrechtlichen Vorgaben der Richtlinie.[818]

Über die Frage, ob es sich hierbei um eine bewusste Nichtumsetzung der durch die Richtlinie begründeten Verpflichtungen handelt, lässt sich angesichts fehlender Äußerungen des englischen Gesetzgebers zu dieser Frage nur spekulieren. Für eine solche These würde zunächst sprechen, dass sich das in der englischen Rechtpraxis gebräuchliche (engere) Konzept des *acting in concert* in der Vergangenheit nicht nur im Rahmen des CA 1985, sondern auch mit Blick auf die entsprechenden Zurechnungsbestimmungen des City Code und der SARs bewährt zu haben scheint, und für eine weitergehende Zurechnung kein wirklicher Grund gesehen wird.[819] Zwar war die fehlende Vereinbarkeit von Sec. 204 CA 1985 mit der europäischen Transparenz-Richtlinie bezüglich der Zurechnung eines koordinierten Verhaltens in der Vergangenheit Gegenstand der Konsultationen des DTI,[820] wo u.a. eine Anpassung von Sec. 204 (1) CA 1985 gegenüber Vereinbarungen *„towards the composition of the appointed board of the*

---

[816] Unterstreichung vom Verf. hinzugefügt. Ähnlich auch Rule 5 der Rules Governing Substantial Acquisitions of Shares (SARs): "Where two or more persons act by agreement or understanding in the acquisition by one ore more of them of shares carrying voting rights in a company, or rights over such shares, their holdings and acquisitions must be aggregated and treated as a holding or acquisition by one person for the purpose of the SARs.", vgl. hierzu im Einzelnen unten § 3 A) III.)

[817] In der englischen Fassung heisst es insoweit: „... *adopting a lasting common policy towards the management of the company.*" Vgl. Art. 92 der Richtlinie 2001/34/EG, vgl. hierzu oben § 2 A) III.) 1.) a) bb).

[818] Zu der fehlenden Vereinbarkeit von Sec. 204 CA 1985 mit Art. 92 der RL 2001/34/EG, vgl. *P.L. Davies* Gower's Company Law[6] S. 489.

[819] Ähnlich auch Tolley's Company Law, Rn. D 6514: "Such arrangements are not perceived as a threat and may be positively useful to the company at times of crisis, so that it was thought to be unwise to deter parties from entering into them."

[820] *DTI* Proposals for Reform of Part VI of the Companies Act 1985 (1995), S. 12.

company <u>*or*</u> *towards the company's management strategy*" in Erwägung gezogen wurde.[821] Doch ist die Frage im Rahmen der jüngsten Gesellschafsrechtsreform nicht erneut auf die politische Agenda im Vereinigten Königreich zurückgekehrt. Nach Auskunft des DTI sind zum gegenwärtigen Zeitpunkt keine weiteren Änderungen in diesem Bereich vorgesehen.

(2) Form der Vereinbarung

Der Begriff der als Grundlage für eine Gruppenbildung dienenden Vereinbarung (*agreement*) zwischen zwei oder mehreren Parteien, die den Erwerb eines *interest in shares* zum Gegenstand hat, ist denkbar weit und umfasst „*any agreement or arrangement*", einschließlich *undertakings, expectations, or undertakings operative under any agreement.*[822] Demzufolge ist jede Vereinbarung oder Absprache vom Begriff des *Acting in Concert* erfasst, die entweder schriftlich oder mündlich, ausdrücklich oder stillschweigend getroffen wurde.[823] Es muss sich zwar dem Grundsatz nach um eine rechtlich durchsetzbare Vereinbarung zwischen den Parteien handeln. Ausreichend hierfür ist jedoch bereits jede wechselseitige Verpflichtungen der Parteien untereinander.[824]

d) Befreiungen von der Offenlegungspflicht (*interests to be disregarded*), Sec. 209 CA 1985

Der CA 1985 kennt ebenso wie das deutsche- und das europäische Recht eine Reihe von Fallgestaltungen, in denen der Meldepflichtige eine Befreiung in Anspruch nehmen kann, weil in diesen Fällen ein Eingreifen der Meldepflicht entweder allgemein als entbehrlich oder gegenüber dem durch die Veröffentlichung bezweckten Nutzen als nachrangig angesehen wird.[825] Die hierfür relevante Befreiungsregelung der Sec. 209 CA 1985 wurde im Rahmen der Umsetzung der europäischen Transparenz-Richtlinie im Vereinigten Königreich in einigen Punkten modifiziert, um damit den durch die Richtlinie neu geschaffenen Befreiungsmöglichkeiten Rechnung zu tragen.[826]

---

[821] *DTI* Proposals for Reform of Part VI of the CA 1985 (1995), S. 12; in diese Richtung gehend auch *The Law Society* Proposals for Reform of Part VI of the CA 1985 (1995), Memorandum Nr. 320, S. 6 f.

[822] Sec. 204 (5) CA 1985.

[823] Sec. 204 (5)(6) CA 1985.

[824] *P.L. Davies* Gower's Company Law[6] S. 490.

[825] *Tolley's* Company Law Rn. D 6511.

[826] Vgl. Disclosure of Interests in Shares (Amendment) Regulations 1993, S.I. 1993 No. 1819. Die Regelungen sind seither Gegenstand der Rechtsetzungsbefugnisse des Secretary of State

Die in Sec. 209 CA 1985 geregelten Befreiungstatbestände, die nur für die Mitteilungspflichten nach Sec. 198 bis 202 CA 1985, nicht hingegen für den Auskunftsanspruch der Gesellschaft nach Sec. 212 CA 1985 gelten, lassen sich in drei Untergruppen aufteilen, wobei insbesondere den beiden erstgenannten Gruppen für den hier interessierenden Zusammenhang eine wichtige praktische Bedeutung zukommt: (i) Wertpapierhändler (*market maker*); (ii) Fälle in denen der rechtliche Eigentümer nicht zur Ausübung der Stimmrechte berechtig ist, sowie (iii) Befreiungen im Verhältnis zu nichtbörsennotierten Gesellschaften.

Der von einem Wertpapierhändler (*market maker*) im Rahmen der Ausübung seiner Tätigkeiten gehaltene *interest inshares* wird von Sec. 209 (8) CA 1985 unter der Voraussetzung von der Meldepflicht befreit, dass die Beteiligung nicht zur Einflussnahme auf die Geschäftsführung der Gesellschaft genutzt wird.[827] Die auf Art. 94 Abs. 1 der Richtlinie 2001/34/EG[828] beruhende Befreiung setzt voraus, dass der von dem Wertpapierhändler gehaltene *interest* nicht dazu genutzt wird, Einfluss auf die Geschäftsführung der Gesellschaft auszuüben.[829]

Eine weitere Gruppe von Befreiungsmöglichkeiten besteht in Fällen, in denen es dem Inhaber eines *interest in shares* von Rechts wegen untersagt ist, die Ausübung der Stimmrechte zu kontrollieren. Zu diesem Zweck wird eine Person auch dann nicht als zur Ausübung der Stimmrechte berechtigt angesehen, wenn sie diese allein nach den Anweisungen eines Dritten ausüben kann. Zu den in diesem Sinne befreiten *interests* gehören u.a. solche eines *trustees*; jene, die dem Anteilinhaber an einer zugelassenen Kapitalanlage- oder Investmentgesellschaft gehören; *interests* des Begünstigten eines *retirement beneficiary scheme*; sowie zunächst solche *interests*, die dem Bieter im Rahmen eines unter einer aufschiebenden Bedingung stehenden Übernahmeangebotes zuzurechnen sind.[830] Weitere Befreiungsmöglichkeiten bestehen für *interests*, die Gegenstand eines Verwahrungsverhältnisses sind, solche, die unmittelbar von einer Kapitalanlage- oder Investmentgesellschaft gehalten werden sowie schließlich *interests*, die im

---

nach Sec. 210A (1)(d) CA 1985. Hiervon wurde zuletzt durch die Disclosure of Interests in Shares (Amendment) Regulations 1996, S.I. 1996 No. 1560 Gebrauch gemacht.

827 Der Begriff des „*market maker*“ wird zu diesem Zweck in Sec. 209 (9) legaldefiniert und erfasst jede Person, die in einem EG-Mitgliedstaat zum Wertpapierhandel an einer Börse zugelassen ist.

828 Die Regelung entspricht Art. 9 Abs. 1 der RL 88/627/EWG.

829 Sec. 209 (8)(b) CA 1985.

830 Sec. 209 (1) (a)-(e) CA 1985.

Wege einer Sicherungsabrede in Bezug auf eine Transaktion entstanden sind, die in den allgemeinen Geschäftsbetrieb des Sicherungsnehmers fallen.[831]

In Hinblick auf die vorgenannten Befreiungstatbestände setzt der CA 1985 voraus, dass die hierdurch befreite Person keinen Einfluss auf Stimmrechte aus den betreffenden Aktien ausüben kann.[832]

4.) Informationsrechte der Gesellschaft, Sec. 212 CA 1985

Die Gesellschaft kann nach Sec. 212 CA 1985 von jeder Person, von der sie begründeterweise annimmt, dass diese einen *interest in shares* an der Gesellschaft hält oder von Beteiligungen Dritter an ihr Kenntnis erlangt hat, verlangen, innerhalb eines angemessenen Zeitraums hierüber durch schriftliche Mitteilungen informiert zu werden (*company investigations*). Die Vorschrift gibt dem Management sowie unter bestimmten Voraussetzungen anderen Anteilseignern ein unqualifiziertes Recht, Auskünfte über die stimmrechtsmäßige Beteiligung an der Gesellschaft zu erlangen[833] und gestattet damit – anders als der Nachweisanspruch des § 27 WpHG – eine weitgehende Dauerüberwachung der Beteiligungsverhältnisse der an der Gesellschaft beteiligten Personen sowie Dritter. Kommt der Mitteilungspflichtige einem entsprechenden Begehren der Gesellschaft nicht nach, so kann diese durch Antragstellung gegenüber dem zuständigen Gericht, die in Sec. 216 CA 1985 vorgesehenen Sanktionen beantragen.

Die Regelung wurde erstmals durch den CA 1976 eingeführt und später durch den CA 1981 erweitert und verschärft.[834] Ihr kommt seither, insbesondere im Zusammenhang mit Wertpapiertransaktionen im Vorfeld eines Übernahmeangebotes,[835] aber auch während der Laufzeit eines Übernahmeverfahrens[836] sowie in anderen Zusammenhängen, wie der Offenlegung von *Standstill*-Vereinbarungen, eine erhebliche praktische Bedeutung zu.[837] Obgleich die Regelungen wegen der

---

[831] Sec. 209 (1) (f)-(h) CA 1985.

[832] Sec. 209 (5) CA 1985.

[833] Re Lloyd (F.H.) Holdings plc [1985] B.C.L.C. 293.

[834] Vgl. hierzu im Einzelnen *Tolley's* Company Law, Rn D 6518

[835] *P.L. Davies* Gower's Company Law[6] S. 492.

[836] Vgl. *P. Emmett* 2 ICCLR S. 43 f. (1993) zu dem Fall, dass das Management des *target* während des laufenden Übernahmeverfahrens täglich entsprechende *notifications* an das Management des Bieters sendet, um Aufschluss über die bereits abgegebenen Annahmeerklärungen zu dem Angebot zu erhalten.

[837] Vgl. hierzu insbesondere *Rachel Davies* Share trail leads to Hong Kong children, Financial Times (LR) 26.02.1988; *Howles* Patrolling your share register: Sec 212 notices, PLC 1990, S. 18; *Rosenberg*, Patrolling the share register – the name behind the number, CSR 1992, S. 38.

mit ihrer Anwendung verbundenen Missbrauchsmöglichkeiten gerade in Form strategischer Prozessführung in Übernahmesituationen in der Vergangenheit erheblicher Kritik ausgesetzt waren,[838] hat sich der Gesetzgeber erst vor kurzem für eine Beibehaltung der Regelungen in ihrer jetzigen Form ausgesprochen.[839]

Die Satzung *(articles)* kann es der Geschäftsführung der Gesellschaft über die gesetzlichen Bestimmungen hinaus erlauben, Sanktionen gegen einzelne Aktionäre, die ihren Mitteilungspflichten nach Sec. 212 CA 1985 nicht nachkommen, zu verhängen.[840] Im Schrifttum wird eine entsprechende Satzungsregelung sogar ausdrücklich empfohlen, um damit die Unklarheiten und Formalien des gesetzlich vorgesehenen Auskunftsverfahrens zu umgehen.[841] Als satzungsmäßiges Sanktionsmittel ist hierbei regelmäßig das Ruhenlassen der aus den Aktien entstehenden Rechte (*freezing of shares*) vorgesehen. Bei börsennotierten Gesellschaften kann die Stock Exchange entsprechende Sanktionen ausdrücklich zulassen, wenn der Meldepflichtige seiner Verpflichtung zur Mitteilung seiner stimmrechtsmäßigen Beteiligung nicht innerhalb von 14 Tagen nachkommt.

a) Voraussetzungen und Gegenstand des Auskunftsanspruchs

Sec. 212 CA 1985 gilt sowohl für börsennotierte Gesellschaften als auch für alle nichtbörsennotierten *public limited companies.*[842] Der Auskunftsanspruch kann neben natürlichen oder juristischen Personen mit Sitz im Vereinigten Königreich auch gegenüber solchen in Drittstaaten geltend gemacht werden. In dem letztgenannten Fall, stellt sich dabei vor allem die Frage, ob ein nach dem Recht des Drittstaates bestehendes Vertraulichkeitsgebot das Eingreifen der an die Verlet-

---

[838] Vgl. stellvertretend *The Law Society* Disclosure of Interests in Shares, April 1990, No. 217, S. 12 f. Andere haben sich demgegenüber für eine Ausweitung der Regelungen dahingehend ausgesprochen, *nominee shareholders* zu verpflichten, vor ihrer Registrierung in dem *Register of Members* und/oder vor Abstimmungen der Hauptversammlung über bestimmte Tagesordnungspunkte offen zu legen, wer wirtschaftlicher Eigentümer an den Wertpapieren ist; vgl. zu diesen Vorschlägen *Tolley's* Company Law, Rn. D 6518.

[839] *DTI* Modern Company Law for a Competitive Economy: Final Report (2001), para. 7.32.

[840] *P.L. Davies* Gower's Company Law[6], S. 492; *Tolley's* Company Law, Rn. D 6527.

[841] *Tolley's* Company Law, Rn. D 6527.

[842] Das *DTI* Disclosure of Interests in Shares, 1995, S. 27 hat Vorschläge zurückgewiesen, den Anwendungsbereich der Regelung auf börsennotierte Gesellschaften zu beschränken. Hieran wird deutlich, dass der Gesetzgeber mit den Bestimmungen, neben dem heute wohl dominierenden Ziel der Herstellung einer gewissen Markttransparenz, an dem Ziel einer umfassenden Offenlegung der Beteiligungen zugunsten des Managements, der Arbeitnehmer und der Mitaktionäre festhält.

zung des Auskunftsanspruchs anknüpfenden Sanktionsregelungen verhindern kann.[843]

Der Anspruch besteht unabhängig von der Höhe der Beteiligung des Anteilseigners; er ist daher von dem Adressaten der Mitteilung auch dann zu erfüllen, wenn die für die Mitteilungspflicht maßgebende Beteiligungsschwelle von 3 Prozent von diesem nicht überschritten wird. Erforderlich ist auch nicht, dass der Antragsteller konkrete Anhaltspunkte (*real grounds*) dafür vorträgt, dass der Adressat eine Beteiligung an der Gesellschaft aufbauen will oder andere Absichten gegenüber der Gesellschaft verfolgt.[844] Eine eng begrenzte Ausnahme für die Geltendmachung des Auskunftsanspruchs wird nur in solchen Fällen angenommen, in denen diese *frivolous* oder *vexatious* erscheint.[845]

Gegenstand des Auskunftsanspruchs ist, anders als im Rahmen der Sec. 198 CA 1985, nicht alleine der *interest* an dem ausgegebenen Kapital (*relevant share capital*), sondern weitergehend auch „*right*[*s*] *to subscribe for shares in a public company which would on issue be comprised in relevant share capital of that company*".[846] Der Auskunftsanspruch erfasst damit auch Optionen sowie Wandelschuldverschreibungen, die zum Erwerb von Aktien an der Gesellschaft berechtigen.[847]

Die Antrag hat schriftlich zu erfolgen. Er kann sowohl von der Gesellschaft selbst als auch von einer Gruppe von Aktionären, die einen Anteil von nicht weniger als 10 Prozent an dem eingezahlten Gesellschaftskapital haben müssen,[848] initiiert werden. Die Möglichkeit zur Geltendmachung des Auskunftsanspruchs durch einen einzelnen Anteilsinhaber oder eine Aktionärsgruppe soll eine effektive Durchsetzung der Mitteilungspflichten auch für solche Fälle gewährleisten,

---

[843] Für eine grundsätzliche Anwendbarkeit des in Sec. 216 CA 1985 vorgesehenen Rechtsverlustes bei Anteilsinhabern in Drittstaaten *Re Lloyd (F.H.) Holdings plc* [1985] B.C.L.C. 293; *Re Geers Gross plc* [1987] B.C.L.C. 253 = W.L.R. 1649. In *Re Lloyd (F.H.) Holdings plc* ging es um ein in Luxemburg ansässiges Kreditinstitut, das dem dort geltenden Bankgeheimnis unterlag. Die Zulässigkeit von Strafsanktionen nach Sec. 216 (3) CA 1985 wird demgegenüber überwiegend abgelehnt *Tolley's* Company Law, Rn. D 6518; vgl. *The Law Society* Company Law Committee's response to the DTI Consultation Document, 1988. Die Frage wurde in der zuvor zitierten Entscheidung offen gelassen.

[844] *Tolley's* Company Law, Rn. D 6518.

[845] Sec. 216 (4) CA 1985; *Re Lloyd (F.H.) Holdings plc* [1985] B.C.L.C. 293.

[846] Sec. 212(6) CA 1985.

[847] *Tolley's* Company Law, Rn. D 6507; *Palmer's* Company Law, Rn. 7.303.

[848] Sec. 214 CA 1985.

in denen das *board* oder einzelne seiner Mitglieder aufgrund eines eigenen Interessenkonflikts kein Interesse an der Offenlegung der Beteiligung haben.[849]

b) Inhalt des Auskunftsanspruchs

Der Informationsanspruch der Gesellschaft nach Sec. 212 CA 1985 umfasst dem Inhalt nach Einzelheiten über den *interest in shares* des Adressaten des Auskunftsanspruchs. Hierzu gehören im Einzelnen[850]:

- Angaben über dessen eigene gegenwärtige und vergangene *interests in shares* an dem stimmberechtigten Kapital; sowie
- im Rahmen jeder aktuell bestehenden Beteiligung, Angaben über jeden weiteren gegenwärtigen oder vergangenen *interest in shares*, der innerhalb der letzten drei Jahre[851] bestanden hat.
- Handelt es sich um einen vergangenen *interest in shares*, so hat der Meldepflichtige bei hierüber bestehender Kenntnis Einzelheiten über die Person offen zu legen, an die die Anteile übertragen wurden.[852]

In den vorgenannten Fällen umfasst der Auskunftsanspruch Einzelheiten über die Indentität der Person, die die Beteiligung hält sowie die Frage, ob der Auskunftspflichtige Mitglied einer *Acting in Concert*-Vereinbarung ist oder es andere Vereinbarungen über die Ausübung der Rechte aus den Aktien gab (*agreement or arrangement relating to the exercise to any rights conferred by the holding of the shares*).[853] Der Antragsteller kann ferner auch Informationen über den Gegenstand des *interests* verlangen, wie etwa die Frage, ob dieser unter einem *trust* oder einem anderen Rechtsverhältnis entstanden ist.[854] Ein darüber hinausgehender Anspruch gegenüber dem Antragsteller auf Auskunft über die Tatsache, ob der Antragsgegner finanzielle Unterstützung beim Erwerb der An-

---

[849] *P.L. Davies* Gower's Company Law[6] S. 494 – sowie ausführlich zu weiteren Einzelheiten - möglicherweise bestehenden Verstoßes gegen die Mitteilungspflichten für Directors' Dealing nach Sec. 324 CA 1985 oder der Regelungen der Sec. 198-210 CA 1985.

[850] Sec. 212 (2)(a)-(c) CA 1985; vgl. hierzu auch den "Model 212 Notice" des DTI, abrufbar unter www.dti.gov.uk/cld/public.htm.

[851] In seinem Konsultationspapier von *DTI* Disclosure of Interests in Shares, 1995, S. 27 hat dieser vorgeschlagen, die Drei-Jahres-Frist auf ein Jahr zu reduzieren.

[852] Die letztgenannte Alternative ist insbesondere in solchen Fällen von Bedeutung, in denen die Beteiligung als „*moving target*" zur Verschleierung der wirtschaftlichen Berechtigung kurzfristig auf einen Dritten übertragen wird.

[853] Sec. 212 (3) CA 1985.

[854] *Tolley's* Company Law, Rn. D 6518.

teile durch einen Dritten erlangt hat, ist von der Rechtsprechung abgelehnt worden.[855] Die Regelung der Sec. 212 CA 1985 ist nicht abschließend, d.h. der Anspruchsteller kann auch über die in Sec. 202 CA 1985 zugrunde gelegten Angaben weitere Informationen von dem Antragsgegner einfordern.[856]

Der in Sec. 212 CA 1985 verwendete Begriff eines *interest in shares* ist grundsätzlich gleichbedeutend mit dem Begriff in Sec. 208 CA 1985. Sec. 212 ist jedoch insoweit weitergehend, als die in Sec. 209 CA 1985 geregelten Befreiungstatbestände hier keine Anwendung finden.[857] Eine Person wird darüber hinaus nach Sec. 212 (6) CA 1985 so behandelt, als ob sie einen *interest in shares* hätte, wenn sie ein Recht zum Erwerb oder Bezug der Aktien hat. Ein Auskunftsverlangen besteht folglich ebenso für (*Call-*)Optionen sowie Wandelschuldverschreibungen (*convertibles*).[858]

c) Bestimmung eines angemessenen Zeitraums

Der Anspruchsgegner hat seinen *interest* innerhalb eines angemessenen Zeitraums offen zu legen.[859] Die Konkretisierung dieses Zeitraums ist der Rechtsprechung überlassen und hängt maßgeblich von den Umständen des Einzelfalls ab. Die Frage ist insbesondere deshalb von Bedeutung, als bei einer von dem Anspruchsteller in dem Antrag zu kurz bemessenen Frist das Gericht seine Zuständigkeit (*jurisdiction*) für eine Verfügung nach Sec. 216 CA 1985 ablehnen kann.[860]

Maßgebende Faktoren für die Bestimmung eines angemessenen Zeitraums sind der Umfang der bereitzustellenden Informationen, die Frage, ob es um einen gegenwärtigen oder vergangenen *interest* geht, die Person des Antragsgegners und dessen Aufenthaltsort sowie die Dringlichkeit der Klärung der Beteiligungsverhältnisse.[861] In der Rechtspraxis wird bei der Bemessung ein strenger Maßstab angelegt. So wird zwar grundsätzlich ein Zeitraum von 7 Kalendertagen als ausreichend erachtet, doch wird dieser in dringenden Fällen bei inländischen Adres-

---

[855] *Re Lonrho plc. No. 2* [1989] 3 WLR 1106 = BCC 234; *Tolley's* Company Law, Rn. D 6518.

[856] *Re TR Technology Investment Trust plc* [1988[4 BCC 244; vgl. auch *Tolley's* Company Law, Rn. D 6518.

[857] Sec. 212 (5) CA 1985.

[858] *Palmer's* Company Law, Rn. 7303.

[859] Sec. 212 (4) CA 1985: "[...] within such reasonable time as may be specified in the notice".

[860] *Tolley's* Company Law, Rn. D 6518; *Palmer's* Company Law, Rn 7.303.1.

[861] *Palmer's* Company Law, Rn 7.303.2.

saten – insbesondere in Übernahmesituationen, Proxy Fights oder anderen Konstellationen mit starken Kursbewegungen in den betreffenden Wertpapieren – auf eine Frist von nicht mehr als zwei Tagen reduziert. Hier sei dem Grundsatz nach davon auszugehen, das dem Adressaten des Auskunftsbegehrens die Information jederzeit abrufbar zur Verfügung stehen müsse.[862] In solchen Fällen kann es für den Antragsteller angesichts des Risikos, einen zu engen Zeitrahmen gegenüber dem Antragsgegner festzusetzen und aus diesem Grund möglicherweise mit dem Antrag zu scheitern, angebracht sein, mehrere *notifications* auszusenden, die in einem jeweils anderen Zeitmaß Informationen in unterschiedlichem Umfang gegenüber dem Antragsgegner einfordern.[863]

5.) Normdurchsetzung und Sanktionen

Das Gesetz unterscheidet bei einer Verletzung der Meldepflichten oder des Auskunftsanspruchs der Gesellschaft zwischen zwei Arten von Sanktionsinstrumenten. Hierzu gehört neben möglichen Strafsanktionen in Form einer Haftstrafe oder eines Bußgeldes, vor allem der in der Praxis relevantere Verlust der Rechte aus den Aktien (*freezing of shares*), der aufgrund einer Nichterfüllung sowie jeder wissentlichen, grob fahrlässigen oder leichtfertigen Falschinformation bei Abgabe der Mitteilung bzw. Erteilung der Auskunft angeordnet werden kann. Daneben können auch die *articles* der Gesellschaft einen Rechtsverlust bei Verletzung des Auskunftsanspruchs der Gesellschaft vorsehen, wobei hier durch die UKLA Listing Rules bestimmte Einschränkungen gemacht werden.[864]

III.) Rules Governing Substantial Acquisitions of Shares

1.) Regelungsgegenstand und -kontext

Mit den von dem Takeover Panel herausgegebenen und verwalteten *Rules Governing Substantial Acquisitions of Shares* (*SARs*)[865] existiert neben dem City Code ein weiteres für die Gewährleistung fairer Übernahmeverfahren bedeuten-

---

[862] *Lonrho v. Edelmann* [1989] 5 BCC 68, per Vinelott J. In dem zugrunde liegenden Fall eines ausländischen Kreditinstitutes mit Sitz in Luxemburg wurde die von dem Antragsgegner beantragte Frist von fünf Tagen als zu lang angesehen. Kritisch zu diesem von der Rechtsprechung angelegten Maßstab *P. Emmett* 2 ICCLR (1993), S. 43 f.

[863] *Lonrho v. Edelmann* [1989] 5 BCC 68, per Vinelott J.

[864] Vgl. insoweit Listing Rules Ch. 13 appendix 1(13), vormals London Stock Exchange Listing Rules; vgl. zum Ganzen auch *Tolley's* Company Law, Rn. D 6521.

[865] Abgedruckt bei Hirte (Hrsg.) WpÜG, S. 518; mit einer kurzen Einführung *Heinrich* in: Hirte (Hrsg.) WpÜG, S. 45, 51 f.

des Regelungsinstrument. Die SARs sollen dabei gerade in solchen Fällen greifen, in denen der City Code keine Anwendung findet. Sie sind umgekehrt nicht anwendbar, sobald der Bieter gemäß City Code Rule 2.5 (a) seine *firm intention* zur Abgabe eines Angebots veröffentlicht hat oder durch die von ihm getätigten Transaktionen bereits 30 Prozent oder mehr der Zielgesellschaft hält (SARs Introduction).

Der erstmalige Erlass der SARs durch den Council for the Securities Industry (CSI) im Jahre 1980 war eine unmittelbare Reaktion auf die Ende der 70er Jahre verstärkt in Erscheinung getretenen „*dawn raids*".[866] Ein solches Vorgehen, das regelmäßig unterhalb der Pflichtangebotsschwelle von 30 Prozent Halt macht und mit dem Angebot eines erheblichen Paketzuschlags an die annahmewilligen Aktionäre verbunden ist, soll seither unter dem Gesichtspunkt des Schutzes der unter den Marktgegebenheiten regelmäßig benachteiligten Kleinaktionäre gezielt erschwert werden.[867] Mit der durch die SARs vollzogenen zeitlichen Verlangsamung von Vorerwerben und den darüber hinaus gehenden Publizitätspflichten soll insoweit die Entscheidungsgrundlage der Aktionäre, aber auch des Managements der Zielgesellschaft, verbessert werden.[868] Letzteres soll hierdurch in die Lage versetzt werden, seine eigene Haltung gegenüber dem Erwerber zu überprüfen und gegebenenfalls geeigneten Schritte einzuleiten, bevor dieser über eine kontollierende Mehrheitsposition in der Gesellschaft verfügt.[869] Daneben soll die zeitliche Verzögerung des Erwerbsvorgangs gewährleisten, dass der Markt durch Preissteigerungen auf die starke Kaufnachfrage reagieren kann. Der verkaufswillige Anleger soll erfahren, dass die von ihm zu veräußernden Aktien zum Aufbau einer Kontrollposition erworben werden und dies einen höheren Preis rechtfertigen kann. Die SAR's dienen insoweit auch einer weitgehenden Gleichbehandlung der Aktionäre untereinander.

2.) Erwerbsbeschränkungen und Verpflichtung zur Offenlegung des Erwerbs substantieller Aktienpakete

Sachlich finden die SARs – wie eingangs erwähnt – auf die Fälle Anwendung, in denen die Regelungen des City Code wegen ihres auf die Laufzeit des Übernahmeangebotes beschränkten Anwendungsbereichs und die an das Überschreiten der Pflichtangebotsschwelle anknüpfenden Rechtsfolgen zu kurz greifen. Sie

---

[866] Vgl. hierzu bereits oben § 3 A) II.) 1).

[867] *Rabinowitz* (Hrsg.), Weinberg & Blank, Rn 3-901.

[868] *P.L. Davies* Gower's Company Law, S. 779; *Rabinowitz* (Hrsg.), Weinberg & Blank, Rn 3-901.

[869] Vgl. Panel Statement vom 8.5.1990 in *Timpson plc* and *Automatic Holdings plc*.

gelten dabei – ebenso wie der City Code – für Transaktionen in Wertpapieren einer Gesellschaft mit Sitz im Vereinigten Königreich, deren Anteile an der London Stock Exchange, AIM oder OFEX gehandelt werden.

Nach den in SAR Rule 1 vorgesehenen Erwerbsbeschränkungen ist es dem Erwerber untersagt, innerhalb von sieben Tagen 10 Prozent oder mehr der Stimmrechte an dem *target* zu erwerben, wenn er in Folge der Transaktionen mindestens 15 Prozent und weniger als 30 Prozent der Stimmrechte der Zielgesellschaft erlangt.[870] Durch die Regelung soll in erster Linie das Tempo reduziert werden, mit dem ein Bieter Aktien der Zielgesellschaft erwirbt. Dem Käufer werden zu diesem Zweck auch Anteile Dritter zugerechnet, mit denen er „*by agreement or understandig*" Anteile oder sonstige Rechte an solchen Anteilen (insbesondere durch *irrevocable undertakings*) an der betreffenden Gesellschaft erwirbt (SAR Rule 5).[871] Das Erwerbsverbot gilt nicht für den Erwerb der Anteile eines einzelnen Anteilsinhabers (*single shareholder*[872]), wenn dies den einzigen Anteilserwerb von dieses Aktionärs in einem Zeitraum von sieben Tagen darstellt (SAR Rule 2).[873] Ausgenommen sind zudem die Durchführung eines Angebots nach dem in SAR Rule 4 statuierten Verfahren sowie der Erwerb der Stimmrechte in Verbindung mit der Abgabe eines Übernahmeangebotes, das von der Verwaltung der Zielgesellschaft öffentlich zur Annahme empfohlen wird (SAR Rule 2).[874] In den letztgenannten Fällen kommt die Wertung des in SAR Rule 1 ver-

---

[870] Es lassen sich hiernach zwei Grundkonstellationen beispielhaft unterscheiden (1): Hat der Erwerber zum Tag 1 14,9 Prozent an dem *Target* erworben, so muss er weitere sieben Tage warten, bis er den Erwerb fortsetzt. Am Tag 8 kann er dann seine Beteiligung bis zu 24,9 Prozent aufstocken. Er müsste hiernach bis zu Tag 15 warten, bis er weitere Akquisitionen durchführt. (2): Der Erwerber hält zum Ausgangszeitpunkt 10 Prozent der Aktien an dem *Target.* Am Tag 1 erwirbt er 4 Prozent und erhöht damit seine Beteiligung auf 14 Prozent. Am Tag 2 erwirbt er weitere 4 Prozent. Am Tag 8 kann der Bieter dann weitere 6 Prozent an der Zielgesellschaft erwerben und somit seine Beteiligung auf 24 Prozent aufstocken, da in diesem Fall die an Tag 1 erworbene Beteiligung aus der Sieben-Tage-Frist herausfällt.

[871] Vgl. hierzu im Einzelnen Notes on Rule 5 sowie Panel Statement vom 16.1.1991 in *Norton Group plc,* wo es um die Zurechnung der Anteile eines *family trusts* geht; zum Ganzen auch *Rabinowitz* (Hrsg.), Weinberg & Blank, Rn. 3-902.

[872] Vgl. hierzu auch die den Rules vorangestellten Definitions Section: „A number of shareholders wishing to dispose of their shares or rights over shares will be regarded as a single shareholder only if they are all members of the same family or of a group of companies which is regarded as one for disclosure purposes under Section 203 (2) to (4) of the Companies Act 1985."

[873] „*Market-maker*" werden nach Note on Rule 2 ohne Zustimmung des Panel nicht als „*single shareholder*" im Sinne der *SAR Rule 2* verstanden. Vgl. hierzu auch *Rabinowitz* (Hrsg.), Weinberg & Blank, Rn. 3-903.

[874] Im Einzelnen *Rabinowitz* (Hrsg.), Weinberg & Blank, Rn. 3-903.

ankerten Erwerbsverbotes gerade nicht zum Tragen, da hier die Möglichkeit aller Anteilsinhaber besteht, im Rahmen des *tender offers* ihre Aktien zu veräußern.[875]

Nach den in den SAR Rule 3 geregelten Publizitätspflichten ist jede Transaktion, durch die eine Person ihren Stimmrechtsanteil auf mehr als 15 Prozent erhöht, der Gesellschaft, dem Panel sowie der London Stock Exchange bis spätestens 12.00 Uhr des nachfolgenden Handelstages mitzuteilen. Ferner ist jeder weitere Erwerb mitteilungspflichtig, durch den ein Bieter, der bereits 15 Prozent der Stimmrechte der Zielgesellschaft hält, seinen Anteilsbesitz um jeden weiteren Prozentpunkt erhöht. In den Fällen, in denen eine Offenlegungspflicht durch die SARs begründet wird, hat die Mitteilung zwischen solchen Anteilen und Rechten an Anteilen zu unterscheiden, die von der Gesellschaft gerade erworben wurden und denjenigen, die die Gesellschaft bereits vorher gehalten hat. Bei dem Erwerb von Kaufoptionen sind zudem Angaben über die Haltefrist der Option zu machen.[876]

Die in den SARs zugrunde gelegten Mitteilungspflichten ergänzen insoweit die im Companies Act 1985 geregelten und bereits zu einem früheren Zeitpunkt eingreifenden Publizitätspflichten beim Erwerb der Anteile einer börsennotierten Gesellschaft. Der wesentliche Effekt der Offenlegungsregeln der SARs besteht daher in der zeitlichen Beschleunigung der Mitteilung, die in diesem Fall nicht (erst) nach zwei Tagen, sondern bereits unmittelbar an dem auf die Transaktion folgenden Tag, abzugeben ist.[877]

IV.) Directors' Dealings, Secs. 324-329 CA 1985

1.) Gesetzeszweck und Regelungskontext

Der CA 1985 sieht in Secs. 324 bis 329 CA 1985 und Schedule 13 weitere, ihrem Ursprung nach gesellschaftsrechtliche, Mitteilungspflichten für den Anteilsbesitz der *directors* der Gesellschaft vor. Die Vorschriften werden heute mit Blick auf börsennotierte Gesellschaften durch die von der UKLA[878] herausgege-

---

[875] *PL Davies* Gower's Company Law[6] S. 779 f.; *Rabinowitz* (Hrsg.), Weinberg & Blank, Rn. 3-904.

[876] Notes on SAR Rule 3.

[877] *Rabinowitz* (Hrsg.), Weinberg & Blank, Rn. 3-905.

[878] Bis zur Verabschiedung des FSMA 2000 war allein die London Stock Exchange für die Verwaltung und Publikation der Listing Rules verantwortlich. Seither wurden die Kompetenzen von dem britischen Schatzamt (*HM Treasury*) auf die FSA übertragen, vgl. im Einzelnen

benen *Listing Rules* (Chapter 16) ergänzt und überlagert. Weitere ausschließlich auf börsennotierte Gesellschaften anwendbare Regelungen ergeben sich aus dem *Model Code for Securities Transactions by Directors* (*Model Code*), der ebenfalls Bestandteil der Listing Rules ist.[879] Die damit statuierten anlassbezogenen Publizitätspflichten werden daneben im Rahmen der Regelpublizität durch entsprechende Pflichtangaben im Jahresabschluss ergänzt.[880] Darüber hinaus finden sich weitergehende Offenlegungspflichten für die Mitglieder des *board* der Bieter und der Zielgesellschaft in den außergesetzlichen Regelungen des City Code.[881]

Erklärtes Ziel der in Part X des CA 1985 (*Enforcement of Fair Dealing by Directors*) geregelten Vorschriften[882] ist es, die aufgrund des Haltens von Aktien, Aktienoptionen und anderen Wertpapieren bestehenden wirtschaftlichen Anreize der *directors* offen zu legen.[883] Durch die Verpflichtung soll sich darüber hinaus

---

M. Blair Blackstone's Guide to the FSMA 2000, 97, 107 f.; zur aufsichtsrechtlichen Funktion und Ausgestaltung der FSA aus dem deutschen Schrifttum *Binder* WM 2001, 2230, 2232 ff.

[879] Vgl. para. 16.18-16.19 (Appendix to Chapter 16) Listing Rules. Der *Model Code* soll vor allem gewährleisten, dass Verwaltungsmitglieder keine preissensitiven Informationen ausnutzen oder sich einem entsprechenden Verdacht aussetzen; so ausdrücklich *DTI* Disclosure of Directors' Shareholdings, Consultative Document, 1996, S. 24; vgl. hierzu *Tolley's* Company Law, Tz. 6015.

[880] Vgl. para 2 bis 2B Schedule 7 CA 1985, nach denen entsprechende Informationen über *directors' interests* in dem *directors' report* bzw. den *annual accounts* vorgeschrieben sind. Mitteilungspflichtig sind hiernach vor allem die Anzahl der Aktien/Schuldverschreibungen zu Beginn und Ende des Geschäftsjahres sowie alle Bezugsrechte (*rights to subscribe for shares/debentures*), die während dieses Zeitraums gewährt oder durch den jeweiligen *director* ausgeübt wurden; vgl. hierzu im Einzelnen *Tolley's* Company Law, Tz. 6014.

[881] Hierzu gehört zunächst die in Rule 25.3 des City Code enthaltene Verpflichtung der *directors* der Zielgesellschaft in der Stellungnahme des *board* zu dem Übernahmeangebot, jeden *interest* an Wertpapieren der Zielgesellschaft ebenso wie an der Bietergesellschaft offen zu legen sowie alle jene Transaktionen während der vergangenen 12 Monate an der Bieter- und der Zielgesellschaft zu dokumentieren. Eine entsprechende Verpflichtung begründet Rule 24.3 des City Code im Rahmen der Abgabe der Angebotsunterlage, die die Verwaltungsmitglieder des Bieterunternehmens verpflichtet, ihren *interest* in Wertpapieren der Bieter- und der Zielgesellschaft offen zu legen.

[882] Die Bestimmungen folgen dabei systematisch unmittelbar dem gegenüber Direktoren geltenden gesetzlichen Verbot, *Put*- und *Call*-Optionen der Gesellschaft zu handeln (vgl. Sec. 323 (1) CA 1985). Die letztgenannte Vorschrift wird angesichts der Regelungen über das Insiderhandelsverbot des Secs. 52-64 Criminal Justice Act 1993 als redundant angesehen; vgl. hierzu *Law Commission/Scottish Law Commission* Consulatation Paper No. 153 Company Directors: Regulating Conflicts of Interest and Formulating a Statement of Duties – A Joint Consultation Paper (1998), para 9.33. Die Regelung gilt freilich nicht für den *directors* eingeräumte Bezugsrechte auf Aktien oder Schuldverschreibungen (Sec. 323 (5) CA 1985).

[883] Vgl. *DTI* Disclosure of Directors' Shareholdings, Consultative Document (1996), S. 2.

das Anlegerpublikum ein Bild darüber machen können, wie die Geschäftsführung die weitere Entwicklung der Geschäftstätigkeit einschätzt und in den wirtschaftlichen Erfolg des Unternehmen vertraut. Darüber hinaus gelten die Bestimmungen im englischen Recht traditionell als Instrument, den Handel in Wertpapieren der *directors* oder mit ihnen wirtschaftlich verbundenen Personen unter Ausnutzung von Insiderinformationen zu unterbinden.[884]

Neben der Verpflichtung zur Offenlegung von Wertpapiertransaktionen und dem bereits erwähnten in Sec. 323 CA 1985 geregelten Verbot des Handels von *Put*- oder *Call*-Optionen sieht der CA 1985 selbst keine weiteren Beschränkungen für Wertpapiergeschäfte der *directors* vor. Etwas anderes gilt für börsennotierte Gesellschaften nach dem in den Listing Rules enthaltenen Model Code, wonach es den *directors* in Ergänzung zu den insiderrechlichen Erwerbs- oder Veräußerungshindernissen des Criminal Justice Act 1993[885] untersagt ist, zwei Monate vor Veröffentlichung des Jahresergebnisses oder des Halbjahresberichts in den Wertpapieren der Gesellschaft oder eines verbundenen Unternehmens zu handeln. Im Hinblick auf das übrige Geschäftsjahr haben die *directors* im Vorfeld den *chairman* des *board* oder einen hierfür zuständigen Ausschuss desselben zu unterrichten. Ein Verstoß gegen diese Regelung kann die Aufnahme des Verwaltungsmitglieds in eine „*blacklist of persons unacceptable as directors of listed companies*“ zur Folge haben.[886]

Die bereits mit dem CA 1948 eingeführten und auf die Empfehlungen des *Cohen Report*[887] zurückgehenden Vorschriften über die Offenlegung von Directors' Dealings waren nach den zuletzt in den Jahren 1967, 1976 sowie 1981 vorgenommenen Änderungen wiederholt Gegenstand von Reformbemühungen des DTI, die jedoch bis heute nicht in geltendes Recht umgesetzt wurden. Im Kern ging es hierbei vor allem in dem *Consultative Document* von 1996[888] um die Reduzierung der Anzahl von für das Anlegerpublikum belanglosen Mitteilungen bei gleichzeitiger Gewährleistung einer ausreichenden Markttransparenz durch

---

[884] So bereits *Cohen Report*, 1945, para. 86; *P.L. Davies* Gower's Company Law[6] S. 448.

[885] Vgl. hierzu im Einzelnen *P.L. Davies* Gower's Company Law[6] S. 454 ff.

[886] *P.L. Davies* Gower's Company Law[6] S. 454.

[887] *Cohen Report*, 1945, paras. 86 f. Der Report beruft sich auch in dieser Hinsicht auf die in den USA unter dem SEA 1934 bestehende Verpflichtung zur Offenlegung von Directors' Dealings.

[888] *DTI* Disclosure of Directors' Shareholdings (1996), S. 7; vgl. auch *Law Commission/Scottish Law Commission* Consulatation Paper No. 153 Company Directors: Regulating Conflicts of Interest and Formulating a Statement of Duties – A Joint Consultation Paper (1998), paras. 5.6-5.39.

die Einführung von Schwellenwerten.[889] Der Vorstoß wurde allerdings nicht weiter verfolgt, nachdem die *Law Commission* sich in einem im Oktober 1998 veröffentlichten Papier gegen eine entsprechende Bagatellklausel ausgesprochen hatte.[890]

2.) Voraussetzungen der Meldepflichten

Grundtatbestand ist Sec. 324 CA 1985, nach der die *directors* einer *private* oder *public company* – unabhängig davon, ob börsenotiert oder nicht – diese innerhalb von fünf Tagen schriftlich über die Anzahl ihrer Aktien oder Schuldverschreibungen zum Zeitpunkt der Bestellung sowie in Form einer Folgeberichterstattung über entsprechende Änderungen zu unterrichten haben.[891] Weitergehende Publizitätspflichten statuieren in diesem Zusammenhang die im Juli 2002 geänderten AIM Rules, die seither erweiterte Offenlegungspflichten für den Handel in Derivaten vorsehen (*related financial product to AIM Securities*).

Zu dem Kreis der meldepflichtigen *directors* gehören, unabhängig von ihrer Zugehörigkeit zu dem *board*, alle *directors*, gleichgültig, ob *executive* oder *non-executive*.[892] Die Meldepflichten erstrecken sich neben den Aktien/Schuldverschreibungen an der Gesellschaft, der der *director* selbst angehört, auch auf solche eines Mutter- oder Tochterunternehmens bzw. an einer anderen Tochtergesellschaft einer der Gesellschaft übergeordneten Holding.[893] Die die Direktoren betreffenden Bestimmungen des CA 1985 finden nicht nur auf ordentlich bestellte Mitglieder der Geschäftsführung, sondern auch auf sog. *shadow directors* im Sinne von Sec. 741 (2) CA 1985 Anwendung.[894] Hierbei handelt es sich um natürliche oder juristische Personen, die aufgrund der von ihnen gehaltenen Höhe der Anteile oder wegen anderer Umstände tatsächlich in der Lage sind, maßgebenden Einfluss auf die Geschäftspolitik der Gesellschaft auszuüben. Erforderlich ist insoweit eine tatsächliche und nicht schon abstrakte

---

[889] Daneben wurden weitere Reformvorschläge im Rahmen der Company Law Reform 2000 gemacht, die sich jedoch im Wesentlichen auf technische Änderungen wie die Übertragung von Verordnungskompetenzen im Bezug auf Schedule 13 auf den Secretary of State beschränken; vgl. insoweit *Company Law Steering Group* Modern Company Law – Developing the Framework, S. 419 f. Auch diese Änderungsvorschläge wurden bislang nicht vom Parlament verabschiedet.

[890] *Tolley's* Company Law, Rn. D 6019.

[891] Sec. 324 (1-2) CA 1985 i.V.m. Part II Schedule 13.

[892] Zum Begriff des *directors P.L. Davies* Gower's Company Law^{6}, S. 16 f.; *Hicks* Cases & Materials on Company Law^{3}, S. 298 ff.

[893] Sec. 324 (1) CA 1985.

[894] Sec. 324 (6) CA 1985.

Einwirkungsmöglichkeit auf die Unternehmensleitung.[895] Von einer tatsächlichen Einwirkungsmöglichkeit kann bereits gesprochen werden, wenn die *directors* der Muttergesellschaft dem *board* der Tochtergesellschaft Weisungen hinsichtlich der Geschäftspolitik der Tochter erteilen können. Daher müssen auch *shadow directors* namentlich in dem Register mitsamt ihres Besitzes an Anteilen und Schuldverschreibungen aufgeführt werden. Eine Ausnahme von den zuvor beschriebenen Grundsätzen bilden solche Anteile, die im vollen Umfang im Eigentum der Muttergesellschaft stehen (*wholly owned subsidiaries*).[896]

Die Informationen über den *interest* des jeweiligen *directors* haben im Einzelnen, neben der Existenz der Beteiligung und der Anzahl der Aktien bzw. Schuldverschreibungen jeder Gattung,[897] vor allem den hierfür gezahlten Preis oder die Gegenleistung zu umfassen.[898] Offenlegungspflichtig ist daneben, ähnlich wie im Rahmen der Miteilungspflichten nach Sec. 198 ff. CA 1985, jeder *interest* in Aktien oder Schuldverschreibungen *„of any kind whatsoever"* unabhängig davon, ob dieser unter einer Bedingung steht oder tatsächlich existiert. Der näher in Schedule 13 paras. 1-8 CA 1985 definierte Begriff eines *interest* deckt sich im Wesentlichen mit der in Sec. 208 CA 1985 enthaltenen Definition, so dass auf die dortigen Ausführungen verwiesen werden kann.[899] Zur Verhinderung von Gesetzesumgehungen bedarf, anders als nach den dort getroffenen Regelungen, schließlich auch der Erwerb von Anteilen durch Ehegatten oder (minderjährige) (Stief-)kinder der *directors* der Anmeldung zum Register.[900] Anders als im deutschen Recht besteht hier jedoch keine eigene Mitteilungspflicht, da die Wertpapiere der oben genannten Angehörigen dem Meldepflichtigen zugerechnet werden.

---

[895] Statt anderer *E. Ferran* Company Law and Corporate Finance, S. 155.

[896] Sec. 324 (6), 2. Halbs. CA 1985.

[897] Sec. 324 (1)(a)(b) CA 1985.

[898] Para. 17 Schedule 13 CA 1985; vgl. hierzu *P.L. Davies* Gower's Company Law^{6} S. 450: "*disclosure of the price is the bitterest pill to swallow*".

[899] § 3 A) II.) 3.) b) bb).

[900] Sec. 328 CA 1985. Entsprechende Verpflichtungen statuieren para. 16.13 der Listing Rules und der Glossary der zu den AIM Rules.

3.) Veröffentlichungsverfahren

Die Gesellschaft hat die ihr zugegangenen Daten in einem besonderen Register (*register of directors' interests*) einzutragen und zu führen.[901] Das Register kann – ebenso wie das *register of beneficial ownership* sowie allgemeine Aktienregister – von jedem Anteilseigner unentgeltlich und von jedem Fremden gegen ein geringes Entgelt eingesehen werden. Zusätzlich ist das Register während der Dauer jeder Hauptversammlung auszulegen, um jedem interessierten Versammlungsteilnehmer die Einsichtnahme zu ermöglicht. Im Falle einer börsennotierten Gesellschaft sind die Daten von dieser bis zum nächsten Geschäftstag an die *Stock Exchange* bzw. eine andere anerkannte Börse, an der die Wertpapiere gehandelt werden, zur umgehenden Veröffentlichung weiterzugeben.[902]

4.) Normdurchsetzung und Sanktionen

Die Unterlassung oder zumindest grob fahrlässig falsche Abgabe einer Mitteilung ist strafbewährt.[903] Bei Nichteinhaltung der Veröffentlichungspflichten kann daneben gegen die Gesellschaft oder den säumigen *officer* eine (tägliche) Geldbuße verhängt werden.[904]

B) US-amerikanisches Recht

I.) Grundlagen und Entwicklungen informationeller Kapitalmarktregulierung

Die Regulierung des US-amerikanischen Kapitalmarktrechts vollzieht sich überwiegend auf der Ebene des bundesstaatlichen Wertpapierrechts (*securities regulation*), das seinen Niederschlag bis heute in dem *Securities Act 1933* (SA 1933) und dem *Securities Exchange Act 1934* (SEA 1934) gefunden hat.[905] Bei-

---

[901] Sec. 325 CA 1985; vgl. Part IV der zu den Regelungen verabschiedeten Schedule 13, die vorsieht, wie das *register* zu führen ist und unter welchen Voraussetzungen den Mitgliedern Einsichtsrechte zu gewähren sind; vgl. dazu statt aller *Tolley's* Company Law, Tz. D 6013.

[902] Sec. 329 CA 1985; konkretisiert wird diese Verpflichtung durch para. 16.13 der Listing Rules, die eine Veröffentlichung in dem selben Zeitrahmen gegenüber dem Regulatory Information/News Service vorsehen.

[903] Sec. 324 (7) CA 1985: „liable to imprisonment or a fine".

[904] Sec. 326 (2) CA 1985.

[905] Die Regelungen sind abrufbar unter http://www.law.uc.edu/CCL/sldtoc.html.; zur Entstehungsgeschichte *Jennings/Marsh/Coffee/Seligman* Securities Regulation[8] S. 2; *Hazen* Securities Regulation[4] Vol. 1; aus dem deutschen Schrifttum *Merkt* Unternehmenspublizität, 2002, S. 114 ff.; *Wilhelm* Registrierungs- und Publizitätspflichten auf dem US-amerikanischen Ka-

de Gesetzesinitiativen gehen letztlich auf den durch betrügerische Machenschaften ausgelösten Börsencrash („*The Great Crash*") des Jahres 1929 zurück, der zu einem weitgehenden Zusammenbruch des US-amerikanischen Wertpapiermarktes und einer nachfolgenden tiefgreifend Wirtschaftskrise zu Beginn der dreißiger Jahre geführt hatte. Zentrales Regelungsanliegen beider Gesetzesinitiativen war die Wiederherstellung des Anlegervertrauens in den US-amerikanischen Wertpapiermarkt auf dem Gebiet des öffentlichen Vertriebs von Wertpapieren durch die weitgehenden Offenlegung (*full disclosure*) der für die Emission und den Handel von Wertpapieren für die Marktteilnehmer erforderlichen Informationen.[906] Während der SA 1933 im Kern die Emission von Unternehmensanteilen zum Gegenstand hat und den Emittenten zur Registrierung der Wertpapiere an umfangreiche Publizitätspflichten bindet,[907] erfasst der SEA 1934, neben der Regulierung der an Wertpapiertransaktionen beteiligten Personen (*broker-dealer*) und der für die Aufforderung zur Abgabe von Stimmrechtsvollmachten maßgebenden *proxy rules*, die im vorliegenden Zusammenhang stärker interessierende Publizität des Sekundärmarktes in Form unterschiedlicher gesetzlicher Pflichten zur periodischen und aperiodischen Offenlegung von Informationen gegenüber dem Anlegerpublikum. Durch den SEA 1934 soll dabei vor allem gewährleistet werden, dass Personen, die auf dem Sekundärmarkt Wertpapiere erwerben oder veräußern, mit einem gewissen, im Einzelfall nicht unbeträchtlichen, Mindestmaß an Informationen versorgt werden.

Durchsetzungsinstanz für die Beaufsichtigung und Überwachung der in dem SA 1933 und dem SEA 1934 statuierten gesetzlichen Publizitätspflichten ist die ebenfalls zu Beginn der dreißiger Jahre für die Beaufsichtigung des Wertpapierhandels eingesetzte *Securities and Exchange Commission* (*SEC*). Neben umfassenden Aufsichtsbefugnissen ist diese mit einem breiten Spektrum an Rechtssetzungskompetenzen ausgestattet, im Rahmen derer sie zum einen verbindliche

---

pitalmarkt, 1997, S. 13 ff.; *Wüstemann* Institutionenökonomik, 2002, 131; *Hopt* ZHR 140 (1976) 201, 203 ff.

906 Das rechtspolitische Anliegen, Wertpapieranleger vor manipultiven Handlungen auf dem Kapitalmärkten zu schützen und zugleich deren Vertrauen in diese Märkte aufgrund des hiermit verbundenen öffentlichen Interesses zu stärken, kommt dabei vor allem durch Sec. 2 SEA 1934 zum Ausdruck, nach der "*transactions in securities as commonly conducted upon securities exchanges and over-the counter markets are affected with a national public interest which makes it necessary to provide for regulation and control of such transactions.*". Hierzu näher *Jennings/Marsh/Coffee/Seligman* Securities Regulation[8] S. 2.

907 Hierzu gehört insbesondere der für die Registrierung erforderliche und durch den Emittenten abzugebende Registrierungsbericht (*registration statement*), der vor allem aus einem zu erstellenden Verkaufsprospekt (*prospectus*) besteht.

Rechtsverordnungen in Form von *rules* und *regulations* sowie *forms*, aber auch für die Marktteilnehmer ohne Gesetzeskraft wirkende *releases* erlassen kann.

Neben den bundesrechtlichen Regelungen auf dem Gebiet der *securities regulation* haben zahlreiche Einzelstaaten auf der Grundlage ihrer - Regelungskompetenz auf dem Gebiet des Gesellschaftsrechts[908] gesetzliche Vorschriften zum Schutz des Anlegerpublikums geschaffen (sog. *blue sky laws*[909]). Diese Regelungen besitzen vielfach einen „kapitalmarktrechtlichen Einschlag", der durch die zivil- und strafrechtliche Ahndung betrügerischen Verhaltens im Zusammenhang mit dem Erwerb und der Veräußerung von Wertpapieren und der Ausnutzung nicht öffentlicher Informationen dokumentiert wird. Gegenüber der weitgehend neutralen Haltung des Bundesgesetzgebers haben auf diesem Wege zahlreiche *anti-takeover*-Gesetze Einzug in die US-amerikanische Rechtspraxis gehalten. Hierzu gehören neben der richterrechtlichen Konkretisierung der Rechte und Pflichten des *board* durch die sog. *business judgment rule*, zahlreiche Publizitätspflichten, Zustimmungsvorbehalte der Aktionäre, Bewertungsrechte sowie Regelungen über Höchststimmrechte. Auch wenn dieser Bereich teilweise erhebliche Unterschiede zu den gesetzlichen und außergesetzlichen Bestimmungen des Bundesrechts aufweist, ergeben sich hier zahlreiche Parallelen zu den vorgenannten Regelungen der bundesrechtlichen *securities regulation*.

Die Darstellung des Systems der US-amerikanischen informationsbezogenen Kapitalmarktregulierung wäre unvollständig, ohne einen kurzen Blick auf die in den Vereinigten Staaten seit einigen Jahrzehnten anhaltend Debatte über Vor- und Nachteile marktorientierter Offenlegungspflichten. Die Diskussion, welche in erheblichem Maße durch die in der amerikanischen Rechtswissenschaft verbreitete Methode der ökonomischen Analyse des Rechts geprägt ist, hat vor allem den tatsächlichen Nutzen von Publizitätspflichten und die hierdurch für den Normadressaten und die Martteilnehmer entstehenden mittelbaren und unmittelbaren Kosten zum Gegenstand. So wird insbesondere von Kritikern im Rahmen des durch die oben beschrieben Gesetzesinitiativen begründeten *mandatory disclosure systems* der Informationswert der an das Anlegerpublikum gerichteten Veröffentlichungen in Zweifel gezogen und den Kosten für die Informationsver-

---

[908] Nach der sog. *Commerce Clause* der US-amerikanischen Verfassung fällt die Zuständigkeit für Regelungen des zwischenstaatlichen und internationalen Handels und damit auch des Wertpapierrechts (*securities regulation*) in die Zuständigkeit des Bundesgesetzgebers, während das Gesellschafsrecht mangels besonderer Zuweisung dem Recht der Einzelstaaten unterliegt.

sorgung gegenübergestellt.[910] Im Kern geht es dabei weniger um die mit der Veröffentlichung bestimmter Unternehmensdaten verbundnen unmittelbaren Kosten, sondern vielmehr um die Frage, inwieweit die Verpflichtung zur Offenlegung mit legitimen Geheimhaltungsinteressen des Informationsinhabers kollidieren mag und somit Fehlanreize bei der Schaffung entsprechender Informationen begründen kann. Auf die hiermit im Zusammenhang mit den Regelungen zur Offenlegung von Beteiligungen und Wertpapiertransaktionen aufgeworfenen Fragen wird im Folgenden zurückzukommen sein.

II.) Offenlegung des *beneficial ownership*, Sec. 13 (d) SEA 1934

1.) Gesetzeszweck und Regelungskontext

In den USA wurden die in Sec. 13(d) SEA 1934 begründeten gesetzlichen Pflichten zur Offenlegung des Beteiligungsbesitzes (*beneficial ownership reporting*) erstmals 1968 mit den übernahmerechtlichen Bestimmungen des Williams Act[911] eingeführt und in den SEA 1934 übernommen. Die Verabschiedung des Williams Act 1968 stand vor dem Hintergrund eines in den sechziger Jahren in den USA stark veränderten wirtschaftlichen Umfeldes mit einem bedeutenden Zuwachs des Marktes für Unternehmenskontrolle, der durch das vermehrte Auftreten öffentlicher- und regelmäßig feindlicher Übernahmeangebote (*tender offers*) dokumentiert wurde.[912] Die Begeleitumstände dieser Übernahmewelle waren geprägt von heftigen Übernahmeauseinandersetzungen und zahlreichen *tender offers*, im Rahmen derer es Bietern gelungen war, relativ geräuschlos und ohne wesentlichen Widerstand des Managements, Kontrollpositionen an börsennotierten Gesellschaften zu erwerben.

---

[909] Der Begriff entstammt dem ursprünglichen Zweck dieser Regelungen, unternehmerische „Vorhaben zu überwachen, die nicht mehr Gehalt haben als ein Stück Himmel".

[910] Vgl. u.a. *Manne* Insider Trading and Stock Market, 1966; *Stigler* 37 J.Bus. 117 (1964); aus dem deutschen Schrifttum zusammenfassend *Hopt* ZGR 1980 225, 229 ff.; *Merkt* Unternehmspublizität, 2002, S. 121.

[911] Act of July 29, 1968, Pub. L. No. 90-439, 82 Stat. 454. Die Regelungen sind abrufbar unter: http://www.law.uc.edu/CCL/34Act/sec13.html.

[912] So hatte sich zwischen den Jahren 1960 und 1966 die Anzahl von *tender offers* von 8 auf 107 und die entsprechenden Transaktionsvolumina von US$ 200 Mio. auf US$ 1 Milliarde erhöht; vgl. insoweit die Stellungnahme von Senator Williams 113 Cong. Rec. S. 24,664 v. 30.8.1967, zitiert nach *Steinberg* Understanding Securities Law[3] § 13.04; zu den Entwicklungen des wirtschaftlichen Umfeldes in diesem Zeitrahmen u.a. *Macey/Netter* 65 Wash.U.L.Q. 131, 133 (1987).

Obschon sich der erstmals 1965 eingebrachte und über die heutige Ausgestaltung der Offenlegungspflichten in einigen zentralen Punkten hinausgehende Gesetzesvorschlag nicht behaupten konnte,[913] wurden mit dem später verabschiedeten Williams Act weitreichende Publizitätspflichten für die Inhaber bedeutender Anteilspakete eingeführt. Die gesetzespolitischen Ziele veranschaulichen dabei die durch den US-amerikanischen Bundesgesetzgeber gegenüber dem Phänomen von *tender offers* eingenommene Haltung: „[*to*] *avoid tipping the balance of regulation either in favour of management or in favour of the person making the takeover bid.*"[914] Mit den Publizitätspflichten letztlich verfolgtes Regelungsziel war es dabei, der Zielgesellschaft, ihren Aktionären und Arbeitnehmern ausreichend Zeit und Informationen über die Identität und die Absichten der Inhaber größerer Anteilspakete zu geben.[915] Im Zusammenhang mit der Planungsphase eines *tender offer* sollten darüber hinaus die Aktionäre und das Anlegerpublikum vor überraschenden Änderungen in der Aktionärsstruktur börsennotierter Gesellschaften und einem überraschenden Wechsel in der Unternehmenskontrolle geschützt werden.[916] Damit dienen die Bestimmungen wohl auch mittelbar dem Ziel, das Vorgehen sog. *corporate raiders* zu erschweren, die sich vielfach der Strategie einer schleichenden Übernahme der Gesellschaft bedienten, um damit nutzbringende Übernahmen zu bevorzugen.[917] Die durch den Williams Act in den SEA 1934 übernommenen Offenlegungspflichten wurden vom US-Kongress bereits kurz Zeit nach deren In-Kraft-Treten durch Herabsetzung der Einstiegsmeldeschwelle von zehn- auf fünf Prozent modifiziert und durch die Hereinnahme von Beteiligungen der Versicherungswirtschaft verschärft.[918] Weitere gesetzliche Änderungen, die es bestimmten institutionellen Investoren erlauben, den Mitteilungspflichten unter herabgesetzten Anforderungen nachzu-

---

913 Insbesondere wurden einige Vorschläge des ursprünglichen Gesetzentwurfs zur Vorabveröffentlichung des Beteiligungserwerbs über bestimmte Meldeschwellen hinaus wieder zurückgenommen; vgl. dazu im Einzelnen *Comment* 119 U.Penn.L.Rev. 853, 860 ff. (1971); *Macey/Netter* 65 Wash.U.L.Q. 131, 134 (1987).

914 S.Rep. No. 550, 90st Cong. 1st Session 3 (1967); *Jennings/Marsh/Coffee/Seligman* Securities Regulation[8] S. 738; *Loss* Fundamentals, S. 516.

915 Vgl. insoweit auch die frühere Stellungnahme von Senator Williams, 111 Cong. Rec. 28,259 (1965): "the only way that corporations, their stockholders and employees can be adequately prepared in advance to meet the threat of a take-over specialist." Zitiert nach Comment 119 U.Penn.L.Rev. 853, 859 (1971).

916 *Hamilton/Turner* Beneficial Ownership, 1998, S. 7.

917 *Jarrell/Bradley* J.L.Econ. 371, 380 unter Bezugnahme auf Senator Williams, 113 Cong. Rec. 24664 (Aug. 30, 1967).

918 Act of Dec. 22, 1970, Pub.L. No. 91-567, 84 Stat. 1497; *Comment* 119 U.Penn.L.Rev. 853, 854 (1971).

kommen, sind zuletzt Anfang 1998 in Kraft getreten.[919] Im Hinblick auf die Ausgestaltung der in Sec. 13(d) SEA 1934 begründeten Mitteilungspflichten sind schließlich die hierzu von der SEC erlassenen *Rules*, *Realeses* und Formblätter von Bedeutung, mit denen die SEC die Offenlegungspflichten seit ihrem In-Kraft-Treten kontinuierlich konkretisiert und verschärft hat. Insoweit ist auch hierfür auf die Analyse der jeweiligen Einzelregelungen zu verweisen.

Sowohl das Gesetzgebungsverfahren als auch die Zeit nach Verabschiedung der beteiligungsbezogenen Publizitätspflichten wurden von einer intensiven Auseinandersetzung über die unterschiedlichen Auswirkungen von Sec. 13(d) SEA 1934 und der hierzu von der SEC erlassenen Durchführungsbestimmungen auf den Markt für Unternehmenskontrolle und die Handlungsanreize institutioneller Investoren begleitet.[920] Hinsichtlich des erstgenannten Gesichtspunktes berufen sich die Kritiker der Regelung neben dem geringen Informationswert der durch den Meldepflichtigen zu veröffentlichenden Informationen vor allem auf die impliziten Kosten, die aus der frühzeitigen Veröffentlichung der Absicht zur Abgabe eines Übernahmeangebotes resultieren.[921] Denn in diesem Fall würden die Information zu einem öffentlichen Gut (*public good*) und führen damit zwangsläufig zu einem Transfer der für den Bieter aus der Übernahme zu ziehenden Renditen an die Aktionäre der Zielgesellschaft.[922]

Im Hinblick auf die Verhaltensanreize institutioneller Investoren wirken sich, so die Kritiker der Vorschriften, vor allem die Regelungen über die Gruppenbildung negativ auf die kollektive Willensbildung und die Durchsetzung bestimmter Maßnahmen gegenüber dem Management in der Gesellschaft aus. Die gegenseitige Zurechnung der in einer Gruppe gehaltenen Anteile führe zu Hemmnissen bei der Corporate Governance durch institutionelle Investoren, die sich entschließen, ihr Vorgehen gegenüber dem Management der Gesellschaft zu ko-

---

[919] *Hamilton/Turner* Beneficial Ownership, 1998, S. 7; vgl. hierzu näher unten § 3 B) II.) 3.) c).

[920] Die Auseinandersetzungen während des Gesetzgebungsverfahrens zusammenfassend *Comment* 119 U.Penn.L.Rev. 853, 863 ff. (1971); *Steinberg* Understanding Securities Regulation[3] § 13.04 [C].

[921] *Macey/Netter* 65 Wash.U.L.Q. 131, 146 (1987).

[922] Macey/Netter 65 Wash.U.L.Q. 131, 146 (1987): „We observe that under this assumption there are potentially large costs to society from the mandated disclosures. To the extent that bidders must turn over to target shareholders the fruits of their research and disclose their insights as to the true value of the target firm, such bidders lose not only their incentive to undertake such research but also their incentive to acquire the skills necessary to locate undervalued firms."

ordinieren.[923] Die Bewertung beider Argumentationen hängt maßgebend von der Ausgestaltung der einzelnen Publizitätspflichten und der Auslegung ihrer Voraussetzungen durch die Rechtsprechung ab. Die Frage ist daher nachfolgend im Zusammenhang mit der Darstellung dieser Regelungen erneut aufzugreifen.

2.) Systematischer Überblick

Die gesetzliche Regelung der Sec. 13(d)(1) SEA 1934 verpflichtet denjenigen, der mehr als fünf Prozent der Aktien an einer börsennotierten Gesellschaft erworben hat, diesen Sachverhalt innerhalb von zehn Tagen gegenüber der Gesellschaft und der SEC unter Verwendung eines von der SEC herausgegebenen Formblattes (*Schedule 13D*) offen zu legen. Die Information wird sodann unmittelbar durch die SEC veröffentlicht. Abgemilderte Offenlegungspflichten bestehen nach Rule 13d-1(a) für bestimmte institutionelle Investoren, die statt des vorgenannten Formblattes *Schedule 13D* eine vereinfachte Mitteilung nach *Schedule 13G* abgeben können. Neben der generellen Verpflichtung zur Offenlegung des Beteiligungsbesitzes, sieht Sec. 13(d) SEA 1934 eine umfassende Transparentmachungspflicht über die Pläne und Absichten des Meldepflichtigen mit Blick auf die Entwicklung der Zielgesellschaft vor.

3.) Voraussetzungen und Gegenstand der Mitteilungspflichten

a) Entstehen der Meldepflicht

Nach Sec. 13(d) SEA 1934 hat derjenige, der fünf Prozent der öffentlich gehandelten Anteile einer Gesellschaft erwirbt, diesen Sachverhalt innerhalb von zehn Tagen (*ten-day-window*) der Gesellschaft, jeder Wertpapierbörse, an der die Anteile gehandelt werden, sowie der SEC mitzuteilen. Die Meldung wird in diesem Fall unmittelbar von der SEC über das von ihr geführte *Electronic Data Gathering, Analysis and Retrieval System* (*EDGAR*) veröffentlicht.[924] Neben dieser Form der Eingangsberichterstattung bestehen fortlaufende Meldepflichten für jeden weiteren Erwerbsvorgang, durch den sich der Anteilsbesitz des Meldepflichtigen um einen weiteren Prozentpunkt erhöht oder verringert. Vergleichbare Publizitätspflichten sieht in diesem Zusammenhang auch Sec. 13(e) SEA 1934 gegenüber dem Emittenten, der entweder selbst oder durch ein verbunde-

---

[923] *Macey/Netter* 65 Wash.U.L.Q. 131, 143 (1987); zur Frage der Auswirkungen der Publizitätspflichten für die Anreize zur Corporate Governance institutioneller Investoren *Gilson/Kraakman* 43 Stan.L.Rev. 863, 896 ff. (1991); *Black* 89 Mich.L.Rev. 520, 542 ff. (1990); *Brudney* 21 Rutgers.L.Rev. 609 (1967).

[924] Die Veröffentlichungen sind auf der Web-Site der SEC/EDGAR unter www.sec.gov. abrufbar.

nes Unternehmen im Rahmen eines Aktienrückkaufprogramms eigene Aktien erwirbt.

Die in Sec. 13(d) SEA 1934 vorgesehen Frist von zehn Tagen, innerhalb derer der Meldepflichtige eine Schedule 13D einzureichen (*ten-day-window*) hat, ist seit Einführung der Bestimmungen wiederholt Gegenstand einer Auseinandersetzung über das hiermit verbundene Umgehungspotential gewesen, da dieser Zeitraum, so die Kritiker der Regelung, ausreiche, unbemerkt substantielle Beteiligungen an dem *target* aufzubauen.[925] Die These, nach der das Zeitfenster dem Gesetzeszweck insoweit widerspreche, als es dem Erwerber erlaube, unbemerkte Anteilsakkumulationen vorzunehmen, wird dabei vor allem durch den empirischen Befund gestützt, dass es einem Erwerber mit der Absicht der Erlangung einer Kontrollposition in der Gesellschaft im Vorfeld der Mitteilung nach Sec. 13(d) gelingen wird, eine durchschnittlich Beteiligung von 13,9 Prozent an dem *target* zu erwerben.[926] Legislatorische Vorschläge dieses *loophole* durch ein Verbot weiterer Anteilsakquisitionen oberhalb der fünf Prozent-Schwelle ohne Erfüllung der Meldepflichten[927] oder alternativ jeden Erwerb oberhalb der zwanzig Prozent-Schwelle den *tender offer*-Regeln zu unterwerfen,[928] konnten sich bis heute nicht durchsetzen. Die fehlende gesetzespolitische Initiative für eine entsprechende Straffung der Mitteilungspflichten dürfte letztlich dadurch zu erklären sein, dass das Umgehungspotential durch die weitreichenden wettbewerbsrechtlichen Offenlegungspflichten des *Hart-Scott-Radino Antitrust Improvements Act*[929] zu einem gewissen Teil ausgehebelt wird.[930]

Sachlich finden die Mitteilungspflichten auf alle Anteilsgattungen der Gesellschaft Anwendung, die der Registrierungspflicht der Sec. 12 SEA 1934 bei der SEC unterliegen. Hierzu gehören alle jene Emittenten, die an einer nationalen Wertpapierbörse zum Handel zugelassen sind, sowie solche, die im Freiverkehr gehandelt werden, vorausgesetzt der Emittent verfügt über ein Aktivvermögen von wenigstens US $ 10 Mio. und hat mehr als 500 Anteilseigner. Eine Ausnahme von diesem Grundsatz statuiert SEC Rule 13d-1 für Aktien, die über kein

---

[925] *Steinberg* Understanding Securities Law[3] § 13.04.

[926] *Jensen* 2 J.Econ.Persp. 21, 44 (1988).

[927] Vgl. z.B. Advisory Commity on Tender Offers, U.S. SEC, Report of Recommendations 21-22 (1983).

[928] Advisory Commity on Tender Offers, U.S. SEC, Report of Recommendations 22-23 (1983); vgl. Tender Offer Reform Act of 1987, H.R. 2172, 100th Cong., 1st Sess. (1987).

[929] Hiernach muss der Erwerber seine Erwerbsabsicht behördlich anzeigen und anschließend mindestens 15 Tage abwarten bevor er seine Erwerbspläne umsetzt.

[930] Zu diesem Befund *Steinberg* Understanding Securities Law[3] § 13.04 sowie § 13.07.

Stimmrecht verfügen (*non-voting securities*). Hinsichtlich des persönlichen Anwendungsbereichs der Regelung kennt Sec. 13(d) SEA 1934 keine Beschränkungen, so dass die Offenlegungspflichten, und die mit ihrer Verletzung verbundnen Sanktionen, grundsätzlich gegenüber jedem in- oder ausländischen Aktionär Anwendung finden. Darüber hinaus ist im Einzelfall zu prüfen, ob bestimmte Investoren abgemilderten Offenlegungspflichten oder Befreiungen unterliegen.[931]

b) Abgabe und Inhalt der Offenlegungspflichten, Schedule 13D

Der Bestimmung des Inhalts der Mitteilungspflichten obliegt gemäß Sec. 13(d)(1) SEA 1934 der genaueren Konkretisierung durch die SEC, die zu diesem Zweck in Form von Schedule 13D eine detaillierte Liste von inhaltlichen Anforderungen an die im Einzelnen durch den Meldepflichtigen offenzulegenden Informationen eingeführt hat. Mit Erreichen oder Überschreiten der Meldeschwelle in Höhe von 5 Prozent sind daher die folgenden Angaben zu machen:

- Bezeichnung der erworbenen Wertpapiere und des Emittenten (*Item 1*),
- Identität des Erwerbers und dessen Hintergrund, einschließlich des Namens und des Sitzes, die Geschäftstätigkeit (*principle occupation*) sowie mögliche strafrechtliche Verurteilungen oder Verfahren gegenüber der SEC (*Item 2*),[932]
- Angaben über Höhe und Herkunft der für den Erwerb aufgewendeten Eigen- und Fremdmittel (*Item 3*),[933]

---

[931] Vgl. hierzu unten § 3 B) II.) 3.) c) sowie § 3 B) II.) 5.).

[932] Dies umfasst auch Informationen über laufende Verfahren, die in Zusammenhang mit den *business interests* des Meldepflichtigen stehen, vgl. *Horsehead Resource Development Co., Inc. v. B.U.S. Environmental Services, Inc.* (SD NY 1996), 1995-1996 CCH Dec. 99,095. Es besteht keine Verpflichtung des Meldepflichtigen dazu, den Ausgang des Verfahrens zu beurteilen, vgl. *Hamilton/Turner* Beneficial Ownership, 1998, S. 21.

[933] Bei der Aufnahme von Fremdkapital zur Finanzierung der Transaktion hat der Mitteilungspflichtige sowohl die Art der Transaktion als auch die Kapitalgeber offen zu legen. Durch diese Offenlegungspflicht soll im Einzelfall auch ermittelt werden können, ob der Erwerb für fremde Rechnung erfolgte (*parked securities*). Dies gilt nicht für die kreditgebende Bank, wenn das Darlehen im Rahmen der allgemeinen Geschäftstätigkeit (*ordinary course of bank's business*) des Institutes begeben wurde; vgl. im Einzelnen *Hamilton/Turner* Beneficial Ownership, 1998, S. 21 f. Die Offenlegungspflicht erstreckt sich nur auf die zur Durchführung der Transaktion aufgenommenen Mittel; im Vorfeld bestehende und hiervon unabhängige Verbindlichkeiten werden nicht erfasst, *Standard Metals Corp. v. Tomlin* (SD NY 1980), 1980 CCH Dec. 97,606.

- Zweck des Anteilserwerbs (*purpose(s) of the acquisition*), einschließlich Angaben über die mit der Beteiligung verbundenen Pläne und Vorhaben (*plans or proposals*), wie z.B. weitere Erwerbsabsichten oder eine beabsichtigte Übernahme (*Item 4*),[934]
- die genaue Anzahl der im wirtschaftlichen Eigentum des Erwerbers stehenden Anteile (*Item 5*),
- Angaben über alle Verträge und Absprachen, welche die Gesellschaft bzw. ihre Wertpapiere betreffen (*Item 6*),
- In Bezug auf die in Items 3, 4 und 6 beschrieben Transaktionen wird der Meldepflichtige verpflichtet, Kopien der zugrunde liegenden schriftlichen Vereinbarungen sowie die schriftliche Dokumentation von Plänen oder Vorhaben der SEC zur Verfügung zu stellen (*Item 7*).

Neben den unter Schedule 13D abzugebenden Angaben, hat der Meldepflichtige alle wesentlichen Änderungen (*material changes*)[935] der in der ursprünglichen Mitteilung enthaltenen Informationen sowie Erwerbs- oder Veräußerungsge-

---

[934] Die meldepflichtige Person hat hiernach im Einzelnen alle Vorhaben oder Vorschläge zu veröffentlichen, die sich auf die folgenden im Rahmen von *Item 4* exemplarisch aufgezählten Maßnahmen beziehen: (a) *The acquisition by any person of additional securities of the issuer, or the disposition of securities of the issuer*; (b) *An extraordinary corporate transaction, such a merger, reorganization or liquidation, involving the issuer or any of its subsidiaries*; (c) *A sale or transfer of a material amount of assets of the issuer or any of its subsidiaries*; (d) *Any change in the present board of directors or management of the issuer, including any plans or proposals to change the number or term of directors or to fill any existing vacancies on the board*; (e) *Any material change in the present capitalization or dividend policy of the issuer; (f) Any other material change in the issuer's business or corporate structure, including but not limited to, if the issuer is a registered closed-end investment company, any plans or proposals to make any changes in its investment policy for which a vote is required by Section 13 of the Investment company Act of 1940*; (g) *Changes in the issuer's charter, bylaws or instruments corresponding there to or other actions which may impede the acquisition of control of the issuer by any person*; (h) *Causing a class of securities of the issuer to be delisted from a national securities exchange or to cease to be authorized to be quoted in an inter-dealer quotation system of a registered national securities association*; (i) *A class of equity securities of the issuer becoming eligible for termination of registration pursuant to Section 12(g)(4) of the Act*; *or* (j) *Any action similar to any of those enumerated above.*

[935] Siehe hierzu *Li* 52 Bus.L. 851, 854 Fn. 28 (1997) mit Hinweis auf *TSC Indus., Inc v. Northway, Inc.* 426 U.S. 438, 449 (1976); *Missouri Portland Cement Co. v. H.K. Porter Co.*, 535 F.2d, 388, 393 (8th Cir. 1976): „*Materiality is judged on whether the reasonable investor would find the change important in formulating his or her investment Plans or whether the change would be perceived to have market implications on the valuation of the targets shares.*"

schäfte in den betreffenden Aktien unverzüglich (*promptly*) nach deren Eintritt gegenüber der SEC, dem Emittenten und den Börsen mitzuteilen.[936]

Als Gegenstand einer beträchtlichen Zahl an Zweifelsfragen hat sich in der Vergangenheit vor allem Schedule 13D, *Item 4* („*Purpose of Transaction*") erwiesen, nach dem der Meldepflichtige eine detaillierte Beschreibung über den mit der Transaktion verfolgten Zweck (*purpose*) sowie seine auf die Zukunft gerichteten Pläne (*plans*) und Vorhaben (*proposals*) gegenüber der Zielgesellschaft offen zu legen hat.[937] Während sich die mit dem Erwerb einer Beteiligung verfolgten Pläne relativ klar umreißen lassen (z.B. die Restrukturierung der Gesellschaft, Pläne über Fusionen, Übernahmen, Konsolidierungen oder die Veräußerung bestimmter Unternehmensteile), bestehen insbesondere Schwierigkeiten bei der Bestimmung eines für die Bejahung der Meldepflicht erforderlichen *ulimate control purpose*. Im Kern geht es dabei um die Offenlegung subjektiver Vorstellungen und Vorfeldüberlegungen des Meldepflichtigen hinsichtlich der über die Ausübung der mit der Beteiligung verbundenen Rechte und die Frage, inwieweit diese sich zu einem „*purpose*" konkretisiert haben, der das Entstehen einer Offenlegungspflicht und damit die Versorgung des Marktes mit den entsprechenden Informationen rechtfertigen kann.[938] Liegt ein entsprechender *control purpose* nicht vor, so kann sich der Meldepflichtige auf die Angabe, die Beteiligung erfolge lediglich zu Investitionszwecken (*investment purposes*), beschränken.[939] Nach der Entscheidung des *Eighth Circuit* in *Chromalloy American Corp. v. Sun Chemical Corp.*,[940] soll es für die Annahme der Kontrollabsicht nicht darauf ankommen, dass bereits ein konkreter und formalisierter Plan für die Ausübung der Kontrolle in der Gesellschaft besteht.[941] Ausreichend sei vielmehr, „[*that the*] *securities purchaser has a perceptible desire to influence substantially the issuer's operations*."[942] In seiner Entscheidung hatte das Gericht

---

[936] Sec. 13 (d)(2), Rule 13 D-2 der SEC.

[937] Vgl. insoweit zusammenfassend vor allem *Li* 52 Bus.L. 851 ff. (1997); *Hamilton/Turner* Beneficial Ownership, 1998, S. 22 f.; *Hazen* Securities Regulation[4] § 11.2 („*major disclosure problems*").

[938] Ähnlich *Li* 52 Bus.L. 851, 852 (1997).

[939] *Hazen* Securities Regulation[4] § 11.2[3].

[940] (CA-8 1979) 1979-1980 CCH Dec. 97,204.

[941] Dem folgend u.a. *Saunders Leasing Systems, Inc. v. Societe Holding Gray D'Albion S.A.*, 507 F.Supp 627 (N.D. Ala.1981); Dan River, Inc. v. Unitex Ltd., 624 F.2d 1216 (4th Cir.1980).

[942] Chromalloy American Corp. v. Sun Chemical Corp. (CA-8 1979) 1979-1980 CCH Dec. 97,204.

daher eine Absicht zur Kontrollerlangung aus der Tatsache abgeleitet, dass sich das Vorgehen des Erwerbers auf die Erlangung einer 20-prozentigen Beteiligung und eine irgendwie geartete Beteiligung an dem *board* der Gesellschaft bezogen hatte. Demgegenüber soll eine Veröffentlichungspflicht nicht entstehen, wenn der Plan zum Erwerb der Kontrolle an der Gesellschaft unter einer aufschiebenden Bedingung steht (*contingent*), unbestimmt (*indefinite*) oder *highly speculative* ist und die Veröffentlichung der Kontrollabsicht in diesem Falle eine Irreführung des Anlegerpublikums zur Folge haben würde.[943] Diese Position wird schließlich auch durch die oben erwähnte Entscheidung in *Chromalloy* getragen, nach der eine Meldepflicht dann nicht eintreten soll „[*were there is*] *little more than an unconsummated hope, feasibility study, or option, not a firm plan or proposal.*"

Obgleich diese von der Rechtsprechung entwickelten Grundsätze bei der Unterscheidung zwischen einem kontrollrelevanten *purpose* und Erwerbsabsichten, die noch keinen hinreichenden Reifegrad erlangt haben und daher für das Anlegerpublikum irreführend sein können, eine gewisse Linie vorgeben mag, bleibt doch der Ausgang des Verfahrens von den Umständen des Einzelfalles und des Ermessens des zuständigen Gerichts abhängig.[944] Unklarheiten können dabei insbesondere in solchen Fällen entstehen, in denen sich die Kontrollabsicht nicht hinreichend klar bestimmen lässt, oder trotz eines *definitive plans* die Offenlegung der Informationen zu einer Irreführung der Anleger führen kann.

Abgesehen von den zuvor beschriebenen Anwendungsschwierigkeiten sind Art und Ausmaß der unter *Item 4* offenzulegenden Informationen in der Vergangenheit auch Gegenstand der bereits oben erwähnten grundlegenden Kritik geworden. So wurde insbesondere von *Jonathan R. Macey* und *Jeffry M. Netter* vorgetragen, dass die im Rahmen von Schedule 13D zu veröffentlichenden Informationen sich aufgrund deren Gegenstands und Inhalts zumindest mittelbar negativ auf den Markt für Unternehmenskontrolle auswirkten.[945] Im Mittelpunkt der Kritik stehen dabei die mit *Item 4* zu veröffentlichenden Informationen über den Zweck des Erwerbs und die mit der Beteiligung verfolgten Absichten und Pläne. Die frühzeitige Veröffentlichung subjektiver Absichten des Erwerbers hätte in-

---

[943] Vgl. auch Saunders Leasing Systems, Inc. v. Societe Holding Gray D'Albion S.A., 507 F.Supp 627 (N.D. Ala.1981); Purolator, Inc. v. Tiger Internation, Inc., 1981 CCH Dec 97, 867.

[944] Kritisch insoweit *Li* 52 Bus.L. 851, 865 (1997); *Hazen* Securities Regulation[4] § 11.2[3].

[945] Vgl. *Macey/Netter* 65 Wash.U.L.Q. 131, 137 ff. (1987) sowie die Hinweise bei *Comment* 119 Univ.Penn.L.Rev. 853, 863 (1971) auf die von *Arthur Fleischer* und *Milton H. Cohen* in dem Gesetzgebungsverfahren geäußerte Kritik an den Regelungen.

soweit ein Ausnutzen der Information durch Dritte zur Folge (*free-riding*), dass umgekehrt mit dem daraus resultierenden Kursanstieg zu einer Abschöpfung der durch den Bieter unter Aufwand von Kosten generierten Informationen und den damit verbundenen Renditen führen würde. Ein weiterer negativer Verhaltensanreiz für den Markt für Unternehmenskontrolle wird von anderen darin gesehen, dass die mit der Anwendung von *Item 4* verbundenen Auslegungsprobleme dem Management der Zielgesellschaft zugleich ein Instrument zur Abwehr einer drohenden Übernahme bieten würde, indem es eine vergleichsweise leicht zu begründende Verletzung der erforderlichen Pflichtangaben und die hiermit verbundene Sanktionierung,[946] zum Anlass nehmen könnte, gerichtlich ein weiteres Vorgehen des Erwerbers zu torpedieren.[947]

c) Short Form Acquisition Statement, Schedule 13G

Nach Schedule 13G können bestimmte institutionelle- und andere („*passive*") Investoren[948] von der Möglichkeit der Abgabe eines sog. *Short Form Acquisition Statements* Gebrauch machen, vorausgesetzt, dass mit der Beteiligung keine weiteren Erwerbsabsichten oder eine Einflussnahme auf die Zielgesellschaft beabsichtigt werden. Dem Inhalt nach beschränkt sich die Mitteilungspflicht in diesem Fall im Wesentlichen auf die Identität des Meldepflichtigen sowie die von ihm in wirtschaftlichem Eigentum gehaltenen Aktien, ohne diesen zugleich den weitergehenden Meldeverpflichtungen von Schedule 13D hinsichtlich des Zwecks und der mit der Beteiligung verbundenen Pläne zu unterwerfen. Schedule 13G begründet darüber hinaus auch insoweit geringere Anforderungen an die von der Regelung erfassten Personen, als die Mitteilungspflicht erst 45 Tage nach Beendigung des Kalenderjahres Eintritt, in dem die Verpflichtung entstanden ist.

In den persönlichen Anwendungsbereich der Regelung fallen neben institutionellen Anlegern[949] und solchen, die dem Befreiungstatbestand nach Sec. 13(d)(6) SEA 1934[950] unterfallen, seit Anfang 1998 auch die bereits oben genannten „*passive investors*", die über einen Anteil von mehr als fünf und we-

---

[946] Vgl. hierzu unten § 3 B) II.) 6.) b).

[947] *Li* 52 Bus.L. 851, 859 (1997) unter Hinweis auf *Fleischer & Sussman* Takeover Defense[5] § 11.02[A].

[948] Die Einbeziehung passiver Investoren geht auf die durch die SEC am 17.2.1998 eingeführten Änderungen der Regelungen zurück.

[949] Hierzu gehören insbesondere registrierte Wertpapierhändler, Kreditinstitute, Versicherungen, Investmentgesellschaften etc.; vgl. im Einzelnen *Hamilton/Turner* Beneficial Ownership, 1998, S. 30 f.

niger als zwanzig Prozent des stimmberechtigten Kapitals verfügen, ohne zugleich Einfluss auf die Gesellschaft ausüben zu wollen.[951] Was im Einzelnen als Absicht unternehmerischer Einflussnahme zu bewerten ist, hängt auch hier von den Umständen des Einzelfalles ab. Hier kann es jedoch bereits ausreichend sein, dass die Nominierung eines Kandidaten für den *board* der Gesellschaft über die Beschränkung auf den *investment purpose* hinausgeht.[952]

Entscheidet sich der Investor entgegen der von ihm ursprünglich dokumentierten Absicht dafür, Kontrolle auf das Management der Gesellschaft ausüben zu wollen,[953] so hat er diese Information unverzüglich (*promptly*) gegenüber der SEC mitzuteilen. In diesem Fall unterliegt er einem zehntägigen Moratorium, der sog. *cooling off period*, innerhalb derer ihm weitere Erwerbe von Aktien sowie die Ausübung der Stimmrechte in der Hauptversammlung für diesen Zeitraum untersagt sind. Einer geänderten Schedule 13G bedarf es darüber hinaus dann, wenn der Investor mehr als zehn Prozent der stimmberechtigten Aktien erwirbt. Bei einer Beteiligung zwischen zehn und zwanzig Prozent sind schließlich jeder Erwerb und jede Veräußerung von fünf Prozent der SEC mitzuteilen. Die Regelungen für *passive investors* gehen damit über die Sondervorschriften für institutionelle Anleger hinaus, bei denen entsprechende Veränderungen des stimmberechtigten Kapitalanteils erst zehn Tage nach Beendigung des Kalendermonats, in dem die Transaktion ausgeführt wurde, mitzuteilen sind.[954] Die Differenzierung wird allgemein damit begründet, dass die institutionellen Investoren, die die Wertpapiere in ihrem Handelsbestand halten, aufgrund der ständigen An- und Verkäufe in Ausübung ihrer Tätigkeiten eine höhere Flexibilität genießen sollen.[955]

---

[950] Siehe hierzu unten § 3 B) II.) 5.).

[951] SEC Rule 13d-1 (b)(1)(i): „nor with the purpose nor with the effect of changing or influencing control of the issuer".

[952] So die wohl herrschende Auffassung des US-amerikanischen Schrifttums, vgl. insoweit *Connoly/Martin* Shareholder Communications – Legal Restraints Governing Group Activity: Part 2, 4 Insights 16 (1990); kritisch *Gilson/Kraakman* 43 Stan.L.Rev. 863, 899 (1991), die in dieser weitgehenden Auslegung einen wesentlichen Anreizverlust für die Ausübung der Corporate Governance durch institutionelle Investoren sehen.

[953] Vgl. Hallwood Reality Partners, L.P. v. Gotham Partners, 95 F.Supp.2d 169 (S.D.N.Y. 2000)

[954] Vgl. hierzu *Hamilton/Turner* Beneficial Ownership, 1998, S. 29.

[955] Vgl. *Hamilton/Turner* Beneficial Ownership, 1998, S. 29.

4.) Zurechnung von Anteilen Dritter

a) Beneficial Ownership

Art und Umfang der Zurechnung der Anteile Dritter als *beneficial owner* ergeben sich aus SEC Rule 13d-3. Hiernach ist derjenige als *beneficial owner* zu behandeln, der direkt oder indirekt aufgrund einer vertraglichen Vereinbarung die Möglichkeit der Ausübung der Stimmrechte (*voting power*) und/oder die Verfügungsmacht über die Wertpapiere (*investment power*) hat.[956] Lässt sich auf diesem Wege eine Zurechnung begründen, so sind die Anteile des Dritten bei dem Zurechnungssubjekt in vollem Umfang zu berücksichtigen.[957]

Als Gegenstand der Zurechnung kommen zunächst jedes Treuhandverhältnis (*trust*), Stimmrechtsvertretungen (*proxies*), sonstige Vollmachtserklärungen oder Ermächtigungen (*powers of attorney*), Poolvereinbarungen oder jede sonstige Absprache, die eine Umgehung der gesetzlichen Offenlegungspflichten zum Gegenstand hat, in Betracht.[958] Hinsichtlich der Form der Vereinbarung bestehen auch nach US-amerikanischem Recht keine nennenswerten Einschränkungen. Damit ist es grundsätzlich unerheblich, ob diese auf einer informellen, mündlichen oder schriftlichen Absprache beruhen.[959]

Da die Zurechnung der Anteile sowohl eine direkte als auch indirekte Stimmrechts- oder Kapitalbeteiligung erfassen kann, gehören hierher nach Auffassung der SEC alle Fälle, in denen der Meldepflichtige über die Anteile eines Tochterunternehmens verfügen kann, es sei denn, dass dieses unabhängig über die Anteile verfügen kann.[960] Eine unabhängige Verfügungsbefugnis der Tochtergesellschaft soll insoweit etwa dann vorliegen, wenn bestimmte Informationsbarrieren zwischen der Mutter und den von ihr abhängigen Unternehmen existieren.[961]

Nach SEC Rule 13d-3 (d)(1)(i) ist darüber hinaus auch derjenige als wirtschaftlicher Eigentümer an den Aktien zu behandeln, der das Recht hat, diese inner-

---

[956] SEC Rule 13d-3(a): Voting power which includes the power to vote, or to direct the voting of, such security, and/or investment power which includes the power to dispose, or to direct the disposition of, such security.

[957] SEC Rule 13d-3 (c).

[958] SEC Rule 13d-3 (b).

[959] *SEC v. First City Financial Corp.*, 890 F.2d 1215 (D.C. Cir.1989).

[960] *Hamilton/Turner* Beneficial Ownership, 1998, S. 12.

[961] *Hamilton/Turner* Beneficial Ownership, 1998, S. 13 unter Hinweis auf SEC Release No. 34-39538, 86,002, Fed.Sec.L.Rep.

halb von sechzig Tagen durch Ausübung einer Kaufoption, einer Garantieverpflichtung (*warrant*) oder eines sonstigen Rechts auszuüben. Die Begründung eines *beneficial ownership* steht in diesem Fall unter der Voraussetzung, dass der Erwerb zum Zweck der Änderung oder Einflussnahme der Kontrolle des Emittenten („... *with the purpose or effect of changing of influencing the control of the issuer* ...") erfolgt. Weitere Sonderregelungen über die Zurechnung der Anteile Dritter gelten darüber hinaus für verpfändete Aktien[962] und *underwriting*-Vereinbarungen.[963]

b) Abgestimmtes Verhalten – *Acting in Concert*

aa) Gegenstand der Vereinbarung

Der Offenlegungspflicht nach Sec. 13(d) SEA 1934 unterliegt neben natürlichen oder juristischen Personen gemäß Sec. 13(d)(3) SEA 1934 auch jede „Gruppe" (*group*), die ihr Verhalten mit Blick auf ihr Vorgehen im Rahmen der durch die Norm näher bestimmten Verhaltensweisen gegenüber der Zielgesellschaft abstimmt. Zu diesem Zweck definiert die Bestimmung den Begriff der Gruppe als Verbindung von zwei oder mehreren Personen, die als *partnership, limited partnership, syndicate or other group for the purpose of acquiring, holding or disposing of an issuer's securities* zusammenwirken. Durch die melderechtliche Gleichsetzung des koordinierten Vorgehens innerhalb einer Gruppe und des Handelns von Einzelpersonen soll auch nach US-amerikanischem Recht das Ziel verfolgt werden, das Zusammenwirken mehrerer mit dem Ziel des verdeckten Anteilserwerbs in Wertpapieren der Zielgesellschaft[964] sowie anderer ohne entsprechende Offenlegung abgestimmter Verhaltensweisen zu verhindern.

Zur Begründung einer Gruppenbildung bedarf es, den vorgenannten Voraussetzungen entsprechend, zunächst einer wie auch immer zutage tretenden Vereinbarung.[965] Nicht ausreichend ist zunächst die bloße Verbindung der Parteien, sei sie familiärer, persönlicher oder wirtschaftlicher Natur, ohne dass weitere Fakto-

---

[962] SEC Rule 13d-3 (d)(3).

[963] SEC Rule 13d-3 (d)(4).

[964] Eines der zahlreichen Beispiele, in denen ein koordiniertes Vorgehen mehrerer Investoren zu einem verdeckten Erwerb von nahezu 20 Prozent der Aktien der Zielgesellschaft geführt hatte bildet der der Entscheidung *Financial General Bankshares, Inc. v. Lance* (DC DofC 1978), 1978 CCH Dec. 96,403 zugrunde liegende Sachverhalt; *Hamilton/Turner* Beneficial Ownership, 1998, S. 15.

[965] *Aranow/Einhorn/Berlstein* Tender Offers, 1977, S. 41.

ren für eine Bindung der Mitglieder der Gruppe untereinander hinzukämen.[966] So hat die Rechtsprechung eine gegenseitige Zurechnung von durch die Beklagte und einen Dritten gehaltenen Anteilen verneint, obgleich enge personelle Verflechtungen zwischen den Mitgliedern des *boards* der Beklagten und der Muttergesellschaft des anderen an der Akquisition beteiligten Unternehmens bestanden.[967] In einem anderen Fall wurde wegen des Fehlens einer Vereinbarung zwischen einem Wertpapierhändler und einem Aktionär, die jeweils knapp unter 5 Prozent der Anteile an der Zielgesellschaft hielten und bei denen der *broker* eine *finder's fee* bei Erwerb der Anteile durch den Bieter erhalten sollte, eine gegenseitige Zurechnung der Anteile mangels weiterer Indizien verneint.[968] Auch soll es hinsichtlich der Intensität der Verbindung zwischen den an der Gruppe beteiligten Personen nicht ausreichend sein, wenn diese lediglich Gespräche über die künftige Aufnahme von Verhandlungen führen.[969]

Von entscheidender Bedeutung für den Anwendungsbereich von Sec. 13(d)(3) SEA 1934 ist weiterhin, ob die Voraussetzungen der dort umschriebenen Verhaltensweisen des Erwerbs, Haltens oder Verfügens über die Anteile, die Gegenstand eines Zusammenwirkens sein können, unter den entsprechenden Umständen vorliegen. In den Anwendungsbereich der Bestimmung gehört dabei auch der Fall, in dem die Mitglieder einer Gruppe sich darauf verständigen, ihre Anteile an einen Dritten zu veräußern, falls von dessen Seite ein Übernahmeangebot abgegeben würde.[970] Durch die von der SEC veröffentlichte Rule 13d-5 wurde der gesetzliche Tatbestand mit den zuvor genannten Verhaltensweisen um eine weitere wichtige Voraussetzung erweitert. Hiernach soll eine Gruppenbildung nämlich auch dann vorliegen, "[*w*]*hen two or more persons agree to act together for the purpose of acquiring, holding, <u>voting</u>, or disposing of equity securities*".[971] Die damit einhergehende Ausdehnung des gesetzlichen Tatbestan-

---

[966] *Texasgulf, Inc. v. Canada Development Corp.*, 366 F. Supp. 374, 403 (S.D. Tex. 1973); *Clark* Corporate Law, 1986, § 13.4; *Loss/Seligman* Fundamentals[3] S. 580.

[967] *Texasgulf, Inc. v. Canada Development Corp.*, 366 F. Supp. 374, 403 (S.D. Tex. 1973);

[968] Corenco Corp. v. Schiavone & Sons, Inc.(CA-2 1973), 1973 CCH Dec. 94,196.

[969] *Cambridge Fund, Inc. v. Tweedy* [1973-1974 Transfer Binder] CCH Fed. Sec.L.Rep. 94,380 (S.D.N.Y. 1974); ähnlich auch *Scott v. Multi-Amp. Corp.*, (DC NJ 1974), 1974-1975 CCH Dec. 94,988, wonach bei mehrere Treffen, bei denen die Frage diskutiert wurde, ob Maßnahmen gegen das Management ergriffen werden sollten, keine Verpflichtung zur Abgabe einer Schedule 13D begründet wurde; *Lane Bryant, Inc. v. Hatleigh Corp.* (SD NY 1980), 1980 CCH Dec. 97,529; zum Ganzen *Aranow/Einhorn/Berlstein* Tender Offers, 1977, S. 41; *Hamilton/Turner* Beneficial Ownership, 1998, S. 18.

[970] *Wellman v. Dickinson*, 475 F.Supp. 783 (S.D.N.Y. 1979).

[971] Unterstreichung vom Verf. hinzugefügt.

des auf *jede* Vereinbarung[972] über die gemeinsame Ausübung der Stimmrechte ist seither im US-amerikanischen Schrifttum auf erhebliche Kritik gestoßen.[973] Im Kern geht es dabei um die Frage, ob und inwieweit die Verpflichtung zur Offenlegung von Stimmbindungsvereinbarungen die Anreize zum Ergreifen von Maßnahmen institutioneller Investoren im Interesse der Corporate Governance der Gesellschaft untergraben kann. So haben vor allem *Ronald J. Gilson* und *Reiner Kraakman* sowie *John C. Coffee* in der Vergangenheit vertreten, dass die Verpflichtung zur Offenlegung von Stimmbindungsvereinbarungen in Zusammenschau mit den weitreichenden Offenlegungspflichten nach Sec. 13(d) SEA 1934 und Schedule 13D, institutionelle Investoren davon abhalte, bestimmte Maßnahmen im Interesse der Gesellschaft zu ergreifen und durchzusetzen. Als Beispiele für den Anlass einer entsprechenden Verhaltenskoordinierung werden dabei insbesondere Übernahmesituationen genannt, im Rahmen derer eine Aktionärsgruppe das Ergreifen von Abwehrmaßnahmen oder die Gewährung sog. *golden parachutes* durch den *board* der Zielgesellschaft zu verhindern versucht.[974] Daneben sind eine Reihe weiterer Konstellationen denkbar, in den eine Gruppe institutioneller Investoren ihr Interesse an einer effektiven Unternehmensüberwachung, beispielsweise durch die Besetzung einer Position des *boards* mit einem eigenen Kandidaten, durchsetzen will.[975] In solchen Fällen, in denen grundsätzlich mit einem opponierenden Management zu rechnen sei, bestünde regelmäßig die Gefahr, dass die Gesellschaft, vertreten durch deren *board*, das Instrument der taktischen Prozessführung auf der Grundlage einer möglichen Verletzung der hier beschriebenen Meldepflichten als „*window into the group*“ nutzen könne und würde, um ein entsprechendes Begehren abzuwenden.[976] Das mit einem koordinierten Vorgehen verbundene Prozessrisiko

---

[972] Anders als etwa das deutsche Recht kennt SEC Rule 13d-5 nicht die Einschränkung, dass eine Zurechnung in solchen Fällen ausscheidet, wo es um die (gemeinsame) Ausübung von Stimmrechten „in Einzelfällen“ geht.

[973] *Gilson/Kraakman* 43 Stan.L.Rev. 863, 899 (1991); *Black* 89 Mich.L.Rev. 520, 544 f. (1990); *Coffee* 15 Cardozo Law Review, 837, 877 ff. (1994); *Macey/Netter* 65 Wash.U.L.Q. 131, 145 (1987); *Brudney* 21 Rutgers.L.Rev. 609 (1967); *Jennings/Marsh/Coffee/Seligman* Securities Regulation[8] S. 740: "Do the SEC's rules overregulate here?".

[974] *Coffee* 15 Cardozo Law Review, 837, 878 (1994); *Jennings/Marsh/Coffee/Seligman* Securities Regulation[8], S. 740; siehe auch im Zusammenhang mit der Vorbereitung *proxy fight* und dem Verhalten institutioneller Investoren *Black* 89 Mich.L.Rev. 520, 544 f. (1990).

[975] *Gilson/Kraakman* 43 Stan.L.Rev. 863, 897 ff. (1991).

[976] *Coffee* 15 Cardozo Law Review, 837, 878 (1994); ähnlich auch *Gilson/Kraakman* 43 Stan.L.Rev. 863, 899 (1991), die einen weiteren negativen Verhaltensanreiz darin sehen, dass der jeweilige Investor in einem solchen Fall regelmäßig das Privileg der für institutionelle

und die hieraus resultierenden Kosten würden institutionelle Investoren daher regelmäßig davon abhalten, im Interesse der Gesellschaft gegen das *board* vorzugehen.

bb) Form der Vereinbarung

Eine entsprechende Gruppenbildung kann sowohl aufgrund einer schriftliche Vereinbarung als auch auf informeller Basis beruhen.[977] Dies folgt bereits daraus, dass die Rechtsprechung ein gleichgerichtetes Verhalten aus den das Vorgehen der Beteiligten begleitenden Umständen ableitet (*circumstantial evidence*).[978] Faktoren, die bei dieser Prüfung eine Rolle spielen können, sind das Bestehen eines unter den Parteien existierenden gemeinsamen Plans oder Zieles, dessen Umsetzung durch parallel und in einem vergleichsweise kurzen Zeitraums hintereinander getätigter Wertpapiergeschäfte, die Korrelation der Aktivitäten, zwischen den Parteinen bestehende Kommunikationskanäle sowie die Unterstützung durch andere Aktionäre.[979] Als weiteres Indiz soll es in diesem Zusammenhang gelten, wenn eine Reihe von Anteilserwerben sich bis knapp unter das Erreichen der 5 Prozent-Schwelle vollzieht und sich die Beteiligungen knapp unter dieser Meldeschwelle bewegen.[980]

c) *Management groups*

In der US-amerikanische Rechtspraxis wird darüber hinaus die Frage diskutiert, inwieweit die einzelnen Mitglieder des Managements der Gesellschaft eine Gruppe im Sinne der Sec. 13(d)(3) SEA 1934 konstituieren, wenn diese ihren Beteiligungsstock entweder zum Zwecke der Abwehr eines Übernahmeangebotes erhöhen oder zur Durchsetzung ihrer Interessen in einer solchen Situation ihre Stimmrechte poolen. Während einige frühere Entscheidungen eine Zurechnung der Anteile des Managements unter Hinweis auf die mit dem Williams Act verfolgten Ziele und die Sonderregelung der Sec. 14(d)(4) SEA 1934 über das

---

Investoren möglichen abgeschwächten Offenlegungspflichten nach Schedule 13G (vgl. hierzu § 3 B) II.) 3.) c)) verlieren würde.

[977] *Graphic Sciences v. International Mogul Mines* (D.C. Dof 1974), 1974-1975 CCH Dec. 94,834.

[978] *General Aircraft Corp. v. Lambert* (CA-1 1977) 1977-1978 CCH Dec. 96,068; *Scott v. Multi-Amp Corp.*, (DC NJ 1974), 1974-1975 CCH Dec. 94,988; *Texasgulf Inc. v. Canada Development Corp.* 366 F. Supp. 374, 403 (S.D. Tex. 1973); zum Ganzen *Lipton/Steinberger* Takeovers & Freezouts, 1984, § 2.01.

[979] *Champion Parts Rebuilders, Inc. v. Cormier Corp.* (ND Ill), 1987 CCH Dec. 93,264; *Hamilton/Turner* Beneficial Ownership, 1998, S. 17.

[980] *Corenco Corp. v. Schiavone & Sons, Inc.*(CA-2 1973), 1973 CCH Dec. 94,196; *Wellmann v. Dickinson*, 475 F.Supp. 783 (S.D.N.Y. 1979).

Verhalten des Managements der Zielgesellschaft während eines *tender offer* abgelehnt haben,[981] wird diese Position im Schrifttum teilweise in Zweifel gezogen. Wesentliche Gründe, die auch in diesem Fall für eine Anwendung von Sec. 13(d)(3) SEA 1934 sprächen, seien hiernach die mit der Stimmrechtskoordinierung oder dem Hinzuerwerb von Anteilen verbundene Änderungen der Machtverhältnisse in der Gesellschaft.[982] Darüber hinaus würde die aus der Verhaltenskoordination begründete Meldepflicht anders als nach der Gegenauffassung auch nicht dadurch redundant, dass durch andere Vorschriften des SEA 1934, insbesondere auch durch Sec. 16(a) SEA 1934, Mitteilungspflichten für *directors* begründet würden, da sich diese Bestimmungen wesentlich durch ihre Informationsinhalte und ihren Zweck unterschieden.[983] In einer von der vorangehenden Fallgestaltung zu unterscheidenden Situation wurde eine gegenseitige Zurechnung der Anteile der Mitglieder des Managements in dem Fall bejaht, in dem zwei *directors* einer Gesellschaft weitere Anteile mit Blick auf die unter ihnen bestehende Vereinbarung erworben haben, einem von ihnen ein Bestellungsrecht gegenüber einem weiteren Mitglied des *board* einzuräumen.[984]

d) Bestimmung des für die Entstehung der Meldepflicht maßgebenden Zeitpunktes

Unterschiedlich wird die Frage beantwortet, zu welchem Zeitpunkt von einem koordinierten Verhalten einer Gruppe ausgegangen werden kann.[985] Die Rechtsprechung der US-amerikanischen Gerichte zu diesem Punkt ist nicht einheitlich. So hat etwa der Seventh Circuit in der Entscheidung *Bath Industries, Inc. v. Blot*[986] vertreten, dass die Gruppe weitere Aktien erwerben muss, bevor sie zur Abgabe einer Mitteilung nach Sec. 13(d) SEA 1934 verpflichtet wird. Dieser Rechtsaufassung stellte sich ausdrücklich der Second Circuit in *GAF Corp. v.*

---

[981] *Corenco Corp. v. Schiavone & Sons, Inc.*(CA-2 1973), 1973 CCH Dec. 94,196; *Scott v. Mulit-Amp Corp.* (DC NJ 1974), 1974-1975 CCH Dec. 94,988; vgl. hierzu zusammenfassend *Aranow/Einhorn/Berlstein* Tender Offers, 1977, S. 42 ff.

[982] *Aranow/Einhorn/Berlstein* Tender Offers, 1977, S. 46 f.

[983] *Aranow/Einhorn/Berlstein* Tender Offers, 1977, S. 47.

[984] *MTD Service Corp. v. Weldotron Corp.* (SD NY), 1994-1995 CCH Dec. 98,395.

[985] Vgl. insoweit das Beispiel bei *Clark* Corporate Law, 1986, § 13.4: Die Aktionäre A und B verfügen jeweils über eine Beteiligung von 4,5 Prozent an der Gesellschaft X, die bei einer aggregierten Beteiligung von 9 Prozent beiden eine Kontrollposition an der Gesellschaft einräumen würde. Zu einem beliebigen Zeitpunkt treffen A und B zusammen und entschließen sich gemeinsam, Kontrolle über die Gesellschaft auszuüben, ohne zugleich weitere Aktien an X erwerben zu wollen.

[986] 427 F.2d 97 (7th Cir. 1970)

Milstein[987] entgegen und vertrat die Ansicht, dass maßgebend für eine Gruppenbildung und damit für das Entstehen der Mitteilungspflicht alleine der Augenblick sei, in dem die Parteien verabreden, gemeinsam Kontrolle über die Gesellschaft auszuüben. Diese letztgenannte Auffassung kommt freilich dem Gesetzwortlaut von Sec. 13(d) näher, nach dem eine gegenseitige Zurechnung bereits bei einem gemeinsamen Halten („*holding*") der Wertpapiere anzunehmen ist.[988] Die Streitfrage wurde durch die bereits oben erwähnte SEC Rule 13d-5(b)(1) weitgehend geklärt.[989] Hiernach soll eine Zurechnung bereits dann erfolgen, *[w]hen [...] the group formed shall be deemed to have acquired beneficial ownership* [...] *<u>as of the date of such agreement</u>* [...]",[990] so dass bereits mit diesem Zeitpunkt eine durch die Zurechnung begründete Meldepflicht der Gruppe entstehen kann. Dies bedeutet umgekehrt auch, dass auch nach dem Erwerb einer Beteiligung eine Meldepflicht ausgelöst werden kann, wenn die Parteien zu einem späteren Zeitpunkt etwa eine Vereinbarung über die gemeinsame Ausübung der Stimmrechte treffen.

5.) Befreiungen von der Offenlegungspflicht, Sec. 13(d)(6) SEA 1934

Nach der Regelung der Sec. 13(d)(6) SEA 1934 sowie der hierzu erlassenen SEC Rule 13d-6 werden bestimmte Transaktionen von den Meldeverpflichtungen nach Sec. 13 (d) und (g) SEA 1934 befreit.[991] Hierzu gehören zunächst Erwerbsgeschäfte, die im Zusammenhang mit einem Angebot zum Erwerb von Wertapapieren als Gegenleistung (*consideration*) für Wertpapiere stehen, die im Rahmen einer Emission nach dem SA 1933 ausgegeben werden.[992] Weiterhin ausgenommen sind Erwerbs- oder Veräußerungsgeschäfte, die zusammengenommen mit den vorangehenden Wertpapiergeschäften des Meldepflichtigen in einem Zeitraum von zwölf Monaten zwei Prozent der Wertpapiere der entspre-

---

[987] 453 F.2d 709 (2nd Cir. 1971).

[988] So im Ergebnis auch *GAF Corp. v. Milstein* 453 F.2d 709 (2d Cir. 1971), die sich allerdings auf die Tatbestandsalternative des „*acquiring*" der Anteile und nicht auf das „*holding*" berief; so aber *Corenco Corp. v. Schiavone & Sons, Inc.* (CA-2 1973), 1973 CCH Dec. 94,196; insoweit zustimmend *Clark* Corporate Law, 1986, § 13.4.

[989] SEA Rel. 14,692, 14 SEC Doc. 861, 873-874 (1978). Zu dem Zusammenhang zwischen den oben genannten Entscheidungen und der SEC Rule 13d-5(b)(1) *Loss/Seligman* Fundamentals[3] S. 580.

[990] Unterstreichung vom Verf. hinzugefügt.

[991] Die Regelung ist Gegenstand der Verordnungskompetenzen (*rule making powers*) der SEC, die hiernach weitere Ausnahmebestimmungen erlassen kann.

[992] *Hazen* Securities Regulation[4] § 11.2[4].

chenden Aktiengattung der Gesellschaft nicht übersteigen.[993] Eine zusätzliche Befreiung von der Meldepflichten ist daneben dann vorgesehen, wenn die Akquisition in Zusammenhang mit der Ausübung von Bezugsrechten im Rahmen einer Kapitalerhöhung steht, vorausgesetzt, das Angebot (*offering*) wird allen Aktionären gegenüber abgegeben, der Meldepflichtige erwirbt im Zusammenhang mit der Kapitalmaßnahme keine weiteren Anteile, und den im Einzelfall nach Sec. 16(a) SEA 1934 begründeten Meldepflichten wurde rechtzeitig nachgekommen.

6.) Normdurchsetzung und Sanktionen

a) Institutionelle Grundlagen und Beaufsichtigung durch die SEC

Zur Durchsetzung der ihr übertragenen Aufgaben kann die SEC auf das ihr zur Verfügung stehende Arsenal an Eingriff- und Überwachungsinstrumenten zurückgreifen.[994] Hierzu gehören zunächst die vielfältigen gesetzlichen Möglichkeiten, die ihr im Rahmen der Durchführung von Untersuchungen zustehen, insbesondere Maßnahmen im Rahmen der *Sub-Poena*-Gewalt, wie die Vorladung von Zeugen, Beweiserhebungen und die Abnahme von Aussagen unter Eid. Daneben verfügt die SEC über weitreichende Möglichkeiten des Vorgehens im Wege der Privatklage. Die Einleitung eines Strafverfahrens, das im vorliegenden Zusammenhang insbesondere gegenüber einer möglichen Verletzung des allgemeinen Marktmissbrauchstatbestandes der SEC Rule 10b-5 in Betracht kommen kann, ist dem *Department of Justice* übergeben.[995]

b) Normdurchsetzung durch private Klagerechte

Obgleich sich die überwiegende Zahl an Rechtsstreitigkeiten im Rahmen der Bestimmungen des Williams Act 1968 im Zusammenhang mit dem generellen *anti-fraud*-Tatbestand der Sec. 14(e) SEA 1934 ergeben haben, war die Verletzung der Mitteilungspflichten nach Sec. 13(d), 14(d) SEA 1934 in der Vergangenheit wiederholt Gegenstand von gerichtlichen Auseinandersetzungen. Die Vielzahl der gerichtlichen Verfahren mag insoweit auch ein Indiz dafür sein, dass es sich hierbei in erheblichem Maße um strategische Prozessführung der Beteiligten untereinander, insbesondere auf Seiten der Zielgesellschaft, handelt,

---

[993] Vgl. hierzu und zu der Möglichkeit des *netting* bei Erwerbs- und Veräußerungsgeschäften in einem bestimmten Zeitraum *Hamilton/Turner* Beneficial Ownership, 1998, S. 15 unter Hinweis auf *J.P.Morgan & Co. Inc.* (SEC 1993), 1993 CCH Dec. 76,671.

[994] *Jennings/Marsh/Coffee/Seligman Securities* Regulation[8] S. 1404 ff.; *Loss/Seligman* Fundamentals[3] S. 1191 ff.; *Steinberg* Understanding Securities Law[3] § 14.02.

[995] Vgl. hierzu ausführlich *Steinberg* Understanding Securities Law[3] § 13.08; aus dem deutschen Schrifttum zuletzt vor allem *Wüstemann* BB 2002, 718 ff.

mit der teilweise eine weiteres (ungestörtes) Vorgehen des Erwerbers mit Blick auf eine zu einem spätereren Zeitpunkt angestrebte Übernahme der Gesellschaft behindert werden soll.[996]

Bei Verletzung von Sec. 13 (d) SEA 1934 sieht sich der Meldepflichtige einer Reihe von denkbaren Rechtsbehelfen der Gesellschaft, aber auch der beteiligten Anleger ausgesetzt. Als mögliche Sanktionsfolgen kommen dabei, neben der von den Gerichten regelmäßig angeordneten Verpflichtung zur Abgabe einer vollständigen bzw. berichtigenden Mitteilung (*curative disclosure*), die Suspendierung des Meldepflichtigen gegenüber zukünftigen Akquisitionen, die Rückgängigmachung des Erwerbsgeschäfts bzw. die Verpflichtung zur Veräußerung der Wertpapiere, der Verlust der Stimmrechte sowie mögliche Schadensersatzansprüche zugunsten geschädigter Anleger in Betracht.[997]

Wichtigstes Begehren eines privaten Vorgehens, sei es durch die Gesellschaft oder betroffene Anleger, ist der Anspruch auf vorläufige Unterlassung der Gesetzesverletzung (*injunctive relief*), der im Falle der hier in Rede stehenden Veröffentlichungspflichten unmittelbar auf die Abgabe einer den gesetzlichen und tatsächlichen Voraussetzungen entsprechenden Mitteilung gerichtet ist.[998] Die Rechtsprechung stützt sich dabei überwiegend auf die Entscheidung des US-Supreme Court in *Rondeau v. Mosinee Paper Corp.*,[999] in der das für die Klageerhebung erforderliche *standing*[1000] für ein Vorgehen der Zielgesellschaft gegen

---

[996] In diesem Sinne auch *Li* 52 Bus.L. 851, 861 (1997): "*litigation-based delay tactic*"; *Jennings/Marsh/Coffee/Seligman* Securities Regulation[8] S. 737, 752; *Clark* Corporate Law, 1986, § 13.4; kritisch vor allem *Rosenzweig* 85 Mich.L.Rev. 110 (1986); *Coffee* 15 Cardozo Law Review, 837, 878 f. (1994): „*The company in whom the alleged group has invested can bring suit (and in takeover battles frequently does) in order use litigation as a window in to the group* [...]." Umgekehrt macht sich jedoch dem Anschein nach auch die Gegenseite den Einsatz einer strategische Prozessführung zu nutze, wenn es etwa darum geht, Aktienrückkaufe des Managements im Vorfeld einer drohenden Übernahme der Zielgesellschaft unter Verletzung der Offenlegungspflichten nach der SEC Rule 13e-4 zu torpedieren.; vgl. *Nowling v. Aero Services International, Inc.*, 752.Supp. 1304 (E.D.La.1990); vgl. zu der These, nach der *tactical litigation* durch die Zielgesellschaft den Auktionsprozess des Übernahmeverfahrens verstärken kann *Jarell* 28 J.L & Econ. 151 (1981); zustimmend im Übrigen *Steinberg* Liabilities and Remedies, § 9.03[5]: „*Frequently, the issuer is in the best position to enforce Sec. 13(d) because it has the resources and the self-interest that are essential to maintain an injunctive action*".

[997] *Hamilton/Turner* Beneficial Ownership, 1998, S. 25; *Clark* Corporate Law, 1986, § 13.4.

[998] *Hamilton/Turner* Beneficial Ownership, 1998, S. 25.

[999] 422 U.S. 49, 95 S.Ct. 2069, 45 L.Ed.2d 12 (1975); siehe hierzu ausführlich *Aranow/Einhorn/Berlstein* Tender Offers, 1977, S. 126 ff.

[1000] Man kann den Begriff *standing* sowohl als Klagebefugnis als auch als Rechtsschutzbedürfnis verstehen; beides ist gegenüber der Unterscheidung nach deutschem Recht ungenau.

den nach Sec. 13(d) SEA 1934 Meldepflichtigen im Falle eines aus der Gesetzesverletzung resultierenden Schadens (*resultant injury*) und der aus dem *Equity*-Recht abgeleiteten Voraussetzung eines *irreparable harm* grundsätzlich bejaht wurde.[1001] Dem folgend wurde auch in der überwiegenden Zahl der Folgeentscheidungen ein solches *standing* der Zielgesellschaft zur Geltendmachung eines *injunctive relief* mit der Folge einer Suspendierung des Meldepflichtigen gegenüber weiteren Zukäufen in den Aktien der Zielgesellschaft bis zur Abgabe einer sachlich zutreffenden Mitteilung anerkannt.[1002] Ausreichend für ein erfolgreiches Vorgehen kann dabei bereits eine Falschangabe oder Auslassung einer der nach Sec. 13(d) SEA 1934 erforderlichen Angaben sein; die vollständige Unterlassung einer Mitteilung ist nicht erforderlich.[1003] Andere Entscheidungen bestätigen, dass nicht jede Gesetzesverletzung einen Unterlassungsanspruch zu begründen vermag. Dies gilt insbesondere in solchen Fällen, in denen eine tatsächliche Beeinträchtigung (*injury*) der übrigen Gesellschafter, des Anlegerpublikums sowie der Zielgesellschaft nicht in ausreichendem Maße nachgewiesen werden kann.[1004] Darüber hinaus scheinen die Gerichte eine gewisse Zurückhal-

---

[1001] Vor dem Hintergrund der dem Fall zugrunde liegenden Fakten, wonach für *Rondeau* ab dem Zeitpunkt, zu dem die Verpflichtungen aus Sec. 13(d) SEA 1934 eingetreten war, keine weiteren Transaktionen unter Verletzung der Bestimmungen des Williams Act zu befürchten waren und kein *irreparable harm* eingetreten war, wurde dort das Bestehen eines Unterlassungsanspruchs gegenüber weiteren Zuerwerben von *Mosinee* verneint, da die insoweit zugunsten der aktuellen und potentiellen Aktionäre von *Mosinee* bestehenden Ausgleichs-/Schadenersatzansprüche als ausreichend angesehen wurden, um dem Schutzinteresse der Bestimmungen gerecht zu werden; siehe hierzu *Aranow/Einhorn/Berlstein* Tender Offers, 1977, S. 127 f.; vgl. zum dem Einfluss der durch das *Equity*-Recht begründeten Anspruchsvoraussetzungen für ein erfolgreiches Durchdringen des Anspruchsberechtigten *Hamilton/Turner* Beneficial Ownership Reporting, 1998, S. 25.

[1002] CNW Corp. v. Japonica Partners, L.P., 874 F.2d 193 (3d Cir.1989); Florida Commercial Banks v. Culverhouse, 772 F.2d 1513 (11th Cir. 1985); Porsmouth Square, Inc. v. Shareholders Protective Committee, 770 F.2d 866 (9th Cir.1985); Global Intellicom, Inc. v. Thomson Kernaghan & Co., 1999 WL 544708, [1999 Transfer Binder] Fed. Sec. L. Rep. (CCH 90,534 S.D.N.Y. 1999).

[1003] *Indiana National Corp. v. Rich*, 712 F.2d 1180 (7th Cir.1983); *Dan River, Inc. v. Unitex, Ltd.*, 624 F.2d 1216 (4th Cir.1980); *Chevron Corp. v. Pennzoil Co.*, 974 F.2d 1156 (9th Cir.1992).

[1004] *Mid-Continent Bankshares, Inc. v. O'Brien*, 1981 WL 1404 [1982 Transfer Binder] Fed.Sec.L.Rep. (CCH 98,734 E.D.Mo.198); vgl. in diesem Zusammenhang auch die Entscheidung *Treadway Companies, Inc. v. Care Corp.* (Sd NY 1980) 1979-1980 CCH Dec. 97,255, in der eine *de minimis*-Verletzung im Hinblick auf die Meldepflichten von Gruppenbeteiligungen angenommen wurde, nachdem die Mitglieder der identifizierten Gruppe lediglich eine Gesamtzahl von 2.500 Aktien hielten. *Mid-Continent Bankshares, Inc. v. O'Brien*, 1981 WL 1404, [1982 Transfer Binder] Fed.Sec.L.Rep. (CCH 98,734 E.D.Mo.198); *Kirsch Co. v. Bliss & Laughlin Industries, Inc.*, 495 F.Supp. 488 (W.D.Mich 1980).

tung in solchen Fällen zu zeigen, in denen die Stattgabe des Unterlassungsbegehrens und die damit teilweise verbundene temporäre Suspendierung der Rechte aus den Aktien – offenbar mit Blick auf die Verhinderung möglicher Marktirritationen – einen erheblichen Einfluss auf die Preisbildung der betroffenen Wertpapiere haben würde.[1005] Letzteres gilt insbesondere für Verfahren im Rahmen der einstweiligen Verfügung (*preliminary injunctice relief*), in denen der Kläger neben den oben genannten Voraussetzungen einen Nachweis über die Erfolgsaussichten seines Vorgehens sowie einen unwiderruflichen Schaden im Falle der Ablehnung des Antrages erbringen muss.[1006]

Neben dem Rechtsbehelf des *injunctive relief* haben die Gerichte eine Reihe weiterer Instrumente anerkannt, mit denen sich insbesondere die Aktionäre der Zielgesellschaft gegen ein die Publizitätspflichten umgehendes Verhalten wenden können. Hierzu gehört insbesondere das Recht zur Rückgängigmachung des Vertrages (*rescission*) in Fällen, in denen Anleger im Vorfeld eines *tender offer* Wertpapiere an den seine Offenlegungspflichten verletzenden Erwerber am Markt veräußert haben,[1007] sowie die Herausgabe der von dem Erwerber bei den Transaktionen erzielten Gewinne (*disgorgement of profits*).[1008]

Darüber hinaus haben die Gerichte in der Vergangenheit in Einzelfällen Schadensersatzklagen von Anlegerseite entweder auf die Grundlage von Sec. 18 (a) SEA 1934 oder den allgemeinen Missbrauchstatbestand der SEC Rule 10b-5 gestützt.[1009] Die Voraussetzungen sind in beiden Fällen erheblich. So setzt etwa Sec. 18 (a) SEA 1934 den Nachweis eines vorsätzlich irreführenden Verhaltens des Mitteilungspflichtigen und darüber hinaus den Beleg des Anlegers darüber

---

[1005] Vgl. hierzu *Clark* Corporate Law, 1986, § 13.4; *Hazen* Securities Regulation[4] § 11.9 mit zahlreichen weiteren Nachweisen aus der Rechtsprechung.

[1006] *Hazen* Securities Regulation[4] § 11.9 mit zahlreichen weiteren Nachweisen sowie *Aranow/Einhorn/Berlstein* Tender Offers, 1977, S. 133 ff.

[1007] Financial General Bankshares, Inc. v. Lance (DC DofC 1978), 1978 CCH Dec. 96,403.

[1008] *SEC v. First City Financial Corp.*, 890 F.2d 1215 (D.C. Cir.1989).

[1009] Eine *standing* für ein Vorgehen von Anlegerseite nach Sec. 13(d) SEA 1934 wird mit Blick auf die Geltendmachung von Schadenersatzansprüchen überwiegend abgelehnt: *Kamerman v. Steinberg*, 891 F.2d 424 (2nd Cir. 1989); *Sanders v. Thrall Car Manufacturing Co.*, 730 F2d 910 (2d Cir.1984), *affirming* 582 F.Supp. 915 (S.D.N.Y.1983). Demgegenüber eine denkbare Haftung nach Sec. 18(a) SEA 1934 gegenüber einer fehlerhaften Meldung nach Sec. 13(d) SEA 1934 bejahend *Hallwood Realty Partners, L.P. v. Gotham Partners, L.R.* WL 46978 [2000-2001 Transfer Binder] Fed.Sec L. Rep (CCH) 91,307 (S.D.N.Y. 2001); *International Broadcasting Corp. v. Turner* 734 F.Supp. 383 (D.Minn.1990); *Hazen* Securities Regulation[4] § 11.9; *Jennings/Marsh/Coffee/Seligman Securities* Regulation[8] S. 753.

voraus, bei dem Erwerb oder der Veräußerung der Aktien auf die veröffentlichten oder nicht veröffentlichten Tatsachen vertraut (*actually relied*) zu haben.[1010]

III.) Offenlegung der Transaktionen eines „*ten percent beneficial owners*", Sec. 16(a) SEA 1934

Parallel zu den Offenlegungspflichten nach Sec. 13(d) SEA 1934 sieht das US-amerikanische Recht in Sec. 16(a) SEA 1934 eine transaktionsbezogene Mitteilungspflichten für sog. *ten percent beneficial owners*, d.h. Aktionäre mit einer Beteiligung von wenigstens 10 Prozent der Anteile einer Aktiengattung an der Gesellschaft, vor.[1011] Die Vorschrift wurde erstmals mit dem SEA 1934 eingeführt und dient ebenso wie die gleichermaßen in Sec. 16(a) SEA 1934 geregelten Pflichten zur Offenlegung von Wertpapiertransaktionen von *Directors* und *Officers*[1012] der Einschränkung der Informationsvorsprünge bestimmter Unternehmensinsider sowie einer verbesserten Unterrichtung des Anlegerpublikums durch eine frühzeitige Veröffentlichungspflicht.[1013]

Die in Sec. 16(a) SEA 1934 genannten Personen sind verpflichtet, jede Veränderung ihres Wertpapierbesites innerhalb von zwei Geschäftstagen, nach dem Tag, an dem die Transaktion ausgeführt wurde,[1014] mitzuteilen.[1015] Die Abgabe der Mitteilung erfolgt durch das sog. *change of beneficial ownership statement* und hat seit In-Kraft-Treten des *Sarbanes-Oxley-Act* ausschließlich in elektronischer Form zu erfolgen.[1016] Die Veröffentlichung erfolgt über die bei der SEC ange-

---

[1010] Vgl. zu den im Zusammenhang mit Sec. 18(a) SEA 1934 bestehenden Hürden *Hazen* Securities Regulation[4] § 11.9.; *Clark* Corporate Law, 1986, § 13.4.

[1011] Beide Regeln sind insoweit nebeneinander anwendbar, vgl. *Hazen* Securities Regulation[4] Vol. 3 § 13.1[2][B].

[1012] Vgl. hierzu unten, § 3 B) III.).

[1013] *Hazen* Securities Regulation[4] Vol. 3 § 13.1[2][B].

[1014] Vgl. hierzu Final Release (Release No. 34-46412) der SEC vom 27.8.2002, nach der das "*Date of Execution*" mit dem "*Trade Date*" gleichzusetzen ist, abrufbar unter www.sec.gov.

[1015] Sec. 16(a)(2)(C) SEA 1934. Der Zeitrahmen für die Erfüllung der Meldepflicht, der bis zum In-Kraft-Treten des *Sarbanes-Oxley-Act* zehn Tage nach Ende des Kalendermonats, in dem die Transaktion durchgeführt wurde, betrug, ist damit erheblich verkürzt worden. Der *Act* erlaubt der SEC jedoch in Einzelfällen eine Ausweitung der Zwei-Tages-Frist, wenn diese nicht durchführbar/angemessen erscheint, vgl. zum Ganzen *Hazen* Securities Regulation[4] Vol. 3 § 13.1[1]. Dies gilt nach dem Release der SEC No. 34-46412 vom 27.8.2002 ebenfalls für Transaktion im Rahmen eines *Employee Benefit Plan*, wofür bis *dato* die Verpflichtung erst innerhalb von 45 Tagen nach Ende des Geschäftsjahres bestand.

[1016] *Hazen* Securities Regulation[4] Vol. 3, § 13.1[1].

legte Datenbank EDGAR. Die Mitteilungen können daneben bei der SEC von der Öffentlichkeit eingesehen werden.[1017]

Sachlich findet die Offenlegungspflicht auf jede *class* von *equity securities* Anwendung, die nach Sec. 12(b) oder 12(g) SEA registriert wurden. Der Begriff der *equity securities* umfasst nach Sec. 3(a)11 SEA 1934 Aktien, aktiengleiche Beteiligungsrechte und Wandelschuldverschreibungen. Meldepflichtig sind ferner der Erwerb und die Veräußerung von Derivaten (insbesondere *Put*- und *Call*-Optionen) sowie wertpapierunterlegte Swapgeschäfte.[1018]

Im Hinblick auf die Zurechnung der Anteile Dritter zur Feststellung der Voraussetzungen eines *ten percecent beneficial owner* hat die SEC versucht, einen Gleichlauf mit den entsprechenden Zurechnungsbestimmungen nach Sec. 13(d) SEA 1934 herzustellen.[1019] Insoweit kann auf die dort gemachten Ausführungen verwiesen werden.

IV.) Directors' Dealings, Sec. 16(a) SEA 1934

1.) Gesetzeszweck und Regelungskontext

In den Vereinigten Staaten wurden Offenlegungspflichten für Wertpapiertransaktionen des Managements gemeinsam mit den bereits oben erörterten Pflichten für *ten percent beneficial owners*[1020] erstmals mit dem SEA 1934 eingeführt. Maßgebendes Regelungsziel der ebenfalls in Sec. 16(a) SEA 1934 enthaltenen Regelung ist auch hier die Einschränkung der Informationsvorsprünge von Unternehmensinsidern sowie eine verbesserte Unterrichtung des Anlegerpublikums durch eine frühzeitige Veröffentlichungspflicht. Die Regelungen wurden zuletzt durch den als Reaktion auf den *Enron*-Skandal sowie andere maßgebliche Unternehmenskrisen in den USA verabschiedeten *Sarbanes-Oxley-Act* in einigen Punkten erheblich verschärft.[1021] Mit der heute in Sec. 16 (a) SEA enthaltenen

---

[1017] *Hazen* Securities Regulation[4] Vol. 3, § 13.1[1].

[1018] Statt anderer *Hazen* Securities Regulation[4] Vol. 3, § 13.1[2][C].

[1019] *Hazen* Securities Regulation[4] Vol. 3 § 13.1[2][B].

[1020] Vgl. hierzu bereits oben § 3 B) III.).

[1021] Mit dem *Sarbanes-Oxley-Act* wurde dabei im Hinblick auf Sec. 16(a) SEA 1934 insbesondere der Zeitrahmen verkürzt, in dem die Mitteilungen der von der Regelung erfassten Adressaten gegenüber der SEC abzugeben ist. Weitere weitreichende Änderungen der Vorschriften wurden daneben 1991 durch Sec.Exch. Act Rel. No. 34-28869 erlassen, nachdem in der vorangehenden Zeit eine verbreitete *non-compliance* mit den Regelungen nachgewiesen wurde.

Vorschrift werden alle *directors* und *officers* zur Offenlegung von Wertpapiergeschäften gegenüber der SEC verpflichtet. Die Vorschrift steht dabei in unmittelbarem Zusammenhang zu Sec. 16 (b) SEA, nach der die zuvor benannten Personen zur Herausgabe des Gewinns aus kurzfristigen Wertpapieran- und -verkäufen (*Short Swing Profits*) verpflichtet werden.[1022] Sie ergänzt daneben das über Rule 10b-5 entwickelte Verbot des Handels von Insidern in Wertpapieren aufgrund nicht öffentlicher bekannter, wesentlicher Informationen.

2.) Voraussetzungen der Meldepflichten

Hinsichtlich des sachlichen Anwendungsbereichs und den von den Publizitätspflichten erfassten *equity securities* gilt zunächst zu der Offenlegung eines *ten percent beneficial owners* Gesagte. Mit Blick auf den persönlichen Anwendungsbereich der Regelung erfasst Sec. 16(a) SEA 1934, wie Eingangs erwähnt, *directors* und *officers* börsennotierter Gesellschaften.[1023] Der Begriff des *directors* wird in Sec. 3(a)(7) SEA 1934 sowie SEC Rule 16a-1(f) legaldefiniert. Schwierigkeiten bereitet demgegenüber die Eingrenzung des Begriffs des *officers*, mit dem der US-amerikanische Gesetzgeber auch Managementebenen unterhalb des *board* zu erfassen sucht.[1024] Hierzu gehören seit Einführung der die Regelung konkretisierenden SEC Rule 16a-1(f) jedenfalls ausdrücklich der *president* der Gesellschaft, der *principal financial-* und *accounting officer*, jeder *vice-president*, der für einen wichtigen Geschäftsbereich verantwortlich ist sowie jeder andere *officer* und andere Personen, die sog. „*policy-making functions*" ausüben. Darüber hinaus werden auch *officer* eines Mutter- oder Tochterunternehmens des Emittenten erfasst, die ebenfalls solche Funktionen gegenüber dem Emittenten inne haben.[1025]

Die Publizitätspflicht auslösendes Ereignis ist im Rahmen der Eingangsberichterstattung entweder die Registrierung der Wertpapiere nach Sec. 12 SEA 1934 oder die Bestellung des *directors* bzw. *officers* in sein Amt. In diesem Fall ist ein sog. *initial statement* (*Form 3*) innerhalb von 10 Tagen bei der SEC einzureichen. Daneben bestehen für einen Übergangszeitraum von sechs Monaten fortlaufende Offenlegungspflichten für ausgeschiedene Mitglieder der Füh-

---

[1022] Vgl. hierzu *Hazen* Securities Regulation[4] Vol. 3, § 13.2; *Steinberg* Understanding Secuirities Law[3] S. 312 ff. jeweils mit weiteren Nachweisen.

[1023] Zu den von der Regelung ebenfalls erfassten „*Ten Percent Beneficial Owners*" siehe bereits oben, § 3 B) II.).

[1024] Vgl *Steinberg* Understanding Secuirities Law[3], S. 315.

[1025] Vgl. *Hazen* Securities Regulation[4] Vol. 3, § 13.1[2][A]; im Zusammenhang mit Sec. 16(b) SEA *Feder v. Martin Marietta Corp.* 406 F.2d 260 (2d Cir. 1969).

rungsebene. Im Rahmen der Folgeberichtspflichten sind grundsätzliche alle Veränderungen des Anteilsbesitzes gegenüber der SEC unter Verwendung der *Form 4* mitteilungspflichtig. Ausnahmeregelungen bestehen für Wertpapiergeschäfte, die in einem Zeitraum von sechs Monaten einen Marktwert von US $ 10.000 nicht überschreiten. Weitere Befreiungsmöglichkeiten bestehen für Veränderungen des Aktienbestandes, die alle Aktionäre gleichermaßen betreffen, wie etwa Aktiensplitts, Sachdividenden in Form von Wertpapieren etc.[1026] Die freigestellten Wertpapiertransaktionen sind der SEC einmal jährlich in einem hierfür vorgesehenen Formblatt (*Form 5*) offen zu legen.

3.) Normdurchsetzung und Sanktionen

Bei der Durchsetzung der Mitteilungspflichten nach Sec. 13 (a) SEA 1934 kann die SEC bei grob fahrlässigem oder vorsätzlichen Fehlverhalten Geldstrafen bis zu $50.000 verhängen. Der Emittent hat daneben Verstöße der *directors* oder *officers* jährlich in Form 10 K offen zu legen. Zivilrechtliche Schadensersatzansprüche werden demgegenüber im Regelfall nicht durchschlagen.[1027]

[1026] *Hazen* Securities Regulation[4] Vol. 3, § 13.1[3].

[1027] Vgl. insoweit die Nachweise bei *Fleischer* ZIP 2002, 1217, 1222 Fn. 67.

§ 4 RECHTSVERGLEICHENDE GESAMTBETRACHTUNG BETREFFEND DIE REGELUNGEN DER STIMMRECHTS- UND BETEILIGUNGSPUBLIZITÄT

A) Gegenstand und Reichweite der Mitteilungspflichten

Im Hinblick auf den Gegenstand und die Reichweite der gesetzlichen Mitteilungspflichten begründen sowohl das englische als auch das US-amerikanische Recht überwiegend weitergehende Publizitätspflichten als die entsprechenden Vorschriften des WpHG. Dies gilt zunächst für die den offenlegungspflichtigen Tatbestand begründenden Meldepflichten, die nach einer „Eingangsberichterstattung" bei Überschreiten der 3 Prozent (CA 1985) bzw. 5 Prozent-Schwelle (SEA 1934) eine „Folgeberichterstattung" bei Berühren *jedes* weiteren Prozentpunktes vorsehen. Eine wesentlich schärfere, wenn auch nicht unbestrittene, Regelungen enthält das englische Recht darüber hinaus im Hinblick auf den Zeitraum von lediglich zwei Tagen nach Eintritt des publizitätspflichtigen Sachverhalts, in dem der Meldepflichtige eine entsprechende Mitteilung abzugeben hat. In diesem Zusammenhang erscheint im Wege der rechtsvergleichenden Gegenüberstellung bemerkenswert, dass der US-amerikanische Gesetzgeber bislang bewusst von einer Einschränkung des für die Erfüllung der Meldepflichten maßgebenden *ten-percent-window* abgesehen hat. Durch die mit der Transparenz-Richtlinie II in Kürze veranlassten Änderungen des WpHG wird auch das deutsche Recht in Zukunft in stärkerem Maße einem marktorientierten Ansatz folgen, der zumindest bis zu einer Meldeschwelle von 30 Prozent Pflichtmitteilungen über wesentliche stimmrechtsmäßige Beteiligungen in 5 Prozent-Schritten vorsehen wird. Gleichzeitig wird mit der Verkürzung der Meldefrist von sieben Kalendertagen auf vier Handelstage und der gleichzeitigen Reduzierung der Veröffentlichungsfrist der Gesellschaft von neun Kalendertagen auf drei Handelstage gewährleistet, dass der Markt schneller und intensiver als bisher über wesentliche Änderungen in den Beteiligungsverhältnissen börsennotierter Aktiengesellschaften informiert wird.

Eine weitere wesentliche Besonderheit des US-amerikanischen Rechts besteht in der durch Schedule 13D begründeten Verpflichtung des Erwerbers, eine umfassende Stellungnahme zu dem mit dem Anteilserwerb verfolgten Zweck sowie den mit der Beteiligung verbundenen Plänen und Vorhaben abzugeben. Während eine entsprechende Regelung im Interesse einer höheren Transparenz im deutschen Schrifttum in der Vergangenheit mehrfach eingefordert worden ist, legen die Erfahrungen der US-amerikanischen Rechtspraxis aufgrund der mit der frühzeitigen Offenlegung subjektiver Absichten verbundenen Transparenzprobleme und der Schwierigkeiten einer verlässlichen und klaren Ausgestaltung eines entsprechenden Tatbestandes gegenüber diesem Vorschlag eine gewisse Zurückhaltung nahe.

Aufzugreifen sind an dieser Stelle schließlich die durch den Takeover Panel erlassenen Rules Governing Substantial Acquisitions of Shares (SARs). Die Regelungen dienen der zeitlichen Verlangsamung von Erwerbsvorgängen und der weitergehenden Offenlegung sukzessiver Beteiligungserwerbe im Zusammenhang mit dem Aufbau einer Kontrollposition bei einer börsennotierten Gesellschaft. Sie können dabei zu einer wesentlich verbesserten Entscheidungssituation der Aktionäre und des Managements beitragen, bevor der Erwerber mit einer konsolidierten Mehrheitsposition an die Gesellschaft herantreten kann. Vor diesem Hintergrund und der Tatsache, dass durch die Bestimmungen zugleich die Wettbewerbssituation eines möglichen konkurrierenden Bieters verbessert wird, erscheint die Übernahme einer entsprechenden Regelung in das deutsche Recht erwägenswert.

B) Zurechnung von Anteilen Dritter

Die rechtsvergleichende Gegenüberstellung der gesetzlichen Regelungen, die eine Zurechnung der durch einen Dritten gehaltenen Anteile verlangen, hat neben zahlreichen Gemeinsamkeiten eine Reihe von grundlegenden Unterschieden bei der Behandlung der einzelnen Zurechnungskonstellationen zwischen den hier untersuchten Rechtsordnungen offengelegt.

Anders als die wohl herrschenden Meinung im deutschen Schrifttum, die bei schuldrechtlichen Kaufoptionen keine Zurechnung anerkennen will, sehen sowohl das englische als auch das US-amerikanische Recht eine Zurechnung grundsätzlich auch im Rahmen von Vereinbarungen vor, in denen dem Meldepflichtigen im Wege einer Kaufoption das Recht eingeräumt wird, Anteile der Zielgesellschaft zu erwerben. Nach dem CA 1985 und dem SEA 1934 werden damit also auch solche Situationen erfasst, in denen dem Meldepflichtigen mittels einer entsprechenden Optionsvereinbarung das wirtschaftliche Eigentum und damit auch im Regelfall die faktische Herrschaftsgewalt über die Anteile zugeordnet werden kann. Das US-amerikanische Recht macht dabei eine wichtige und im Ergebnis überzeugende Einschränkung dahingehend, dass die entsprechende Option innerhalb eines Zeitraums von 60 Tagen ausgeübt werden kann. Durch diese Regelung wird gewährleistet, dass nur solche Sachverhalte im Wege der Zurechnung in den Anwendungsbereich der kapitalmarktrechtlichen Beteiligungspublizität einbezogen werden, in denen die Ausübung der Option zeitlich absehbar ist.

Weiterhin offenbart die vergleichende Betrachtung der einzelnen Zurechnungsbestimmungen der hier untersuchten Regelungen einige grundlegende Unterschiede bei der Zurechnung auf der Grundlage eines abgestimmten Verhaltens (*Acting in Concert*). Übereinstimmung zwischen dem englischen und US-amerikanischen Recht einerseits und der Regelung des § 22 Abs. 2 WpHG andererseits besteht hier zunächst dahingehend, dass nach allen drei Rechtsordnungen eine wechselseitige Zurechnung der Anteile bei einem abgestimmten Parallelerwerb der Aktien erfolgt. Insoweit scheint die Rechtslage in England und den USA die weiter oben formulierten Ergebnisse, nach denen der Zweck der Zurechnungsbestimmungen des WpHG in diesem Fall eine wechselseitige Zurechnung gebietet, diese These für das deutsche Recht zu bestätigen. Darüber hinaus stützt der Blick auf das englische Recht die These, dass eine Zurechnung auch im Falle des Abschlusses von Vorvereinbarungen in Form eines gegenüber dem Bieter abgegebenen *irrevocable undertakings* zu einer gegenseitigen Zurechnung der Anteile führt.

Während nach dem CA 1985 für die gegenseitige Zurechnung nur ein solches Verhalten relevant ist, das mit dem Ziel des Erwerbs der Anteile der Zielgesellschaft erfolgt, sehen sowohl das deutsche als auch das US-amerikanische Recht eine Zurechnung auch in solchen Fällen vor, in denen sich die Parteien einer entsprechenden Vereinbarung zur gemeinsamen Ausübung der Stimmrechte unterworfen haben. Diese abweichende Position des englischen Rechts ist vor allem deshalb von Interesse, weil die europäische Börsen-Richtlinie 2001/34/EG, wie gesehen, eine Zurechnung bereits dann gebietet, wenn sich die Parteien *qua* schriftlicher Vereinbarung langfristig zu einer gemeinsamen Politik bezüglich der Geschäftsführung der betreffenden Gesellschaft verpflichten. Die insoweit bestehende Abweichung des englischen Rechts erklärt sich dabei vor allem daraus, dass sich das bisher im englischen Recht vorherrschende (engere) Konzept des *Acting in Concert* nicht nur im Rahmen des CA 1985, sondern auch für den City Code und die SARs bewährt zu haben scheint und insoweit kein hinreichendes Erfordernis für eine Änderung dieses Rechtszustandes gesehen wird.

Das US-amerikanische Recht geht andererseits bei der Regelung des *Acting in Concert* noch weiter als der deutsche Gesetzgeber, da dort im Rahmen der Erweiterung der gesetzlichen Bestimmungen des SEA 1934 auf Stimmbindungsvereinbarungen durch Rule 13d-5 eine Einschränkung für die Ausübung der Stimmrechte „in Einzelfällen" nicht vorgesehen ist. Aus rechtsvergleichender Perspektive ist dabei vor allem auch die von einigen prominenten Vertretern im US-amerikanischen Schrifttum geäußerte Kritik zu der Regelung zu berücksichtigen, nach der die Verpflichtung zu einer weitreichenden Offenlegung von Stimmbindungsvereinbarungen die Anreize zum Ergreifen von Maßnahmen institutioneller Investoren im Interesse der Corporate Governance börsennotierter Unternehmen untergraben kann.

C) Normdurchsetzung und Sanktionen

Im Hinblick auf die Mechanismen zur effektiven Durchsetzung der Offenlegungspflichten lassen sich aus rechtsvergleichender Sicht einige wesentliche Besonderheiten des englischen und US-amerikanischen Rechts hervorheben.

Mit Blick auf das US-amerikanische Recht gehört hierzu zunächst das breite Spektrum an Eingriffsmöglichkeiten, die der amerikanische Gesetzgeber der SEC bei der Verfolgung von Rechtsverstößen eingeräumt hat. Daneben scheint in den USA die Durchsetzung der gesetzlichen Meldepflichten durch private Klagerechte in der Vergangenheit eine im Vergleich zu der Situation in Deutschland ungleich größere Rolle gespielt zu haben. Dies gilt umso mehr, als die Rechtsprechung dort ein *standing* der betreffenden Gesellschaft für einen Antrag auf Suspendierung des Meldepflichtigen gegenüber zukünftigen Akquisitionen und/oder die Rückgängigmachung des Beteiligungserwerbs anerkannt hat. Damit hat die Geltendmachung privater Klagerechte im Zusammenhang mit der Verletzung von beteiligungsrelevanten Offenlegungspflichten vor allem auch im Zusammenhang mit Übernahmeauseinandersetzungen an Bedeutung gewonnen. Insoweit bestätigt sich zumindest teilweise die eingangs erhobene These, dass die Offenlegungspflichten vom Vorstand der Zielgesellschaft als strukturelles Übernahmehindernis eingesetzt werden können.

Daneben begründet die nach Sec. 212 des englischen CA 1985 gewährleistete Möglichkeit der *company investigations* eine grundlegende Abweichung von der Position des deutschen Rechts. Denn die Möglichkeit der Gesellschaft unabhängig vom Umfang der Beteiligung des Anlegers und unabhängig davon, ob konkrete Anhaltspunkte für eine Verletzung der gesetzlichen Meldepflichten bestehen, Auskünfte über die stimmrechtsmäßige Beteiligung an der Gesellschaft zu erlangen, gibt dieser die Möglichkeit, losgelöst vom Einschreiten durch die zuständige Aufsichtsbehörde, eine umfassende Überprüfung der ihr gegenüber bestehenden Beteiligungsverhältnisse einzuleiten. Bemerkenswert ist dabei auch, dass der mögliche Umfang der Untersuchung durch die Gesellschaft erheblich weiter greift, als die Meldepflichten selbst. Dabei erstrecken sich die zulässigen *company investigations* des Emittenten neben Bezugsrechten und Optionen auch auf Wandelschuldverschreibungen, die zum Erwerb der Anteile berechtigen. Gleichzeitig besteht der Informationsanspruch auch im Hinblick auf Angaben über eine in der Vergangenheit existierende Beteiligung und Einzelheiten über die Person, an die die Anteile übertragen wurden.

§ 5 ZUSAMMENFASSENDE THESEN

- Gesetzliche Pflichten zur Offenlegung beteiligungsrelevanter Sachverhalte

1. Die derzeit gemäß § 21 Abs. 1 WpHG bestehende Einstiegsmeldeschwelle von 5 Prozent sollte beibehalten werden. Hiernach werden künftig auf der Grundlage der europäischen Transparenz-Richtlinie II weitere Offenlegungspflichten nach jeder fünf Prozent-Schwelle bis zu einem Schwellenwert von 30 Prozent eingeführt werden. Im Hinblick auf das Verfahren der Offenlegung sollte von dem derzeit geltenden zweistufigen Offenlegungsverfahren Abstand genommen werden und die Mitteilung unmittelbar gegenüber der BaFin abgegeben werden, die die Pflichtmitteilung sodann unverzüglich auf ihrer Website bekannt machen würde.

2. Die Übernahme einer dem US-amerikanischen Recht entsprechenden Regelung, nach der der Erwerber einer Beteiligung zur Offenlegung des mit dem Erwerb der Anteile verfolgten Zwecks und der mit Blick auf die Gesellschaft bestehenden Pläne und Vorhaben verpflichtet wird, erscheint im Hinblick auf die mit der Offenlegung „weicher Informationen" verbundenen Regelungsprobleme und die Schwierigkeiten bei der Konkretisierung subjektiver Vorstellungen und Vorfeldüberlegungen mit den hieraus resultierenden Rechtsunsicherheiten nicht erstrebenswert.

3. Nach dem Vorbild der in England geltenden SARs sollte auch im Zusammenhang mit der Regulierung des deutschen Übernahmerechts im Rahmen des WpÜG über zeitlich befristete Erwerbsbeschränkungen bei kurzfristigen massiven Anteilsakkumulationen nachgedacht werden. Hier bietet sich, ebenso wie unter den SARs geschehen, auch die Begründung weitergehender Publizitätspflichten an, mit denen der Markt im Vorfeld der Veröffentlichung der Angebotsabsicht des präsumtiven Bieters über Vorerwerbe des Bieters und der gemeinsam mit ihm handelnden Personen in Wertpapieren der Gesellschaft in stärkerem Umfang informiert wird.

- Zurechnung von Stimmrechten Dritter

4. Die gesetzliche Neuregelung für die Zurechnung der von einem Tochterunternehmen gehaltenen Anteile nach § 22 Abs. 1 Satz 1 Nr. 1, Abs. 3 WpHG und die damit verbundene Einbeziehung unterschiedlicher Formen konzernrechtlicher Beherrschung hat in Bezug auf die gesetzlichen Zurechnungstatbestände des WpHG zu einer erheblichen Verbesserung bei der Offenlegung tatsächlich bestehenden Stimmrechtseinflusses und zu der Beseitigung wesentlicher Zurechnungslücken geführt.

5. Gleichzeitig wurden mit der Ausdehnung des Zurechnungstatbestandes des § 22 Abs. 1 Satz 1 Nr. 1, Abs. 3 WpHG unterschiedliche Problemkreise der konzernrechtlichen Zurechnung in das Kapitalmarktrecht transportiert. Dies führt nach hier vertretener Auffassung unter anderem dazu, dass bei Einsatz eines Kreditinstitutes als beständigem „Mehrheitsbeschaffer" zur Aufbringung einer faktischen Hauptversammlungsmehrheit *qua* Depotstimmrecht ein Fall der „kombinierten Beherrschung" mit der Folge gegeben sein kann, dass eine Zurechnung gegenüber dem herrschenden Gesellschafter begründet wird. Eine weitere Schnittstelle zwischen Aktienkonzern- und Kapitalmarktrecht bildet in diesem Zusammenhang die Zurechnung bei Bestehen einer „vormitgliedschaftlichen Abhängigkeit".

6. Eine Zurechnung gemäß § 22 Abs. 1 Satz 1 Nr. 1 WpHG erfolgt auch im Rahmen einer horizontalen Mehrfachabhängigkeit, d.h. in Fällen, in denen die einzelnen Zurechnungssubjekte durch paritätische Beteiligungen an einem Gemeinschaftsunternehmen partizipieren, das wiederum selbst an der börsennotierten Gesellschaft beteiligt ist (sogenannte Mehrmütterherrschaft).

7. Eine Zurechnung nach § 22 Abs. 1 Satz 1 Nr. 5 WpHG erfolgt nach hier vertretener Auffassung bereits dann, wenn dem Zurechnungssubjekt aufgrund einer schuldrechtlichen Vereinbarung ein Anspruch auf Übereignung der Aktien gewährt wird. Die zu der Parallelvorschrift des WpÜG vertretene gegenteilige Auffassung hat insoweit keinen Einfluss auf die Auslegung bei der Zurechnung nach WpHG.

8. Im Falle des Vollmachtsstimmrecht des depotführenden Kreditinstitutes sowie anderen Fällen der Stimmrechtsvertretung erfolgt keine Zurechnung der Stimmrechte nach § 22 Abs. 1 Satz 1 Nr. 6 WpHG gegenüber dem Bevollmächtigten.

9. Die Untersuchung des Zurechnungstatbestandes des abgestimmten Verhaltens nach § 22 Abs. 2 WpHG hat gezeigt, dass die von dem Gesetzgeber angestrebte gleichlaufende Auslegung mit der Parallelvorschrift des § 30 Abs. 2 WpÜG nicht in jedem Fall geboten erscheint. Dies gilt aufgrund der unterschiedlichen Zweckbestimmungen beider Vorschriften insbesondere für die Fälle des Parallelerwerbs von Anteilen der Zielgesellschaft sowie für auf den Erwerb von Aktien gerichtete Vorfeldvereinbarungen in Form sog. *irrevocable undertakings*.

10. Hauptanwendungsfälle des § 22 Abs. 2 WpHG sind Stimmbindungs- und Poolvereinbarungen, der abgestimmte Parallelerwerb von Aktien sowie der Abschluss von Vorfeldvereinbarungen in Form von *irrevocable undertakings*, durch die dem Erwerber der Zugriff für die Wertpapiere der Zielgesellschaft gesichert werden soll. Stimmbindungsvereinbarungen der Gesellschafter einer Zwischenholding führen nicht zu einer Zurechnung nach Abs. 2, da die Gesellschafter ihren Einfluss ausschließlich mit Blick auf die Zwischenholding und nicht gegenüber der börsennotierten Gesellschaft koordinieren.

11. Im Hinblick auf die gegenseitige Zurechnung der Stimmrechte der Mitglieder einer Stimmbindungsvereinbarung gemäß § 22 Abs. 2 WpHG kennt der gesetzliche Zurechnungstatbestand zunächst nur die Beschränkung über die Ausübung von Stimmrechten in Einzelfällen. Auf dieser Grundlage werden von der Vorschrift zunächst alle Arten und Erscheinungsformen von Gesellschaftervereinbarungen ohne Rücksicht darauf einbezogen, welche Form und Intensität der Einflussnahme auf die börsennotierte Gesellschaft durch sie vermittelt wird. Dies ist aus informationsökonomischer Sicht insbesondere deshalb problematisch, da das Anlegerpublikum auf der Grundlage der abgegebenen Mitteilung nicht beurteilen kann, welchen konkreten Inhalt die Vereinbarung zum Gegenstand hat. Aus diesem Grunde werden nach inzwischen allgemeiner Auffassung der gesellschaftrechtliche Bezug des abgestimmten Verhaltens sowie die Nachhaltigkeit und Beständigkeit der Einflussnahme als weitere Voraussetzungen der Zurechnungsvorschrift zugrunde gelegt.

12. Das Erfordernis eines „gesellschaftsrechtlichen" Bezugs für eine Zurechnung im Rahmen des § 22 Abs. 2 WpHG setzt nicht voraus, dass das abgestimmte Verhalten *im Rahmen der* Hauptversammlung tatsächlich in Vollzug gesetzt wird. Vielmehr reicht es aus, wenn durch die Abstimmungshandlung eine abstrakte Gefährdungslage begründet wird, die sich nicht in einer tatsächlichen Stimmrechtsbeeinflussung innerhalb der Hauptversammlung niederschlagen muss. Es können daher auch Vorgänge einen konkreten gesellschaftsrechtlichen Bezug aufweisen, die lediglich in einem zweiten Schritt auf die Ausübung der Stimmrechte gerichtet sind. Dies kann auch den im Vorfeld einer Hauptversammlung erzeugten Druck auf die Unternehmensführung einschließen, ohne dass es hinsichtlich der konkreten Maßnahme überhaupt zu einer Abstimmung innerhalb der Hauptversammlung kommen muss.

13. Eine gegenseitige Zurechnung der Stimmrechte bei sogenannten *Standstill*-Vereinbarungen, bei denen sich die Beteiligten verpflichten, die an der Gesellschaft gehaltene Beteiligung weder zu erhöhen noch über diese zu verfügen, ist unter teleologischen Gesichtspunkten abzulehnen. Hier erscheint es hinsichtlich des Zwecks der Zurechnungstatbestände nach WpHG sachgerecht, die Voraussetzungen für einen entsprechenden Zurechnungstatbestand zu schaffen.

- Ad-hoc-Publizität

14. Der Erwerb einer Beteiligung an einer börsennotierten Gesellschaft kann unter den gegebenen Voraussetzungen eine ad-hoc-publizitätspflichtige Insiderinformation darstellen und damit zu einer beschleunigten Offenlegung des nach den §§ 21 ff. WpHG publizitätspflichtigen Tatbestandes führen. Im Einzelnen ist hierbei zwischen dem Erwerb und der Veräußerung von Anteilen durch den Emittenten sowie Veränderungen der Aktionärsstruktur des Emittenten selbst zu unterscheiden. In dem erstgenannten Fall kommt eine Ad-hoc-Publizitätspflicht insbesondere dann in Betracht, wenn die Insiderinformation zugleich geeignet ist, eine erhebliche Kursbeeinflussung zu entfalten. Dies kann grundsätzlich sowohl bei dem Überschreiten bestimmter Beteiligungsschwellen als auch in anderen beteiligungsspezifischen Sachverhalten der Fall sein.

15. Ebenso kann nach § 15 Abs. 1 WpHG nF bei Veränderungen in der Aktionärsstruktur des Emittenten selbst eine Verpflichtung zur Ad-hoc-Publizität bestehen, da eine solche Information den Emittenten unmittelbar betrifft. Voraussetzung ist auch hier, dass die Veränderungen der Beteiligungsverhältnisse bei dem Emittenten eine Eignung für eine erhebliche Kursrelevanz im Sinne des § 13 Abs. 1 Satz 2 WpHG mit sich bringt. Dies kann insbesondere bei dem Einstieg eines „aktiven" Großaktionärs der Fall sein.

- Insiderhandels- und Marktmanipulationsverbot

16. Die Umsetzung eigener Erwerbsabsichten im Rahmen eines sukzessiven Beteiligungserwerbs stellt kein verbotenes Verwenden einer Insiderinformation dar und begründet daher keinen Verstoß gegen das Insiderhandelsverbot. Dieser Grundsatz kann unter den gegebenen Voraussetzungen dort seine Beschränkung finden, wo der Erwerber den Erwerbsvorgang unter Verletzung der in §§ 21 ff. WpHG vorgesehenen Mitteilungspflichten fortführt.

17. Die Zulässigkeit der Hinzuziehung Dritter bei dem Erwerb von Anteilen an der Zielgesellschaft hängt maßgeblich davon ab, ob der Erwerb im Eigenhandel der Beteiligten oder für Rechnung des Bieters erfolgt. Nur in dem letztgenannten Fall ist die Einschaltung Dritter zulässig und zwar unabhängig davon, ob der Dritte hierfür eine Gegenleistung erhält oder nicht. Die insiderrechtliche Zulässigkeit der Hinzuziehung Dritter hängt nicht von der Frage ab, ob diese bei der späteren Abgabe eines Übernahmeangebotes in der Angebotsunterlage genannt werden.

18. Der Verstoß gegen eine Mitteilungspflicht nach den § 21 f. WpHG kann im Einzelfall gleichzeitig einen Verstoß gegen das in § 20a WpHG geregelte Kurs- und Marktmanipulationsverbot begründen und damit den für die Verletzung der Mitteilungspflichten vorgesehenen Bußgeldrahmen *de facto* erheblich ausweiten.

- Directors' Dealings

19. Eine Verpflichtung zur Vorabveröffentlichung von Insidertransaktionen (*pre-trading disclosure*) ist zunächst aufgrund des jederzeit möglichen Widerrufs des Rechtsgeschäfts und der dadurch erforderlich werdenden Korrekturmitteilungen mit der daraus resultierenden Gefahr von Marktirritationen abzulehnen. Daneben spricht das legitime Interesse der Beteiligten, bei insiderrechtlicher Unbedenklichkeit des Rechtsgeschäfts Renditen aus Wertpapiergeschäfte in den Aktien der Gesellschaft oder eines verbundenen Unternehmens ziehen zu können, gegen eine Verpflichtung zur Vorabveröffentlichung.

20. Die transaktionsbezogenen Publizitätspflichten für Directors' Dealings sollten durch Regelungen im Rahmen der Jahresabschlusspublizität ergänzt werden, die die Offenlegung der von dem einzelnen Organmitglied gehaltenen unmittelbaren und mittelbaren Beteiligung gewährleisten. Der Anwendungsbereich des § 15a WpHG sollte darüber hinaus dahingehend erweitert werden, eine Mitteilungspflicht über den Anfangsbestand neu bestellter Organmitglieder auszudehnen und bestimmte Übergangsfristen für ausscheidende Organmitglieder einzuführen.

- Übernahmerechtliche Publizitätspflichten

21. Die Regelung des § 10 WpÜG begründet eine, wenn auch weiterhin in erheblichem Umfang dem Ermessen des Bieters überlassene zeitliche Begrenzung für börsliche und außerbörsliche Vorerwerbe des Bieters und der gemeinsam mit ihm handelnden Personen.

22. Die gesetzliche Regelung des § 23 Abs. 1 Nr. 1 WpÜG, nach der der Bieter zur Veröffentlichung der während des Angebotsverfahrens erworbenen Wertpapiere oder ihm gegenüber erteilten Annahmeerklärungen verpflichtet ist, ist redundant und sollte aufgehoben werden. Das zur Begründung der Norm angeführte *prisoners' dilemma* und der hierüber begründete Verkaufsdruck des Aktionärs während des laufenden Angebotsverfahrens wird durch die übernahmerechtliche Bestimmung des § 16 Abs. 2 WpÜG wesentlich relativiert. Der informationsökonomische Gewinn der Vorschrift wird zudem wesentlich durch die Praxis institutioneller Investoren in Frage gestellt, über die Annahme oder Ablehnung des Verkaufsangebotes regelmäßig erst kurz vor Ablauf der Angebotsfrist zu entscheiden.

Schrifttumsverzeichnis

Johannes Adolff/Burkhardt Meister/Charles Randell/Klaus-Dieter Stephan Public Company Takeovers in Germany, München 2002

Karsten Altenhain Die Neuregelung der Marktpreismanipulation durch das Vierte Finanzmarktförderungsgesetz, BB 2002, 1874-1879

Brent W. Ambrose/William L. Megginson The Role of Asset Structure, Ownership Structure and Takeover Defenses in Determining Acquisition Likelhood 27 Journal of Financial and Quantitive Analysis 575-589 (1992)

Gabriele Apfelbacher/Stephan Barthelmess/Thomas Buhl/Christof von Dryander German Takeover Law – A Commentary, München 2002

Edward Ross Aranow/Herbert A. Einhorn/George Berlstein Developments in Tender Offers for Corporate Control, New York 1977

Edward Ross Aranow/Herbert A. Einhorn Tender Offers for Corporate Control, New York u.a. 1973

Volker Arends Die Offenlegung von Aktienbesitz nach deutschem Recht, Wiesbaden 2000

Heinz-Dieter Assmann Übernahmeangebote im Gefüge des Kapitalmarktrechts, insbesondere im Lichte des Insiderrechts, der Ad-hoc-Publizität und des Manipulationsverbots, ZGR 2002, S. 697-727

ders. Insider-Recht und Kreditwirtschaft, WM 1996, 1337-1356

ders. Die Regelungen der Primärmärkte für Kapitalanlagen mittels Publizität im Recht der europäischen Gemeinschaft, AG 1993, 549-563

ders./Uwe H. Schneider (Hrsg.) Wertpapierhandelsgesetz, 2. Aufl. Köln 1999

ders./Rolf A. Schütze (Hrsg.) Handbuch des Kapitalanlagerechts, 2. Aufl., München 1997

Horst Baumann/Wilhelm Reiss Satzungsergänzende Vereinbarungen – Nebenverträge im Gesellschaftsrecht, ZGR 1989, 157-215

Adolf Baumbach/Klaus J. Hopt Handelsgesetzbuch (ohne Seerecht), 30. Aufl., München 2000

Theodor Baums Changing Patterns of Corporate Disclosure in Continental Europe: The Example of Germany, Institut für Bankrecht der Johann Wolfgang Goethe-Universität, Arbeitspapier Nr. 102, abrufbar unter http://www.uni-frankfurt.de

ders. Haftung wegen Falschinformation des Sekundärmarktes, ZHR 167 (2003), 139-192 *ders./Christian Fraune* Institutionelle Anleger und Publikumsgesellschaft: Eine Empirische Untersuchung, AG 1995, 97-112

ders. /Markus König Investmentfonds im Universalbank-Konzern: Rechtstatsachen und aktuelle Reformfragen, Festschrift für Carsten Peter Claussen, 1997, S. 4-33

Luician Bebchuk/Rainier Kraakman /George Triantis Stock Pyramids, Cross-Ownership, and Dual Class Equity, in *Concentrated Corporate Ownership* (R. Morck, Hrsg.), 2000, S. 295-315 (2000)

ders. Bebchuk/Marc Roe A Theory of Path Dependency in Corporate Ownership and Governance 52 Stan.L.Rev. 172 (1999)

Marco Becht Strong Blockholders, Weak Owners and the Need for European Mandatory Disclosure, European Corporate Governance Network (Hrsg.), 1997, abrufbar unter http://www.ecgn.org/ecgn/docs/eu.pdf/

Benjamin Berding Gesellschafts- und kapitalmarktrechtliche Grundsätze im Übernahmerecht, WM 2002, S. 1149-1158

Klaus Peter Berger "Acting in Concert" nach § 30 Abs. 2 WpÜG, AG 2004, S. 592-603

ders./Ekkhart Böhmer Transparency of Ownership and Control, Preliminary Report to the European Commission, Vol. 3, European Corporate Governance Network (Hrsg.) abrufbar unter:
http://www.ecgn.org/ecgn/docs/pdf/eu97reportVol3.pdf

ders./Colin Mayer The Control of Corporate Europe, in Barca, F. and Becht, M., The Control of Corporate Europe, 2000

ders./Ailsa Röell Blockholdings in Europe: An international comparison, 43 European Economic Review 1049-1056 (1999)

Adolf A. Berle/Gardiner C. Means The Modern Corporation and Private Property, 2. Aufl., New York, 1968

Jens-Hinrich Binder Die geplante deutsche Allfinanzaufsicht und der britische Prototyp – ein vergleichender Blick auf den deutschen Referentenentwurf, WM 2001, 2230-2238

B.S. Black Bidder Overpayment in Take-overs, 41 Stan.L.Rev. 597 (1989)

Julia Black Audacious but not successful? A Comparative Analysis of the Implementation of Insider Dealing Regulation in EU Member States, 2 CfiLR 1-40 (1998)

Michael Blair/Loretta Minghella/Michael Taylor/Mark Threipland/George Walker Blackstone's Guide to the Financial Services & Markets Act 2000, London 2001

Christian Bosse Melde- und Informationspflichten nach dem Aktiengesetz und dem Wertpapierhandelsgesetz im Zusammenhang mit dem Rückkauf eigener Aktien, ZIP 1999, 2047-2050

Claudia Bott/Michael Schleef Transparenz der Beteiligungsverhältnisse, ZBB 1998, 330-334

Tim Oliver Brandi/Rainer Süßmann Neue Insiderregeln und Ad-hoc-Publizität – Folgen für den Ablauf und Gestaltung von M&A-Transaktionen, AG 2004, 642-658

Meredith M. Brown Legal aspects of acquiring a publicly traded US company, International Business Lawyer, March 1999, S. 133

V. Brudney Insiders, Outsider and Informational Advantages under the Federal Securities Laws, 93 Harv.L.Rev. 322-376 (1979)

BaFin für Finanzdienstleistungsaufsicht Rundschreiben vom 5.8.2002 – Hinweise der BaFin für Finanzdienstleistungsaufsicht zu den Mitteilungs- und Veröffentlichungspflichten gemäß § 15a WpHG, abrufbar unter http://www.bafin.de

dies. Emittentenleitfaden, Stand: 15. Juli 2005, abrufbar unter http://www.bafin.de

Bundesaufsichtsamt für den Wertpapierhandel Schreiben an die Vorstände börsennotierter Aktiengesellschaften vom 28.06.1999: Erwerb eigener Aktien

Bundesaufsichtsamt für den Wertpapierhandel Jahresberichte 1996, 1997, 1998

Bundesaufsichtsamt für den Wertpapierhandel/Deutsche Börse AG (Hrsg.), Leitfaden: Insiderhandelsverbote und Ad-hoc-Publizität nach dem Wertpapierhandelsgesetz, 2.Auflage 1998

Hartwin Bungert Mitteilungspflichten gemäß § 21 Abs. 2 AktG gegen Beteiligungsunternehmen mit Auslandssitz? NZG 1999, 757-760

Ulrich Burgard Kapitalmarktrechtliche Lehren aus der Übernahme Vodafone-Mannesmann. Zur Verletzung der Mitteilungspflicht nach §§ 21 Abs. 1, 22 Abs. 1 Nr. 6 WpHG und den sich daraus ergebenden Folgerungen für ein Viertes Finanzmarktförderungsgesetz, WM 2000, 611-616

ders. Ad-hoc-Publizität bei gestreckten Sachverhalten und mehrstufigen Entscheidungsprozessen, ZHR 162 (1998), 51-100

ders. Die Berechnung des Stimmrechtsanteils nach §§ 21-23 Wertpapierhandelsgesetz, BB 1995, 2069-2078

ders. Die Offenlegung von Beteiligungen, Abhängigkeits- und Konzernlagen bei der Aktiengesellschaft, Berlin 1990

ders. Die Offenlegung von Beteiligungen bei der Aktiengesellschaft, AG 1992, 41-55

Christoph von Bülow/Thomas Brücker Abgestimmtes Verhalten im Kapitalmarkt- und Gesellschaftsrecht, ZGR 2004, 669-720

Richard M. Buxbaum Comparative Aspects of Institutional Investment and Corporate Governance, in: *Baums/Buxbaum/Hopt* (Hrsg.), Institutional Investors and Corporate Governance, Berlin u.a. 1993, S. 3-21

Ernst von Caemmerer Publizitätsinteressen der Öffentlichkeit und Gesellschaftsrecht, in *Barz* u.a. (Hrsg.), Das Frankfurter Publizitätzgespräch (Vorträge und Diskussionen der gleichnahmigen Tagung in Königstein/Taunus am 13. und 14. April 1962), Frankfurt/Main 1962, S. 141-182

Andreas Cahn Probleme der Mitteilungs- und Veröffentlichungspflichten nach dem WpHG bei Veränderungen des Stimmrechtsanteils an börsennotierten Gesellschaften, AG 1997, 502-512

ders. Grenzen des Markt- und Anlegerschutzes durch das WpHG, ZHR 162 (1998), 1-50

ders./Michael Senger Das Gesetz zur Regelung von öffentlichen Angeboten zum Erwerb von Wertpapieren und von Unternehmensübernahmen, FB 2002, 277-296

ders. Das neue Insiderrecht, Der Konzern 2005, 5-13

Matthias Casper Acting in Concert – Grundlagen eines neuen kapitalmarktrechtlichen Zurechnungstatbestandes, ZIP 2003, 1469-1477

H. Chao/J. Howard Acquiring toehold in US and UK corporations, Int. Financial L. Rev., 1990, S. 32

Robert Clarke Corporate Law, Boston u.a. 1986

John C. Coffee The Future as History: The Prospects for Global Governance in Corporate Governance and its Implications, 93 Northw.Uni.L.Rev. 641-707 (1999)

ders. Market Failure and the Economic Case for a mandatory Disclosure System, 70 Virg.L.Rev. 717-753 (1984)

ders. The SEC and the Institutional Investor: A Half-Time Report, 15 Cardozo Law Review 837-887 (1994)

Comment Sec. 13 (d) and Disclosure of Corporate Equity Ownership, 119 U.Penn.L.Rev. 853-877 (1971)

Company Law Amendment Committee Report of the Committee on Company Law Amendment (*Cohen Report*), London 1945

Company Law Committee Report of the Company Law Committee (*Jenkins Report*), London 1962

Company Law Review Steering Group Modern Company Law for a Competitive Economy – Developing the Framework, March 2000

dies. Modern Company Law for a Competitive Economy – Completing the Structure, November 2000

dies. Modern Company Law for a Competitive Economy – Final Report, Volume I, June 2001

Gerhard Dannecker Die Entwicklung des Strafrechts unter dem Einfluss des Gemeinschaftsrechts, Jura 1998, 79-87

DAV-Handelsrechtsausschuss Vorschlag für eine Harmonisierung der gesetzlichen Pflichten zur Mitteilung von Beteiligungen nach Aktiengesetz und Wertpapierhandelsgesetz, April 1995

ders. Ergänzender Vorschlag für eine Harmonisierung der gesetzlichen Pflichten zur Mitteilung von Beteiligungen nach Aktiengesetz und Wertpapierhandelsgesetz, März 1996

ders. § 15 WpHG bei mehrstufigen Entscheidungsprozessen, AG 1997, 559-567

ders. Stellungnahme zum RefE eines Gesetzes zur Namensaktie und zur Erleichterung der Stimmrechtsausübung – Namensaktiengesetz (NaStraG), NZG 2000, 443-448

ders. Stellungnahme zum Regierungsentwurf eines Gesetzes zur Verbesserung des Anlegerschutzes (Anlegerschutzverbesserungsgesetz – AnSVG), NZG 2004, 703-710

Paul L. Davies Gower's Principles of Modern Company Law, 6. Auflage, London 1997

ders. The European Community's Directive on Insider Dealing: From Company Law to Securities Markets Regulation, 11 O.J.L.S. 93-105 (1991)

ders./Klaus J. Hopt Control Transactions, in: The Anatomy of Corporate Law A Comparative and Functional Approach, nicht veröffentlicht, Februar 2003

Deutsche Börse AG und Bundesaufsichtsamt für den Werkpapierhandel (Hrsg.) Insider-Handelsverbote und Ad-hoc-Publizität nach dem Wertpapierhandelsgesetz, Leitfaden, 2. Aufl., Köln 1998

ders. Mitteilungspflichten nach §§ 20 ff. AktG und dem Diskussionsentwurf des Wertpapierhandelsgesetzes, DZWir 1994, 13-20

ders./Marco Sustmann Gesetz zur Verbesserung des Anlegerschutzes (Anlegerschutzverbesserungsgesetz – AnSVG), NZG 2004, 929-939

Christian Dier/Jens Fürhoff Die geplante Europäische Marktmissbrauchsrichtlinie, AG 2002, 604-610

Georg Dreyling/Frank A. Schäfer Insiderrecht und Ad-hoc-Publizität, Köln 2001

Department of Trade and Industry Disclosure of Interests in Shares, A Consultation Document, London 1980

ders. Proposals for Reform of Part VI of the Companies Act 1985, A Consultation Document, London 1995

ders. Disclosure of Directors' Shareholdings: A Consultative Document – Proposal for an Order under the Deregulation and Contracting Out Act 1994, London 1996

ders. A Consultative Document on the Implementation in to UK Law of the Major Shareholding Directive, Februar 1991

ders. Consolidated Gold Fields PLC (Investigation under Sec. 442 of the Companies Act 1985), London 1994

Frank H. Easterbrook/Daniel R. Fischel The Economic Structure of Corporate Law, Cambridge, Mass. (1991)

dies. Mandatory Disclosure and the Protection of Investors 70 Virg.L.Rev. 669-715 (1984)

Vanessa Edwards The Major Shareholding Directive, The Company Lawyer (1998), 104-110

Jens Ekkenga Anlegerschutz, Rechnungslegung und Kapitalmarkt, Tübingen, 1998

ders. Die Ad-hoc-Publizität im System der Marktordnungen, ZGR 1999, 165-201

Nico Elster Europäisches Kapitalmarktrecht: Recht des Sekundärmarktes, München, 2002.

Volker Emmerich/Jürgen Sonnenschein/Mathias Habersack Konzernrecht, 7. Aufl., München 2001

Michael Erkens Directors' Dealings nach neuem WpHG, Der Konzern 2005, 29-37

Paul Emmett New Legislation of on Disclosure of interests in shares, ICCLR 1993, S. 43-44

Klaus Falkenhagen Aktuelle Fragen zu den neuen Mitteilungs- und Veröffentlichungspflichten nach Abschnitt 4 und 7 des Wertpapierhandelsgesetzes, WM 1995, 1005-1009

Bernhard Freiherr v. Falkenhausen Abhängige Unternehmen und Mitteilungspflicht nach §§ 20, 21 AktG, BB 1966, 875-876

E. F. Fama Efficient Capital Markets: A Review of Theory and Empirical Work, 25 Journal of Finance, S. 383 (1970)

John H. Farrar/Brenda Hannigan Farrar's Company Law, 4. Aufl., London u.a. 1998

Heiner Feldhaus Die Eignung zur erheblichen Kursbeeinflussung bei der Ad-hoc-Publizität Frankfurt/M. 2002

Guido Ferrarini Shareholder value and the Modernisation of European Corporate Law, Center of Law and Finance, http://www.cedif.org

Guido Ferrarini Share Ownership, Takeover Law and the Contestability of Corporate Control, in Company Law Reform in OECD Countries: A Comparative Outlook of Current Trends

Arthur Fleischer/Robert H. Mundheim/John C. Murphy An Initial Inquiry into the Responsibility to Disclose Market Information, 121 U.Penn.L.Rev. 798-858 (1973)

Daniel Fischel/David J. Ross Should the Law Prohibit "Maniplation" in Financial Markets? 105 Harv.L.Rev. 503-553 (1991)

Holger Fleischer Der Inhalt des Schadensersatzanspruchs wegen unwahrer oder unterlassener unverzüglicher Ad-hoc-Mitteilungen, BB 2002, 1869-1874

ders. Directors' Dealings, ZIP 2002, 1217-1228

ders. Empfiehlt es sich, im Interesse des Anlegerschutzes und zur Förderung des Finanzplatzes Deutschland das Kapitalmarkt- und Börsenrecht neu zu regeln? Gutachten F für den 64. Deutschen Juristentag, 2002

ders. Das Haffa-Urteil: Kapitalmarktstrafrecht auf dem Prüfstand, NJW 2003, 2584-2586

ders./Susanne Kalss Kapitalmarktrechtliche Schadenersatzhaftung und Kurseinbrüche an der Börse, AG 2002, 329-336

dies. Das neue Wertpapiererwerbs- und Übernahmegesetz, München 2002

Werner Flume Grundfragen der Aktienrechtsreform, Düsseldorf 1960

Merritt B. Fox Required Disclosure and Corporate Governance, in: Hopot/Kanda/Roe/Wymeersch/Prigge (Hrsg.), Comparative, Oxford 1998, S. 701-718

Jens-Uwe Franck Die Stimmrechtszurechnung nach § 22 WpHG und § 30 WpÜG, BKR 2002, 709-716

Julian Franks/Colin Mayer Ownership and Control in Trends in Business Organization: Do Participation and Cooperation Increase Competitiveness? / International Workshop Horst Siebert (Hrsg.)

Christian Fraune Der Einfluss institutioneller Anleger in der Hauptversammlung, Köln 1996

Freshfields Bruckhaus Deringer Financial Services: Investigations and Enforcement, London 2002

Jesse M. Fried Reducing the Profitability of Insider Trading Through Pretrading Disclosure, 71 S.Cal.L.Rev. 303-392 (1998)

Rolf-Uwe Fülbier Regulierung der Ad-hoc-Publizität, Ein Beitrag zur ökonomischen Analyse des Rechts, Wiesbaden 1998

Jens Fürhoff/Armin Wölk Aktuelle Fragen zur Ad-hoc-Publizität, WM 1997, 449-459

John Alexander Gehrt Die neue Ad-hoc-Publizität nach § 15 Wertpapierhandelsgesetz, Baden-Baden 1997

Stephan Geibel/Rainer Süßmann Wertpapiererwerbs- und Übernahmegesetz (WpÜG). Kommentar, München 2002

Hans Friedrich Gelhausen/Uwe Bandey Bilanzielle Folgen der Nichterfüllung von Mitteilungspflichten gemäß §§ 20 f. AktG und §§ 21 ff. WpHG nach In-Kraft-Treten des Dritten Finanzförderungsgesetzes, WPg 2000, 497-506

Harald Gesell Wertpapierleihe und Repurchase-Agreement im deutschen Recht, Köln 1995

Ronald Gilson/ReinierKraakman Reinventing thc Outside Director: An Agenda for Institutional Investors, 43 Standford Law Review 863 (1991)

Ronald Gilson/Reiner Kraakmann The Mechanism of Market Efficiency, 70 Virginia Law Review 549-644 (1984)

Claus Goedecke/Friederike Heuser NaStraG: Erster Schritt zur Öffnung des Aktienrechts für moderne Kommunikationstechniken, BB 2001, 369-374

W. Goodhart Help in hedging balance sheet exposure, Corporate Finance Nov. 1992, S. 15

Leoni Grimme/Julia v. Buttlar Neue Entwicklungen in der Ad-hoc-Publizität, WM 2003, 901-910

Michael Gruson/William J. Wiegmann Die Ad-hoc-Publizitätspflicht nach amerikanischen Recht und die Auslegung von § 15 WPHG, AG 1995, 173-181

Wilhelm Haarmann/Klaus Riehmer/Matthias Schüppen (Hrsg.) Öffentliche Übernahmeangebote. Kommentar zum Wertpapiererwerbs- und Übernahmegesetz, Heidelberg 2002

Mathias Habersack Der Finanzplatz Deutschland und die Rechte der Aktionäre, ZIP 2001, 1230-1239

ders. Europäisches Gesellschaftsrecht, 2. Aufl., München 2003

ders. Aktienrecht und Internet, ZHR 165 (2001), 172-203

Walther Hadding/Klaus J. Hopt/Herbert Schimansky (Hrsg.) Das. Zweite Finanzmarktförderungsgesetz in der praktischen Umsetzung – Bankrechtstag 1995, Berlin u.a., 1996

Martin G. Hager Die wertpapierangebotsrechtliche Vorankündigung - Unter besonderer Berücksichtigung des kapitalmarktrechtlichen Informationsnormcharakters und des Rechtsvergleichs zum britischen und US-amerikanischen Recht, Baden-Baden, 2004

James Hamilton/Andrew Turner Beneficial Ownership Reporting under Section 13 (d), Chicago 1998

Horst Hammen Pakethandel und Insiderhandelsverbot, WM 2004, 1753-1760

Wilhelm Happ Zum Regierungsentwurf eines Wertpapierhandelsgesetzes, JZ 1994, 240-246

Stephan Harbarth Kontrollerlangung und Pflichtangebot, ZIP 2002, 321-332

Thomas Lee Hazen Treatise on The Law of Securities Regulation, Vol. 1, 4. Auflage, St. Paul Minnesota, 2002

ders. Treatise on The Law of Securities Regulation, Volume 2, 4. Auflage, St. Paul Minnesota, 2002

ders. Treatise on The Law of Securities Regulation, Volume 3, 4. Auflage, St. Paul Minnesota, 2002

Thomas Heidel (Hrsg.) Anwaltkommentar Aktienrecht, Bonn 2003

Daniel C. Heinle City Code und Übernahmekodex. Eine Rechtsvergleichung, Frankfurt/Main 2001

Theodor Heinsius Rechtsfolgen einer Verletzung der Miteilungspflichten nach § 20 AktG, FS Rob. Fischer, 1979, S. 215

Klaus Herkenroth Konzernierungsprozesse im Schnittfeld von Konzernrecht und Übernahmerecht. Rechtsvergleichende Untersuchungen der Allokationseffizienz unterschiedlicher Spielregeln von Unternehmensübernahmen, Berlin 1994 (dazu *Hirte* ZHR 162 (1998), S. 133-135)

Marcus Herrmann Mobilcom ist Test für Übernahmegesetz, FAZ v. 13.4.2002, S. 23

Andrew Hicks/S. H. Goo Cases & Materials on Company Law, 3. Aufl., London 1994

Matthias Hildner Kapitalmarktrechtliche Beteiligungstransparenz verbundener Unternehmen, Berlin 2002

Heribert Hirte Bezugsrechtsausschluss und Konzernbildung, Köln 1986

ders. Der Einfluss neuer Informationstechniken auf das Gesellschaftsrecht und die corporate-governance-Debatte, FS Buxbaum, 2000, S. 283-297

ders. (Hrsg.) Das Transparenz- und Publizitätsgesetz, München 2003

ders. Die Ad-hoc-Publizität im System des Aktien- und Börsenrechts, in: *Hadding/Hopt/Schimansky* (Hrsg.), Das Zweite Finanzmarktförderungsgesetz in der praktischen Umsetzung, Bankrechtstag 1995, Berlin/New York 1996, S.47-93

ders. Der „Handelsbestand" – Bindeglied zwischen Kapitalmarkt- und Konzernrecht, Festschrift für Herbert Wiedemann, 2002, S. 955-973

ders. Nachweis mitgeteilter Beteiligungen im Wertpapierhandelsrecht, Festschrift für Marcus Lutter, 2000, 1347-1360

ders./Tobias A. Heinrich Entwicklungen im Europäischen Bankrecht – Eine Bestandsaufnahme, ZBB 2001, 388-397

Ulrike Hoffmann-Buchardi Unlocking Germany's Gates: The Vodafone-Mannesmann Take-over and German Corporate Governance Financial Markets Group Review, London School of Economics, No. 46 April 2000

Anthony Hofler Publication of price sensitive information, The Company Lawyer Vol 16 No 8, 1995 S. 247

Hans-Joachim Holzapfel/Reinhard Pöllath Unternehmenskauf in Recht und Praxis, 9. Aufl. Köln 2000

Peter Hommelhoff Anlegerinformation im Aktien-, Bilanz- und Kapitalmarktrecht, ZGR 2000, S. 748-775

Peter Hommelhoff/Klaus J. Hopt/Marcus Lutter Konzernrecht und Kapitalmarktrecht, München 2001

Klaus J. Hopt Übernahmen, Geheimhaltung und Interessenkonflikte: Probleme für Vorstände, Aufsichtsräte und Banken, ZHR 166 (2002), 333-376

ders. Grundsatz und Praxisprobleme nach dem Wertpapierhandelsgesetz, ZHR 159 (1995), 135-163 *ders.* Grundsatz- und Praxisprobleme nach dem Wertpapiererwerbs- und Übernahmegesetz, ZHR 166 (2002), 383-432

ders. Zum neuen Wertpapierhandelsgesetz – Stellungnahme für den Finanzausschuss des Deutschen Bundestages, FG Hellner (WM-Sonderheft) 1994, 29-34

ders. Familien- und Aktienpools unter dem Wertpapierhandelsgesetz, ZGR 1997, 1-31

ders. Die Publizität von Kapitalgesellschaften – Grundsätzliche Überlegungen zum Stand nach der 4. EG-Richtlinie und zur Reformdiskussion in den USA, ZGR 1980, 225-253

ders. Vom Aktien- und Börsenrecht zum Kapitalmarkt-Recht, Teil 1, ZHR 140 (1976), 201-235 Teil2, ZHR 141 (1977), 389-441

ders. Europäisches Konzernrecht, Thesen und Vorschläge, in: Klaus Reichert, Manfred Schiedermair, Albrecht Stockburger, Dolf Weber (ed.) Recht, Geist und Kunst liber amicorum für Rüdiger Volhard, Baden Baden 1996, S. 74

ders./Eddy Wymeerch (Hrsg.) European Insider Dealing, London 1991

dies. Capital Markets and Company Law, Oxford 2003

K. Howles Patrolling your share register: Sec 212 notices, PLC 1990, S. 18

Tobias Huep Die Renaissance der Namensaktien – Möglichkeiten und Probleme im geänderten aktienrechtlichen Umfeld, WM 2000, 1623-1630

Uwe Hüffer Verlust oder Ruhen von Aktionärsrechten bei Verletzung aktienrechtlicher Mitteilungspflichten?, in: Festschrift für Karlheinz Boujong, München 1996, S. 277-297

ders. Minderheitsbeteiligungen als Gegenstand aktienrechtlicher Auskunftsbegehren, ZIP 1996, 401-411

Heiner Hugger Strafrechtliche Anweisungen der Europäischen Gemeinschaft, Baden-Baden 2000

ders. Zur strafbarkeitserweiternden richtlinienkonformen Auslegung deutscher Strafvorschriften, NStZ 1993, 421-424

Mario Hüther Aktionärsbeteiligung und Internet – Eine rechtsvergleichende Bestandsaufnahme korporativer Willensbildung im Zeitalter neuer Medien, Köln 2002

ders. Namensaktien, Internet und die Zukunft der Stimmrechtsvertretung, AG 2001, 68-78

Philipp von Ilberg/Michael Neises Die Richtlinienvorschläge der EU Kommission zum „Einheitlichen Europäischen Prospekt“ und zum Marktmissbrauch aus Sicht der Praxis, WM 2002, 635-647

Regina Jäger Rechtsprobleme bei der Meldung des Anteilsbesitzes gemäß § 21 bzw. § 41 WpHG, insbesondere bei Familiengesellschaften, WM 1996, 1356-1359

Greg A. Jarrell/Michael Bradley The Economic Effects of Federal and State Regulations of Cash Tender Offers, The Journal of Law and Economics, S. 371

Jenkins Report, Report on the Committee on Company Law Amendment (London) Cmd. 6659, 1945

Richard W. Jennings/Herold Marsh/John C. Coffee/Joel Seligman Securities Regulation – Cases and Materials, 8. Auflage, New York 1998

Michael C. Jensen/Richard S. Ruback The Market for Corporate Control: The Scientific Evidence, Journal of Financial Economics 11 (1983), 5-50

Roger Kiem/Jost Kotthoff Ad-hoc-Publizität bei mehrstufigen Entscheidungsprozessen, WM 1995, 1999-2004

Hans-Georg Koppensteiner Einige Fragen zu § 20 AktG, Festschrift für Heinz Rowedder, 1994, S. 213-228

Rainer Korch Ringbeteiligungen von Aktiengesellschaften, Köln, 2002

Wolfgang Krauel Insiderhandel, Baden-Baden, 2000

Hartmut Krause Das deutsche Übernahmegesetz vor dem Hintergrund der EU-Richtlinie, ZGR 2002, 500-519

Gerd Krieger Vorwirkende Abhängigkeit?, Festschrift für Johannes Semler, 1993, S. 503-515

Bruno Kropff Aktiengesetz, Textausgabe des Aktiengesetzes und des Einführungsgesetzes zum Aktiengesetz vom 6.9.1965 mit Begründung des Regierungsentwurfs und Bericht des Rechtsausschusses des Deutschen Bundestags, Düsseldorf 1965

Siegfried Kümpel Aktuelle Fragen der Ad-hoc-Publizität, AG 1997, 66-73

Thorsten Kuthe Änderungen des Kapitalmarktrechts durch das Anlegerschutzverbesserungsgesetz, ZIP 2004, 883-888

Law Society Proposals for Reform of Part VI of the Companies Act 1985, July 1995

H. Lee Market manipulation in the US and the UK, Part 1, The Company Lawyer Vol. 14, No. 5, 1993, 84 *ders.* Market manipulation in the US and the UK, Part 2, The Company Lawyer Vol. 14, No. 7, 1993, S. 123

Klaus-Heiner Lehne „Stand der europäischen Corporate Governance-Entwicklung", Der Konzern 2003, 272-275

Markus Lenenbach, Kapitalmarkt- und Börsenrecht, Köln 2002

Jürgen Lenz/Ulf Linke Die Handhabung des WpÜG in der aufsichtsrechtlichen Praxis, AG 2002, S. 361-369

Ursula Lenzen Verbot der Kurs- und Marktpreismanipulation im Referenten-Entwurf für das 4. Finanzmarktförderungsgesetz, FB 2001, 603-609

dies. Unerlaubte Eingriffe in die Börsenkursbildung, Baden-Baden 2000

Michael Leppert/Florian Stürwald Die Insiderrechtlichen Regelungen des Vorschlags für eine Marktmissbrauchsrichtlinie und der Stand der Umsetzung im deutschen Wertpapierhandelsrecht, ZBB 2002, 90-106

Hans-Joachim Letzel Directors' Dealings in der Unternehmenspraxis, BKR 2002 862-868

Albert J. Li The Meaning of Item Four of Schedule 13 D of the Securities Exchange Act 1934: A New Framework and Analysis, 52 The Business Lawyer 851-884 (1997)

Thomas Liebscher Das Übernahmeverfahren nach dem neuen Übernahmegesetz, ZIP 2001, 853-869

ders. Die Zurechnungstatbestände des WpHG und WpÜG, ZIP 2002, 1005-1017

London Stock Exchange Guidelines for the control and release of price-sensitive information by Industry Regulators, January 1996

London Stock Exchange Review of market makers' exemption from disclosing positions of 3% or more – CA 1985 s 209, 04.03.1995

Louis Loss/Joel Seligmann Fundamentals of Securities Regulation, 4. Aufl., New York 2001

Jonathan Macey/Jeffry Netter Regulation 13D and the regulatory process 65 Wash.U.L.Q. 131-161 (1987)

Georg Maier-Reimer Brüssel will das Aktienrecht umwälzen, FAZ v. 4.6.2003, Nr. 128, S. 21

ders./Anabel Webering Ad-hoc-Publizität und Schadensersatzhaftung – Die neuen Haftungsvorschriften des Wertpapierhandelsgesetzes, WM 2002, 1857-1864

Michael Marquardt Gesellschafts- und steuerrechtliche Instrumente zur Abwehr feindlicher Übernahmen von Aktiengesellschaften, WiB 1994, 538-543

Colin Mayer Developing Rules for Corporate Governance, FT Nov. 6, 2000 Supplement., S. 6

McKenna & Co. Release of price sensitive information: Stock Exchange guidance, The Company Lawyer Vol. 5, No. 3, 1994, S. 89

Christian J. Meier-Schatz Objectives of Financial Disclosure Regulation, Journal of Comparative Business and Capital Markets Law (1986), S. 219-249

Hanno Merkt Unternehmenspublizität, Offenlegung von Unternehmensdaten als Korrelat der Marktteilnahme, Tübingen 2002

ders. US-amerikanisches Gesellschaftsrecht, Heidelberg 1991

Nicoletta Messerschmidt Die neue Ad-hoc-Publizitätspflicht bei mehrstufigen Entscheidungsprozessen – Ist der Aufsichtsrat damit überflüssig?, BB 2004, 2538-2540

Andreas Meyer/Michaela Bundschuh Sicherungsübereignung börsennotierter Unternehmen, Pflichtangebot und Meldepflichten – Praxisfragen im Spannungsfeld zwischen Wertpapierhandels- und Übernahmerecht, WM 2003, 960-966

Wolfgang Meyer-Sparenberg Deutsche Aktien auf dem US-amerikanischen Kapitalmarkt – eine Alternative zu ADR-Programmen? WM 1996, 1117-1124

Andreas Möller Die Neuregelung des Verbots der Kurs- und Marktpreismanipulation im Vierten Finanzmarktförderungsgesetz, WM 2002, 309-317

Andreas Möller/Thorsten Pötzsch Das neue Übernahmerecht – Der Regierungsentwurf vom 11. Juli 2001, ZIP 2001, 1256-1262

Thomas M. J. Möllers Insiderinformation und Befreiung von der Ad-hoc-Publizität nach § 15 Abs. 3 WpHG – Zur Neubeurteilung durch das Anlegerschutzverbesserungsgesetz, WM 2005, 1393-1400

ders. /Clemens Leisch Schadensersatzansprüche wegen fehlerhafter Ad-hoc-Mitteilungen, BKR 2001, 78-83

Niamh Moloney EC Securities Regulation, Oxford 2002

Sabine Mühle Das Wertpapiererwerbs- und Übernahmegesetz, Baden-Baden 2002

Peter O. Mülbert Empfehlen sich gesetzliche Regelungen zur Einschränkung des Einflusses der Kreditinstitute auf Aktiengesellschaften? Verhandlungen des 61. Deutschen Juristentages 1996, Band I, Abteilung Wirtschaftsrecht, S.E 1-119

ders. Aktiengesellschaft, Unternehmensgruppe und Kapitalmarkt, 2. Aufl., München 1996 *ders.* Konzeption des europäischen Kapitalmarktrechts für Wertpapierdienstleistungen, WM 2001, 2085-2102

H.-P. Müller Endgültiger Dividendenverlust bei unterlassener Mitteilung gemäß § 20 Abs. 7 AktG?, AG 1996, 396

J. Christian Nahr Pubizitätzpflicht in den USA, RIW 2003, 115-118

Hans-Werner Neye Harmonisierung der Mitteilungspflichten zum Beteiligungsbesitz von börsennotierten Aktiengesellschaften, ZIP 1996, 1853-1858

Horst Nottmeier/Holger Schäfer Praktische Fragen im Zusammenhang mit §§ 21, 22 WpHG, AG 1997, 87-96

dies. Zu den Mitteilungspflichten von Konzernunternehmen gemäß § 24 Wertpapierhandelsgesetz, WM 1996, 513-516

Eric Nowak Ad-hoc-Publizität bei M & A-Transaktionen, DB 1999, 601-604

ders. Eignung von Sachverhalten in Ad-hoc-Mitteilungen zur erheblichen Kursbeeinflussung, ZBB 2001, 449-465

ders./Alexandra Gropp Ist der Ablauf der Lock-up-Frist bei Neuemissionen ein kursrelevantes Ereignis? Eine empirische Analyse von Unternehmen des Neuen Marktes, Working Paper No. 63, Dezember 2000, http://www.wiwi.uni-frankfurt.de/professor/schmidt

Jürgen Oechsler Der RegE zum Wertpapiererwerbs- und Übernahmegesetz – Reglungsbedarf auf der Zielgraden, NZG 2001, 817-826

Panos Pananis Zur Abgrenzung von Insidertatsache und ad.hoc-publizitätspflichtigem Sachverhalt bei mehrstufigen Entscheidungsprozessen, WM 1997, 460-464

Robert R. Pennington Company Law, 7. Aufl., London u.a. 1995

Andreas Pentz Mitteilungspflichten gemäß § 20, 21 Aktiengesetz gegenüber einer mehrstufig verbundenen Aktiengesellschaft, AG 1992, 55-58

ders. Acting in Concert – Ausgewählte Einzelprobleme zur Zurechnung und zu den Rechtsfolgen, ZIP 2003, 1478-1492

Ben Pettet Company Law, London 2001

Holger Pittroff Die Zurechnung von Stimmrechten gemäß § 30 WpÜG, in: Lutz Michalski/Axel Jäger/Klaus-Rudolf Wagner (Hrsg.), Schriftenreihe zum Gesellschafts- und Kapitalmarktrecht, Band 7

Sorika Pluskat Die durch das Anlegerschutzverbesserungsgesetz geänderte Regelung der Directors' Dealings vor dem Hintergrund der Richtlinie zur Durchführung der Markmissbrauchsrichtlinie, BKR 2004, 467-473

Thorsten Pötzsch/Andreas Möller Das künftige Übernahmerecht, Der Diskussionsentwurf des Bundesministeriums der Finanzen zu einem Gesetz zur Regelung von Unternehmensübernahmen und der Gemeinsame Standpunkt des Rates zur europäischen Übernahmerichtlinie, WM 2000, Sonderbeilage 2, 1-38

dies. Das neue Übernahmerecht – Der Regierungsentwurf vom 11. Juli 2001, ZIP 2001, 1256-1262

ders. Der Diskussionsentwurf des Dritten Finanzmarktförderungsgesetzes, AG 1997, 193

Volker Posegga Pflicht zur Veröffentlichung von Directors' Dealings: Quo vadis, Anlegerschutz, BKR 2002, 697-698

Dan D. Prentice Das Recht der Gesellschaftsgruppe in Großbritannien, Konzernrecht im Ausland, ZGR Sonderheft Nr. 11, S. 93-114

Hans-Joachim Priester Die Beteiligungspublizität gemäß §§ 20, 160 III Nr. 11 AktG bei Gründung der Gesellschaft, AG 1974, 212-215

Karlheinz Quack Die Mitteilungspflichten des § 20 AktG und ihr Einfluß auf das Verhalten der Organe des Miteilungsadressaten, FS Semler, 1993, S. 581-591

Carsten Rodemann Stimmbindungsvereinbarungen in den Aktien- und GmbH-Rechten Deutschlands, Englands, Frankreich und Belgiens, Köln u.a. 1998

Jörg Rodewald/Andreas Tüxen Neuregelung des Insiderrechts nach dem Anlegerschutzverbesserungsgesetz (AnSVG) – Neue Organisationsanforderungen für Emittenten und ihre Berater, BB 2004, 2249-2257

D. Rosenberg Patrolling the share register – the name behind the number, CSR 1992, S. 38-40

Bernd Rudolph Viertes Finanzmarktförderungsgesetz – ist der Name Programm, BB 2002, 1036-1041

Christian Ruoff Stimmrechtsvertretung, Stimmrechtsermächtigung und Proxy-System, München 1999

Michael Ryngaert An Approriate Federal Role in the Market for Corpoate Control, in: Kenneth Lehn/Robert W. Kamphuis (Hrsg.), Modernizing U.S. Securities Regulation – Economic and Legal Perspectives, S. 333-341

Marc Schacht Das Insiderhandelsverbot bei Öffentlichen Übernahmeangeboten, Baden-Baden 2002

Dietrich Schäfer Die Rechtsfolgen bei der Unterlassung der Mitteilung nach den §§ 20 und 21 des Aktiengesetzes, BB 1966, 1004-1007

Frank A. Schäfer (Hrsg.) Wertpapierhandelsgesetz, Börsengesetz, Verkaufsprospektgesetz, Stuttgart 1998

Sebastian Schäfer Das Recht des Aktionärs auf Auskunft über Beteiligungen, Köln, 1999

Albert A. Schander/Johannes H. Lucas Die Ad-hoc-Publizität im Rahmen von Übernahmevorhaben, DB 1997, 2109-2112

Herbert Schimansky/Hermann-Josef Bunte/Hans-Jürgen Lwowski (Hrsg.) Bankrechtshandbuch, Band 3, 2. Aufl., München 2001

Karsten Schmidt (Hrsg.) Münchner Kommentar zum Handelsgesetzbuch, Band 4 §§ 238-342a, München 2001

Clive Schmitthoff/François Goré/Theodor Heinsius (Hrsg.) Übernahmeangebote im Aktienrecht, Schriftenreihe der Gesellschaft für Rechtsvergleichung, 1976

Uwe H. Schneider Meldepflichtige Wertpapiergeschäfte von Organmitgliedern („Directors' Dealings") im Konzern, AG 2002, 473-477

ders. Macht und Verantwortung institutioneller Anleger, FAZ v. 23.7.2002, Nr. 168, S. 10

ders. Anwendungsprobleme bei den kapitalmarktrechtlichen Vorschriften zur Offenlegung von wesentlichen Beteiligungen an börsennotierten Aktiengesellschaften (§§ 21 ff WpHG), AG 1997, 81-86

ders. Die kapitalmarktrechtlichen Offenlegungspflichten von Konzernunternehmen nach §§ 21 ff. WpHG, Festschrift für Brandner, 1996, S. 565

ders. Die Kollision der Motive, EuZW 1995, 653-654

ders. Die Fortentwicklung des Handelsregisters zum Konzernregister, WM 1986, 181-189

ders. Das Recht der Konzernfinanzierung, ZGR 1984, 497-537

ders./Ulrich Burgard Übernahmeangebote und Konzerngründung – Zum Verhältnis von Übernahmerecht, Gesellschaftsrecht und Konzernrecht, DB 2001, 963-969

ders./Ulrich Burgard Transparenz als Instrument der Steuerung des Einflusses der Kreditinstitute auf Aktiengesellschaften, DB 1996, 1761-1767

Martin Schockenhoff/Alexander Schumann Acting in Concert – geklärte und ungeklärte Rechtsfragen, ZGR 2005, 568-610

Gunnar Schuster Kapitalmarktrechtliche Verhaltenspflichten von Organmitgliedern am Beispiel des § 15a WpHG, ZHR 167(2003), 197-215

Eberhard Schwark Börsengesetz, 2. Aufl., München 1994

ders. Kapitalanlegerschutz im Deutschen Gesellschaftsrecht, ZGR 1976, 271-306 *ders.* Ad-hoc-Publizität und Insider-Recht bei mehrstufigen Unternehmensentscheidungen, in: Festschrift Gerold Bezzenberger, Berlin u.a. 2000, S. 771-795

ders. Anlegerschutz in der Publikums-AG-ein Paradigmenwechsel?, in: Deutsches und europäisches Gesellschafts-, Konzern- und Kapitalmarktrecht, Festschrift für Marcus Lutter, Köln 2000, S. 1529-1550

Hans-Peter Schwintowski/Frank A. Schäfer Bankrecht, Köln u.a. 1997

Leonard Sealy The 'Disclosure' Philosophy and Company Law Reform, Company Lawyer, 51-56 (1981)

Christoph H. Seibt Stimmrechtszurechnung nach § 30 WpÜG zum Alleingesellschafter-Geschäftsführer einer GmbH?, ZIP 2005, 729-740

dies. Analyse der EU-Übernahmerichtlinie und Hinweise für eine Reform des deutschen Übernahmerechts, ZGR 2005, 200-251

ders./Kristian J. Heiser Der neue Vorschlag einer EU-Übernahmerichtlinie und das deutsche Übernahmerecht, ZIP 2002, 2193-2203

Jochen Seitz Die Integration der europäischen Wertpapiermärkte und die Finanzmarktgesetzgebung in Deutschland, BKR 2002, 340-347

Hanns C. Siebold Das neue Insiderrecht, Berlin 1994

Stefan Simon Die neue Ad-hoc-Publizität, Der Konzern 2005, 13-22

Mathias M. Siems Der anonyme Aktionär, ZGR 2003, 219-235

Slaughter and May Exempt market makers, PLC Oct. 1997, S. 70

Alexander Spitze/Hans Diekmann Verbundene Unternehmen als Gegenstand des Interesses von Aktienären, ZHR 158 (1994), 447-472

Till M. Starke Beteiligungstransparenz im Gesellschaft- und Kapitalmarktrecht, Baden-Baden 2002

Geof P. Stapledon Institutional Shareholders and Corporate Governance, Oxford 1996

ders./J. J. Bates Enhancing Efficiency in Corporate Governance: How Recognising the Nature of Modern Shareholdings can Lead to a Simplified Voting Process, Mimeo 1999

Mark I. Steinberg Understanding Securities Law, 3. Aufl., New York 2001

ders. Liabilities and Remedies, New York 1984 (Stand: 1987)

Carsten Steinhauer Insiderhandelsverbot und Ad-hoc-Publizität, Baden Baden 1999

Roland Steinmeyer/Michael Häger WpÜG: Kommentar zum Wertpapiererwerbs- und Übernahmegesetz mit Erläuterungen zum Minderheitenausschluss nach §§ 327 a ff. AktG, Berlin 2002

Stephan Steuer/Georg Baur Erwerbsgeschäfte im Grenzbereich bedeutender Beteiligungen nach dem Wertpapierhandelsgesetz, WM 1996, 1477-1484

Jan Sudmeyer Mitteilungs- und Veröffentlichungspflichten nach §§ 21, 22 WpHG, BB 2002, 685-692

Rainer Süßmann Die befugte Weitergabe von Insidertatsachen, AG 1999, 162-173

Jacqeline A. C. Suter The Regulation of Insider Dealing in Britain, London 1989

Christoph Teichmann Corporate Governance in Europa, ZGR 2001, 645-679

The Law Society Disclosure of interests in shares , April 1990, No. 217

The Law Society Section 209 of the Companies Act 1948, Proposals for Amendments, November 1984

The Law Society Disclosure of interests in shares: The EC Major Shareholdings Directive, No. 252, April 1991

The Law Society Disclosure of interests in shares, The EC Major Shareholdings Directive, No. 275, September 1992

Stefan U. Tippach Das Insider-Handelsverbot und die besonderen Rechtpflichten der Banken, Köln 1995

Oliver Tollkühn Die Ad-hoc-Publizität nach dem Anlegerschutzverbesserungsgesetz, ZIP 2004, 2215-2220*Robin A. Tuerks* Depotstimmrechtspraxis versus U.S.-proxy-system, München 2000

Peter Ulmer (Hrsg.) HGB-Bilanzrecht: Rechnungslegung, Abschlussprüfung, Publizität, [Teilband 2 §§ 20-342a HGB], Berlin New York 2002

Christoph F. Vaupel Zum Tatbestandsmerkmal der erheblichen Kursbeeinflussung bei der Ad-hoc-Publizität, WM 1999, 521-535

ders./Laurenz Uhl Insiderrechtliche Aspekte bei der Übernahme börsennotierter Unternehmen, WM 2003, 2126-2136

Caroline Vedder Zum Begriff „für Rechnung" im AktG und im WpHG, Köln u.a., 1999

Charlotte Villiers Disclosure Obligations and Economics versus Communication Theory, Presented at the Institute of Advanced Legal Studies, Feb. 15, 2001

Christoph von Bülow/Thomas Bücker Das Konzernprivileg des § 36 Nr. 3 WpÜG – Tatbestand, Rechtsfolgen, Verfahren, Der Konzern 2003, 185-202

Rüdiger von Rosen/Werner G. Seibert Die Namensaktie, Frankfurt/Main 2000

Wolfgang Vonnemann Mitteilungspflichten gemäß §§ 20 Abs. 1, 21 Abs. 1 AktG, AG 1991, 352-354

Oliver Wagner Standstill Agreements bei feindlichen Übernahmen nach US-amerikanischem und deutschem Recht, Frankfurt/Main 1999

Stephan Waldhausen Die ad-hoc-publizitätspflichtige Tatsache – Eine Untersuchung zu § 15 Abs. 1 Satz 1 WpHG unter Berücksichtigung der Ad-hoc-Publizität im Vereinigten Königreich, Baden-Baden 2001

Ulrich Wastl Der Handel mit größeren Aktienpaketen börsenorientierter Unternehmen, NZG 2000, 505-514

ders. Directors' Dealings und aktienrechtliche Treuepflicht, NZG 2005, 17-23

Martin Weber Der Kommissionsentwurf einer Marktmissbrauchrichtlinie, EuZW 2002, 43-47

ders. Vormitgliedschaftliche Abhängigkeitsvermutung, ZIP 1994, 678-689

ders. Börsennotierte Gesellschaften in der Insolvenz, ZGR 2001, 422-453

Stefan Weber Kapitalmarktrecht - Eine Untersuchung des österreichischen Rechts und des Europäischen Gemeinschaftsrechts, Wien/New York 1999

Weinberg & Blank on Takeovers and Mergers, 5. Aufl., London 1998

Lothar Weiler/Ingo Meyer "Abgestimmtes Verhalten" gemäß § 30 WpÜG: Neue Ansätze der BaFin für Finanzdienstleistungsaufsicht, NZG 2003 Heft 19, 909-911

Thomas Weisgerber/Georg Baur/Oliver Wagner Das Vierte Finanzmarktförderungsgesetz – Erläuterungen Gesetzestexte Materialien, Köln 2002

Edward P. Welch/Andrew J. Turezyn Folk on the Delaware General Corporation Law: Fundamentals, New York u.a. 2002

Herbert Wiedemann Der Kapitalanlegerschutz im deutschen Gesellschaftsrecht, BB 1975, 1591-1598

ders. Gesellschaftsrecht, Ein Lehrbuch des Unternehmens- und Verbandsrechts, Band I, Grundlagen, München 1980

Hans-Ulrich Wiemann Unternehmenspublizität nach amerikanischen Kapitalmarktrecht, Baden-Baden, 1987

Peter M. Wiesner Protektionismus oder Marktöffnung? – Zur Übernahmerichtlinie zeichnet sich ein Paradigmenwechsel ab, ZIP 2002, 208-210

ders. Das Lamfaussy-Konzept oder der Sonnenuntergang FAZ v. 10.9.2002 Nr. 210, S. 19

ders. Corporate Governance und kein Ende, ZIP 2003, 977-980

Peter v. Wilmowsky Gesellschafts- und Kapitalmarkt-Recht in einem gemeinsamen Markt, RabelsZ 56 (1992), 521-542

Christiane Wilhelm Registrierungs- und Publizitätspflichten bei der Emission und dem Handel von Wertpapieren auf dem US-amerikanischen Kapitalmarkt, Lohmar u.a., 1997

Hans-Ulrich Wilsing Wiederaufleben des Stimmrechts aus Vorzugsaktien und Mitteilungspflicht nach § 21 Abs. 1 WpHG, BB 1995, 2277-2280

Carl-Heinz Witt Übernahmen von Aktiengesellschaften und Transparenz der Beteiligungsverhältnisse, Köln 1998

ders. Vorschlag für eine Zusammenfügung der §§ 21 ff. WpHG und des § 20 AktG zu einem einzigen Regelungskomplex, AG 1998, 171-182

ders. Die Änderungen der Mitteilungs- und Veröffentlichungspflichten nach §§ 21 ff. WpHG und §§ 20 f. AktG durch das Dritte Finanzmarktförderungsgesetz und das „KonTraG", WM 1998, 1153-1161

ders. Die Änderungen der Mitteilungs- und Veröffentlichungspflichten nach §§ 21 ff. WpHG durch das geplante Wertpapiererwerbs- und Übernahmegesetz, AG 2001, 233-241

ders. Regelmäßige „Wasserstandsmeldungen" – unverzichtbarer Bestandteil eines künftigen Übernahmegesetzes, NZG 2000, 809-819

Georg Wittich Erfahrungen mit der Ad-hoc-Publizität in Deutschland, AG 1997, 1-5

Armin Wölk Ad-hoc-Publizität – Erfahrungen aus der Sicht des Bundesaufsichtsamtes für den Wertpapierhandel, AG 1997, 73-80

F. Wooldridge Disclosure of interests in shares – various points, The Company lawyer Vol 7 No. 6, S. 246

Jens Wüstemann Normdurchsetzung in der deutschen Rechnungslegung – Enforcement nach dem Vorbild der USA?, BB 2002, 718-725

ders. Institutionenökonomik und internationale Rechnungslegungsordnungen, Tübingen 2002

Hildegard Ziemons Neuerungen im Insiderrecht und bei der Ad-hoc-Publizität durch die Marktmissbrauchsrichtlinie und das Gesetz zur Verbesserung des Anlegerschutzes, NZG 2004, 537-543

Schriftenreihe zum Gesellschafts- und Kapitalmarktrecht

Herausgegeben von Lutz Michalski,
Axel Jäger und Klaus-Rudolf Wagner

Band 1 Volker Schulenburg: Bankenhaftung bei geschlossenen Immobilienfonds. Zugleich eine Untersuchung der Wissenszurechnung im Konzern. 2002.

Band 2 Jan Wittenberg: Der Bestandsschutz von Arbeitsverhältnissen im Umwandlungsrecht. 2002.

Band 3 Christian A. Eichner: Management-Buy-Out-Gestaltungen beim Konzern-Spin-Off. Unter besonderer Berücksichtigung der Unternehmenssteuerreform. 2002.

Band 4 Thomas Wunsch: Tracking Stocks - Geschäftsbereichsbezogene Gewinnbeteiligungen bei Aktiengesellschaften. Eine systematische gesellschafts- und steuerrechtliche Betrachtung. 2002.

Band 5 Jan Blumentritt: Die privatrechtlich organisierte Börse. Ein Beitrag zur Diskussion um die Neuordnung des Börsenwesens. 2003.

Band 6 Michael Grüner: Die Beendigung von Gewinnabführungs- und Beherrschungsverträgen. 2003.

Band 7 Holger Pittroff: Die Zurechnung von Stimmrechten gemäß § 30 WpÜG. 2004.

Band 8 Wolfgang Höhn: Ausgewählte Probleme bei Lock-up Agreements. 2004.

Band 9 Gunter Reiff: Gesellschaftsrechtliche Aspekte des regulären Delistings. 2004.

Band 10 Christoph Radke: Die Entsprechenserklärung zum Deutschen Corporate Governance Kodex nach § 161 AktG. Grundlagen und Haftungsfragen. 2004.

Band 11 Gordon Geiser: Gesellschaftsorganisation und Gesellschaftsinnenrecht virtueller Unternehmen. 2004.

Band 12 Gero F. Pfeiffer: Die Kommanditgesellschaft auf Aktien als Beteiligte eines Beherrschungsvertrags und einer Eingliederung. Ein Beitrag zum Konzernrecht einer hybriden Rechtsform. 2005.

Band 13 Markus Rasner: Die Pflichten der Zielgesellschaft bei unfreundlichen Übernahmeangeboten nach dem neuen deutschen WpÜG. Unter besonderer Berücksichtigung europäischer und US-amerikanischer Übernahmeregelungen sowie der Konzeption des Gemeinsamen Entwurfs einer EU-Übernahmerichtlinie. 2005.

Band 14 Julia Kraft: Die Europäisierung der deutschen Mitbestimmung durch das SE-Beteiligungsgesetz. Eine europa- und verfassungsrechtliche Analyse der Richtlinienumsetzung 2001/86/EG zur Ergänzung des Statuts der Europäischen Gesellschaft hinsichtlich der Beteiligung der Arbeitnehmer. 2005.

Band 15 Tobias A. Heinrich: Kapitalmarktrechtliche Transparenzbestimmungen und die Offenlegung von Beteiligungsverhältnissen. Eine rechtsvergleichende Untersuchung des europäischen, deutschen, englischen und US-amerikanischen Rechts. 2006.

www.peterlang.de